農民と労働者の民主主義

戦間期チェコスロヴァキア政治史

Mizuho Nakada-Amiya
中田瑞穂──【著】

名古屋大学出版会

農民と労働者の民主主義——目　次

0 40 80 120 km
0 63 mil
ブレスラウ/ヴロツワフ
カトヴィツェ
ポーランド
クラクフ
リヴィウ/レンベルク/ルヴフ
オストラヴァ/オストラウ
オロモウツ/オルミッツ
ラヴィア・シレジア
ブルノ/ブリュン
ジリナ
プレショフ
スロヴァキア
コシツェ/カッサ
バンスカー・ビストリツァ
ウージュホロド
ムカチェヴォ
トゥルナヴァ
ニトラ
ポトカルパツカー・ルス
ミシュコルツ
ニーレジハーザ
ブラチスラヴァ/プレスブルク/ポジョニ
ハンガリー
サトゥ・マレ
ルーマニア

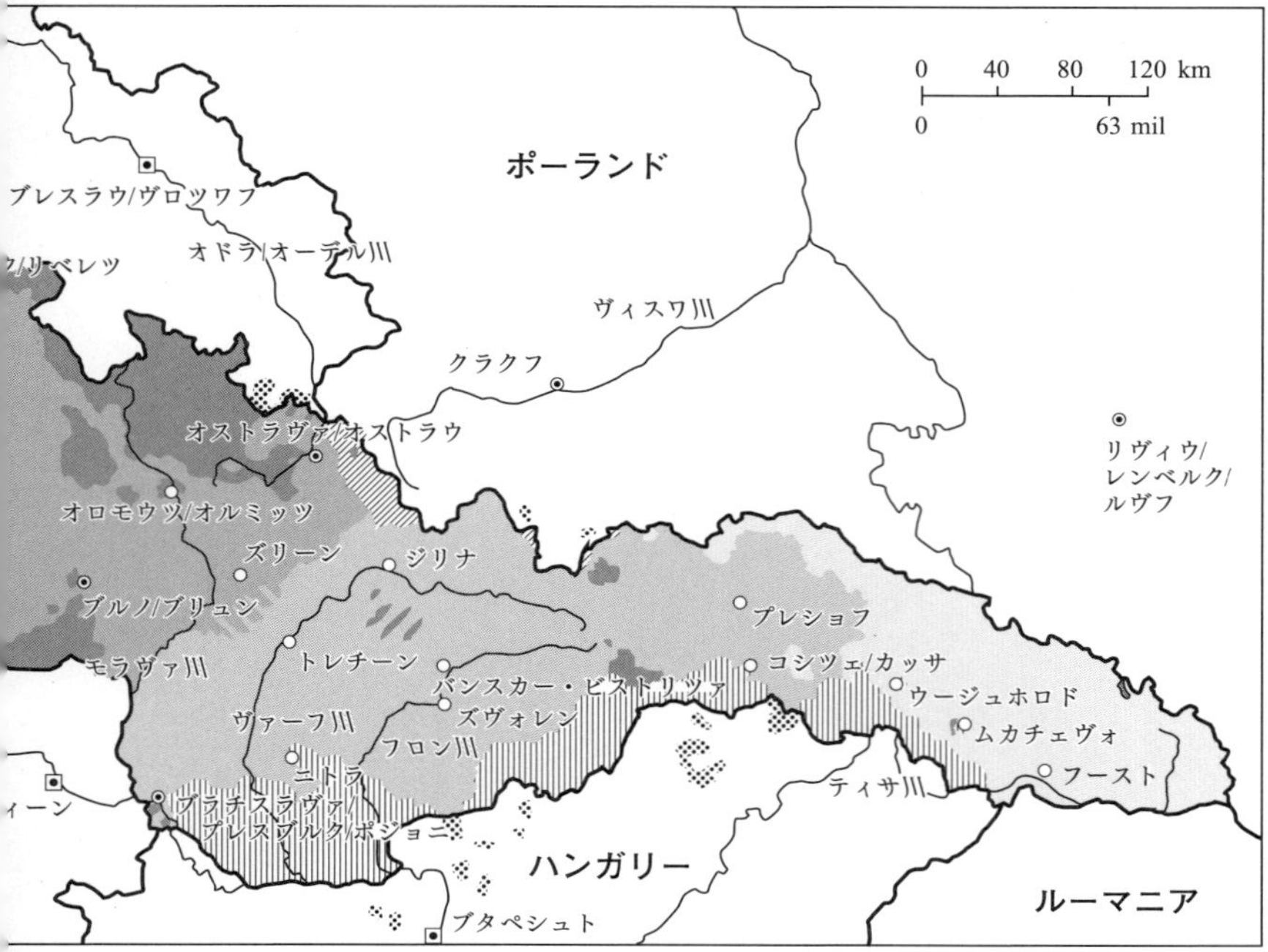

0 40 80 120 km
0 63 mil
ポーランド
ブレスラウ/ヴロツワフ
オドラ/オーデル川
ヴィスワ川
クラクフ
オストラヴァ/オストラウ
リヴィウ/レンベルク/ルヴフ
オロモウツ/オルミッツ
ズリーン
ジリナ
ブルノ/ブリュン
プレショフ
モラヴァ川
トレチーン
コシツェ/カッサ
バンスカー・ビストリツァ
ウージュホロド
ヴァーフ川
ズヴォレン
ムカチェヴォ
フロン川
ニトラ
ティサ川
フースト
ブラチスラヴァ/プレスブルク/ポジョニ
ハンガリー
ルーマニア
ブタペシュト

地図 1　チェコスロヴァキアの地理区分（1928–38 年）

地図 2　チェコスロヴァキアの言語地図（1930 年）

チェコ語
スロヴァキア語
ポーランド語
ウクライナ語
ハンガリー語
ドイツ語
チェコスロヴァキア外でチェコ語・スロヴァキア語が話されているコミュニティ

序章　課題と分析視角

チェコスロヴァキア共和国は、第一次世界大戦後に諸帝国の崩壊とともにヨーロッパに成立した多くの新興独立国家の一つとして出発した。これらの「継承」諸国は議会制民主主義体制を体制原理として選択し、その安定化を目指した。しかし、第一次世界大戦後の政治的、経済的混乱の中、議会制民主主義体制の安定化という課題は新興国家にとって重荷であり、権威主義体制化が相次いだ。そのなかで、チェコスロヴァキアは安定的な議会制民主主義体制の形を手探りで見出していく。

一九二九年に始まる世界恐慌は中・東欧の民主制に第一次大戦直後に続く二度目の危機をもたらした。経済的危機と政治的緊張の高まりのなか、一九三三年には一月にドイツでナチスが政権を掌握し、三月以降オーストリアが権威主義体制へと移行をはじめ、中・東欧における民主主義の版図は再び急速に縮小する。ミュンヘン協定によってチェコスロヴァキアが決定的転機を迎える一九三八年には、この国が中・東欧に残った最後の「議会制民主主義」国となっていた。その同時代的意義に加え、一九四八年以降の同国の社会主義体制への批判からも、ミュンヘン協定までの共和国（いわゆる第一共和国）[1]の時期は輝かしい民主主義の時代とみなされてきた。

しかし、チェコスロヴァキアではなぜ議会制民主主義体制が安定化したのか、そして、その議会制民主主義体制とはどのようなものであったのだろうか。この問題には十分な答えが提示されてきたとはいいがたい。さらに、一九三〇年代には、ナチス・ドイツによって外側から危機がもたらされただけではなく、チェコスロヴァキア内部でも危機的な現状認識に基づき、それまでの体制を批判する動きが現れていた。ヨーロッパを覆った一九三〇年代の危機は、チェコスロヴァキアでも同時体験されていたのである。同時にその批判は、チェコスロヴァキアで一九二〇年代に安定化した議会制民主主義体制の型に直接関わるものでもあった。激しい批判に対し、チェコスロヴァキアの議会制民主主義体制はどのように対応したのだろうか。

本書は、戦間期のチェコスロヴァキアにおける議会制民主主義体制の構造と動態の分析により、一九二〇年代の安定化過程とそのなかで形成される議会制民主主義の特徴的な型を明らかにした上で、この議会制民主主義体制が一九三〇年代の危機の中で示した革新による危機打開過程を考察し、その構造的・理論的可能性と限界の両面を示すことを試みるものである。そのなかで、ミュンヘン協定によって外から壊された民主主義という通常の解釈とは異なり、チェコスロヴァキアの議会制民主主義には、ミュンヘン協定以前に決定的な内在的亀裂ももたらされていたことも指摘する。

一　戦間期という時代、中央ヨーロッパという空間

最初に、この時期のチェコスロヴァキアを取り上げる意義を、戦間期という時代、中央ヨーロッパという空間の両側面から明らかにしたい。

戦間期

まず、戦間期民主主義体制論の再検討としての意義から考察する。戦間期は議会制民主主義体制の発展期であると同時に、多くの国で同体制の崩壊が経験された激動の時代であった。

第一次世界大戦は議会制民主主義化の画期となり、大戦の前後にはほとんどのヨーロッパ諸国で普通選挙権が実

現する。また、民主化のもう一つの障害であった君主的正統性に基づき行政権を掌握する非公選勢力の存在についても、四帝国崩壊後、独立した新国家で共和制が選択されたことで、劇的に解決されることになった。立憲君主制を維持した国においても、君主の発言権は減少していくことになる。

このように、世紀転換期まで議会制民主主義化の桎梏と考えられていた問題が解消し、戦間期は議会制民主主義の黄金期になるかに見えた。しかし、実際には実に半数の国で議会制民主主義体制の崩壊が相次いだのである。南欧諸国の事例がよく知られているが、東中欧でも、ハンガリーで一九二〇年に（平田 1992）、ポーランドでは一九二六年に権威主義的な要素を含んだ体制が選ばれ、ユーゴスラヴィアもそれに続いた。さらに一九三〇年代には世界恐慌による経済的困難のなか、ドイツ、オーストリア、バルト諸国で、議会制民主主義体制はつぎつぎと倒れていった。

その中で、これらの国々と共通の条件を持ちながら、議会制民主主義体制を維持したのがチェコスロヴァキアである。なぜチェコスロヴァキアでは民主制が維持されたのかを明らかにすることは、戦間期における議会制民主主義の維持の条件を探る上で重要な位置を占める。

その際、一九二〇年代と一九三〇年代の問題状況を分けて考える必要がある。二〇年代の議会制民主主義体制の崩壊は、民主化が第一次大戦を機に進展した結果、その変化に耐えられず、民主主義体制の固定化に失敗して生じた。チェコスロヴァキアは、崩壊事例と多くの共通性を持った新興民主主義国の一つである。チェコスロヴァキアもポーランドやユーゴスラヴィアと同様、多くのネイションを国内に抱えていた。さらに、独立前は新国家の地域ごとに別の政治体制に属していたため、相異なる議会主義の伝統を持つ多数の政党が、新たに議会制の動かし方を模索しなければならなかった。このような困難を抱えつつ、なぜチェコスロヴァキアでは議会制民主主義体制の安定化が進んだのか、それによって作り出された民主制は、どのような特色を持つのか。これらの問題を考察することで、戦間期の民主主義研究にとって、重要な手がかりを提供できると考える。

これに対し、一九三〇年代の民主主義体制の危機と崩壊は、安定した、少なくとも安定したかに見えた民主制の崩壊現象であり、一九二〇年代の崩壊とは原因も崩壊後の体制も異なっている。

一九三〇年代における議会制民主主義体制の崩壊という現象は、戦後の政治史研究のなかで、民主主義とファシズム勢力の対立関係から説明されてきた。フランスやスペインの研究では、ファシズムに対抗して民主主義を擁護する人民戦線の成否が、ドイツ、オーストリアの民主制の崩壊を扱う場合には、民主主義体制を擁護する側とそれを破壊する側の対立が中心課題とされた（Linz and Stepan 1978）。研究の関心は、当時の民主主義体制の実態よりも、ファシズム勢力やマイノリティ勢力など、民主主義体制に敵対し、破壊した、あるいは破壊を試みた側に向かった。第二次世界大戦が民主主義対ファシズムの戦いと定式化されたことが、上記のような把握に影響を与えた。

しかし、民主主義とファシズムの対立の図式では、一九三〇年代に見られた政治体制の革新の必要性をめぐる議論が見失われてしまう。例えば一九三〇年代の文脈に立ち戻ってみたとき、民主主義にはそれほど目覚しい展望が開けていたわけではなかった。反対に、歴史家マゾワーが論争的なヨーロッパの二十世紀史『暗黒の大陸――ヨーロッパの二十世紀』のなかで指摘するように、一九三〇年代には民主主義の内在的危機が指摘されていたのである（Mazower 1998）。ファシズムや共産主義、多様な権威主義体制との競合のなかで、民主主義概念が再検討され、これをめぐって激しい論争が戦わされていた点に注目する必要があろう。民主主義がこのまま維持できるとは考えられていなかったのである。

この改革へのコンセンサスは第二次大戦後部分的に持続するが、経済成長と冷戦の進展の中で、一九三〇年代に民主主義体制に向けられた危機意識や批判は姿を消してしまった。政治学上も、「現存する民主主義体制」への批判はしばらく封印された。そのことが一九三〇年代の歴史研究にも民主体制擁護派対破壊派という単純な二分法の形で影を投げかけている。

但し、世界恐慌による経済危機に注目し、それに対応した経済政策の革新に焦点を当てた研究がもうひとつの一九三〇年代研究の流れとして存在する（Gourevitch 1986；Luebbert 1987；Luebbert 1991；Weir and Skocpol 1985；廣田 1994）。戦後の政治経済体制の源流をさぐるこの研究の関心は、経済政策そのものや、経済政策革新のための社会連合、制度的条件にあった。また対象は、ドイツを例外として、西北欧の民主主義が崩壊しなかった国にかぎられていた。そのため、経済政策の革新と民主主義体制の危機の関係が扱われることは少なかった。

本書では、前者の民主主義体制の危機という問題意識と、後者の世界恐慌を契機とする革新の必要性への着目を結び合わせ、一九三〇年代危機の分析に新たな視角を提示することを試みたい。一九三〇年代には世界恐慌の衝撃により、十九世紀末から明らかになってきていた国家の役割の変化が決定的となった。経済政策の刷新、国家の経済、社会への介入の必要性が認識されたとき、その内容と並んで同時に問題となったのは、議会主義と政党中心の既存の政治体制を改革することであった。経済、社会政策を決定する機関としての議会の妥当性が問い直され、それに代わる意思決定の手段が模索されるようになったのである。

当時の議論に即して見ると、議会制民主主義体制の立場に立つ政治勢力や論者は、単にファシズムや権威主義体制の攻勢のために民主制が危機に瀕していると考えたわけではなかった。世界恐慌に見られる経済危機や社会の構造変容に議会制民主主義体制という制度が十分適応できていないのではないかとし、民主制を救うために民主制を変えていく必要性を認識していた。ファシズムや権威主義体制が同じ課題に対して、民主制が現在持たない解決策を見出している可能性を意識し、類似の変革を民主制の下で行うことも考慮された。議会制民主主義体制の改革構想とファシズム、権威主義体制との関係は、単に敵対的というより、同じ危機に対する同時発生的な解答のヴァリエーションであり、その間には、連続面上につながる多数の構想が存在したのである。

チェコスロヴァキアでは、周辺国と国内の双方でファシズム、権威主義体制につながる複数の政治構想や政治勢力が台頭するなかで、民主主義体制が危機を迎え、革新が目指された。このチェコスロヴァキアを対象とすることで、一九三〇年代の民主主義体制の危機に新たな分析視角をもたらすことが本書の目的である。危機と革新の政治過程もまた、民主主義体制の崩壊の政治過程と同様に、民主主義体制の理解に資するのである。また、その際、二〇年代に安定化した議会制民主主義体制の特色を把握することが前提として不可欠となることはいうまでもない。

中央ヨーロッパ

さらに、チェコスロヴァキアを対象とすることには、中欧政治社会の特色と、そこにおける民主主義の条件を明らかにするという第二の意義が存在する。それは中欧の政治発展の変動の大きさと関わっている。ベレントのいうように、戦間期の中・東欧地域は危機の発信地であり（Berend 1986；1998）、民主主義体制の崩壊、権威主義体制化やファシズムの台頭が相次いだ。第二次大戦後、戦前の中央ヨーロッパは東西両陣営へ分断され、その東側半分は社会主義体制をとる「東欧」に組み込まれた。一方、戦前の中央ヨーロッパのうち、西側に属したドイツとオーストリアは「西中欧」（Lehmbruch 1996；レームブルッフ 2004；Armingeon 2002；飯田 1999）の国として、安定した民主制の一つのモデルを提供するようになった。

戦後の西中欧諸国の民主制については、争点についての政治的決定を政党間競争や政権交代、多数決によって決定するのではなく、団体エリートの交渉によって行う団体交渉型デモクラシー Verhandlungsdemokratie（あるいは Konkordanzdemokratie, Proporzdemokratie）という特徴が指摘され、その手法の起源は十六世紀のアウグスブルク和議における宗派和解に求められている。さらに現代における団体交渉型デモクラシーの展開は、このような政治文化の伝統に加え、十九世紀末以降、政党や利益団体の組織が高度に発達し、エリート間の交渉による政治的決定の基礎をつくりだしたことが重要な要因とされている。しかし、同じ特徴を持つ政治社会、政治文化のもとで、戦間期には民主制が崩壊し、戦後は安定したことは、どのように説明できるのだろうか。ファシズムの経験、冷戦や経済成長が戦後の政治的スペクトラムを狭めたことや、ドイツに関しては地理的境界線が変化したことが、戦後の変化の要因として挙げられるが、中欧政治社会における民主制の条件を考慮するには、それだけでは不十分である。

冷戦期に始まり、戦後民主制のルーツを探る形で進んだ従来の研究の視野は「西中欧」に限定されていた。それに対し、戦前、共通の政治文化を持っていた中央ヨーロッパ全体を比較の視野に入れ、民主制を維持したチェコスロヴァキアを分析することは、重要な意味を持つ。戦後の政治文化変容の要素を除外して、中欧政治社会における民主制の条件を考察する手がかりが得られると考えられるからである。

ヨーロッパ統合の中で収斂が進む一方で、国ごと、あるいは地域クラスターごとの政治経済構造や政治的決定方式の相違が残り、ヨーロッパ統合への適応程度も異なることに注目が集まっている（Schmidt 2002；2006）。本書は、このような相違の原点となる「中央ヨーロッパ」固有の政治発展、政治社会の類型、民主制の型を探し、またその中の多様性や相違点を考察する手がかりを求めることも企図している。

二　研究史

戦間期チェコスロヴァキアの政治史研究は、長年困難な道程を歩んできた。本国において社会主義時代に、政治的に自由な歴史研究が行えなかったことは、歴史研究に大きな空白をもたらしている。公式史観においては労働運動中心のアプローチがとられ、戦間期の共和国史は革命の可能性とその挫折、「ブルジョワ民主主義体制」の確立、さらに一九三〇年代のファシズム的傾向の出現として描かれてきた。[2] 一九六〇年代に、個別的な実証研究が現れたものの、一九六八年の「プラハの春」の終焉とともに歴史研究の短い春も終ってしまった。脱スターリン主義以降、ある程度の自由化が維持されたポーランドやハンガリーの歴史学と比べ、チェコスロヴァキアの戦間期研究の立ち遅れは明白であった。

また、政治学の一分野としてのヨーロッパ政治史研究においても、戦間期チェコスロヴァキアは、これまでほとんど省みられることのなかったテーマである。

政治学における歴史研究の一つの方法は、現在の政治構造に見られる特質を出発点に、遡ってそのルーツを求め、そこにいたる政治発展を跡付けることである。一九六〇年代以降ヨーロッパの小国を含めた政治体制の比較研究が進み、民主主義体制の「多様性」が明らかとなった。そしてなぜこのような多様性が生まれたのかという関心が、政治発展の研究へと反映されていったのである。例えばロッカンらはヨーロッパにおける中心と周辺、国家形成、宗教、都市対農村、階級などの社会的クリーヴィッジ（亀裂線）と政党システムの形成との関係などに着目し、ヨーロッパ歴史地図の描画を進めた（Lipset and Rokkan 1967 ; Rokkan 1983）。

その際対象となったのは西側ヨーロッパの戦後の「現存民主主義」諸国であり、「民主化」以前の「東欧諸国」や、恐らく部分的には南欧諸国も比較の対象から除外されていた。取り上げられることがあったとしても、例えば後述するレイプハルトの多極共存型デモクラシーにおける戦間期チェコスロヴァキアの「ピェトカ（Pětka）」についての記述のように、散発的言及にとどまっていた（Lijphart 1977, 33 ; 40）。

さらに、「東欧諸国」の社会主義期の政治体制の比較研究が始まっても、社会主義化による歴史の断絶性が強く意識されており、各国の社会主義体制の特質への着目が戦前の政治史研究にまで反映されることは少なかった（Ekiert 1996 ; Rothschild 1989）。また、社会主義国ではそもそも政治学研究自体が制限されていた。冷戦期以前の政治体制の比較検討においては、十九世紀に関しても戦間期に関しても、「東欧諸国」はヨーロッパ歴史地図の中で解明されない地域になったのである。

もちろん、戦間期の「東欧諸国」全体が、政治学的関心の外にあったわけではない。民主主義体制の崩壊論、権威主義体制論、ファシズム研究といった視角からの考察は存在した。しかしチェコスロヴァキアは、民主主義を維持した「例外」として、それらの研究でも正面から扱われることはほとんどなかった。

一九八九年の政治体制変革以降、時間的断絶を乗り越える試みが生じた。「民主化」以降、移行研究として「東欧諸国」の政治体制の比較研究が盛んに行われた。初期には体制構築、憲法工学（constitutional engineering）の観点からの考察が盛んであったが、年月が経つにつれ、制度的遺産など前体制との連続面に着目する研究が現れた（Kitschelt et al. 1999）。しかし、チェコとスロヴァキアの場合、社会主義期、人民民主主義期、ナチス・ドイツの占領と独立スロヴァキア、ミュンヘン協定以降のいわゆる第二共和国の時期と、多くの政治体制転換を遡って政治発展の連続性と断絶を確認していく作業が必要であり、いまだに成果は断片的にしか現れていない。

「マサリク神話」

このように本格的な検討に乏しい中で、戦間期のチェコスロヴァキアの議会制民主主義がなぜ安定したのか、という問いに対しては、初代大統領トマーシュ・G・マサリク（Tomáš Garrigue Masaryk）のリーダーシップに多くを帰す傾向があった。

西側諸国の研究に最もこの傾向は顕著であった。[3] ここでは、チェコスロヴァキアが戦間期に一貫してデモクラシーを維持したことが高く評価されているが、マサリク大統領個人の民主的信条に注目するもの、傑出した権威が政治的対立を止揚する役割を果たしたとするもの、また、大統領ポストの立憲制上の権限に着目するものなど、多様な視点から、マサリク大統領の存在こそが、チェコスロヴァキアの民主主義の柱であったと主張されてきたのである。マサリクの第一共和国期の活動の実証研究が進んでいないことが、この「マサリク神話」を現実の政治過程のなかで脱神話化することを困難にしてきた。[4]

この傾向は、一時的に歴史研究への制約が弱まった一九六〇年代のチェコスロヴァキアの歴史研究にも見られた。この時期には、一九三〇年代の政治史についての新たな解釈が示された。農業党右派を中心に右傾化、ファシズム化の傾向はあったものの、大統領マサリクを中心とする社会的自由主義の傾向を持つ超党派のフラト・グループ（フラトは城の意。大統領府がプラハ城にあったため）と、左翼民主勢力の結集によって、それが押し返されたとしたのである。[5] その頂点とされたのが、マサリクの片腕で外相のベネシュ（Edvard Beneš）が、右派の候補を破って、一九三五年十二月に第二代大統領に選ばれたことである。その際、共産党もベネシュを支持していたため、大統領選出は、ファシズム勢力と、共産党が加わった民主的「人民戦線」の対立と後者の勝利として解釈し得た。つまりマサリクに代わり後継者のベネシュが民主主義の擁護者とされ、共産党の協力がクローズアップされることになる。

体制転換後のチェコスロヴァキアにおいても、ファシズム化の傾向に対抗して民主主義が擁護されたという解釈枠組みは、共産党の役割を大きく評価しない形で引き継がれた。史料状況が改善したのちに書かれた政治史も、マサリク、ベネシュとフラト・グループに焦点を合わせている。(6)

しかし、マサリクのリーダーシップのみに注目しても、第一共和国のデモクラシーの特質は描き出せない。第一共和国では議会制が採用され、大統領も議会から選出されるなど、憲法制度上も、大統領のリーダーシップのみで民主主義体制が維持できる構造ではなかった。大統領が民主主義体制の安定化、維持になんらかの影響を与えたとすれば、それは議会の政党との関わりの中でしかありえなかったのである。

議会と政党への視点

議会や政党に着目した研究としては、アメリカの歴史家ミラーが、農業党とその指導者シュヴェフラ（Antonín Švehla）に焦点を当てた一九二〇年代の政党政治のモノグラフ（Miller 1999）を発表し、政治的妥協を作り出すシュヴェフラの手腕こそが民主主義体制確立と維持を可能にしたと主張した。一九二〇年代の政党政治に関する最初の実証研究であり、政党間妥協に着目したことで、チェコスロヴァキアの議会制民主主義体制の特色の一端を示している。但し、シュヴェフラ個人に原因を求めることで、政党システム全体の動きが見えにくくなること、何を触媒として政党間妥協が行われているかが明白ではないことなど、議会制民主主義体制を位置づける上での次の課題も現れた。

比較研究の視点からの指摘としては、レイプハルトが、多極共存型デモクラシーにおける政党間妥協を担保する憲法外組織の例として、戦後オーストリアの連合委員会と共に戦間期チェコスロヴァキアの「ピェトカ」を挙げている（Lijphart 1977, 33；40）。「ピェトカ」とは数字の五を意味し、主要五政党の代表からなる交渉と妥協のための委員会であった。同時代からピェトカの機能は知られていたが、憲法外組織であり、会議も非公開であることから、批判の対象でもあった。レイプハルトの指摘は、ピェトカを多極共存型デモクラシーに必要なエリート妥協を創出する場として位置づける可能性を示した。ドイツのチェコ史研究者ホイモスは、チェコスロヴァキアの議会制民主主義体制について、レームブルフが提唱した「プロポルツ（比例）・デモクラシー」[7]の要素を持つと指摘している（Lehmbruch 1967；Heumos 1990；1994）。これらの指摘は、チェコスロヴァキアの議会制民主主義の特徴を把握するために示唆的であるが、いずれも実証的な研究を伴うものではない。この示唆を受けつつ、社会の分節化、諸政党の特質、諸政党間の合意形成方法などを具体的に検討する必要があろう。個別政党についての研究や、マリーシュらによる政党辞典（Malíř, Marek a kol. 2005）、またカールニークの社会史的視点による通史（Kárník 1998；2000；2002；2003）の出版によって、実証的な研究の基礎は生まれつつあるが、現在のところ、ここで明らかにされたような問題にこたえる政党の実証的な研究は本国でも国外でも現れていない。

さらに前項で示した、マサリクやベネシュのデモクラシー安定化への貢献という要素と、プロポルツ・デモクラシーという要素がどのような形で両立するのか、その相互関係も明らかではない。

また、多極共存型デモクラシーやプロポルツ・デモクラシーというカテゴリーは、戦後民主制の分析の中で生まれてきたものであり、戦間期については詳しい分析はない。その成立の具体的な過程についても、明らかではない。特にチェコスロヴァキアをはじめとする、議会制民主主義を初めて政治体制として受け入れた国において、モデルのないプロポルツ・デモクラシーのような形態がどのように構築され、受け入れられたのかは、大きな謎である。当時モデルとされた、イギリスやフランスの多数派型の議会制民主主義体制とは異なる形態がなぜ、いかにして受け入れられたのであろうか。これらを明らかにするためには議会制民主主義体制をめぐる正統化の言説を考察する必要があるだろう。

デモクラシーの危機対応能力

加えて重要なのは、同じ政党間エリート妥協の仕組みに着目しつつ、その実効性、統治能力に対して批判的な見解が存在することである。ロスチャイルドはピエトカに集まったチェコの政治エリートがマイノリティ問題の扱いに失敗した点に焦点を当てており、チェコスロヴァキアの政治に関して、問題に対処できない停滞した政治であったと評価している（Rothschild 1974, 135）。チェコ政治エリートの硬直性と野党を欠くがゆえの革新性のなさという主張はホイモスにも共有されている（Heumos 1990；1994）。[8] したがって単に政党間妥協に成功し、議会制民主主義体制が安定化したというだけでは不十分であり、その民主制が十分な問題解決能力を持ったかどうかが問われよう。

特に、一九三〇年代は、世界恐慌、ファシズムの台頭、マイノリティ問題の先鋭化という危機の時期であり、政治体制の危機対応能力、適応力に光を当てる必要がある。

実際、一九三〇年代のチェコスロヴァキアについては、非常事態諸法や執行権の強化によって、権威主義体制への接近といえるような民主主義体制の変質、「強い民主主義」への転換が生じたという解釈も存在する。[9] 自由権や議会主義の一定の制約によって逆説的に民主制を防衛することに焦点を合わせた比較研究のなかでも、チェコスロヴァキアのケースが取り上げられ、この点が注目されている（Capoccia 2005, 71–107）。この議論では、チェコスロヴァキアの議会制民主主義は、適応力を持ったことになるが、その適応が議会制民主主義の枠内に止まるものか、それとも枠を超えた変質になっているかどうかという、別の問題が生じよう。

さらに、「強い民主主義」への転換については、これによって、社会経済政策上の転換が可能となったという評価も現れている。[10] 比較政治学の観点からも、世界恐慌下の社会経済政策の転換という課題に対しては、チェコスロヴァキアが北欧と同様に「赤緑連合」を構築して対応したという指摘もあるのである。[11]

チェコスロヴァキアの議会制民主主義体制は、膠着的であったのか、適応力を持っていたのか、評価は錯綜しているといえる。ここで見解を紹介した先行研究は、いずれもチェコスロヴァキア政治史についての実証分析を伴うものではなく、「強い民主主義」などの概念も明確ではない。どのような問題には膠着的であり、何に対しては適応力を見せたのかという、分節化された分析が必要である。

以上のような研究史を踏まえ、本書に課せられた課題は、第一に戦間期チェコスロヴァキアにおける議会制民主主義の安定化過程を明らかにし、その構造と動態の把握を目指すことである。その際、議会制民主主義をめぐって行われた言説の分析によって、いかなる議会制民主主義体制が、どのような論理によって正統化され、受け入れられたのかを明らかにする。第二に、この議会制民主主義の危機対応能力を見る上で、一九三〇年代の世界恐慌期に注目し、二〇年代にできた体制がいずれの危機に対し、どのような適応力を持っていたのかを明らかにする。また、政治体制に変化が生じたとすれば、それはどのようなものであったのかも考察する。

三　分析視角

この課題に応えるために、本書は、(a)多数派連合の構造と動態、(b)議会制民主主義体制をめぐる言説の二点を分析の機軸として設定する。

多数派連合の構造と動態

多党制のもとでの議会制民主主義体制の安定化には、政党の多数派連合の構造と動態が重要となる。多数派連合は、①政治システム全体に占める位置、②多数派連合内部の政党間の相互関係に二分して考察することができよう。

①の政治システム全体に占める位置に関しては、大統領との関係、政党と社会の関係、政党システムのなかで多数派がどのように構成されているかに留意し、議会と政府の関係に関して、主に構造的な分析を行う。

上述のようにこれまでの研究では、大統領マサリクの役割が注目されてきた。確かに、マサリク、後継者ベネシュ、これらを取り巻くフラト・グループの人々が与えた影響は大きい。しかし、共和国の民主主義は議会制民主主義であり、政党の作り出す多数派連合が中心的役割を果たしつづけた。したがって、ここでは大統領の役割も、多数派連合の形成、維持に果たした役割という観点から分析される。

また、諸政党は直接に、あるいは利益団体を通じて、社会の各部分を掌握し、それを背景に政治の決定権を握っていた。このような政党の性格が多数派連合に与える影響も考察する必要があろう。

政党配列のなかで多数派連合がどのように構成されるかについては、政党配列の構造分析と、時期区分による連合変化の分析を行う。戦間期のチェコスロヴァキアにおいて重要な、ドイツ系、スロヴァキア系住民をめぐるマイノリティ問題についても、本書では、この視角から分析を行う。

議会と政府の関係については、議院内閣を設立できない際に形成された官僚内閣期を主に対象とし、議会多数派と政権多数派を区別して分析する。

②の多数派連合内部の政党間関係に関しては、多数派連合の主要構成政党に焦点を合わせ、相互の力関係や利害、イデオロギー上の対立や一致に見られる構造的部分と、この構造に立脚しつつ、協働して政治的意思決定を行うための妥協や取引に見られる動態部分の双方に着目する。

特に重点を置くのは、農業党と社会民主党の関係である。両者の連合である赤緑連合の重要性については、リュッバートが既に指摘しているが、その成立の条件としては社民政党が農業労働者を組織しないという、構造的条件を挙げているにとどまっている（Luebbert 1987）。またリュッバートによると、農業党が社民党の連合相手として必要なのは、大衆的支持基盤として、すなわち都市ブルジョワ、中間層に対抗する「数」を補強する要素としてである。実際、利益代表の点からは、都市消費者の利益を代表する社民党と、農業利益を代表する農業党は対立点も多く、それにもかかわらず赤緑連合が生じた背景には世界恐慌による危機への対応のため、その「数」への期待があった。

しかし、チェコスロヴァキアでは、北欧よりも早く既に一九二九年に社民党と農業党の双方を含む連合が成立している。さらには、建国初期には「赤緑連合」の先例があり、そのほかの時期も赤と緑の両方を含む連合が常態であった。また、チェコスロヴァキアでは、一九二〇年代後半以降、農業党が最大の政党であり、「赤緑連合」にも独自の役割が存在すると思われる。本書では、農業党と社会民主党の関係を分析することによって、それを描き出したいと考えている。農業党の研究は社民党に比べてヨーロッパ全体を見ても少ないが、農民の政治的傾向に関しては、戦中戦後に関して経済的反自由主義の源としての農民に注目する研究もでており（Klausen 1998, 234-236）、それらを参考にチェコスロヴァキアの最大政党であった農業党の動向については詳細に分析を試みたい。

多数派連合政党間の妥協や取引については、合意を可能とした政党代表の集まる委員会の役割や、合意形成が争点抱き合わせの妥協によるものか、あるいは政策上の一致によるものかというポイントにも着目したい。

議会制民主主義体制をめぐる言説

第二の視角は、議会制民主主義体制をめぐる言説への注目である。議会制民主主義の安定化過程においては、英仏のモデルから逸脱しつつチェコスロヴァキアの現状にあった議会制民主主義の形を模索するため、どのような意味で議会制民主主義体制として正統化できるのかとの議論が行われていた。また、一九三〇年代には、議会制民主主義体制の危機の認識の下に、改革提案がなされ、それが議会制民主主義体制として正統化できるかが議論された。当時は、議会、政党の政治能力への不信がヨーロッパ中に広がり、チェコスロヴァキアの政治的言論でも勢いを振るった。これらの議論を、①議会制民主主義体制のモデル、②そのモデルの背景にある民主主義としての正統性の根拠をめぐる言説に焦点を絞って分析する。その際、モデルの複数性やチェコスロヴァキアの現実との適合性にも目を配り、他の民主主義モデル、ファシズム体制や権威主義モデルにおける言説と対比しつつ分析を進める。

これらの分析は相互に深く関連している。特に、多数派連合の組み合わせと合意の方法を、議会制民主主義をめぐる言説の分析と組み合わせることで、経済政策の革新に関する研究（例えばGourevitch 1986；Luebbert 1987）とは異なる角度から政治体制の変容を分析する。また、これらの分析視角は、時期ごとに異なった比重で用いられる。それによって、議会制民主主義をめぐる争点の変化も明らかにされる。

四　史　料

史料については、政党固有の文書館史料が、ドイツの占領、第二次大戦の終結、一九四八年二月の政変をそれぞれ画期とする政治情勢の変動の中で、破棄されるか隠蔽され、ほとんど現存していない。そのため、政党研究に関しては、一次史料を用いた研究の見通しは今後も乏しい。そこで本書では新聞、理論誌を中心的史料として利用する。

チェコスロヴァキアでは、一九三〇年には政治的指向性を持った定期刊行物が九百点以上発行されていた。[12] 特徴的なことにそのうち大多数の日刊紙、雑誌は政党に属していた。[13] 各政党が発行していた系列の日刊機関紙、理論誌は各党の立場、主張を理解するのに役立つ。各党は日刊紙、雑誌ともに、読者層にあわせて様々なレヴェルのものを複数発行していたが、本書では、政治過程の分析には日刊紙を、当時の問題意識や改革構想を浮かび上がらせるためには各政党の評論週刊誌を用いている。週刊誌はテーマごとの論説が中心のため、問題の定式化、分析がより鮮明に現れているからである。具体的には、農業党の『畝 *Brázda*』、社会民主党の『新しい自由 *Nová Svoboda*』、国民民主党の『青の評論 *Modrá Revue*』と『国民思想 *Národní Myšlenka*』を用いた。

さらに、独立系の日刊紙、理論誌も多数存在し、政党系とは異なるある程度客観的な情報を提供している。週刊誌『現在 *Přítomnost*』は、ブルノの日刊紙『リドヴェー・ノヴィニ *Lidové Noviny*』と同様、ペロウトカ(14)(Ferdinand Peroutka)、カレル・チャペック(Karel Čapěk)、バス(Edvard Bass)、ポラーチェク(Karel Poláček)など当時の一級の評論家、作家を擁していた。独立系といっても、民主主義的・社会改良的リベラリズム路線をとり、国民社会党の一部や、マサリク、ベネシュなどのフラト・グループに近いと考えられていた。『民主中道 *Demokratický Střed*』は、元々は国民民主党のなかの青年グループの雑誌の一つであったが、次第に同党への批判を強めていき、独立系政治評論雑誌となった。リプカ(Hubert Ripka)など、『現在』とまたがって活動する評論家もあり、『現在』と同様にリベラル左派系と評価されていた。

また、国立文書館に所蔵された、外務省による新聞のテーマ別切り抜き(Národní archiv, Praha : Ministerstvo zahraniční věcí–výstřižkový archiv)は、当時の問題状況を知る貴重な手がかりとなる。これらを相互に組み合わせることで実証的研究の端緒としたいと考えている。

五　本書の構成

第一章から第三章では、建国後の議会制民主主義体制の安定化過程を扱う。第一章では、建国期に焦点を当てる。まず前提として政党、政党システムの特色を概観したうえで、建国時の憲法体制の選択、大統領の役割、革命国民議会の下での戦後左傾化の波への対処が分析される。第二章では、ドイツ系政党とフリンカ・スロヴァキア人民党、共産党といった共和国に対する原理的反対派に囲まれたチェコ五政党が、社会経済的利害の相違を乗り越えて多数派「全国民連合」を形成し、その合意形成機関としてピェトカを作り出す過程を分析する。第三章では、一部のドイツ政党とフリンカ・スロヴァキア人民党が共和国の政治に参加する意志を示したことで、経済、社会利害に基づく、ネイション横断的な連合が形成される過程と、そのなかで行われた、チェコスロヴァキアに適合的な議会制民主主義の型をめぐる議論を分析する。

第四章以降は、世界恐慌と周辺諸国における民主主義の崩壊という新たな問題状況への対応を扱う。第四章と第五章では、多数派連合の政策決定過程の変容に焦点を合わせる。第四章では、世界恐慌への対応として、広範な社会経済利益を代表する大連合政権が作られ、新たな政策合意形成方法が模索される過程を分析する。第五章では、緊縮予算のもとで政党間の経済利益対立の調整が困難となるのに加え、ドイツとオーストリアの議会制民主主義からの離脱という新たな状況に直面する中で、経済問題に関して政府の政令に法的効力を与える授権法が導入され、政策決定過程に大きな変化が生じる過程、及びその意義を考察する。

第六章、第七章では、体制の変容が政策の内実や体制をめぐる正統化言説にまで波及していく過程を分析する。第六章では、まず経済政策レヴェルの転換を扱い、それが他のレヴェルに波及していく過程を分析する。コルナ切り下げという経済政策の転換によって、経済再生に向けて政府が積極的な介入を図る可能性が開かれる。これに対応して経済議会構想の登場など体制をめぐる言説にも変化が現れる。第七章は、一九三五年の選挙を前に、政治体制についての新しい言説が農業党によって提示され、社民党もこれに呼応する過程を対象とする。連合を離脱した国民民主党は、ネイション統合を掲げた体制批判へと向かう。それに対抗して農業党が提示したのが、農業者のみならず、労働者、商工業者も含めたすべての勤労人民へ労働の報酬を保証し、社会的公正を実現する新経済政策であり、「農民と労働者の民主主義」であった。こうして政策決定レヴェルで漸進的に始まった、チェコスロヴァキア民主主義の危機対応は、体制レヴェルの言説の再編にまで至る。

同時に、第七章では、この「農民と労働者の民主主義」という体制構想がドイツ人の間では支持を広げることなく、ネイション統合を掲げたズデーテンドイツ党が勝利する過程をも明らかにする。一九三五年の選挙は民主制の革新の画期となると同時に、その限界を決定付けることにもなる。第八章では、これらを踏まえ、一九三八年のミュンヘン協定によるチェコスロヴァキア第一共和国の終焉までを展望する。

最後に、終章においては、ミュンヘン協定受諾後の「第二共和国」期の政治体制を概観した後、本書で扱った「変容」を整理し、そのなかで作りだされた体制を比較政治学的、歴史的に位置付ける。そのなかで、戦間期中欧における議会制民主主義の試みとその限界に関する考察として、本書の持ちうる意義と、戦後の議会制民主主義体制、人民民主主義体制に向けた展望を描く。

第一章　共和国の建国

——政党による議会制民主主義体制の成立

第一次大戦の終結を目前にした一九一八年十月二十八日、プラハでチェコスロヴァキア共和国の独立が宣言された。大戦前にはどのチェコ人政治家もオーストリア・ハンガリー二重君主国内部での自治までしか構想しておらず、独立は大戦による国際的、国内的状況の変化と、それに対応した政治指導者たちの国外、国内での活動によるものであった。国外で活動していたパリの国民会議（マサリク、ベネシュら）と、国内の独立運動を担った政党勢力からなる国民委員会の両者は、十月二十八日から行われたジュネーヴでの会談で合同した。しかし、マサリク、ベネシュの帰国はそれぞれ十二月、翌年と遅れ、建国初期の国内政治の主導権は後者、すなわち国内の国民委員会と政党・政党指導者が握ることになった。

チェコスロヴァキアの独立は、新しい政治共同体を形成し、かつ政治体制を変更するという、大きな政治変動を伴うものであったのにもかかわらず、極めて順調に進んだ点が特徴的である。その要因として、前体制側が抵抗なく崩壊したことに加え、チェコ諸政党の果した役割が大きいと考えられる。二重君主国期にすでにエスタブリッシュされた存在であったチェコ諸政党・政党指導者らは、国民委員会に集結して協調し、前体制から政治権力を継承し、同時に、他の政治勢力の競合を許さない共和国の政治的意思決定の中心としての地位をいち早く確立し建国当初から政治過程における主導権を発揮した。そこでまず本章の始めにチェコ諸政党の発展状況と特徴を概観しておくことにする。

第1節　政党と政党システムの発展

一　政党による大衆的社会の部分利益の組織化

経済発展による社会的流動化を背景に、シスライタニア[1]の比較的自由な政治状況の下、一八七〇年代後半から自由主義の立場に立ち、ネイション形成を追求するナショナル・リベラル政党の青年チェコ党を中心とする政治運動が開始されていた。世紀転換期以降、政治の大衆化と共に農村―都市、教権―反教権、階級の三つの社会的クリーヴィッジにそって、社会の部分利益が分節化、組織化され、独自に政党を形成することによって、あるいはリベラル・ナショナリスト政党からの離脱による新党によって、各々政党を通じて政治の場に表出されるようになった。その後も第一次世界大戦までは、ネイションと国の枠組みの関係をめぐる問題（státoprávní otázka）がチェコの政党政治上の主要軸であり続け、これに関し異なる立場をとる複数のナショナル・リベラル政党が活発に活動していたが、さらに一九〇七年の帝国議会普通選挙の導入によって、チェコ人社会はすでに大衆組織政党時代に入っていたのである（Harna 1990b）。そこでは、第一共和国の主要五政党となる農業党、社会民主党、国民社会党、人民党、国民民主党の五党（後二者の場合、その前身政党）が確固たる基盤を築き上げつつあった。

農村、農業者の利益を代表したのは、農業党である。一八四八年の農民解放以降、ボヘミアでは商品経済に編入されたチェコ人の資本主義的農業経営が、ビート栽培を中心に形成された[2]。一八八〇年代の農業恐慌を契機に農業利益の組織化が進行する。同時に青年チェコ党内で、反教権主義的、農村民主主義の思想家、政治家であるシュチャストニー（Alfons Šťastný）が、同党の指導部に反対して独自グループを作り、一八九〇年代末に同党から離脱し、独立した農業党を形成した[3]。その後、地主、大農が、同党の中核を担うが、二十世紀に入ると大衆運動の重要性を認識するシュヴェフラら新指導層が抬頭する（Uhlíř 1971, 147）。彼らは普通選挙支持へと党の方針を変更させるとともに、経済組織、協同組合、日刊機関紙などの活動を通して小農の支持拡大に努め、農業党を近代的組織大衆政党へと転換させていった。農村諸階層の糾合を目指すこの路線は、支持層の拡大を可能にした反面、党内の利益対立という問題を党に課すこととなる。

労働者を代表する政党は、社会民主党（以後「社民党」と略記）と国民社会党に分裂していた。[4] 社民党は、一八八九年のハインフェルト綱領に基づいて社会革命の目標を掲げつつ、現実には日常的要求の実現を目指す運動を中心としていた。一方、国民社会党は、階級対立を拒否し、社会主義とナショナリズムの調和を目指す政党として誕生した。[5] 独立後は、明確に共和国を支持し、その中で漸進的社会主義を強調した。リベラリズム左派の思想潮流も同党に合流し、その影響は政教分離の主張などに現れた。両党は具体的な経済・社会政策では多く一致を見た。社民党の支持層は産業労働者に集中していたのに対し、国民社会党は公務員を含むホワイトカラー・専門家・商工業者などの中間層の支持も得ていた。

人民党は、カトリックという宗教を基礎にする点で右の三党と異なっている。[6] カトリック政治運動はモラヴィア地方で特に活発であり、十九世紀末以降ボヘミアとモラヴィアで別個に複数のカトリック政党が組織されてきた。教会がハプスブルク帝国と結び付けられていたため、独立後の共和国の公的生活においては世俗主義的空気が強かった。この厳しい状況の中で、これらの政党が合同して成立した人民党は、学校・公共生活における教会の影響力の保持に力を注いだ。人民党の支持者は小農、農村地帯の労働者が中心であった。共和国成立後、支持層は都市住民にも広がって広範な社会・経済階層にわたり、党はそれに応じた対応を迫られた。マルクス主義には反対の立場をとっていたが、貧しい階層に属する支持者に配慮し、具体的な経済・社会政策では社会主義政党と歩調を合わせざるを得なかった。また、農村にも組織を持ち、小農・農村労働者が関わる問題では農業党と競合、協力した。

青年チェコ党の系譜を引く国民民主党は、ナショナル・リベラル政党の側面と都市の工業・金融利益を代表する側面を合わせ持った政党である。[7] 同党の右派は、強硬なナショナリズムを唱え、建国後はマイノリティ、特にドイツ人の国政参加に反対し、パリ講和会議で共和国に課された義務以上にマイノリティに権利を付与することにも反対した。しかし、工業利益と繋がりを持つ左派はこうした急進的ナショナリズムからは距離をおいていた。同党は社会政策の必要性は認めたが、厳格に私有財産制を擁護し、国家の経済介入には反対した。また、教権主義に対しては否定的態度をとり、政教分離を望ましいものと考えていた。綱領上はネイション全体の利益の実現と全階層の要求の統合を唱え、ネイション糾合政党を目指していたため、あらゆる階層ごとの組織を持っていた。しかし実際には、ボヘミアの都市の比較的富裕な階層――商工業者、公務員を含むホワイトカラー層――を支持基盤としていた。

　これらチェコ人の政党は、組織面でも充実した発展を遂げ、発達した政治組織網に加え、それぞれが青年・婦人組織、文化・教育組織、体操組織を備えていた。さらに、労働組合も個々の政党ごとに組織されていた。社民党はチェコスロヴァキア労働組合連合（OSČ: Odborové sdružení Československé）（一九二六年の組合員数は四十七万五千人）と人的・組織的結合関係にあるほか、労働者体操連盟、成人教育を行う労働者アカデミー、各種の相互扶助組織や協同組合、銀行を擁した。国民社会党は、チェコ労働者同盟（同三十万人以上）を、人民党も戦後成長を遂げたキリスト教社会主義系の労働組合（同十二万五千人）や体操組織オレル（鷲の意、十二万人）を組織していた。農業党も政党直属の組織（一九二八年にはスロヴァキアも加え党員数は三十一万人）に加えて、農民騎馬隊（Selská Jizda）、農業アカデミー、農業協同組合網を組織していた（Uhlíř 1988, 80-116）。中でも農業組合中央同盟（一九二一年以降は中央協同組合）や、多数のより小さな農業利益専門連盟（ビート生産者中央連盟の一九二八年の組合員数は十二万八千人）は、農業党に広い農民層への影響力を保証した。

　また、政党は日刊紙を始めとする様々なメディアを介しても社会に浸透していた。殊に、農業党の『田園 *Venkov*』、社民党の『人民の権利 *Právo Lidu*』、国民社会党の『チェコの言葉 *České Slovo*』、人民党の『人民新聞

Lidové Listy』、国民民主党の『国民新聞 *Národní Listy*』は、政党の主張を代弁し、世論をリードする役割を果たした。

このように、チェコ諸政党は社会の諸部分利益を集約・表出すると同時に、組織、メディアを通じて利益や世論を形成し社会をリードするという機能を果たしていた。

二 多ネイション国家の政党システム

ネイションごとの多党制とパラレルな政党配列

チェコ諸政党が発展する舞台となった二重君主国のシスライタニアでは、まさに複数のネイションの社会が空間的に複雑に重なり合いつつ、構築されてきたところであった。(8) 十九世紀の最後の四半世紀には、ドイツ、チェコ、スロヴェニア、ポーランドの各ネイションごとに教育やメディア、協会、団体のネットワークが都市や農村の大衆層へ拡大し、ネイションの社会的基盤を作った。大衆政党は、そのネットワークの重要な担い手、構成要素の一つであり、当然のことながら、チェコ諸政党は、一義的にはチェコ・ネイションの社会――本書では「チェコ人社会」と表現する――から支持を受けた。そのチェコ人社会の中で、さらに社会的クリーヴィッジごとに分かれて複数の政党が形成されていったのである。他のネイションに関しても状況は同じであった。

後述するように独立後形成されるチェコスロヴァキア共和国も、二重君主国を受け継ぎ実に複雑なネイション構成を持つことになった。共和国は一九二一年の段階で千三百三十七万の人口のうち、ドイツ人三百十二万、スロヴァキア人二百万、ハンガリー人七十四万、ポーランド人七万五千人の多様なネイションを含んでいた（表1、表2）。さらにチェコ人とスロヴァキア人は公式イデオロギーでは共和国の「国民国家形成ネイション」である一つの「チェコスロヴァキア人」の二つの枝とされたが、歴史的背景を異にし、両地域の社会経済構造も異なってい

表1　チェコスロヴァキアのネイション別住民構成

母　語	1921年		1930年	
	人　口	%	人　口	%
チェコスロヴァキア語	8760937	65.51	9688770	66.91
ルテニア語	461849	3.45	549169	3.79
ドイツ語	3123568	23.36	3231688	22.32
ハンガリー語	745431	5.57	691923	4.78
ポーランド語	75853	0.57	81737	0.57
ヘブライ語，イディッシュ語	180855	1.35	186642	1.29
その他	25871	0.19	49636	0.34
チェコスロヴァキア国籍者合計	13374364	100	14479565	100
在留外国人	238808		249971	
住民合計	13613172		14729536	

Statistická ročenka Republiky Československé (Praha : Státní úřad statistický), Rothschild 1974, 89 による。

表2　地域別ネイション人口（1921）

	ボヘミア		モラヴィア・シレジア		スロヴァキア		ポトカルパツカー・ルス		共和国全体	
	人　口	%	人　口	%	人　口	%	人　口	%	人　口	%
チェコスロヴァキア人	4382788	66.6	2344620	72.4	2013792	68.1	19737	3.3	8760937	65.5
（うちスロヴァキア人）	あわせて約15000				約1978000					
ルテニア人	2007	0.0	1314	0.0	85644	2.9	372884	62.2	461849	3.5
ドイツ人	2173239	33.0	799969	24.7	139900	4.7	10460	1.7	3123568	23.4
ハンガリー人	5476	0.1	628	0.0	637183	21.5	102144	17.0	745431	5.6
ポーランド人	973	0.0	72047	2.2	2536	0.1	297	0.0	75853	0.6
ユダヤ人	11251	0.2	19016	0.6	70529	2.4	80059	13.3	180855	1.4
その他	1091	0.0	1580	0.0	8973	0.3	14227	2.4	25871	0.2
	6576825		3239174		2958557		599808		13374364	

Statistický přehled Republiky Československé, Státní úřad statistický v Praze, 1930, 8.
Václav Kural, *Konflikt Místo společenství? Češi a Němci v Československém státě (1918-1938),* Praha, 1993, 214.

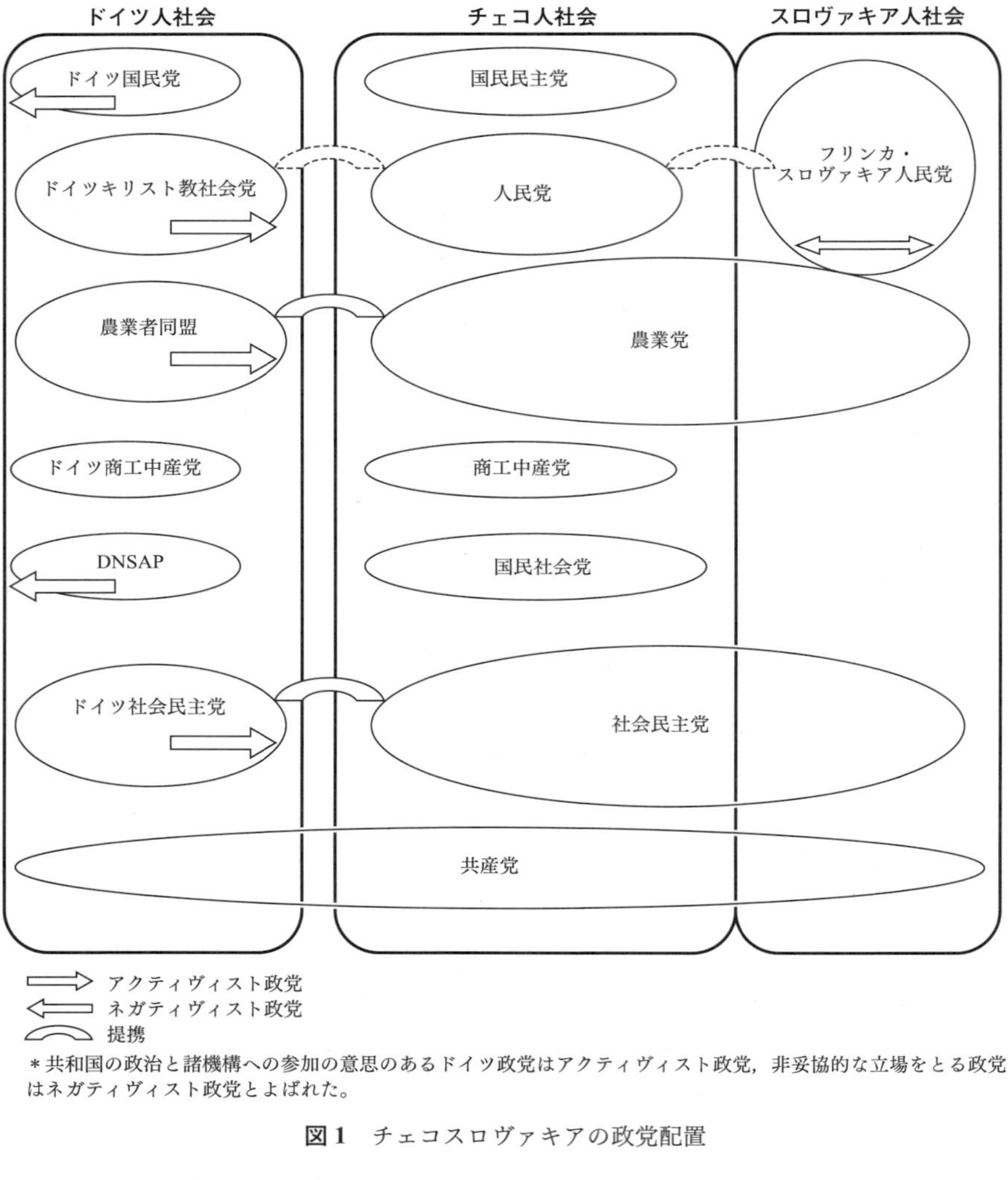

＊共和国の政治と諸機構への参加の意思のあるドイツ政党はアクティヴィスト政党，非妥協的な立場をとる政党はネガティヴィスト政党とよばれた。

図 1　チェコスロヴァキアの政党配置

た。

そのため、戦間期のチェコスロヴァキアの議会制民主主義を特徴づける第一の特質は、ネイションごとに別個の政党システムが作られていたことである。

チェコ人の政党は、建国後「チェコスロヴァキア」政党を名乗ったが、主にチェコ人社会から支持を受け、スロヴァキア人社会にも十分な支持層を広げたのは、農業党と社民党に限られていた。両党は協同組合や労働組合のネットワークもチェコとスロヴァキアの両方に展開し、二つのネイションを結びつける役割を果たした。スロヴァキアには、スロヴァキア自治運動と結びついたフリンカ・スロヴァキア人民党が形成され、社会経済利益によって結びついた農業党、社民党とは異なる原理で支持を集めていった（図1参照）。

ドイツ人の社会でも、シスライタニア期から、チェコの政党とは独立に、多様な部分利益を代表する組織や政党が発達してきた。第一共和国内の「マイノリティ」となっても、ドイツ系諸政党はそれぞれ独立を保ち、マイノリティのネイション利益を代表する単一政党に解消されることはなかった。共和国住民の四分の一を占める大きな「マイノリティ」であるため、ドイツ人社会は多様性に富み、分節化、組織化が進んだ社会であったことが原因であろう。ここでは、ドイツ国民党、ドイツキリスト教社会党、農業者同盟、ドイツ商工中産党、ドイツ国民社会主義労働者党（Deutsche Nationalsozialistische Arbeiterpartei 以下DNSAP）、ドイツ社会民主党と、チェコの政党とほぼパラレルな政党配列が形成された（図1参照）[9]。農業者同盟が設立されたのは、共和国独立以降である。大戦前から農業者の利益の組織化は進んでいたが、利益表出のための独自の政党はなかった。チェコ農業党のチェコ政党政治における優越的な地位がドイツ人の農業者同盟の設立に影響を与えたものと思われる。農業者同盟は、農業利益に関してはチェコの農業党と近く、ドイツ社民党は、チェコの社民党と、イデオロギーと労働者利益代表の立場を共有していた。このパラレルな政党配列が、政党連合形成上、重要な役割を果たすこととなる。また、ハンガリー人、ポーランド人らもドイツ人ほど分節化してはいないが、それぞれ複数の政党を持っていた。

チェコ人、スロヴァキア人、ドイツ人、ハンガリー人の主要な四つのネイションのすべてからネイションの境を越えた支持を受けていたのは、一〇%を超える得票率を誇るチェコスロヴァキア共産党のみであった。

このようにネイションごとに分かれ、その中でさらに社会経済利益ごとに政党が分岐しているため、第一共和国全体では十五を超える多党制となっていた。一党の議席割合は、最大政党でも一三%程度で、複数政党による連合政権の形成が議会制民主主義維持のためには不可欠であった。ネイションと社会経済利益によって分節化された組織大衆政党が、いかにして多数派連合政権を作りうるのかが、共和国の議会制民主主義の鍵を握ることになる。

農業党の優位

第二の特色は、組織化された農業利益が固有の政党を持っており、しかもこの政党が、最大与党として、政権の中心に位置することになったことである。

農業政党の存在は、北欧から中東欧諸国に広く見られるが、大きく分けた場合二つの類型がある。[10] 協同組合網などを足場とし、農業経営上の利益の擁護を目的とする北欧型と、農業の道徳的賞揚や農村住民の連帯などのアグラリズム・イデオロギーを唱道するバルカン型である。前者においても、十九世紀には都市対農村の価値観の対立は顕著であり、農業政党は民主化に大きな役割を果たしたが、戦間期にはその側面を失い、利益代表政党としての性格が前面に出されていた。後者においては、農業の構造上、農民の大多数が零細農や小作農であるため、農業経営上の利益による組織化は困難であった。一方、都市と農村の価値観の違いは大きく、アグラリズムに基づく動員が行われた。

チェコスロヴァキアの農業党は、農業の組織利益を代表している点で、北欧型と共通している。しかし、工業化の進んだボヘミア・モラヴィアのチェコ人社会で伸び悩む農業党は、農業中心のスロヴァキアやポトカルパツカー・ルス（ザカルパチア（表2、表3））のスロヴァキア人社会、ウクライナ人社会における得票の拡大を目指し、

表 3　地域別就業人口（1921）

	ボヘミア		モラヴィア・シレジア		スロヴァキア		ポトカルパツカー・ルス		共和国全体	
	人　口	%	人　口	%	人　口	%	人　口	%	人　口	%
農　業	1980368	29.7	1176122	35.3	1818848	60.6	410705	67.7	5386043	39.6
工　業	2734344	41.0	1272462	38.2	530192	17.7	64100	10.6	4601098	33.8
商　業	833695	12.5	343992	10.3	230638	7.7	43230	7.1	1451555	10.7
公　務	398373	6.0	178258	5.3	148007	4.9	25974	4.3	750612	5.5
その他	723802	10.9	364318	10.9	273185	9.1	62559	10.3	1423864	10.5
合　計	6670582		3335152		3000870		606568		13613172	

Statistický přehled Republiky Československé, Státní úřad statistický v Praze, 1930, 21.

土地改革、協同組合網拡大を通して自営中小農の育成と取り込みに努力する一方で、アグラリズム・イデオロギーによる動員も図った。[11] 国際的にもアグラリズム・イデオロギーを核にブルガリアのスタンボリスキと協力して各国の農業政党を集め、「緑のインターナショナル」を作り、スタンボリスキ亡き後はその中心となっている。ここに集まったのはバルカン、バルト諸国、スイスなどの農業政党であった。

このように農業党は、チェコ人社会における農業組織利益代表の政党として出発しながら、スロヴァキア人社会における支持を取り込むことによって、北欧の農業政党のような小政党に転落することなく、社会主義政党の分裂にも助けられ最大政党として強力な立場を占めた。[12] さらに、ドイツ農業者同盟との協力関係も農業党の力を強化する役割を果たした。農業利益を梃子に、ネイションの境を越えた支持、協力を作り出すことによって、農業党は政党システムの中心を占め、政権連合に常に参加し、一九二二年以降共和国の崩壊に至るまでほとんどの時期にわたって連合政権を率いる首相を輩出するのである。

農業党のように社会経済的部分利益を代表することを正面から掲げる政党が最大政党であったことは、戦間期チェコスロヴァキアの政治システムの特徴を表している。チェコスロヴァキアでは、職能身分を表す「スタヴ(stav)」という言葉で社会経済的な部分利益集団を指し、この「スタヴ」を代表する職能身分政党（stavovská strana）が多数存在した。農業党の他、ドイツの農業者同盟や、チェコとドイツの二つの商工中産党がそうである。このことは、連合政治に大きな影響を与えることになった。

社会主義政党の分裂と政権指向

農業党の優位に対し、もう一つの主要な大衆政治運動である労働者の政党は複雑に分裂しており、個々の政党の勢力は農業党のそれを凌駕することはできなかった。カトリック政党である人民党による労働者の動員はモラヴィアを除いてさしたる成功を収めなかったものの、一〇%前後の得票を誇るヨーロッパ最大規模の共産党が一九二一年に形成されたことによって労働者の支持が分断された。社会民主主義政党もネイションごとにチェコスロヴァキア社民党とドイツ社民党に分かれていた。さらにチェコ人社会においては、マルクス主義の階級対立の思想を拒否し、社会主義とナショナリズムの調和を目指す十九世紀以来の国民社会党が労働者から社会民主党に並ぶ支持を得ていた。同党はリベラリズム左派の流れも含み、漸進的社会主義を掲げる穏健な共和国支持の政党であったが、同じく社会主義とナショナリズム共存の立場をとるドイツ人のＤＮＳＡＰはドイツ本国のナチ党の源流の一つであり、ナショナリズムの方に力点を置く反体制的政党であった。

このように、労働者を代表する政党は様々な要素で分裂していたが、共和国に対して敵対的な共産党とＤＮＳＡＰを除く、三つの社会主義政党が政権参加に対して積極的であった点は当時の他のヨーロッパ諸国の社会主義政党と比べ著しい特徴をなしている。チェコスロヴァキア社民党と国民社会党は共和国建国当初から政権に参加しており、ドイツ社民党も二〇年代末から与党となった。[13] ワイマール・ドイツの社民党が大連合を去り、多くのヨーロッパ諸国の社会主義政党が、「ブルジョワ民主体制」に対して野党戦術を選択していたことに比べ、チェコスロヴァキアの社民党のプラグマティックな姿勢は際立っているといえよう。[14] 本書ではこのような社会主義政党の存在がチェコスロヴァキアの連合政治に果たした役割にも注目していく。

第2節　独立と議会制民主主義体制の選択

独立[15]

第一次大戦の開始以降、ドイツ人ナショナリズムの高揚に圧されて、チェコ諸政党は「国民全体の政治的権利の安全」を防御するために団結し、一九一六年十一月十九日には、チェコ同盟（Český svaz）とチェコ国民委員会を組織した[16]。経済的苦境とロシア革命の影響による社会状況の急進化、国外亡命者たちの独立運動の展開をうけて、チェコスロヴァキア国民委員会[17]は、帝国内改革を目指す初期の方針を修正し、一九一七年の秋から積極的に民族自決を求める運動を率いていくようになる。

チェコ諸政党は戦前からの相互対立を棚上げし、国民委員会に団結した。社民党と国民社会党は、社会主義諸政党が国民委員会では過小代表されていると考え、労働者階級の利益を代表するために九月六日社会主義者評議会を別個に組織し、十月十四日にはゼネストを呼び掛けるが、国民委員会から主導権を奪うことはできなかった[18]。ドイツ、オーストリア、ハンガリーにおけるような労働者評議会形成の動きは広がらず、労働者のエネルギーはナショナルな要求として表現され、既成労働組合への加入を通して政党のコントロール下に吸収された。

このように独立時に国内の主要な政治アクターが一体性を維持していたことがスムーズな建国を導くこととなる。

国民委員会は、十月二十八日の夕刻、チェコスロヴァキア共和国の独立を宣言する。国民委員会のメンバーら当時の政治指導者たちは、独立と同時に体制変革を行うことを意図しており、この政治変動を「革命（převrat）」と呼んでいた。しかし、十月二十八日の宣言と最初の立法で既存の法律秩序、社会秩序の保護を掲げたこと（*Boj o směr*, 90; 113）、二重君主国の行政組織をそのまま継承したことに示されるように、国民委員会は二重君主国より政治権力を引き継ぐ受け皿としての役割を果たした（Zeman 1961, 226-230）。同時に、各地の自立的な地方国民委員会をも吸収し、国民委員会はチェコ人居住地域全体の政治権力の一元的担い手となったのである（Lemberg 1993, 241）。

議会制民主主義の選択と大統領マサリク

この国民委員会を中心に、新国家の憲法的枠組みの構築が始められた。その際、国民委員会に集まったチェコ諸政党は建国当初の主要な政治アクターとしての地位を利用して、共和国の政治システムの中心に堅固な基盤を築いていった。それは、臨時憲法の定めた国制と革命国民議会の構成の二点に見ることができる。まず前者から検討する。

国民委員会は独立後すぐに臨時憲法の起草に着手し、十一月十三日にこれを発布した。一院制の革命国民議会は国権の最高機関として位置付けられ、政治的決定の権限がそこに集中するシステムが取られていた。国民議会によって選出される首相と内閣は、議会の執行委員会的存在と規定された。国家元首である大統領も議会が選出するものとされ、その権限は内閣任命権や議会解散権、立法発議権も欠き、かなり制約されたものであった[19]。

このような国制を採用した第一の理由は、二重君主国期の国制からの断絶を意図したことであった。二重君主国のシスライタニアでは、一八六七年の立憲化以降、徐々に選挙権の拡大が進められ、一九〇七年には普通選挙が導入されていた。ここで民主化の桎梏となったのは、参政権の問題よりはむしろ、議会の政治的決定権限の発達の遅れであった[20]。二重君主国では、執行権を持つ皇帝という君主的正統性が議会伸長後も維持された[21]。その中で、大部分が官僚出身である大臣は、皇帝によって任命され、彼に責任を負っていた。そして議会における立法が困難なときには、政府はしばしば緊急令による統治に訴えたのである。このような経験を持つチェコ人政党指導者たちは、独立「革命」を機に、執行権を内閣に担わせるとともにその正統性を一元的に議会に依存させ、議会が執行権をもコントロールする体制を確立することによって、民主主義体制を樹立しようとしたのである。

もう一つの理由は、政党指導者たちが議会、内閣から大統領の干渉を排除しようとしたことであった。特に建国時には、後述のように新政府は政党間の微妙なバランスの上に形成されており、政党指導者らは大統領の関与によってそのバランスが崩れることを警戒していたのである。

臨時憲法発布の翌十四日、これに基づいて国民民主党（当時はチェコ国権民主党）のクラマーシュ（Karel Kramář）を首班とする内閣とマサリク大統領が議会により選出された。しかしこの後大統領マサリクからこの国制の修正が求められることになる。

マサリクを中心とし、ベネシュ、スロヴァキア人のシュチェファーニク（Milan R. Štefánik）を主要なメンバーとする亡命政治リーダーらは大戦中、国外において協商諸国に働きかけて国際状況を動かし、独立の達成に寄与した[22]。国外の独立活動は、チェコ人とスロヴァキア人が共通国家を作って二重君主国から独立するという枠組みを早期に打ち出し、それを協商諸国政府との交渉を通して外交上具体化していくという役割を果たした。チェコ軍団という唯一の実力資源を組織し、外交交渉に用いたのも、この国外勢力であった。

以上のように建国の対外的側面において大きな役割を果たした国外勢力であったが、帰国が遅れたため、臨時憲法での国制の決定にはほとんど関与していなかった。もっとも、双方の代表としてクラマーシュとベネシュが会談したジュネーヴ会談において、議会制民主主義という国制の基本線に関して、両者は一致を見ていた（Weyr 1937, 86 ; Hapala 1968, 133）。大統領の地位に関しても、マサリクが六十八歳という高齢であったこともあり、政治の現場から距離を置いて象徴的役割を果たすのが適当であると考えられていた。ところが、アメリカから帰国したマサリクは新たな民主制の後見者として政治に参加することを望み、権限の拡張を要求した[23]。政党側は、社民党の左派の高まる攻勢を抑えるためにも、マサリクの人気と権威を必要とするようになっていた（Peroutka 1936, I, 461–462）。大統領と政党側の意見の調整の結果、一九一九年五月に議会のかなりの反対を押し切って臨時憲法の修正案が成立し、大統領権限は翌年二月に制定される一九二〇年憲法に近いものに改められることになった[24]。

一九二〇年憲法では、内閣の任命、閣議を招集し、これに同席する権限、議会解散権、法案差し戻し権、内閣の緊急政令を承認する権限が大統領に与えられた（六四条一項）。しかし、大統領権限は制限列挙であり、その他の執行権——法案発議権、政令発令権など——はすべて内閣にのみ属し（六四条二項）、行政府の長は内閣とされた。

結局、修正後も、内閣は議会に責任を持ち、その内閣が執行権の長であるという議会制の根幹は維持された。その意味では、政党指導者らの目的は一応実現したのである。

しかし、議会が首相を選ぶ、ないし、信任投票を行うという仕組みではなく、大統領に首相、閣僚の任命権、解任権があたえられたことが、意味を持ってくることになる。注意しなければならないのは、このような憲法的枠組みがどのような意味を持つかは運用の問題となる点である。大統領の首相、閣僚任命権は形式的なものとなる可能性もあったが、チェコスロヴァキア共和国の場合、マサリクによって一定の実質的意味を持つように行使されたのである。また、具体的な政治過程に関与することは大統領の憲法上の権限ではなかったが、マサリクはそれに関し必ずしも禁欲的ではなかった。共和国の現実の国制を分析するには、憲法上の枠組みに加え、大統領マサリクのリーダーシップという要素を考慮にいれる必要があるのである。

マサリクは、独立に果たした大きな役割、強い自己規律性・道徳性をそなえた人格から、「解放者大統領」とよばれ広く尊敬を集めており、非難の対象外の存在であった。この比類のない権威が彼の政治的資源となった。大統領は二期十四年までという憲法規定はマサリクには適用されず、マサリクは四回の選出によって一九一八年の建国時から一九三五年にいたるまで大統領職にとどまった。マサリクは、議会によって選出されるものの議会に依存するのではなく、自らの政治的資源を用いて、あたかも直接選挙によって選ばれた大統領や立憲君主制の君主のように、独自の正統性根拠を持つ機関の如くに行動できたのである。[25]

首相や閣僚はマサリク大統領と頻繁に会合を持ち、政治上の諸問題を話し合っていた。重大な政局、殊に首相や閣僚の進退がかかるような時には、各党の代表が次々にプラハ郊外のラーニにマサリクの館を訪れ、マサリクの意向を確認した。

そのため、共和国の実際の国制は大統領と議会がそれぞれ独自の正当性を持つ機関として対峙し、内閣はその両者の中間に立ち、大統領によって任命され、議会に責任を持つという、二元的議院制に類似した構造を持つようになったのである。[26]

このように、マサリク大統領がチェコスロヴァキア政治に強い影響力を持っていたことから、チェコスロヴァキアの民主主義の安定をマサリク大統領のリーダーシップに帰す見解が、一般にもチェコスロヴァキア史研究上も浸透している。しかし、実態と理論上の両方の面から、この見解は再考する必要があるだろう。

まず、第一共和国の政治の主体は政党であり、連合形成も政党主導で行われた。マサリク大統領の見解は個別の閣僚の人選に影響を与えることはあったが、多数派連合の構成そのものを決めるものではなかった。一九二六年のブルジョワ連合がマサリクと近い左派政党を排除するものであったことがその端的な例である。また、連合政党間の調整を行いながら政治の舵を握るのも政党政治家の役割であり、安定的な多数派形成による議会制民主主義の鍵を握っていたのは政党であった。さらに、一九三〇年代には、八十歳を過ぎたマサリクは病気などで政治の現場を離れることも多く、影響力は減少した。このような実態を考慮すると、マサリクによってチェコスロヴァキアの民主主義の安定を説明することには、限界があるといえよう。

また、理論的にも大統領が強い執行権を持つことが、民主主義の安定につながるのか、また、民主的であるか、という問題も存在する。

ポロンスキーは、チェコスロヴァキアの憲法がバルト諸国やポーランドのそれとは異なり、強力な執行権を備えていたことを政治的安定の原因としている（Polonsky 1975, 22-23；120）。しかし、議会での政党乱立による法案成立の困難から、政策変化のない惰性（イモビリズム）に陥り、政治システムのパフォーマンスが低下するという危険は、大統領の執行権のあり方の相違にかかわらず存在する。大統領制はそうした危機の際に民主的方法によってイモビリズムから脱することができず、民主主義のルールを踏み外しやすいとして、民主主義の安定にとって議会制のほうが適しているという議論もある（Valenzuela 1994, 211–217）。ワイマール共和国の末期において、議会多数派ではなく大統領に依拠する政府が議会をバイパスする政令統治を行い、民主制を空洞化させたことを忘れてはならないだろう。

第二に、マサリクの考えていた民主主義と政党指導者の考えていた議会制民主主義の間のずれを見逃してはならない。政党指導者らは民意を担う政党の政治こそが民主主義であると考えた。議会制民主主義の観点からすれば、マサリクの専門家や官僚の閣僚登用、あるいは官僚内閣は、議会主義に逆行するものであった。政党の側は議院内閣をノルムと考えており、この両者の間には緊張があったのである。(27) 例を挙げれば、一九二一年九月、官僚内閣退陣後に政党内閣が準備されていたのにもかかわらず、マサリクが自己の忠実な協力者であり非政党人であるベネシュを首相に任命した時には、主要政党は各党の主要メンバーを閣僚に送らないことで抵抗を示し、一年で内閣を交替させた。

一方マサリクは国民が民主主義を身につけるまでは時間がかかると考え、啓蒙を重要視した。政治的自由は支持するが、国民の選択は啓蒙された指導者によってチェックされなければならなかった。普通選挙で選ばれた議員の多くは、マサリクには、知識の点でも道徳的にも政治を行うには不十分に見えた。マサリクは君主国時代の議会のイモビリズムの原因を統治責任を持たない政党の党派主義に求め、それを批判していた。そして狭い自己利益から脱却し真に国民を代表する政治家＝民主的政治家が教育によって生まれるまでは民主主義の確立は不可能であると考えていたのである。(28) マサリクは民主主義を人類愛と隣人愛に基礎を置く思想的目標としてとらえ、その目標の手段として議会制が有効か否かという考え方をした。マサリクは、民衆と政治家が成熟するまで自分が民主主義を担保しようと考えたのであろう。一九二〇年代にチェコの主要五政党の代表からなるピェトカが実質的決定機構となった際、ピェトカは議会を形式的に法律に単なる承認を与える機構にしてしまうとして批判された。しかし、マサリクは本当の仕事や思考は少人数の知識と能力のある指導者によって行われると述べ、ピェトカを肯定的に評価することになる。このようなマサリクの考え方は、一九三三年の授権法制定時にも現れることになる。
マサリク大統領と共和国のデモクラシーの関係は、このように複雑な側面を持つことになるのである。

革命国民議会

政党指導者たちは議会中心の憲法的枠組みの形成に努力し、後に大統領マサリクに譲歩するものの、議会制の根幹部分は維持することに成功した。そしてその国制の要となる議会において、政党は以下のような方法で地歩を築いたのである。

共和国の最初の議会である革命国民議会は、選挙によって選ばれたものではなかった。革命国民議会は、まず一九一一年の帝国議会選挙時の各政党の勢力比に基づいて各党ごとに議席を配分し、政党が自党の割り当て人数の議員を決めるという方法で構成された（表4参照）。建国の混乱の中、領土すら不確定な状況下で、選挙を実施しがたい状況にあったのは確かであった。とはいえ、この議会が憲法制定議会とされ、一九二〇年四月まで十七カ月間も存続したことは、国民委員会の政党指導者らの意図的選択であった。彼らが選挙の実施を延期した理由として、当時政治家に近い立場にいたジャーナリストのペロウトカは、「チェコ諸政党のリーダーは、明らかに、すべての国家制度に自らの政治的意思を押し付けようとしていた。自らの政治的意思は、解放されたネイションの意思と同一とみなしうると彼らは心から信じていたのである。」（Peroutka 1936, I, 247）と述べ、そのため、建国という大政治変革への承認を民主的選挙によって獲得しようとはしなかったのだとしているが、当を得た指摘であろう。

独立と建国の過程は、政党が中心的アクターとなったことで順調に推移

表4　革命国民議会の構成

政　党	議席数
国民民主党	46
人民党	24
農業党	55
国民社会党	29
チェコ進歩党	6
社民党	53
スロヴァキア会派	41
計	254

Dejiny štátu a práva, 750.

し、政党を中心とした政治システムが早期に整った。しかしその反面、議会の正統性が不十分となり、政治の場が限定されることになったのである。

このような形で共和国の議会が開始されたことは、チェコ人以外のネイションにとってさらに重要な意味を持つことになる。

スロヴァキア人とドイツ人

これまで概観したように、共和国の建国はチェコ人中心に展開した。しかし、チェコ人は最終的に共和国の領域と確定した地域の住民の半分を占めるにすぎなかった[29]（表1、表2）。

まず、スロヴァキアの問題がある。チェコとスロヴァキアが同じ政治共同体に属することになるのは十世紀以来であり、後者は、歴史的にハンガリー王国の一部を形成していた。スロヴァキア地域で話されるスラヴ系の言語は、チェコのそれと近縁であったが、十九世紀の書き言葉としてのスロヴァキア語の形成過程で、チェコ語とは区別される別個の言語となった。ハンガリー王国の中でスロヴァキア・ネイションの形成が構想されたが、アウスグライヒのもと、ハンガリー王国は中央集権的国民国家を指向し、領域内の住民を、母語にかかわらず、ハンガリー・ネイションとして組織することを試みたため、スロヴァキア・ネイションは、シスライタニアの諸ネイションのような発達を遂げることはなく、大衆組織政党も形成されなかった。

二重君主国の崩壊時、独立の道を探ったスロヴァキア・ネイションの指導者たちは、チェコ・ネイションとの共同国家を選び、チェコ人の軍事力、外交力によってハンガリーとの間に新しい国境線が引かれた。

革命国民議会のスロヴァキア会派のメンバーは親チェコ的知識人が中心であり、一応は普通選挙を背景としているチェコ諸政党の議員に比べ、社会との乖離は大きかったといえよう[30]。

憲法制定時、スロヴァキア人政治家の一部が、共同国家の中での自治を求めたのに対し、チェコ諸政党は、ドイツ人、ハンガリー人、ポーランド人の同様の要求を牽制し、中央集権国家を選んだ。また、チェコ人とスロヴァキア人は、共に一つの「チェコスロヴァキア・ネイション」を構成し、共和国の「国民国家形成ネイション」[31]とされた。さらに、スロヴァキアはカトリック信仰が篤い地域であったのに対し、新生共和国はチェコ人のハプスブルク家と結びついたカトリック教会に対する反発を背景に、反教権主義の立場をとった。そのため、スロヴァキア・ネイションの独立性と自治を求める動きがカトリック擁護と結びついて、フリンカ神父（Andrej Hlinka）の率いるスロヴァキア人民党を中心に徐々に展開されることになる。

さらに、共和国の領土内には政治的共同体としての共和国そのものに疑問を呈していた「マイノリティ」――ドイツ人、ハンガリー人、ルテニア人、ポーランド人――が含まれていた。そのうち最大のネイションは、共和国全体の人口の四分の一、チェコの人口の三分の一を占めるドイツ人である。ドイツ政党の指導者らは、民族自決権を主張し共和国への参加を拒否した。彼らはオーストリアと共にドイツへの所属を望み、それまでの過渡的政府として、独自に四つの臨時地方政府を形成する。[32]十月の終わりから十一月の初めにかけて、チェコの国民委員会とドイツ政党指導者の間で接触が持たれたが、[33]妥協に至ることはできなかった。結局、十二月半ばまでに共和国政府がドイツ人居住地域を軍事的に占領して、支配権を確立し、臨時地方政府はウィーンに逃れることになった。この国境はパリ講和会議で合意され、ドイツ人は建国に関与できなかった共和国に「マイノリティ」として組み込まれることになる。共和国のドイツ人問題はこのような建国の過程に端を発することになる。

国境確定後、ドイツ諸政党は一九一九年六月の地方選挙に参加するなど、共和国承認へと転換した。彼らは革命国民議会に代表を送り、憲法制定に参与することを望んだが、共和国の連邦化、ドイツ人の自治を要求していたため、共和国政府、革命国民議会の受け入れるところとはならなかった（Bruegel 1973, 55）。革命国民議会は、ドイツ人を排除したまま憲法的諸法を制定し、ドイツ人は原則的反対の姿勢でこの憲法体制に臨み続けるのである。

独立の過程、および、革命国民議会に対して、チェコ人以外のネイションが十分に代表されていなかったことは、共和国の一見滑らかな滑り出しを可能にしたが、問題を後に残すものでもあった。

選挙を実施しなかったことによって、議会の正統性はチェコ人に関しても不十分であり、スロヴァキア人に関してはさらに問題があった。そしてドイツ人に関してはまったく議会に代表が送られていなかったのである。革命国民議会を舞台とする約一年半の猶予期間の間に、この限定された政治の場で共和国の形成期の課題がいかに解決されていくかが次節のテーマである。

第3節　赤緑連合の形成

一　全国民連合——対立から崩壊へ

新生共和国を担ったのは、革命国民議会の全政党、すなわち全てのチェコ政党およびスロヴァキア会派からなる連合（以後全国民連合（všenárodní koalice））に支えられたクラマーシュ内閣である。(34) この大連合は、チェコのネイションとしての権利の擁護と独立を目的とした国民委員会での協調を継承するものであった。革命国民議会形成時に選挙による政党間競合が回避されたことも、政党間協調の維持に役立っていた。

前述したように各々が区画化されたチェコ人社会の部分利益を代表する政党であるだけに、建国という事業をスムーズに遂行するためには、大連合という枠組みを作り、その中で交渉しつつ問題を解決していくことが必要であった。独立に関係する問題——国家制度の樹立や国際社会における新国家の地位確立——に関しては全政党の合意が容易に得られた。ラシーン（Alois Rašín）蔵相の通貨改革はその一例であり、その結果共和国は比較的安定した通貨を手にすることができた（Klepetář 1937, 68–69 ; Beneš 1973, 59–60）。しかし、チェコ人社会内部の利益の対立する社会経済問題に取り組み始めると、連合内部の調整の難しさが明らかになっていくのである。

クラマーシュ政権

戦争の終結、「革命」、独立が一気に実現し、共和国はユーフォリックな空気に包まれていた。それだけに、国民の生活改善への期待は大きく、その期待は不満へと変わる可能性を妊んでいた。大戦の結果、労働力・燃料・原料の不足により生産が減退し、都市住民は基本的生活物資の不足に陥っていた。その困窮を背景に、ロシア革命、ドイツ革命の報が触媒の役割を果たし、労働者の急進化が進んだ。それは労働組合員数が一九一八年の三十七万人から一九一九年には百三十万人、一九二〇年には百九十七万人に急増したことにも現れている（McDermott 1988, 252）。一方、他の東中欧諸国と同様、農村には土地所有の偏りの問題が残されていた。土地所有者の一％前後の大土地所有者が全土の約半分を所有する一方で、所有地の半数近くは〇・五ヘクタール以下の零細農であった。[35] クラマーシュ内閣にはこれらの問題への対処が求められていた。

独立は「革命」と考えられ、全チェコ政党の合意で、一定程度の社会改革が推進された。まず二十五万人にのぼる失業者を前に、一九一八年十二月十日には失業給付金法が、そして農業労働者を含む全労働者を対象に、同月十九日には八時間労働・週四十時間労働制が制定された（Young 1938, 141 ; Klepetář 1937, 63 ; 149）。一方、土地改革実施の準備として、十一月十九日には、農業省の許可なく大所領を処分することが禁じられた（Textor 1923, 20）。世襲大所領の所有者は革命国民議会に参加していないドイツ人やハンガリー人が大多数であったため、この決定もすみやかに行われたのである。

しかし社民党はさらなる改革を望み、他党との溝が深まっていく。

連合内の亀裂

社民党内部には、ロシア革命の影響を受けて戦争末期から左派が成長していた。一九一八年十二月の第十二回党大会では穏健派党指導部と急進左派の妥協が成り立ち、社民党は取り敢えず統一を保った（*Přehled* 1960, 72-74; Klepetář 1937, 61）。連合政権参加も承認され、ブルジョワ諸政党に社会改革への協力が呼びかけられた。しかし、同時にブルジョワ諸政党が社会改革に反対の場合には臨時党大会を開き、その後の進路を決定するという留保がつけられていた。

一九一九年に入ると、食糧事情の悪化などを背景に社会不安が高まり、それに力を得た左派の攻勢は次第に強化されていった。二月には独自の機関誌、三月には労働者評議会と、左派は組織的実態をも備えるようになり、それに押されるかたちで、社民党指導部も社会改革の実を挙げる必要に迫られていった（Klepetář 1937, 62）。

この時焦点となったのが土地改革問題である。土地改革の実施そのものには全党の合意があったものの、実現の方法、速度に関しては意見の相違があった[36]。社民党は、収用した土地を国有化ないし協同組合化して社会化の端緒としたいと考え、大規模な土地改革の早期実現を要求した。しかし、国民民主党や農業党の大地主層は、世襲大所領の是正以上の土地改革の実施には批判的であった。一方、農業党党首のシュヴェフラは小農、小屋住み農の支持獲得を目指し、土地収用後それを私有地として配分する考えで、農村で土地の配分の希望に関するアンケートを実施するなど運動を展開していた。このため土地改革問題の審議のために革命国民議会に設置された土地改革委員会の話し合いは一向に進展を見せず、社民党は苛立ちを募らせていた。

背景には、現行の議会、政府において、社民党が社会での実勢以下にしか代表されていないことへの不満があり、それが早期の地方選挙、議会選挙の実施要求に繋がっていた。さらに、二月には生活必需品の不足と物価の高騰に抗議するデモの波が起こり、それに対して、内相でもあるシュヴェフラや他の政党が集会の届け出を義務付ける厳格な処置に出たことが引き金となり（Peroutka 1936, II, 792）、連合政権内部の対立は一気に表面化することになった。

三月危機

三月十二日、社民党議会会派は事実上の最後通牒を議会の議員団長会議に提出した[37]。ここで社民党は、クラマーシュ内閣への不信任を表明し、議会の全政党に対して、大所領の収用の実施、鉱山・精錬所・その他の独占的大経営の収用に関するアンケートの実施、集会・出版・結社の自由に関する法律の制定、地方選挙の実施の保証を確認するよう求め、自党出身閣僚のみに信任を表明した。建国以来足並みを揃えてきた全国民連合はここに分裂の危機を迎えることになる。

社民党は『人民の権利』紙を通じて連合内の対立を公開、他政党を厳しく非難するとともに、大規模な大衆集会を開き、左派の指導者のシュメラル（Bohumír Šmeral）は世界革命や労働者評議会の設立を訴えた。戦前の選挙に基づいて決められた議席配分に不満を抱いていた社民党は、支持層の力を誇示することで、他党に圧力をかけたのである（Klepetář 1937, 62）。

この時パリ講和会議出席中のクラマーシュ首相に代わり内閣を率いていたのは農業党のシュヴェフラ内相であった。シュヴェフラは、独立当初から内相を務め、一九二二年からは三度にわたり首相を務めた共和国前半期最大の政党政治家であった。彼は公共の場を意図的に避け、非公開での密接な話合いを活用して社会の諸利益を調整し、妥協を成立させることに長けていた（Miller 1992, 127）。そのため、彼が関わった政治決定の経過を具体的に追うことは著しく困難であるが、多くの局面で彼が決定的に重要な役割を果たし、共和国の政治を巧みに誘導していたことは明らかである。この三月の危機においても彼はその手腕を発揮する。当時パリ講和会議で、チェコスロヴァキアの国境が決定されようとしていたため、シュヴェフラは諸外国に内政の安定を示すという外交上の必要性を認識していた（Peroutka 1936, II, 797-798）。また、労働者の社会不安の高まるこの時期に、社民党を政府から離脱させることは好ましくないとの内政上の判断も行ったと思われる。一方社民党は、不信任を表明したものの、国民社会党と組んでも社会主義勢力だけで政府を作る力はなかった。それゆえ、全国民連合維持に向けて妥協案が模索されることになった。

争点のうち、社民党が最重要視していたのは土地改革問題であった。[38] この問題に関して農業党の内部は分裂していたが、社民党は、まず、大地主の利益を代表するプラーシェク（Karel Prášek）農業相に対しては、土地改革を故意に遅延させているとして、シュヴェフラら小農民利益の代表者に対しては、社民党は収用した土地を国有化しようとしているが、農業党は収用地を小農民に分配するという不可能な約束をばらまいているとして、その両翼を非難していた。[39] 地方選挙問題に関しても、有利な議席配分を受けている農業党は消極的であったと思われる。従って、政府危機の打開のためには、社民党に対し農業党が譲歩する必要があった。『夕刊　人民の権利』紙は、妥協を模索する議員団長会議で農業党のみが社民党に原則的反対の立場にあったとし、「今日の状況では、連合システムの今後の運命も……責任も……農業党の手にある」と述べている。[40]

シュヴェフラは、内相として地方選挙の公示を行い、まず、この点で譲歩を行った。[41] 次に、土地改革問題については、党内の土地改革推進反対派の大地主層を抑えて、土地収用法の制定にこぎ着けた。[42] 社民党は『人民の権利』紙で、「農業党の大地主翼は、農業党内の別のグループの努力に屈した。……共和国の利益のために農業党のこの傾向が迅速に成功裡に実現されることを願う（Peroutka 1936, II, 798）。」と述べ、これを歓迎した。しかし、収用した土地の処理に関しては、必ずしも分配する必要はなく長期賃貸、協同組合有も可とした点で譲歩したのみで、詳細については先送りとし、また、集会の自由の問題、独占企業の社会化の問題も棚上げとするなど、社民党からも譲歩を取り付けた。

このようにして、全チェコ政党による政権連合は維持されることになった。けれども、ここで地方選挙が日程に上ったことで、政党間の競合が加速化し、かえって連合の内実は損なわれていくことになる。しかし、連合内部の対立状況は三月時とは異なる様相を見せ始めた。それは五月の食糧暴動をめぐる対立で明らかとなる。

五月危機――全国民連合から赤緑連合へ

五月二十二日、プラハで食糧問題を訴える労働者のデモが行われ、集会では社民党と国民社会党の閣僚が演説を行った。[43] デモは暴動化して食料品店などを襲い、翌日には地方都市にも拡大した。この暴動に対し、国民民主党と人民党は、シュヴェフラ内相に警察隊の導入を要求したが、シュヴェフラは拒否し、労働者に対して穏健な態度で臨んだ。

この事件が引金となり、五月二十八日、国民民主党は連合政権からの離脱を表明し、そのまま地方選挙を経て全国民連合は終焉を迎えることになった。

社民党は、全国民連合の枠組みは使命を終えたと考え、労働者の急進化の追い風を利用して、自党の政策がより容易に実現できる社会主義政党中心の政権を目指していた。国民民主党の辞任表明に対して、『人民の権利』紙は編集長の署名記事の中で「［講和会議はすぐに国境を確定する役割を終える。それまでの］暫定的な状況が労働者と社民党に最大の犠牲を強いたことはだれにも否定できない。……二人の閣僚の辞任は［行き詰まっている全国民］連合の最初の突破口である。」と述べ、全面的な政治の再編成を希望した。[44]

それに対して国民民主党は自党閣僚の辞任を明らかにした『国民新聞』の記事において、「社会主義諸政党は、……我々が譲歩してきたのにもかかわらず、連合の他党に対して特に国民民主党に対して不誠実である。［機関紙を通して］非社会主義諸政党に反対して煽動を行い、議会の諸政党の協力を妨げている。」と、社会主義政党中心の政権を目指して社会レヴェルの動員を続ける社民党への不満を明らかにした。[45] そして「民主的政府とはネイションの全階級、全階層の政府である。……我々は連合政権システムが共和国に有益であったと認識している、社会主義者のヘゲモニーさえなければ。」と、全国民連合の枠組みを肯定し、政党利益よりもネイション全体の利益を考慮する「誠実な」政党による連合——全国民連合、場合によっては社民党を排除した連合——を求めていた。[46]

三月から五月までは社会主義政党中心の政権連合と、全国民連合の二つの構想が競いあう時期であった。その背景には、パリ講和会議におけるチェコスロヴァキアの国境決定が進展し、外交上は全国民連合を維持する必然性がなくなったことがあった（Bruegel 1973, 44）。

このとき二つの連合構想の成否を握っていたのは農業党であった。食糧暴動への対処の仕方は、農業党のシュヴェフラ内相が社民党側に接近したことを意味する。国民民主党はシュヴェフラと社民党の接近を、連合政府とは別に事実上の政策決定を握る「第二の政府」を作るものとして非難した。五月二十六日に議会は臨時憲法を改正し、大統領に政府任命権限を付与した。社会主義諸政党はこれを内閣総辞職、新内閣発足の適切なきっかけと見なしていた。国民民主党は「第二の政府」が現実化するのを恐れ、機先を制して辞職を選び、間近に控えた地方選挙での勝利をもとに、自らの政権構想を実現しようとしたのである。

二つの連合構想の競合に最終的に決着をつけたのは、地方選挙であった。地方選挙は、一九一九年六月十五、十六の両日に実施され、得票率で社民党三〇・一％、国民社会党一五・六％、農業党二〇・五％、人民党九・七％、国民民主党八・二％という結果に終わった。[47] 社会主義両政党は合わせて四五・七％の得票を得、社会主義勢力のチェコにおける強さをあらためて示し、議席や閣僚ポストの配分で社会主義勢力が過小代表されていることが明示された。一方国民民主党は、選挙前の自信にもかかわらずかえって票を減らした。

地方選挙実施後の七月七日、シュヴェフラ首相代理は大統領に内閣の辞職を伝え、全国民連合は解体し、新たな連合に基づく内閣が形成されることになる。

二　赤緑連合

七月八日、社民党のトゥサル（Vradimír Tusar）を首相とする内閣が成立した。この内閣は社民党と農業党を中心に成立し、当時から赤緑連合（rudozelená koalice）と通称された。内閣は社民党、国民社会党、農業党が各四名、スロヴァキア会派二名、無所属一名から構成され、国民民主党と人民党は、内閣に代表を持たなかった。[48]選挙での敗北によって、国民民主党は全国民連合の正統性の根拠を獲得できず、人民党と共に政権参加の意志を示したものの、容れられなかった。施政方針演説の採決で国民民主党は棄権し、人民党は反対票を投じた。[49]

全国民連合の崩壊後、赤緑連合が形成されたことは、第一共和制の議会制民主主義の安定化過程において重要な意義を持つものであった。建国時の求心力が低下する中で、全国民連合に対して不満を持つ社民党の攻勢が強まり、ここで社民党が突出し、孤立すれば政党システムの分極化につながる可能性もあった。しかし、農業党がかなめ党（pivotal party）として社民党をつなぎ止める役割を果たしたことで、政党システム内の遠心力は増大したものの分極化には至らなかったのである。[50]

赤緑連合は、共和国の政党が妥協によって多数派連合を形成し政治責任を担う意思と能力を持っていることを示した。これは、マサリクの政党不信の原因であった二重君主国時代の行動様式から、政党が脱却できたという点で重要である。

それと同時に、この連合が、シュヴェフラのリーダーシップで、農業党がかなめ党となることによって実現したことに注意するべきであろう。[51]かなめ党となるまとまった農業政党が存在せず、安定連合を形成できなかったポーランド（中田 2008b；2011）、建国時の大連合から社民党の政権離脱、政党システムの分極化へと進んだオーストリア、農業政党が政府党に吸収されたハンガリーに比べ（平田 1992）、チェコスロヴァキアの赤緑連合の成功は重要であると考えられる。赤緑連合は、農業党がこの後第一共和制を通じて、かなめ党として連合の鍵を握り続ける端緒となった。

シュヴェフラは労働者の急進化という現状を認識し、社民党が党全体として左傾化することを押し止めるために、社民党を孤立化させないことを前提としていた。選挙の趨勢、国民民主党の社民党への敵意から、政権の赤緑連合への組み替えは不可避であった。[52] この際、社民党から首相を出すことにしたのは、社民党優遇と見えるが、むしろ統治の中心的責任を負わせることによって社民党の政権内野党化を防ぐことが目的であった（Peroutka 1936, II, 1171-1174）。そして「農民と労働者の政府」というスローガンの下、労働者層の反政府的行動を抑制しようとしたのである。この期待は、トゥサル首相の施政方針演説を歓迎する農業党議員の発言に表れている。「統治政党であることは、どの政党にとっても大きな義務です。……それゆえ、最大の民衆の階層――農民と労働者――が、政府と政府の政策に賛成投票してくれたことを歓迎します。その時、最大の階層、労働者層は、反政府、反国家であることを止め、今後生じるすべてのことに対して、共同責任を負うことを自ら望んだのです（Peroutka 1936, II, 1172）」。

このような国家的観点からの考慮だけではなく、赤緑連合によって政権党の地位を維持することには、農業党固有の利益も存在した。

まず、四月の収用法は収用の大枠を決めたのみであり、政権の座にあることは農業党にとってその後の土地改革の進展に影響力を持つために重要であった。現実に、選挙後に土地改革の執行機関として設けられた土地局は、幹部から国民民主党、人民党が外され、監督委員会も選挙の結果に応じて決められるなど、新たな政権構成を反映した構成となっていた（Textor 1923, 50-60）。更に農業党は土地分配に関する法律と、補償に関する法律の立法過程において絶えず主導権をとった。そして細目の判断を委ねられた土地局においては、長官と実務にあたる下部組織を握り、立法の段階では社民党に譲歩しながらも結局は全体に農業党、特に中小農に有利に改革を進めた（Uhlíř 1971, 142）。

第一次世界大戦後の東欧諸国の主要な課題の一つであった土地改革を実施したことは、赤緑連合の重要な業績といえる。一経営主体に属する百五十ヘクタール以上の農地、あるいは二百五十ヘクタール以上の土地が収用の対象とされ、インフレ以前の戦前価格による補償がなされた。一九三二年までに八十四万六千ヘクタールの土地が収用され分配の対象となった（Heumos 1979b, 348）。これによって零細農の土地への飢えは満たされ、農村の急進化の波は抑えられ、絶対数が増加した中小農は共和国の政治体制の忠実な支持者となった。同時に、彼らは農業党の支持基盤をも形成することになる。[53]

また、連合政権形成時の交渉で、省令による食糧徴用価格の引き上げを勝ち取るなど、[54]農業党はインフレを恐れるラシーンを擁する国民民主党と袂を分かち、社民党と取引することで、直接的利益も得ていたのである。一方の社民党は赤緑連合によって、「暫定的」な全国民連合に代えて、社会主義勢力を中心とする政権を形成できた。社会主義勢力のみの政権ではなく、農業党との連合政権であったが、多数派形成を目指す以上、これ以上社民党に好都合な政権は不可能であり、取り敢えず勝利だったといえる。この内閣の下で、社民党は期待通り、土地改革関連法案や、鉱山での工場評議会法、保険立法などの社会改革法案に主導力を発揮することができた（McDermott 1988, 29）。

しかし、それ以上明確に社会主義的方向に進むことはできなかった。憲法の制定のために、野党とも協力する必要があったこと、地方選挙の後も再編されることのなかった革命国民議会では非社会主義勢力が過半数を握っていること、まだまだ協商国の財政、政治、供給上の支援が必要であったこと、農業党との協働は不可欠であり、それがブレーキとしての役割を果たしたことが、その原因である（Peroutka 1936, II, 1163-1164）。社民党の指導者は、そのことを十分認識しており、『人民の権利』の中で「取り敢えず一歩一歩進むしかない」ことへの理解を党支持者に求めている。[55]施政方針演説のなかでも、スロヴァキア問題、外交、マイノリティ問題などを課題として挙げた後、土地改革について言及し、労働者の問題は最後に取り上げられた（*Národní shromáždění* 1928, 54-59）。そこでは生産制度の新しい組織化の必要性を説き、労働会議所の設立と鉱山の社会的支配を提案したが、トゥサル政権下で実現されることはなかった。

赤緑連合は上記のような両党指導部の対応によって成立し、維持されたが、それに不満を持つ党内の反対派も無視できない存在となっていく。

社民党指導部の穏健な姿勢は、交渉力不足は否めないものの連合政権下の妥当な選択であったが、そのためにさらに党内左派の離反を招くことになった。[56] 左派は「ブルジョワ政党」と政府連合に参加する右派執行部への攻撃を強め、十月の党代表者会議では、左派の政府からの脱退提案は拒絶されるが、左派の活動を批判する決議も否決された。遂に、十二月、左派はマルクス主義左派を名乗って独自集会を開き、プロレタリアート独裁と労働者評議会の設立を目指す綱領を採択する。

一方の農業党のシュヴェフラも党内反対派の脅威にさらされていた。彼は社民党との協力のために、五月の暴動に寛容に対処したほか、農業産品の無関税輸入、食糧徴発の容認などの譲歩を行った（Peroutka 1936, II, 1171–1174）。また、彼は土地改革をめぐっても数の多い貧農層に配慮した政策をとった。この路線に反対し、大地主層は党内反対派を形成する（Uhlíř 1971, 118–119）。さらに、一九一九年七月十七日の森や牧草地など村の共有地の使用権を従来の有力農民から全住民に拡大する村有地法をめぐり、農業党の旧来の基盤である大・中農の一部が反対派に加わり、十二月には国民民主党の援助を受けて独立政党が結成された（Peroutka 1936, II, 1175–1176）。これは二十世紀初頭以来の農業党の支持基盤拡大に伴う党内の矛盾が最も尖鋭化した時期であった。けれどもこの独立政党は農業党の強い組織力に対抗できず小規模な勢力に終わった。また、上記のように連合政府においてシュヴェフラが巧みな交渉力で、農業党に有利な政策を勝ち取っていたため、党内にこれ以上の反対派の出現を抑制できたとも考えられる。

このように赤緑連合政権において、首相は社民党出身ではあったが、農業党のシュヴェフラがかなめ党の地位を生かし終始リーダーシップを握り、その実体は「緑赤連合」であった。マサリクも、後年、シュヴェフラが赤緑連合の真のリーダーであったと述べている。[57] この連合政権のもとで、憲法的諸法の立法が行われたが、その際、各政党間の調整を行ったのもシュヴェフラであった（Klepetář 1937, 102–112）。

一九二〇年二月に憲法的諸法が採択され、四月に総選挙が実施されることが決まった。選挙を目前にして連合内の各政党は党内反対派への配慮を余儀なくされた。農業党は大・中農層への対策として村有地法修正を要求した。社民党は一度合意したにもかかわらず、投票の段階になって左派への配慮から反対票を投じ、これをきっかけに選挙直前に赤緑連合政権は倒れた。[58]

建国時の全国民連合の崩壊後に登場した赤緑連合も求心力を失うという状況下に、初の総選挙が行われた。この後、政党間関係の枠組みである議会そのものが、大きく変化し、革命国民議会から排除されていた諸勢力も政治の場に登場することとなる。次の連合は従来の諸勢力に加え、新たな諸勢力、新しい議会状況を考慮しつつ模索されなければならなかった。

第二章　全国民連合とピェトカ

——原理的野党と全国民連合の対峙

表 5　1920 年総選挙後の下院議会議席配分（ネイション別）

ハンガリー政党	議席	ドイツ政党	議席	チェコスロヴァキア政党	議席	
		ドイツ民主自由党	2			
		ドイツ国民党	12	国民民主党	19	
キリスト教社会党（ハンガリー人）	5	ドイツキリスト教社会党	9	人民党会派（人民党21・スロヴァキア人民党12）	33	
ハンガリー小農業者党	1	農業者同盟	13	農業党会派（農業党28・スロヴァキア国民共和農業党12）	40	
				商工中産党	6	
		DNSAP	5	国民社会党	24	
ドイツハンガリー社会民主党	4	ドイツ社民党	31	社民党（社民党スロヴァキア支部を含む）	74	
				モドラーチェク派	3	
計	10		72		199	
総　計						281

Národní shromáždění 1928, 1099–1100 ; *Dejiny štátu a práva*, 753.

一九二〇年四月の十八と二十五日、建国から約一年半の後、初めての国政選挙が実施された（表5参照）。

選挙は全国を下院二十二、上院十二の選挙区に分け、拘束名簿式比例代表制で行われた。[1] 選挙区ごとの第一回議席配分後、剰余票は集計され、全国一選挙区で再配分された。第一回配分で議席の約三分の二が、第二回目以降で残りの三分の一が配分され、各党の全国での得票率と議席配分率がほぼ一致する選挙制度であった。

一九一九年の地方選挙がチェコのみで行われたのに対し、今回はポトカルパツカー・ルスを除くほぼ共和国全土から二百八十一名の下院議員が選出された。ドイツ系、ハンガリー系、スロヴァキア系諸政党の登場によって、議会に議席を持つ政党、会派は十九になった。民主的議会選挙の実施とマイノリティの代表選出は、長期的観点からは政治システム全体の民主的正統性を高めるファクターである。しかし短期的には、革命国民議会では隠されていた問題を一気に噴出させ、政治システムの危機を生じさせることになった。本章では、新たな議会において、共和国に対する原則的反対派に囲まれたチェコの五主要政党が、多数派連合により議会制民主主義の安定化を目指す過程を分析する。(2)

第1節　赤緑連合の崩壊と官僚内閣

一　赤緑少数派政権

選挙後の議会情勢

新議会には次の二勢力が新たに現れた。フリンカに指導されたスロヴァキア人民党は、中央集権的で世俗主義的な共和国に反対してスロヴァキア自治と教権主義を主張し、スロヴァキア人の四分の一の支持を得た。また、ドイツ諸政党は国政選挙・議会に参加することで共和国を自らを包有する政治共同体として最終的に承認し、ナショナルな主張は継続しても、それを議会を通じて行うことを決意していた。しかし、議会の共同会派であるドイツ議会同盟（Deutsche Parlamentarische Verband）に結集した非社会主義諸政党も、それとは距離をとったＤＮＳＡＰ、ドイツ社民党も、彼らの参加なしに定められた憲法的体制への抗議の姿勢を堅持していた（Klepetář 1937, 123 ; *Národní shromáždění* 1928, 217–223）。

このように議会は、チェコとスロヴァキアの政党からなる国家の枠組みに賛成する「国家構成政党（státotvorné strany）」と、革命国民議会で決定された共和国の憲法的体制に反対するマイノリティ諸政党からなる原理的野党勢力の二陣営に大きく分かれることになり、後者が三分の一の議席を占めることになった。

さらに既存政党の内部状況や政党間の議席配分も変化し、新たな発想で連合形成に取り組む必要があった。

そのイニシアティヴを取るべき立場にあったのは、百五十万を越える得票と七十四議席を得て共和国最大の政党となった社民党執行部であった。社民党の目指した連合形態は、ネイション横断的に社民勢力を結集し、チェコ人の国民社会党とあわせて社会主義勢力中心の連合を作り、補足的に農業党を加えるものであった。しかし、ドイツ社民党党首ゼリガー（J. Seliger）が、新しく憲法を審議し直すことと、外交の見直し（協商国との同盟からの離脱）を入閣の条件としたため、[3]交渉は失敗し、社民政党主導の多数派連合形成は失敗した。このため、トゥサルは次善の策として赤緑連合の再結成の交渉に入った。

しかし、農業党のシュヴェフラは新議会の構成を考慮すると赤緑連合は過半数を得られず、安定的多数派を形成できない、としてそれには反対であった。[4]農業党が社民党の半数強の議席しか得られず赤緑連合内での影響力の低下が予想されたことも反対の理由であったと思われる。彼が提唱したのは安定的多数派を形成し、連合内の社民党の勢力を相対的に減じる全国民連合——チェコとスロヴァキアの全ての国家構成政党からなる連合——であった。国民民主党・人民党も、このような連合には参加する意思があると公式に表明した。[5]

しかし、社民党は二つの「反動政党」——国民民主党と人民党——を政府外に止めるという点は決して譲歩せず、この試みは失敗に終わった。社民党の勝利が左派のラディカルな主張への大衆の支持に負っていることは明確であり、選出議員七十四名中、二十四名がマルクス主義左派への支持を表明していた。党内で圧力を増す左派は革命は近いと判断し、四月二十九日の党代表者会議では、政権連合への参加を階級対立の隠蔽として非難し、連合と（議会）政治の場を離れて今後の展開を待つことを提案した（Peroutka 1936, III, 1738-1740）。党執行部は左派を初めて公式に「共産主義者」と呼んで非難し、プロレタリアートの代表が政府を離れることは革命的対立を準備することになると主張した。ここでは最終的決定は党大会に委ね、その開催まで暫定的に党が政権連合に参加することを認めた決議が四十一対十一で採択された。社民党執行部はこの左派の意向を考慮し、全国民連合の形成には反対したのである。

社民党を除いた多数派形成は不可能であり、議会召集を目前に農業党も赤緑連合を受け入れたが、社民党大会までの暫定的連合としてであった。[6] しかも、この連合は新議会では過半数を掌握できず、不安定性を運命づけられていた。

新赤緑連合と常置委員会

一九二〇年五月二十五日、第二次トゥサル内閣が成立した。[7] 政権連合は、チェコスロヴァキアの社民党、国民社会党と、共通の農業党会派を形成した農業党とスロヴァキア国民共和農業党によって形成された。社民党は重要な七ポストを押さえ、農業党会派は五名の閣僚を出した。国民社会党からは二名が内閣に送られた。社民党は、政府のプログラムで、社会化を前面に出すことは避け、農業者利益も重視することを約束し、農業党への配慮を示した(Peroutka 1936, III, 1744 ; 1761)。

この連合の問題点は、連合構成政党のみでは二百八十一議席中百三十八議席と、議会の過半数に至らないことであった。しかも、実質的に掌握できている議員数はさらに少なかった。社民党の左派はブルジョワ政党との政権連合に反対していた。四月二十九日の社民党代表者会議で党の政権参加を支持したものは四十一名に過ぎず、十一名は反対の決議を支持していた (*Národní shromáždění* 1928, 207-208)。社民党下院会派においても、二十三名は、五月二十七日に声明を出し、連合政権の議会主義の仮面を擁護しないと述べ、政権への否定的な立場を明らかにした(*Národní shromáždění* 1928, 229)。七十四名中、政権を支持したものは五十一名、国民社会党の中でも二十四名中十九名に過ぎなかった。このため、農業党四十名、農業党と同盟関係にある商工中産党六名を加えても、新連合政権は二百八十一議席中百十六議席しか実質的に確保できなかった。

このため、新政権の施政方針演説が採択されるかどうかについても、見通しがついていたわけではなかった(*Národní shromáždění* 1928, 229)。マサリク大統領は、各政党の議員団長を自分のところへ呼び、採択されるよう、呼びかけた。最終的には、国民民主党、ドイツ社民党、その他のドイツ政党の一部議員が投票を棄権したことによって、ようやく施政方針演説が採択された。

トゥサル赤緑少数派政権は、場合ごとに人民党、スロヴァキア人民党、商工中産党、モドラーチェク派、国民民主党のモラヴィア翼の支持・棄権を取り付けて議会内の多数派を形成した。トゥサルの施政方針演説や戦時国債法案がその方法で可決された（Peroutka 1936, III, 1759 ; Klepetář 1937, 127）。しかし、議会では野党議員が選挙民を意識した議事妨害を行い、経済上・外交上の緊急課題の審議を妨げた。しかも、社民党執行部は内部のマルクス主義左派の反対を常に意識して議会に臨まなくてはならなかった。

そこで、活用されたのが常置委員会（Stalý výbor）である。常置委員会は、議会の常任委員会の一つであり、十六名の下院議員と八名の上院議員によって構成され、議会の休会中に法的効力を持つ緊急命令を出す権限を持っていた。委員は閣僚に質問して答弁を要求し、その答弁に基づいて議論、採決を行い、議会の審議過程に準じて運営された。トゥサルは七月の半ばに議会の会期延長をあえて行わず、穀物供給問題、チェシーン問題[8]、ユーゴスラヴィアとの条約など重要な政策課題を、常置委員会を用いて解決した[9]。

トゥサル内閣は常置委員会においても過半数を持たず、アド・ホックな多数派形成という不安定さから逃れることはできなかったが、少人数の構成であることと審議が非公開であることから、常置委員会のほうが、議会より容易に多数派を形成できた。そこで、常置委員会が議会をバイパスする手段として利用されたのである。

二　チェルニー官僚内閣――赤緑連合の崩壊と多数派連合形成の困難

社会民主党の分裂

共和国の政党連合政治は、革命国民議会の下で全国民連合から出発し、経済社会的課題には赤緑連合で対応し、順調な滑り出しを見せていた。しかし、選挙に基づき、共和国の実際の政治勢力を反映する議会が選出されると、安定的多数派連合が形成できず、議会を避ける事態すら生じてしまった。

このような事態を打開する契機となったのは、社民党の分裂であった。一九二〇年春から夏にかけて労働者・社民党支持基盤におけるマルクス主義左派の勢力の伸長は明らかであった。ソ連＝ポーランド戦争もそれを促進し、マルクス主義左派は社民党執行部に対して要求を強めていった。九月五日のプラハにおける会議において、マルクス主義左派は、九月二十五日に予定されている大会でレーニンの二十一か条を受け入れコミンテルンに参加する決議を採択するよう執行部に要求するに至る（*Přehled* 1960, 118）。

党大会では少なくとも六十五％の代表がマルクス主義左派となると予測された（Klepetář 1937, 129）。党執行部穏健派のリーダーは、社民党全体がマルクス主義左派に掌握されてしまう事態を回避するためには大会前に党が分裂する以外ないと考え、既に七月の中旬、分裂の決断を内密に下していた（Peroutka 1936, III, 1961；Klepetář 1937, 130）。左派の要求はその決断を実行するきっかけとなったのである。

九月十四日、党執行部は党代表者会議と執行委員会の合同会議を召集し、共産主義を標榜するマルクス主義左派は党を去るべきであり、目前にせまった党大会に出席する権利は無い、との決議を三十九対十八で採択した（Peroutka 1936, III, 1962）。マルクス主義左派は党執行部側のこの反撃を予想しておらず、左派の指導者シュメラルはこの会議に出席すらしていなかった。このような形でついに社民党の分裂が実現された[10]。

マルクス主義左派議員二十四名の存在は党執行部の議会での行動を制約していた。また、連合形成の際、社民党執行部が全国民連合に同意できなかったのもマルクス主義左派を意識したためであった。社民党執行部のこの中途半端な立場ゆえに、議会での政党間交渉、多数派形成も手詰まり状態に陥っていたのである。党執行部がマルクス主義左派との分裂を決断することによって、この危機を打開する可能性が開かれることになる。

官僚内閣と議会内多数派連合の再形成

分裂に伴う社民党の実質的弱体化は明確であり、[11] 党が連合内で相対的に立場を弱めること、連合政権の議会運営がさらに困難になることが予想された。そしてその結果、さらに社民党の要求の実現可能性が後退すると考えられた。このような考慮から、社民党執行部は政権からの離脱を選択する (Peroutka 1936, III, 1937)。トゥサル以下の社民党閣僚は、分裂を決定した九月十四日の党代表者会議・執行委員会の場で、次のように述べ、閣僚辞職の承認を受けた。「我々の政府における地位は我々が代表している政党の力と重要性に依存している。党の弱体化は我々の政府における立場の弱体化を意味する。……［マルクス主義左派の分離という］この状況のもとでは、我々は政府に止まることはできない。我々の要求を実現するために党全体の重量を傾けることができないからである (Peroutka 1936, III, 1937)」。農業党、国民社会党もこの知らせを受けて閣僚を引き上げた (*Národní shromáždění* 1928, 231–232)。

こうして、トゥサル赤緑少数派政権は、急進的な野党の立場に立つドイツ政党やスロヴァキア人民党の攻撃によってではなく、連合政党である社民党の政権離脱が原因で崩壊した。

新連合の交渉も難航した。社民党分裂後も下院の社民党会派内で、社民党左派を名乗った議員は十八名に止まり、社民党執行部はなお五十六名を擁して最大勢力の座を維持した。社民党を除く政党連合では多数派を形成できなかった。しかし、社民党執行部は、党分裂後、マルクス主義左派と労働者層の支持を争う必要があり、「ブルジョワ」政党との明確な連合に入り、労働者にとって必ずしも有利とはいえない政策を行う連合政権を担うのは重荷であり (Peroutka 1936, III, 1939)、入閣を拒んだ。しかも、社民党を除いた少数派政権という選択肢も、労働者問題が最大の焦点となっているときに実現可能性はなかった。こうして、政党内閣の可能性は社民党の政権参加拒否によって行き詰まってしまったのである。

ここで選択されたのは官僚内閣という解であった。トゥサルとシュヴェフラの提案に従って、マサリクはモラヴィアの州長官を務めていたチェルニー (Jan Černý) を首相に任命し、一九二〇年九月十五日、専門家のみで構成された官僚内閣が成立した (Peroutka 1936, III, 1940)。内閣のメンバーのうち、ベネシュとエングリシュ (Karel Engliš) のみが下院議員であり、彼らも所属党の代表として入閣したわけではなかった。その他はチェルニー首相を含め官僚であった。

官僚内閣の設置は、議会の危機のしるしであり、民主共和国においては、異常な事態であるとみなされた。しかし、この官僚内閣は、たとえば大統領のイニシアティヴによって形成され大統領緊急権によって担保されるタイプの「大統領内閣」とは異なる。官僚内閣を選択したのはトゥサルとシュヴェフラという政党指導者であり、チェルニーが選ばれたのも、同郷のトゥサルの推薦によるものであった。また、立法は依然として議会の多数派形成を通して行われた。政党政治家も大統領マサリクも、官僚内閣をあくまで臨時とし、政治的に意味がある政策を積極的に行うのではなく、任務を行政に限定することによって、官僚内閣の存在を容認した (Peroutka 1936, III, 1939)。そのことは、マサリクが、チェルニーへの首相任命の手紙に「あなたの内閣は任務遂行の内閣でなくてはなりません。[その内容は] 前内閣の方向性からのわずかな逸脱をも意味しません。あなたの政府は臨時のものではありますが、政府全体も、閣僚一人ひとりも行政任務に努力することを希望します (*Národní shromáždění* 1928, 239)」と書いていることにも表れている。

諸政党指導者にとって、官僚内閣はマルクス主義左派の攻勢という事態を、社民党執行部が直接関与せずに収拾する暫定的手段であった。この内閣の性格は次の外務省の大使館への訓示に示されている。「[外交問題の解決] の次に来る課題は内政状況の安定化である。……国家に危機を及ぼすこと無く状況を固定化するために、政党の配慮 [註：社民党の労働者利益への配慮を指す] に縛られない暫定政府の設立が決定された。この政府は政府の権威の強化と……ボルシェヴィズムとの決定的な戦いの実現に努力する。」(*Boj o směr*, II, 151)。

しかし、諸政党は原則的にチェルニー内閣を支持していたとはいえ、その支持は是々非々のものであった。トゥサル赤緑少数派政権は、少なくとも三党の一致した支持を基盤にしていたのに対し、チェルニー首相は政策ごとに各政党の個別の支持を集め、多数派を形成しなければならなかった。

政権設立当初、チェルニー官僚内閣の施政方針演説が、議会で採択されるかどうかは明らかではなかった。チェルニー首相は施政方針演説を九月二十九日に議会ではなく、常置委員会に対して表明し、常置委員会の側は、ここは施政方針演説を議論する場ではないとして、議論や採否の投票を行わなかった（*Národní shromáždění* 1928, 239）。議会が開催されないまま、社民党の党内対立が激化し、物理的衝突にまで発展し、十月二十一日には社民党の議会会派から、下院議員二十二名、上院議員五名の左派が分離し、後に共産党となる独自の社民左派会派を形成した。この分離によって、社民党の政治的立場は中道よりとなり、議会で官僚内閣を支持することが可能となった。

また、チェルニー首相は、施政方針演説の採否を、一九二一年度予算案の採否と結び付けて提示し、「国家構成政党」すべてに対し、支持を呼びかけた（Klepetář 1937, 137）。この結果、十一月十二日の下院議会では、施政方針演説がチェコとスロヴァキアの諸政党により支持された。社民左派会派は反対し、ドイツ議会同盟のメンバーは欠席した。ドイツ議会同盟の欠席は、エーガー（ヘプ）のヨーゼフ皇帝の記念碑をチェコ系住民が駐屯軍の支持の下撤去した事件に抗議して、十一月二十三日まで議会をボイコットしたものだった（Klepetář 1937, 155；*Národní shromáždění* 1928, 239）。チェルニー首相は政策によってはドイツ諸政党の支持も得たいと考えていたが、この問題で国内のドイツ人とチェコ人の関係が緊迫化したため、困難となった。ドイツ諸政党は十二月にも私鉄の国有化をめぐり議事妨害を展開する。

対立状況は、議会内に止まらず、左派系労働者のストライキ攻勢と、ドイツ系住民の抗議運動で、一九二〇年から一九二一年にかけて共和国は騒然とした空気に包まれた。

社民左派に対する取り締まりに対しては、チェルニー内閣は施政方針演説を支持したチェコとスロヴァキアの諸政党の支持を受け、断固たる措置を取った（*Národní shromáždění* 1928, 254）。社民党執行部とマルクス主義左派の対立は、社民党党本部と印刷所のある「人民の家」（Lidový dům）の所有をめぐって顕在化した。一九二〇年の十二月九日、社民党執行部の判決執行の要請に応じて、警官隊が「人民の家」からマルクス主義左派を実力により撤収させた。左派はゼネストに訴えて対抗したが、労働組合連合が中立を維持し、政府も鎮圧にあたったため、早急に収拾された。これをきっかけに急進的労働運動の波は急速に衰えていった。さらに、一九二一年六月には、失業給付金に関して、基盤の堅固な社民党系の労組に有利で、歴史が浅く資金力のない共産党系組合には不利なヘント・システムが導入された[12]（Mamatey 1973b, 106）。マルクス主義左派の政治活動の自由は保障され、一九二一年マルクス主義左派は共産党を形成し、同党は共和国の期間を通じて約一割の得票率を得る政党に成長するが、政治の決定の場からは排除された存在に止まることになる。

しかし、経済関連の政策に関しては、チェルニー政権は、議会で政府法案を支持する多数派を形成することができず、何度か敗北を喫することになった。既に常置委員会においても、砂糖価格についての政府提案は農業党と国民民主党の賛成しか得ることができず、社民党、国民社会党、人民党、ドイツ諸政党の反対で否決され、価格引き下げの上、再提案せざるを得なかった。また、十一月には、公務員俸給の特別引き上げ措置に関して、エングリシュ蔵相が十五億コルナを準備したのに対し、議会で社民党と国民社会党がより多額の予算を必要とするように法案を修正した（Klepetář 1937, 138 ; *Národní shromáždění* 1928, 264）。エングリシュ蔵相は即座に辞任を申し出るが、慰留され、上院も政府案支持で法案を下院に差し戻したため、留任した。さらに、一九二一年一月には食糧供給相プルーシャ（L. Průša）の国民配給制度廃止、小麦価格引き上げの法案が、チェコの国民社会党、社民党の強い反対を受けた。両党はさらにドイツ社民党、社民左派とも同盟を結んで現状維持を要求し、窮地に立たされたプルーシャ食糧供給相は辞任を求め受理された（*Národní shromáždění* 1928, 265）。

このように官僚内閣は、議会内でドイツ諸政党と社民左派会派と敵対し、チェコとスロヴァキアの諸政党からも一貫した支持を受けることはできなかった。チェルニー首相は、議会での政府法案への否決を甘受し、辞任などの手段をとることなく忍耐強く任務を続けた（Klepetář 1937, 136）。一九二一年春からは、財政と食糧計画という二つの緊急課題に直面し、官僚内閣は慢性的危機に陥った。そのため、下院は四月一日から五月十八日、五月二十日から五月三十一日、六月一日から六月二十四日まで休会に入るしかなかった（*Národní shromáždění* 1928, 266）。

議会の多数派形成が困難なときの選択肢として、官僚内閣が存在することは、議会制民主主義体制の固定化途上における多数派形成の混乱を一時的に抑える方策として有効であった。官僚内閣という選択肢の存在は、二元的立憲制の伝統に影響を受けている。マサリクの要求によって、憲法に大統領の首相任命権が盛り込まれたことも、政党指導者以外を首相に任命する道をつけていた。

但し、政党政治家らの議会制民主主義体制の規範的判断からは、官僚内閣は望ましくなく、あくまで臨時措置として許容されるにすぎなかった。また、実質的な多数派形成の点から見ると、政権と政党の関係は不安定であり、官僚内閣の首相による議会多数派工作は、国民的利益に関わるものではチェコスロヴァキア政党の支持を得たものの、経済問題ではしばしば失敗している。この状態では、官僚内閣が議会制民主主義固定化過程の一時しのぎ以上の役割は望めなかった。

三　ピェトカの成立と全国民連合

議会レヴェルでの全国民連合の成立

この事態に対処するために、チェコとスロヴァキアの主要五会派である農業党、国民民主党、社民党、国民社会党、人民党によって、徐々に議会レヴェルで恒常的な多数派の形成が進められた。

一九二〇年の秋には記念碑破壊事件によって、ドイツ人とチェコ人のナショナリズム的緊張が尖鋭化し、ドイツ諸政党との協力可能性はさらに減少した。そのため、過半数を獲得できるのはチェコとスロヴァキアのすべての国家構成政党からなる全国民連合のみであることが明らかになった。

官僚内閣が政権責任を負っているため、議会レヴェルでの政党連合の負担は軽減され、社民党が全国民連合に加わっても政権の責任を直接負う必要はなくなっていた。このため、社民党は官僚内閣成立後、徐々に国民民主党・人民党をも含んだ全国民連合への参加へと向かった。社民党が、社民党以外のチェコ諸政党を少数連合状態に放置することを選ばず、消極的ながら全国民連合を受け入れ、連合の中で自党の支持階層の要求を実現するという方向に転換したことは、議会政治の安定化の重要な一歩であった。左右の政党間を橋渡しし、この連合形成の鍵を握ったのも農業党のシュヴェフラであった。官僚内閣は確かに議会政治の後退ではあったが、その代わりに、社民党のみならず全国民連合全体にとって、政策を一致させる際の支持者層に対する考慮の負荷を減じ、連合の出発を容易にしたのである。

政権レヴェルでの連合形成と異なり、議会レヴェルでこのような連合が形成されていく過程は可視的ではない。五党の指導的政治家は、議会の不穏で不明瞭な状況下、一九二一年一月から既に集まり、合意形成を試みていた(*Národní shromáždění* 1928, 267; Klepetář 1937, 161)。この会合は、チェコ語で「ピェトカ」の名でよばれ、財政問題、食糧問題に対し合意形成し、官僚内閣の行動に対して議会で共同歩調をとれるよう試みた。ピェトカで恒常的協力の合意が形成されたのは、一九二一年六月中ごろであり、この時点で全国民連合が成立したといえよう。その後も、ピェトカは常設の合意形成機関として継続されることになった。

議会レヴェルでの多数派連合の成立によって、チェルニー内閣はこの連合との交渉による立法が可能となり、選挙以来、初めて議会での立法に安定性が得られたのである。しかし、議会内に多数派が形成されると、政党政治家らは一九二一年秋の議会会期をめどに、議院内閣の再建を目指すようになった。社民党は依然として最大会派であるが、共産党からの攻撃にさらされていたので、第二党の農業党から、ピェトカ形成にも尽力した党首シュヴェフラが首相を引き受けることになった。一九二一年九月、シュヴェフラはピェトカ各会派と交渉を始め、九月末にはシュヴェフラの内閣はほぼ完成し、チェルニー官僚内閣はこれを待って辞任した。

以上のように、チェコスロヴァキアでは、議会の多数派が直接政権を握る議院内閣制を実現できない場合、官僚内閣によって政党の連合負担を緩和することが、議会レヴェルの多数派形成を促進する効果を持った。また、議会多数派形成後、すぐ議院内閣が目指されたことから、議会政党は、状況がかなえば官僚内閣より議院内閣を選好することも確認できよう。

ピェトカ――政党間関係の定型化

さらに、この際生まれたピェトカが恒常的機関となったことで、多数派連合間の合意形成の制度化が進んだ点も注目に値する。

建国時の全国民連合が革命国民議会のすべての政党会派によって形成されていたのに対し、新しい全国民連合は拡大した議会の中で唯一の可能な多数派連合として形成された。この枠のなかで全メンバーが合意できる政策を形成する試みがなされ、チェコ主要五政党間の妥協による政治が成立していく。チェコスロヴァキアのユニークな点は、偶然の状況によって、政党間交渉・妥協がピェトカという場で包括的かつ定型的に行われるようになったことである。ピェトカは、最初、議会レヴェルの政党連合の連絡機関として設立され、官僚内閣継続中の暫定的機関と考えられていた。しかし、この機関は、同時に、五主要政党の政策交渉・妥協の場として機能し、政党連合が直接政権を形成した後もその役割を果たし続けることになる。

ピェトカには、議会の議席保有数にかかわらず一党から一人の代表が出席し、彼らの間で、妥協が獲得されるまで密接な交渉が行われた。ピェトカにおける決定は全員一致でなされた。各政党は、党勢にかかわらず、少なくとも形式上は平等なパートナーとされ、各々が拒否権を持ったのである。ピェトカでの合意は決定後は議会委員会での小さな変更を除いて重要な変更は認められず、全国民連合はピェトカでの合意が議会を通過するよう協力した。

各党からは、公式の党首や会派代表とは限らず、党内で最も力のある人物がピェトカに代表として出席した。農業党はシュヴェフラ、社民党はベヒニェ（Rudolf Bechyně）、国民社会党はストゥシーブルニー（Jiří Stříbrný）、人民党はシュラーメク（Jan Šrámek）、国民民主党はラシーンが代表した。彼らは第一次大戦中、国民委員会に集まったメンバーであり、二重君主国からチェコスロヴァキア共和国への「革命（převrat）」を指導した。(13) シュヴェフラとストゥシーブルニーは一九一八年十月二十八日の建国時にプラハの旧市街広場でチェコスロヴァキア共和国の主権を宣言した「十月二十八日の男たち」のメンバーであった。このように、ピェトカのメンバーは、戦争、独立の体験を通して密接な相互関係にあり、この個人的信頼関係が交渉と妥協を可能にした要因のひとつであった。

さらに、拘束名簿式の比例代表制と選挙裁判所法によって政党指導者の議員統制が制度化され、ピェトカによる合意が各政党内で貫徹することが保証されていたこともピェトカを側面から支える要因となった。(14) ピェトカの会合はすべて非公開であり記録も残されていない。ピェトカにおける交渉と妥協の中心人物はシュヴェフラであったといわれているが、具体的なことは不明である。

ピェトカに関しては、同時代的にも、後世の歴史家からも、次のような批判がなされている。第一に、ピェトカが非憲法的機関であるのにもかかわらず実質的政治決定を行っていること、民主的統制の手段を欠く機関であることが批判される（Harna 1990a, 28–35）。それに関してペロウトカは「有能な目的意識の明確な政治家に、他のぐずぐずした怠惰な責任感のない近視眼の政治家より大きな影響力を持つ権利を憲法自身は与えない。しかし、そうであるし、そうなるものなのだ。」とアイロニカルに述べている（Peroutka 1936, IV, 2159–2164）。

第二は、ピェトカによる政治は、有意な政党間の競争、政権交代のない不完全なデモクラシーであるという批判である（Táborský 1945, 108–111；156–157）。しかし、議会選挙の後、共和国の憲法的体制に異議を持つドイツ諸政党とスロヴァキア人民党、さらにマルクス主義左派の圧力の前に、唯一の可能な多数派連合は全国民連合であった。この時点では他の選択肢はありえなかったのである。議会の多数派に支えられず、少数派内閣や官僚内閣は、アド・ホックな連合形成や、常置委員会に頼っていた。議会を通して立法をおこなうためにはチェコ五政党の多数派連合が必要であった。

異なる部分利益を代表するチェコ五党の連合は立法能力のないイモビリズムに陥る可能性がある。この連合がピェトカという政党間交渉、妥協の定式化の手法を得て、チェコスロヴァキアの議会政治は実行力と安定性を兼ね備えたものとなったのである。上述の条件の中で、最大限、議会による政治を守るために、ピェトカは必要であったといえるのではないだろうか。(15)

四　ベネシュ半議会、半専門家内閣

チェルニー官僚内閣の辞任にもかかわらず、全国民連合に基づく議院内閣を準備していたシュヴェフラは、突然病気を理由に首相就任をあきらめ、ベネシュが首相を引き受けることになった。シュヴェフラ内閣の構想は完成しており、シュヴェフラの辞退は突然で各党にとっても不意打ちであった。ベネシュは政党人とはいえず、ベネシュ内閣は、半議会、半専門家内閣ともいうべき性格を持った。こうして、議会における全国民連合の完成にもかかわらず、議院内閣の再生は先送りされることになった。

これまでの歴史家は、同時代のジャーナリスト、クレペターシュのように、シュヴェフラのこのときの病は政治上の判断で病気を装った「政治的病」ではなく真の病であり、各党派間のポスト調整に心身共に消耗し、持病を悪化させたと解釈している。しかし、近年、シュヴェフラと農業党の歴史を研究するミラーは、大統領マサリクがシュヴェフラと閣僚構成について対立し、シュヴェフラをはずしてベネシュを首相にし、シュヴェフラは排除されたため病気を理由に辞退したとの解釈を示している（Miller 1999, 80)。ミラーによれば対立の焦点となったのは、シュヴェフラは、各党が決まった官庁を縄張りとするのを是認し、各党の大物政治家を起用しようとしたのに対し、マサリクはそれに反対し、政党の関係官庁の独占を阻止するために、各党の二番手の政治家の閣僚起用を要求したことであった。シュヴェフラの病気の真偽は不明であるが、ベネシュが首相となったのは、大統領マサリクの強い介入によるものであるのは確かである。マサリクが大統領としての首相任命権を実質的に利用して首相の人事に介入したケースといえる。

このベネシュ内閣の成立の経緯において、大統領マサリクと政党指導者らの議会制民主主義の捉え方の相違が最も尖鋭になった。政党政治家にとって、官僚内閣は暫定的なものであって、ノルムは政党内閣であり、首相、内閣は政党の支持を前提条件にすると考えられていたが、マサリクは専門家の必要性を重視しており、大統領の首相任命権をより実質的なものと考えていたのである。

しかし、大統領マサリクが影響を与えられたのは、首相の人選のみで、閣僚の人事や施政方針演説は、実際には全国民連合とピェトカが決定していた（Miller 1999, 82）。閣僚は農業党、社民党、国民社会党からは各三名、人民党は二名、国民民主党は一名（その他に国民民主党系の官僚を一名）、専門家官僚三名から構成されていた。シュヴェフラを始め、ピェトカのメンバーは人民党のシュラーメク以外は入閣せず、その点では、マサリクの大物政治家を阻止するという意図が実現したようにも見えるが、農業党は農相と内相（農業党に近い官僚の起用）、社民党は社会保障相、国民民主党は蔵相と、それぞれの縄張りのポストを確保し、政党の関係官庁の独占阻止とはいえなかった（Miller 1999, 81）。ベネシュ内閣は、本格的な議院内閣ではないが、全国民連合に支えられた、半議会半専門家内閣とみなされた（*Národní shromáždění* 1928, 268）。また、ベネシュ首相が外相も兼任していたことからも、長期的な内閣ではなく、臨時の構成と考えられた。

ベネシュ内閣の施政方針演説は十月二十一日に五つの主要会派（百五十六議席）とチェコスロヴァキア商工中産党（六議席）の賛成で、百六十二票の過半数で採択された（*Národní shromáždění* 1928, 268–277）。政権プログラムの内容は、左右のどの連合構成政党にも受け入れられる具体的なもので、政治的、社会的な方向性を示すものではなかった（Klepetář 1937, 165）。また、国内のドイツ問題については言明を避けた。

施政方針演説の時点では、安定的な多数派であったが、ひと月後の十一月二十六日には、スロヴァキア人民党がチェコスロヴァキア人民党との共通会派を脱し、独自会派を作って野党化したことで、連合の多数は十二票減じることになる（*Národní shromáždění* 1928, 277-278；Klepetář 1937, 180）。ベネシュ政権は一九二二年度の予算案をわずかな多数で通すことになった。

スロヴァキア人民党の政権連合離脱は、政府の反教権主義政策への反発が原因で、特に世俗化政策からスロヴァキアのカトリック系ギムナジウムが閉鎖されたことがきっかけであった。スロヴァキア人民党は、さらにスロヴァキアの経済危機や、裁判所人事、教会人事などへの不満から、中央政府からの自治を要求し、アメリカのピッツバークでスロヴァキア移民とマサリクが交わしたスロヴァキア自治の約束を履行するようにと求め、共和国の現状の枠組みに対する反対を強めていった。

一方ドイツ諸政党には逆に宥和的な動きも見られた。一九二一年十月にドイツ議会同盟は共和国の枠組みそのものを否定する立場をやめ、ドイツ社民党もポジティブな活動の準備を表明した。

しかし、ネガティブな立場を堅持するドイツ国民党、DNSAPや共産党は、議会で激しい議事妨害を展開した。典型的な議事妨害の方法は、二重君主国期のウィーン議会から受け継いだ指揮台コンサート（Pultdeckelkonzert）とよばれるもので、議場の机を叩いたり蓋を開閉して音を出し、議会での討論を不可能にさせた。ホルンなど本物の楽器が持ち込まれることもあった（Klepetář 1937, 172）。共産党であれば闘争歌「赤旗」、ドイツ政党であればドイツ国歌を歌うことも定石であった。一九二二年一月の軍備のための追加融資保障法案の際には、ドイツ国民党の議員が悪臭弾を下院議長に向けて投げつける事態や、ボヘミア北部と中南部に路線を持つアウシッヒ＝テプリッツ鉄道の国有化法案に対し、国有化がドイツ人鉄道員の失職につながる危惧から、長大な抗議演説を続けたドイツ国民党のユング議員が議場から強制的に退場させられ、これに抗議してドイツ議会同盟の議員が議場を去る事態も生じた（*Národní shromáždění* 1928, 279；Klepetář 1937, 172）。

このような原理的野党の議会での攻撃に加え、議会多数派とベネシュ政権の関係も良好ではなかった。議会多数派を担っていたピェトカの政党指導者にとって、ベネシュは第一次大戦中にマサリクの片腕として急に登場してきた新顔であった。シュヴェフラなどベネシュの外交手段を認めるものも、内政の手腕は未知数と感じていた。ベネシュの首相任命の経緯が政党指導者の反感に拍車をかけた（Miller 1999, 81-83）。政党指導者らはベネシュ政権成立直後から、純粋な議院内閣への交代を模索し、ベネシュも早くも一九二二年の一月には政権の交代を希望した。しかし、チェコスロヴァキアの外交上の顔であるベネシュを首相から早くおろすことは、対外的に問題があり、代わりの首相の候補も具体化せず、そのままベネシュ政権を容認することになった。首相ベネシュの側もピェトカに不信感を抱いていた。ピェトカが議員立法を用いてベネシュの好まない政策を法制化した例もあり、一九二二年四月のジェノヴァ会議でプラハを留守にする際には、閣僚に対し、ピェトカは政府と与党多数派の仲介者に過ぎず、イニシアティヴは政府にあることを認めさせる文書に署名を求めるほどであった。この政権には、議会制民主主義体制に対する政党指導者とマサリク大統領の捉え方の相違が現れている。

大統領による政党指導者以外の首相任命は、チェルニー官僚内閣のように政党間で議会多数派が形成困難なときには政党側にとってもメリットがあり許容されたが、議会多数派が形成された場合、議院内閣が望ましく、規範的にも正統化されるものであった。それに対し、マサリク大統領は、政権が議会に基礎を置くことを議会制民主主義の重要な要素として認める一方で、純粋な議院内閣には政党の国家機構の割拠化を招くという欠点も見ていた。また、大統領の首相任命権は実質的なものであり、内閣に大統領の任命に基礎を置く専門家を入れることは可能であり、国家にとってよりよい選択肢と考えていた。

実質的には議会多数派を構成する政党側がイニシアティヴを握り、ベネシュ首相は、大統領マサリクの後ろ盾があっても、議会多数派連合の協力なしには政策決定、実施を進めることができなかった。また、連合の意思決定機関であるピェトカと、政府の意思決定機関である内閣が、人的にもリーダーシップ上も一致していないことから、両者の間に主導権争いが生じたことは、今後の連合の意思決定の場をめぐる模索を分析する上で、示唆的である。

第2節　全国民連合政権

一　シュヴェフラ全国民連合内閣

本格的議院内閣が再生するのは、一九二二年十月七日のシュヴェフラ内閣成立を待たなければならなかった。この内閣には、シュヴェフラを始めとする全国民連合の諸政党の代表的政治家が参加した。全国民連合の意思決定機関となっていたピェトカのメンバーも全員この内閣の閣僚となっている。農業党、国民社会党、社民党が各四名、国民民主党と人民党が各二名の閣僚を出し、議員外の閣僚は一名のみであった（*Národní shromáždění* 1928, 287 ; Klepetář 1937, 181)。この連合政権の成立をもって、議会と政府は再び安定した政党の多数派連合によって結び付けられたのである。シュヴェフラの施政方針演説は、一九二二年十月二十七日に下院で百五十六票を得て可決された（*Národní shromáždění* 1928, 297)。一九二三年度から一九二六年度までの予算も同じ多数派によって支持された。この内閣は一九二五年十二月まで継続し、第一共和国で最も長期間存続した内閣となった。

多数派連合は、前内閣から一貫して全国民連合で変わらず、連合政権形成時に議論されたのは、もっぱらポストの配分であった。各党が自党の縄張りとみなすポストを維持しようとするために、この作業が一層困難になった。政権のプログラムについては、全般的な議論は行われなかった。シュヴェフラ新首相は社会の進むべき方向性など深い考えに基づいたプログラムを好まず、施政方針演説も政治的日常のアクチュアルな問題を淡々と取り上げるものであった（*Národní shromáždění* 1928, 288-294 ; Klepetář 1937, 183)。但し、国民民主党から蔵相に推挙されたラシーンは、蔵相受諾の条件として、他の連合政党が彼のデフレ財政政策を受け入れることを要求した（Klepetář 1937, 181）。ラシーンの政策は、チェコスロヴァキアの通貨コルナの相対的価値を引き上げることを目的とするもので、経済危機の折、犠牲を強いることが予想され、他の連合政党は長い逡巡の末、やむなくこれに合意した。

「全国民連合」は、スロヴァキア人民党を除くチェコとスロヴァキアネイションの政党全体の連合としてこのようによばれた。この全国民連合のシュヴェフラ内閣に対して野党の立場に立ったのは、官僚内閣、ベネシュ内閣時と同様にドイツ諸政党、共産党、それにスロヴァキア人民党であった。厳しい経済不況の時期であり、ナショナルな問題に加えて、ラシーンの政策に関し経済問題をめぐる対立が生じた。

ラシーン蔵相は、一九二二年秋、平価切り上げ実現にむけ、価格、給与、賃金の全般的引き下げを試み、経済の健全化を図ろうとした（Klepetář 1937, 185；*Národní shromáždění* 1928, 298）。失業者の増加もやむをえないとし、世論の攻撃の的となったラシーンは、一九二三年一月五日に共産主義の経歴のある精神障害の青年に狙撃され、六週間後に五十五歳で死亡した。政治的テロリズムはチェコスロヴァキアでは珍しく、衝撃は大きかった。しかし、暗殺は単独行動であり、共産党も事件から距離を置いたため、事件が政治問題化することはなかった。それでも、連合政府は、一九二二年六月ドイツでラーテナウ（Walther Rathenau）外相が暗殺された際の立法を参考とし、共和国防衛法の制定を決めた（Klepetář 1937, 188；*Národní shromáždění* 1928, 298）。この法律では、共和国、内閣への攻撃、責任ある地位の人の暗殺、共和国大統領への侮辱、無許可武装、憎悪の扇動などを処罰するもので、二月十五日に下院に提出され、翌十六日から憲法委員会で審議が始められた。法案検討のために憲法委員会につくられた小委員会にはドイツの議員二名も選出され、法案は、三月六日に本会議に提出された。この法案に最も抵抗したのは、自党が法案の対象と感じた共産党であった。共産党は議事妨害を行い、最終的に反対投票を行った。また、ドイツ政党、スロヴァキア人民党も欠席で対抗した。

ドイツ諸政党は、この問題に限らず、議会での議事妨害や議会ボイコットを繰り返した。例えば、一九二三年、一九二四年の予算案審議には加わり反対投票を行ったが、一九二五年、一九二六年の予算案審議はボイコットした。

共産党は議事妨害の他、議会外でも直接的な力の行使を試みた（Klepetář 1937, 211）。一九二四年からは好況となり、物価が上昇したために実質賃金が低下し労働者の間で不満が高まり、一九二四年から一九二五年にかけての冬は共産党主導の街頭デモがしばしば展開された。デモは一九二五年二月十日のプラハのデモで最高潮に達し、初めてデモ隊と警官が衝突した結果、八人のデモ参加者と三十八人の警察官が怪我をし、三十名のデモ参加者が逮捕される事態にも至った。

内部に多様な社会、経済的背景を持つにもかかわらず、全国民連合が合意を確保できたのは、全国民連合は議会でぎりぎりの過半数しか持っておらず、マイノリティと共産党の共和国に対する原理的野党に囲まれていたことが大きい。ドイツ系諸政党、フリンカ・スロヴァキア人民党の国家の中央集権的な枠組みそのものへの反発（ネガティヴィズム）が、チェコ系諸政党の間の集結を強める役割を果たしていた。

制度的要因として、選挙裁判所の存在も重要である。共和国防衛法案審議の際、連合政党の中からも国民社会党のヴルベンスキー（Bohuslav Vrbenský）が法案に反対し、計四名が離党した。しかし、一九二三年六月二十二日には選挙裁判所によって、四名は議席を剥奪され、代わりに国民社会党の会派の政策に従順な新しい議員が議席を得たため、連合の議席の減少は避けることができた（*Národní shromáždění* 1928, 300；Klepetář 1937, 190）。このように、選挙裁判所の存在によって、選挙時の議席配分が守られ、選挙と選挙の間の時期の党の分裂が抑止されたのは、連合政治の安定に役立った。

全国民連合は、左右に幅が広い大連合であるが、共和国維持のために不可欠な連合であり、チェコスロヴァキアの全政党がそのために妥協を受け入れた。ピェトカは、この不可欠な妥協のための装置であった。

同時に、ピェトカが存在することによって、議会での議論によって政策に影響を与える余地はなく、議会の議論が形骸化した側面も無視できない。

ドイツ諸政党は、議会ボイコットの理由について、ドイツ議会同盟の名前で一九二五年二月に声明を発表し、当時食料品を始め物価上昇問題が争点になっており、ドイツ諸政党もその重要さは認識しているものの、「全国民連合のピェトカが独裁権力で決定し、党利ばかり考えているのであれば、議論の前提が整わず、議会での議論も無駄である」と主張している（*Národní shromáždění* 1928, 301）。全国民連合の諸政党がピェトカで実質的な合意を行っているため、ドイツ諸政党が議会での討議に参加したとしても決定に影響を及ぼしえないとしてピェトカを批判しているのである。

議会が実質的審議の場でないため、議事妨害や議会のボイコットは、政策に影響を与える上では効果的ではなかった。そこでドイツ諸政党やスロヴァキア人民党からは、戦術を転換し、政府参加を求める声が出てくることになる。

早くも一九二四年十月十九日には、ドイツ民主自由党[16]の党首カフカ（Bruno Kafka）が、カールスバートで行われた党大会で政権参加の意思表明を行った。このような共和国の政治に積極的に関与する姿勢は、これまでのネガティヴィズムに対し、アクティヴィズムとよばれる。カフカは、二重君主国の帝国議会において、チェコ諸政党の一部は野党となり、一部は政府に参加したが、ナショナルな問題では協働した例を挙げ、チェコスロヴァキアにおけるドイツ諸政党にも同じような解が可能ではないかと提言した。つまり、一部のドイツ政党は政府に参加し、一部のドイツ政党は野党に残るが、ナショナルな問題では協力するという方法である。カフカは、ナショナルな急進派に対し、彼らは常に一番鋭い道具を使おうとし、使用を猶予すべき時や場所を考えないとして批判した。一番鋭い道具、つまり議事妨害行為や議会ボイコットは、結局何の効果も生まなかったことの反省に立ち、ドイツ政党の政権参加を考慮すべきだと主張したのである。カフカは、次の選挙後全国民連合が多数を維持できなくなる公算が大きいと予測し、チェコ人は結局ドイツ人との協力なしではいられず、その際、政権参加を積極的に考慮すべきだと考えていた。この見通しは正しかったが、完全に実現するまでにはさらに二年の月日が必要であった。

二　全国民連合の崩壊

カフカが予測した選挙での過半数割れ以前に、一九二四年夏以降、全国民連合には内部亀裂が生じていた。その要因となったのは、連合構成政党間の勢力比の不安定化である。社民党は一九二〇年選挙で下院では七四名を擁す第一党となり、左派二十二名の独立後も最大会派であった。しかし、社民党支持者の左傾化傾向が強く、実質的な社民党の勢力は第二勢力の農業党より小さいのではないかと見られていた。農業党がシュヴェフラを首相に出したのは、そのためであった。一九二三年の地方選挙では、この推測が裏付けられる結果となった（Klepetář 1937, 204）。社民党の敗北が明らかとなり、農業党はスロヴァキア部分での支持も入れて最大政党となった。さらに、この選挙では、人民党、フリンカ・スロヴァキア人民党、ドイツのキリスト教社会党のカトリック諸政党が勢力を伸ばした。

このために、農業党や人民党と、社会主義政党との対立が生じることとなった。

第一の対立は、農作物関税と社会保険をめぐる農業党と社民党の対立である。農業党は、一九二四年十月九日、社会保険法案の通過を支持し、その見返りに農作物関税法案への支持を得ようとした（*Národní shromáždění* 1928, 314）。農業党は一九二五年六月十六日にポーランドとの通商協定の更新日を迎えることから、これをめどに農作物関税の導入を目指した。(17) 農業党では、この法案に関し、連合崩壊、早期選挙もやむなしとの姿勢で臨み、党組織に選挙準備をうながした。

社民党は食糧価格の上昇をもたらすとして農作物関税の導入に反対であった。社民党は農作物価格の下落時には農業保護は必要だが、現在の価格水準では保護は不要という立場であった。なかでもオストラヴァやプルゼニュの党地方組織は関税徹底反対の立場を確認した。[18] ベヒニェの代理でピェトカの社民党代表を務めていたマイスナー（Alfréd Meissner）は、党の立場を代弁して関税への反対を貫いていたが、連合維持のため譲歩に転じ、ピェトカでの妥協を図ろうとした。[19] しかし、党執行委員会は、マイスナーが党執行委員会に知らせずにピェトカで譲歩を行ったことを非難し、マイスナーの譲歩を受け入れなかった。ピェトカの合意形成は、ピェトカでの全会一致の決定と、決定事項の参加各党の遵守が条件であり、党指導部がピェトカ代表の妥協を許容しない以上、その条件がそろわず、ピェトカは機能しないことになる。

農作物にスライド式の関税を課す法案が政府から提出された際、社民党の閣僚は決定を党代表者会議に委ねた。六月十三日の党代表者会議は、農作物関税の拒否と、政府における労働者の協力問題に関しては新選挙での決定を待つことを決めた。しかし、農業党は社会主義政党の合意を受けずに政策の採決を強行したため、連合は決裂してしまった。マイスナーは、残務処理後ピェトカ代表を解任された。後任も決まらなかったため、社民党は一時的にピェトカに代表を持たないことになった。この時点では、社民党閣僚の政府からの引き上げは行われず、社民党は要求する新たな選挙まで政府に止まった。しかしこれ以降、全国民連合は慢性的な危機に陥り、議会は選挙を待つ情勢となった。

さらに、一九二五年には人民党と国民社会党の間の対立が顕在化した。共和国は独立後、カトリック教会とハプスブルク家が強く結びついていた帝国時代への反発から、反教権主義の立場をとっていた。カトリックの祭日は、クリスマスなど六日のみが国家の休日となり、他のカトリックの祭日は休日ではなくなった。しかし、地方選挙での伸張で勢いづいた人民党は、復活祭、聖霊降臨祭、クリスマスの翌日も休日とするいわゆる連続祭日の再導入を図った（Klepetář 1937, 206）。このような人民党の攻勢に対し、反教権主義の傾向の強い国民社会党は強く反発し、フスの祭日をめぐる人民党との対立では、人民党への譲歩に反対した国民社会党のストゥシーブルニーが閣僚を辞任する事態にまで発展した（Klepetář 1937, 210）。国民社会党は、この辞任はストゥシーブルニーの個人の決定と判

表 6　1925 年下院議会選挙後の議席配分（解散前との比較）

会　派	1925年選挙後の下院議会議席	1925年の下院議会解散時
国民民主党	13	22
人民党	31	21
フリンカ・スロヴァキア人民党	23	11
農業党	45	42
商工中産党	13	7
国民社会党	28	27
社会民主党	29	55
その他の社会主義諸政党		5
ドイツ国民党	10	10
ドイツ民主自由党		2
ドイツキリスト教社会党	13	9
ドイツ農業者同盟*	24	13
DNSAP	7	5
ドイツ社会民主党	17	30
無所属ドイツ議員		2
キリスト教社会党（ハンガリー人）	4	4
ハンガリー・ドイツ社会民主党		3
ハンガリー小農業者地方党		2
自治農業同盟（ルテニア人）	1	
ポーランド人民労働者同盟	1	
共産党	41	19
共産党独立派		8
計**	300	299

＊ドイツ農業者同盟は，ドイツ商工中産党，ハンガリー国民党，ジプドイツ党との連合
＊＊ 1920 年選挙後，ポトカルパツカー・ルスなどでも選挙が行われ，1925 年までに議員が追加された。
Národní shromáždění 1928, 327–328 ; *Dejiny štátu a práva*, 751, 755.

断し、党は連合と政権に止まると決定し、社民党も同様の決定をした。

　このように政党間勢力が変化する中で、ピェトカでの政党間の政策決定の調整が行き詰る事態が繰り返し生じるようになり、一九二五年十月にはピェトカでの合意はもはや不可能となった[20]。議会は休会された後、任期未了で解散され、十一月十五日に第二回議会選挙が行われることとなった。

　選挙には二十八の党が候補者名簿を立て、十六党が議席を獲得した。選挙アピールは一九二〇年選挙に比べ、イデオロギー色は弱く、第一議会での実績を強調し、選挙後の具体的な政策を約束するものが多かった（*Národní shromáždění* 1928, 325）。

　この選挙で社会主義政党は三七・七%の票を獲得したが、一九二〇年の四八・三%と比べ退潮は明らかであった（選挙結果は表6、表7参照）。チェコ政党の中では、社民党が大きく議席を減らしたのに対し、農業党は改選前から議

表 7　1925 年下院議会選挙後の議席配分（ネイション別）

ハンガリー，ポーランド，ルテニア政党	議席	ドイツ政党	議席	チェコスロヴァキア政党	議席	スロヴァキア政党	議席	全国
		ドイツ国民党	10	国民民主党	13			
キリスト教社会党（ハンガリー人）	4	ドイツキリスト教社会党	13	人民党	31	フリンカ・スロヴァキア人民党	23	
		農業者同盟	24	農業党	45			
				商工中産党	13			
ポーランド人民労働者同盟	1	DNSAP	7	国民社会党	28			
		ドイツ社会民主党	17	社会民主党	29			
自治農業同盟（ルテニア人）	1							
計	6		71		159		23	259
共産党								41
総　計								300

（表 6 から著者作成）

席を三議席増やし、名実ともに第一党となった。人民党の伸張も裏付けられた。この傾向は、ドイツ諸政党、スロヴァキア政党でも見られ、農業者のドイツ農業者同盟、カトリック系のドイツキリスト教社会党、フリンカ・スロヴァキア人民党が議席を伸ばした。フリンカ・スロヴァキア人民党はスロヴァキアで三五・四％の得票を獲得し、議席を倍増させた。第二党は社民党から票を奪った共産党であった。

　この選挙で、連合与党五政党は合計で三百議席中百四十六議席となり、過半数を獲得できなかった。共産党が地歩を築き、社会主義政党が敗北したことがその原因である。そのため、組閣の任にあたることとなった第一党の農業党のシュヴェフラは、全国民連合を補完し過半数を獲得するために、これまでの野党のうち、チェコとスロヴァキアの野党と交渉を開始した。商工中産党は七議席から十三議席にまで議席を伸ばし、入閣は妥当視された。同党を加えると百五十九議席で過半数は確保できるが、シュヴェフラはこの多数では小さすぎると考え、フリンカ・スロヴァキア人民党の入閣を打診した。同党には、教育局と土地局をスロヴァキアに設置し、スロヴァキアの実情に合わせた措置が取れるようにするという対価が提示された。しかし、フリンカ・スロヴァキア人民党は十一月の大会で政権参加を拒否し、結局、これまでの五党の全国民連合に商工中産党を加えた六党の連合で出発することとなった。この連合も引き続き全国民連合とよばれた。

多数派連合の枠組みはできたものの、選挙で勢力比の変化が明白になったことで、選挙前から続く連合内対立はさらに深まり、実際の組閣は困難を極めた。

まず、選挙で自信を深めた人民党が、教育相のポストを社会主義政党に渡さず自党にまわすよう主張し、社会主義政党と対立したため、組閣は頓挫し、シュヴェフラは大統領マサリクに対し、自分の組閣の任務を解き、第二党である人民党首シュラーメクに組閣を任ずるよう求めた（Klepetář 1937, 216–217）。シュラーメクの内閣が実現するかどうかは、反教権主義の国民社会党が入閣するか否かにかかっていたが、国民社会党のストゥシーブルニーは、国家と教会の分離、ソ連の法的承認、学校教育の教会からの分離の三つを入閣の条件としたため、シュラーメクと折り合わなかった。さらに、国民民主党のクラマーシュにも国防相としての入閣を拒まれ、シュラーメクは十二月三日に組閣をあきらめた。次は第三党の社民党が組閣の任に当たることとなり、社民党からはベヒニェが指名された。しかし、二人の失敗後、ベヒニェの成功の可能性は低いと考えられたことから、マサリク大統領は十二月四日、官僚内閣の首相退任後、モラヴィアの州長官に戻っていたチェルニーをプラハに招き、官僚内閣の組閣を要請しようとした。このマサリク大統領の行為が、議院内閣を維持しようとする政党政治家たちを結束させることとなり、新たな交渉の結果、十二月九日にはシュヴェフラが第二次内閣の閣僚リストを大統領に提示することになった。ここでも、議院内閣を選択肢の一つとし絶対視しないマサリク大統領と、できる限り議院内閣の実現を目指し、そのためには妥協もやむなしとする政党政治家の間の相違がうかがえる。

第二次シュヴェフラ内閣のポスト配分は、新たな勢力比を反映して、農業党が四名、国民社会党、人民党、社民党が三名、国民民主党と商工中産党は各一名となった（*Národní shromáždění* 1928, 337）。社民党は三名を確保したものの、人選に手間取り、一九二六年一月五日からデーレル（Ivan Dérer）が統一相となって加わった（Klepetář 1937, 217）。

内閣発足とともに、ピェトカは解散し、後継組織として商工中産党の代表を加えた六党委員会（Šestka）が組織された。また、議会には連合政党執行委員会として、各党の上院議員、下院議員が一人ずつ集まった十二委員会（Dvanáctka）が置かれることとなった。[21]

しかし、これらの機関の調整機能は限定的なものであった。連合内の対立は、既に上下院議長の選出時に表面化した。[22] 交渉に当たった十二委員会では対立を解決できず、シュヴェフラは議会の休会を引き伸ばし、事態の収拾を図った。上院議長ポストに関しては、社会主義政党と連合内の第二党となった人民党が争い、最大政党である農業党からマリペトル（Jan Malypetr）が決まっていた下院議長も臨時議長の扱いとなり、二月になってようやく、下院はマリペトルが二年、その後人民党から一年、上院はまず国民社会党のクロファーチ（Václav Jaroslav Klofáč）が一年、その後人民党、最後に社民党が議長を出すことで連合政党の合意がまとまった。

連合政党の足並みがそろわない一方、議会では野党の否定的な姿勢も続いた。ＤＮＳＡＰ、フリンカ・スロヴァキア人民党、共産党らは初日から机をたたいて議事妨害を行い、翌十八日のシュヴェフラの施政方針演説も、指揮台コンサートと笛で迎え、スロヴァキア人民党はスロヴァキアの国民歌「スラヴ人よ Hej Slovane」を、ドイツ国民党とＤＮＳＡＰはドイツ国歌を歌う騒動となった（Klepetář 1937, 220）。このため、シュヴェフラの施政方針演説はほとんど聞き取れず、連合与党の議員は政府のほうに集まり、何とか言葉を聞き取ろうとした。演説が終わるとチェコ政党も対抗してチェコの国民歌「わが祖国いずこ Kde domov můj?」を歌い、共産党のシュメラルの質問の後には共産党員が「インターナショナル」を歌うといった調子で、「大変音楽的な催し」と皮肉をこめていわれたほどであった。さらに、野党は十二月二十一日から二十二日にかけてシュヴェフラとフランケ（Emil Franke）を官僚大量解雇に関して告発した（Klepetář 1937, 222）。これも二重君主国のウィーン議会でしばしば行われていた閣僚告発の手法が受け継がれたもので、連合多数派によって否決された。

しかし、このような議事妨害には、ドイツ系アクティヴィスト諸政党は加わらず、ドイツ政党陣営の変化を示していたことも注目に値しよう。一九二五年選挙でアクティヴィスト政党が支持を集めたことから、選挙後ドイツ政党の穏健化は進んだ。ドイツ国民党党首のロッジマン（Rudolf Lodgman von Auen）は票が伸びなかったことから、自分のラディカルな政策が支持されていなかったと考え、政治から引退した。農業者同盟でもリーダーシップに変化が生じた。七十歳の党首クジェペク（Franz Křepek）は上院に退き、党の政治的な代弁者である下院会派議長にはプラハドイツ大学のスラヴ学の教授シュピナ（Franz Spina）が選出され、クジェペクの宥和政策を推し進めた（Klepetař 1937, 218–219）。一九二五年十二月におこなわれた党幹部会の選挙では、ナショナルな立場の主導者であるハンライヒ（Georg Hanreich）は選出されなかった。

このようにドイツアクティヴィスト政党が共和国の政治運営にポジティブな姿勢で臨むことは、議会制民主主義の安定化にとって長期的には望ましい転回であった。しかし、短期的には、これまでの多数派形成維持の方法が崩れ、均衡が揺らぐ一因として機能することになる。ドイツ諸政党対チェコスロヴァキア政党という対抗軸が揺らぎ、外からの圧力が低下したことが、チェコスロヴァキア諸政党の全国民連合の凝集性を弛緩させる効果を持ったのである。

経済、社会政策では連合諸政党は政策上の意思統一がまったくできなかった[23]。前政権から引きついだ早期に解決すべき問題として、国家公務員の給与改善が議論されていた。蔵相エングリシュは、財源として砂糖関税と蒸留酒税の引き上げを想定し、税制改革案を提示した。しかし、議論に際し、農業党は穀物固定関税を要求し、人民党は聖職者にも国庫から給与を与える「コングルア（Kongrua）」の提案を突如として持ち出し、社民党はより低い給与階級の労働者の賃上げを要求した。このように、それぞれ自党の利益となる要素を加えようとし、エングリシュの案では折り合わず、相互にも対立した。人民党の持ち出した聖職者国庫給与問題は、人民党の『人民新聞』によると千五百万コルナの財政支出であるが、他の新聞は一億から六千万コルナを見積もり財政負担が大きすぎること、反教権主義の立場に反することから難色を示した。さらに、政府は兵役期間についても変更を予定していたが、ブルジョワ諸政党と国民社会党は現行の十八ヶ月を維持しようとするのに対し、社民党は十四ヶ月に短縮を求め、この点でも対立が生じた。

その中で唯一、全国民連合諸政党の合意が可能とみられたのが言語令であった（Klepetář 1937, 222-224）。言語法は一九二〇年に憲法とともに立法されていたが、実際の適用方法について決定する政令が待たれていた。言語法では「チェコスロヴァキア」語はすべての地域で公用語として利用できるが、ドイツ語はその言語を用いる住民が二〇%以上いる地域のみで公的な言語として利用できることになっており、言語令はその細則を定めるものであった。言語令はドイツ政党からはその非対称性や、弁護士や測量士などにも「チェコスロヴァキア」語の語学試験が課されることなどが批判を浴びていたが、シュヴェフラ首相は、全国民連合が機能するきっかけとなることを優先し閣議に言語令を提出した。しかし、社民党出身閣僚の反対によって、内閣で全会一致を獲得できず、閣議は反対を押し切って多数決で言語令を可決した。そのため、ベヒニェとヴィンター（Lev Winter）は署名を拒否した。

議会では、言語令をめぐるドイツ政党の議事妨害がますます活発化し、ドイツ諸政党はシュヴェフラ内閣に対して内閣不信任案を提出する事態となった。全国民連合はこれを三月十六日に否決したが、実はその段階では既にシュヴェフラ内閣の総辞職が決まっていた（Klepetář 1937, 226）。言語令通過後、全国民連合で立法しなければならない法案はなくなり、全国民連合維持の必然性は消滅していた。さらに、言語令の引き起こした騒動の裏側で、全国民連合には決定的な亀裂が生じていたのである。

直接の崩壊の原因となったのは、一年前と同様農作物関税であった。一九二五年六月のスライド式農作物関税は社民党の反対にもかかわらず、政令で導入されていた。農業党はこの政令を修正し、固定関税方式にする要求を提示した。(24) 社民党は、この措置によって、農作物関税はこれまでより六倍高くなるとして、受け入れられないと応じた。

この折、シュヴェフラは健康状態を崩したため、社民党のベヒニェが首相代理を務めることになった。そこへ、農業党が、固定農作物関税法案を政府が三週間以内に提出しなければ連合を離脱するという最後通牒を出した。そのため、ベヒニェは代理を長い間引き受けられないと考えを固めた。三月十七日に閣議がベヒニェ首相代理の下で開かれ、ベヒニェはこの席で、社民党は人民党の聖職者国庫給与導入要求、兵役十八ヶ月維持、農作物関税、砂糖と蒸留酒税の値上げのいずれにも反対であるとし、この状況下では、大統領に、辞任を願い出るしかないと述べた。そのため、閣議は政府全体の総辞職を決議した。療養のため既に十五日にプラハを出発したシュヴェフラも総辞職について前もって個人的に合意していた。大統領は辞任を受け入れ、同日モラヴィアの州長官チェルニーがプラハに赴きマサリクから組閣を依頼された（Klepetář 1937, 227）。チェルニーは翌日には大統領に閣僚リストを提出し、政権は再びチェルニーの官僚内閣に任されることとなった。全国民連合の崩壊は決定的となり、今後この形で再生されることはなかった。

全国民連合のような、相対立する場合もある多様な社会経済利益を背景とする政党間の多数派連合が形成されえた背景には、政党配列上の特異な状況が存在した。チェコスロヴァキア諸政党全体が、ドイツ諸政党とスロヴァキア人民党とネイション単位の対立状況にあり、さらにネイション横断的な共産党とも対立しており、その対立関係が固定化しているために、他に多数派形成の選択肢はなかった。また、共和国建国期には、この連合で合意形成が可能なナショナルな課題が多かったことも、全国民連合の維持にプラスに働いていた。しかし、ドイツ政党の中からアクティヴィスト政策に転じる政党が登場したことにより、固定的な対立関係が弛緩した。さらに、経済的争点が重要になり、チェコスロヴァキア諸政党間の経済対立も表面化したことで、全国民連合は崩壊することになった。

三　全国民連合の評価

全国民連合に対して、当時の政治家、政治評論家らは、どのような評価を下していたのであろうか。一方では、全国民連合の政策プログラムの原則性のなさ、政党による国家の割拠、政党相互の無原則な妥協を批判する立場がある。

例えば、一九二五年十月、全国民連合の崩壊直前の姿を前にして、『リドヴェー・ノヴィニ』の編集長ハインリヒ（Arnošt Heinrich）は、全国民連合は共和国にとって不可欠であり、全国民連合の危機はすなわち国家の危機であるという考え方を批判し、全国民連合の問題点として、国家を党ごとに区画化し、自党の管轄に関しては腐敗した濃密な支配を行い、自党の区画に都合のよい政策を他党との取引で獲得してきたことを批判した。[25]ハインリヒは戦前はマサリクのリアリスト政党に属し、戦後はどの政党とも距離を置き、マサリク大統領に近い人物と目されていた。ハインリヒは「政治的な鍵」とよばれる比例原則ですべてが決定され、全国民連合には「われわれは合意することに合意した」という「恐ろしく貧しいプログラムしかない」と嘆き、ドイツ諸政党の参加を拒むクラマーシュを批判している。

他方、連合政治は共和国の議会政治の円滑な運営にとって不可欠であるとして評価するとともに、連合政治が部分社会の利益を妥協によって実現する手段となっていることも、連合が支持されている理由として、容認する考えも存在した。

例えば、選挙後、農業党の夕刊紙『夕べ *Večer*』は、シュヴェフラの「連合は承認された」という言葉を紹介し、国家構成諸政党の相互合意による政治システムは選挙によって肯定され、国家構成多数派は安定していると主張した。[26]同時に『夕べ』は、いずれかの政党が主張を押し通すことは容認できず、すべて妥協によって決定することが不可欠であるとし、各党の個々の要求を牽制した。

また、政府に近いとされる新聞の『チェコスロヴァキア共和国』は、一九二〇年に最初の選挙があったときは、政党が多すぎて議会政治がうまくいかないであろうといわれていたことを指摘し、結局五政党が連合を作り、相互に合意のための譲歩も行うことで、議会が円滑に進んだことを評価した。[27] また、選挙ではポスターや新聞などでどれだけ活発に選挙戦が闘われても、選挙後には再び協働にむかうことは明らかであり、各党も連合形成を公言していることを指摘し、「連合政治はわが国の伝統となったのだ」と述べた。また、連合政治は、単に統治のために不可欠ということだけではなく、国家全体にとっても、また「各政党が代表している住民の個々の階級とその集団的利益にとっても、結果を出したという確信によっても導かれているのである。この必要性と繁栄の両方の認識が政党によって認識されているのである。」と述べ、連合政治が、政党が代表する部分利益集団にも利益をもたらしているという感覚が、連合政治維持に重要であるとの見解を示した。

『チェコスロヴァキア共和国』はさらに、ポーランドのスクシンスキ政権とロカルノ条約を受けたドイツの動きの例を引き、「国家構成政党」が大連合を作って責任を負うシステムが世界の趨勢であり、チェコスロヴァキアは外国より先を行っているとした。[28]

このようにチェコスロヴァキアの政治的分節化の現状を受け入れたうえで合意形成を目指す姿勢は、シュヴェフラ首相の施政方針演説によく現れている (*Národní shromáždění* 1928, 338)。シュヴェフラは、議会に十六の党が進出し、このうち一〇%を超えたのは二党のみという破片化状況を指摘し、このような状況は、「我が国には単独で他党に自党の意見、戦術、要求を押し付けられるフラクションはまったくないことの証拠である」とし、それは、「もしそのようなことをしようとすれば、他の政党によって代表される多数の人民からすぐさま抵抗される」からであるとした。多数派形成も、「算術的に票を集めるだけでなく、様々なプログラム的観点から来る違いを乗り越えて、相互の活動協定を作り出さなくてはならない」と述べている。シュヴェフラの演説からは、どのような政治勢力も妥協なしで社会の他の部分に自己の意思を押し付けることはできないという考えが導かれ、多数派形成の困難さが伺える。ただし、この施政方針演説がドイツネガティヴィスト政党と、スロヴァキア人民党の議事妨害の中ほとんど聞き取れなかったことに象徴されるように、妥協しあう部分利益集団に両者は入っていなかった。しかし、妥協の枠組みに入ってくるのであれば、拒まない姿勢は既に現れており、その可能性を持っているのは、ドイツ系アクティヴィスト政党であった。

現状の連合政治に批判的なハインリヒは、ドイツ系アクティヴィスト政党を入れることで、明確な政策プログラムを持った連合政権の形成を期待していたと思われる。ドイツ系アクティヴィスト政党の政権参加は実際に実現するが、それは明白な政策プログラムを持つ多数派の形成という形ではなかった。むしろ、ハインリヒの批判した、そして、連合政党側はそれこそが連合政権維持に重要であると主張した、政党による国家の区画化と、区画化された部分利益間の無原則な妥協のメカニズムに、ドイツ政党が参加していく形をとることになる。

第三章　ブルジョワ連合政権

――ネイション横断政権の多数派支配

第1節　関税多数派からブルジョワ連合政権へ

本章では、全国民連合崩壊後の新しい多数派の再形成過程と新連合の政策決定過程を扱う。選挙によりチェコスロヴァキア政党間の勢力バランスが変化し、一部のドイツ政党とスロヴァキア人民党が共和国の政治に参加する意志を示したことで、全国民連合の凝集性が弱まり、解体に至った。しかし、これは同時に多数派連合形成の選択肢が広がったことでもある。本章では、経済・社会的利益に基づく、ネイション横断的な新たな連合が形成される過程、および新連合での政策決定過程を分析し、その中で、新連合の構造や動態がチェコスロヴァキアにおける議会制民主主義体制の安定化において持つ意味を考察する。

一　官僚内閣

全国民連合に基づくシュヴェフラ内閣は、選挙後の再建から四ヶ月も維持できずに総辞職に至った。公務員給与問題、その財源をめぐる農作物関税問題、その議論に乗って人民党が提案した聖職者の国庫給与問題、さらには兵役短縮問題と、全国民連合政党相互で意見が異なる政策課題が山積し、合意形成が不可能になった連合政権は、辞任の道を選ぶことになったのである。

一九二六年三月、再びチェルニー首相の下、官僚内閣が組織された。第二次チェルニー官僚内閣では、議員は専門家として入閣した国民社会党のベネシュ外相のみであり、他の閣僚は官僚や学者であった（Klepetář 1937, 231）。

官僚内閣成立当初、チェルニー官僚内閣の位置づけや、全国民連合の去就は明らかではなかった。チェルニー政権がシュヴェフラ前内閣の臨時の代役として、プログラムや支持連合を受け継ぎ、全国民連合が議院内閣を支えるという負荷をはずされて維持され、官僚内閣を議会での多数派として支持するという可能性も考えられた。[1] 一九二〇年から二一年のチェルニー官僚内閣期に議会レヴェルで全国民連合が形成されたことを想起すれば、この可能性を考慮するのも妥当と考えられた。

実際、チェルニー新首相は、三月二十四日に議会で施政方針演説を行ったが、それは「首相の病気のため議院内閣は辞任し、大統領は我々を閣僚に任命しました。政府の変更の理由と方法が示しているように、新内閣は旧内閣の既に発表され採択されたプログラムを続行し、実施します。皆さんの支持をお願いします。」という、非常に短いものであった。[2] この中に表現されているように、チェルニー首相は、自分の官僚内閣はシュヴェフラ元首相の病気療養中の一時的な代役であるとし、前内閣のプログラムを引き継ぐことによって、前内閣を支えた全国民連合の支持を要望していた。

しかし、全国民連合が多数派連合としての一体性を保てないことは、徐々に明らかになっていった。全国民連合は三月十九日に最後の十二委員会を開いたが、連合内の亀裂は決定的で、官僚内閣との交渉を担当する六党委員会の維持を合意することはできなかった。十二委員会の最後の議長であったフランケは、連合はもはや存在しないと明言し、今度の新首相はこれまでの連合各党と個別に交渉しなくてはならないと述べた。[3] 議会開催直前、農業党出身の下院議長マリペトルは、連合諸政党に対し、チェルニー首相の施政方針演説に対する全国民連合の立場を確認するための話し合いを提案したが、社民党はこの話し合いへの参加を拒否した。[4] このように、全国民連合の合意形成の場は失われ、チェルニー首相は施政方針演説への支持について、個別に各党と折衝しなければならなかった。[5]

シュヴェフラ前内閣の野党は、前内閣とチェルニー内閣は断絶しているとし、新首相の施政方針演説を改めて議論することを要求した。[6] それに対し、社民党を含めた全国民連合の諸党は、チェルニー首相の施政方針演説は、前年十二月にシュヴェフラ前首相の下で支持したプログラムと同じであり、議会で議論を行うことは不要であるとして野党の要求を拒否する決議を通した。結局、施政方針演説は議会での議論を経ないまま、全国民連合諸党による多数で採択された。このように、全国民連合の諸政党は、チェルニー首相との折衝次第では、個別には内閣を支える意志を見せていた。

特に注目を集めたのは、全国民連合での政党間協議を拒否し明白に連合から距離を置いた社民党の、チェルニー内閣との関係であった。(7) 社民党は二十四日に、両院会派の合同集会を開き、チェルニー内閣に対しては政策に応じて対応するとし、公務員特別給付法、老齢者扶助法、建設支援法など、社民党が支持する政策の実現のためには協力するという立場を決めた。(8)

実際、決定を迫られている問題はみな全国民連合内で政策対立があり、すべての政策について同じ多数派で合意することは不可能であった。官僚内閣は、この事態を乗り切るための一時的方策であるとの見方も広がっていた。

その理由の一つは、シュヴェフラ政権の崩壊の仕方である。既述のように、シュヴェフラ政権の崩壊は、農業党の最後通牒に対し、社民党が反発したことが原因であった。社民党が断固として反対している問題について、農業党が態度決定を迫り、社民党を追い詰めて連合を崩壊させたことには、連合の他の政党からも農業党に対して非難の声があがった。国民社会党のストゥシーブルニーも、このような最後通牒については聞いていなかったと発言しており、連合は長く危機の連続であったとはいえ、この時点で突然崩壊するのは、他の連合政党にとっても、寝耳に水のことであった。(9) シュヴェフラが六党委員会も招集せず、いつものような粘り強い交渉をしなかったのは、体調の不良や農業党内からの強い圧力で、すでに合意をあきらめていたと推測された。また、連合各党に諮らず、連合崩壊を既成事実として政府と連合各党に突きつけたことも、それまでの連合の運営方法とは隔たっていた。

このような崩壊の経緯から、全国民連合をあえて崩し、内閣も総辞職させて官僚内閣に持ち込んだのは、官僚内閣を利用して、緊急課題の一つ一つに対し、アド・ホックな多数派に基いて政策決定を行うためなのではないか、という推測がなされた。

『リドヴェー・ノヴィニ』の論説員であるクリーマ（Karel Zdeněk Klíma）は、官僚内閣の役割は、農作物関税、聖職者への国庫からの給与給布、公務員特別給付金問題など、連合内対立の激しい不人気な問題を、「忍耐の要るパズルのように」解決することと考えられていると述べている。[10] すなわち、法案ごとに、旧連合から、もしくは旧連合の政党の一部が反対するときには野党からも、支持を獲得して法案を通すという、法案ごとの多数派の使い分けが官僚内閣に期待されているというのである。この場合、これらの問題の解決とシュヴェフラの体調回復、政界復帰を待って、全国民連合が復活すると予測されているという。但し、クリーマ自身は、全国民連合の亀裂は大きく、旧連合による議院内閣への復帰は困難ではないかとの、悲観的な感触を示していた。

政党各紙は、官僚内閣は民主主義にとって望ましくない事態であるという憂慮を示したが、政党の党派主義を批判する側からは、官僚内閣を歓迎する見解も表明された。ハインリヒは、デマゴギー中心の政党政治家を批判し、議院内閣が再建されるとしても、新しい連合や方法が待たれるとした。[11] チャペックも、『リドヴェー・ノヴィニ』の「春の平穏」と題する論説のなかで、官僚内閣の到来は納税者や人民にとって安堵の念を持って迎えられていると指摘し、「そもそも専門家が閣僚になるほうが、特定政党が特定のポストを独占するよりよいのではないだろうか」と述べ、政治の党派主義からの脱却を歓迎した。[12]

二　関税多数派の成立

ドナート案と新しい多数派

実際には、官僚内閣によるアド・ホックな多数派形成と、問題解決後の全国民連合の復活という予測とは異なる方向に事態は進行していった。四月にはいると全国民連合とは異なる新しい多数派連合の構築が表面化した。新連合の結節点となったのは、全国民連合崩壊の原因となった固定農作物関税であった。

一九二六年四月二十一日、上院議員のドナート（Václav Donát）は、農業党上院会派の名前で、農業危機への対策として固定農作物関税を提案した（*Národní shromáždění* 1928, 371）。そこには、この提案はネイションの違いにかかわらずすべてのチェコスロヴァキアの農民の願いであると特記されていた。ドナート案に対し、ドイツ系の農業者同盟のルクシュ（Josef Luksch）上院議員が農業の死活問題に関することとして賛成を表明し、他の政党もこれに続いた[13]。

固定農作物関税が農業危機の解決になるかどうか、関税率、また政令で解決するという方法について、各党の意見は分かれた[14]。社民党は、農業党の要求する戦前の六倍という関税率は、小麦一キロ当たり一コルナの値上がりを意味し、農業危機を考慮しても大きすぎるとして反対し、これを受け入れるのであればチェルニー官僚内閣を支えられないと宣言した。国民社会党は政令で解決するのでなければ関税率の引き上げについて話し合ってもよいという立場をとったが、最終的には反対にまわった。ドイツ国民党とDNSAPも反対した。賛成にまわったのは、旧連合の農業党、人民党、国民民主党、商工中産党に加え、旧野党からは農業者同盟、ドイツキリスト教社会党とドイツ商工中産党、およびフリンカ・スロヴァキア人民党であった。人民党とキリスト教社会党が加わったのは、人民党が聖職者国庫給与問題を固定農作物関税と組み合わせ、農業党と取引したことが背景にあった。

農業党の社民党に対する「最後通牒」による全国民連合の崩壊、シュヴェフラ内閣の辞任、ドナート案の提示という一連の経緯を考えると、三月には既に農業党とドイツ農業者同盟、カトリック諸政党との間に、固定農作物関税案と聖職者国庫給与案を協働して通す合意が水面下で形成されつつあったという推測が成り立つ。無関係な政策案の抱き合わせによる政党間協調は、全国民連合の中でも従来から行われていた手法であった。これにさらに、同じ社会・経済的利益を持つチェコ政党とドイツ政党が協働するという新しい政党間協調の要素を組み合わせることによって、議会レヴェルでまったく新しい多数派をつくり出すことに成功したのである。農業党はこの新しい多数派形成の見通しを持っていたため、全国民連合の解体もやむなしとし、社民党に対して強い態度で臨んだと考えられる。

この新しい多数派の形成を主導したのは、農業党のスロヴァキア翼の政治家ミラン・ホジャ[15]（Milan Hodža）であった。ペロウトカも「シュヴェフラだったら同じことをしたかどうかは分からない」と述べているように、新多数派の形成はホジャの構想力と大胆な行動力に多くを負っていた[16]。ホジャは、体調を崩したシュヴェフラに代わり、農作物関税を実現するだけでなく、ドイツ政党を入れた新たな多数派連合政権形成を視野に、動いていくことになる。

関税多数派の成立と固定農作物関税法案の可決

結局、ドナート案は上院経済委員会で四月二十八日に十一対六で可決された（*Národní shromáždění* 1928, 372; Klepetář 1937, 234）。五月十九日にはさらに上院本会議に提出され、スライド関税の中止は七十六対六十二で、新たな固定関税の導入は八十対五十七で可決された（Klepetář 1937, 234）。

このように、議会の政党主導で農作物関税が進められているのに対し、官僚内閣のチェルニー首相は、政府も農作物関税に関し法案を準備中であり、現在関税率を考慮しているところであるとして、主導権を取り戻そうとした。

しかし、固定農作物関税を後押しする諸党は、官僚内閣の政府法案提出を待たず、議員法案で関税法を実現することを選択した。五月二十七日に農作物関税と工業関税の関税案が四つのチェコ政党と三つのドイツ政党の署名で下院に提出され、翌日同じグループから聖職者国庫給与についての法案が続いた[17]。固定農作物関税法案についての協議は五月二十八日よりまず下院の農業委員会で始まり、五日間の昼夜の会議の後、六月二日の十一時に農業委員会で固定農作物関税法案が可決された（Klepetář 1937, 236）。社民党のヨハニス（Václav Johanis）議員は選挙要求や、修正案の提出で抵抗したが、社民党の修正案は否決され、法案は予算委員会、下院本会議へと進んだ[18]。六月四日から八日までは予算委員会で、六月九日からは下院本会議で審議が行われた。

この固定農作物関税法案の審議過程で、上院審議の際の法案支持諸政党の結晶化が進み、「関税多数派（Celní většina）」ないし、「関税連合（Celní koalice）」とよばれるようになった。[19]「関税多数派」にはさらに、ドイツ商工中産党とハンガリー国民党が加わった。下院には、関税法案に続き、聖職者国庫給与法案も提出され、関税多数派と反対派が対峙することとなった。

固定農作物関税法案に対しては主に社民党と共産党が、聖職者国庫給与に対しては国民社会党が、それぞれ反対し、議会のみならず街頭でも抵抗を続け、プラハは騒然とした空気につつまれた。[20]予算委員会の審議中には、プラハの鉄鋼労働者が固定農作物関税による食糧の値上がりに反対して一時間の示威ストライキを行い、社会主義政党と建国後カトリック教会から独立した教会としてつくられたチェコスロヴァキア教会によって、聖職者国庫給与による政教分離原則への抵触に反対する抗議も行われた。[21]

下院での審議が大詰めを迎えた十一日には、共産党は議会では議事妨害を行う一方、プラハのハヴリーチェク広場で農作物関税導入に反対する一万人規模のデモを行い、警官隊と衝突する事態に至った。[22]議事妨害の結果、農業党のザヂナ（Josef Zadina）が農業委員会の審議結果を報告してもまったく聞こえず、共産党は最後まで野次や騒音、千以上もの修正案で議事妨害を行い、下院の会合は十二日の朝六時過ぎまで及んだ。[23]議会では、人民党のシュラーメク、国民民主党のクラマーシュ、農業党のスタニェク（František Staněk）、商工中産党のナイマン（Josef Václav Najman）の四人が「関税連合」の対応を話し合い、社会主義政党の指導者がその会合に呼ばれる場面も見られた。[24]結局十二日午後再開された議会で、固定農作物関税法案は百五十三対百十九で採択され、二十二日には上院でも採択された。[25]

下院採決後の十五日、国民社会党の執行委員会では、フランケから、十一日の議会でもなお、勤労者の利益を図るため、国民社会党と社民党の代表が関税連合と譲歩による合意を模索したことが報告された。[26]結局合意には至らず、反対を押し切って下院本会議で関税多数派が採決した後も、国民社会党のトゥチュニー（Alois Tučný）議員と社民党のマイスナー議員が、旧六連合政党の代表の十五日の集まりにクラマーシュのもとで参加し、譲歩による妥協の余地の有無について話し合うことになっていた。しかし執行委員会では、下院本会議で関税多数派が「少数派を暴力的に屈伏」させたことを重視し、上院での話し合いで関税について譲歩をしても無駄なのではないかと結論している。このように、関税法案下院審議の際には、社会主義政党の側にも、関税連合の側にも、関税連合の多数派で決することへの躊躇が見られたが、下院での「強行採決」を機に新しい事態を受け入れていったと見られる。

また、議会や街頭での激しい対立に、『リドヴェー・ノヴィニ』のクリーマは、関税連合が多数決原則を機械的に適用して、関税法案と聖職者国庫給与法案を通そうという構想には無理があるのではないかと指摘した。[27] 特に、「国家構成政党」に含まれるチェコの二つの社会主義政党の反対を押し切って、不人気な聖職者国庫給与法案まで通すのは困難ではないかとの考えを示した。しかし、六月十九日には下院で、二十五日には上院で聖職者国庫給与法案が採択された。[28]

政党間関係の変容

関税多数派が団結して二つの困難な法案を通したこと、旧連合の重要なメンバーであったチェコの社会主義二政党の反対が、多数派原則でねじ伏せられたことで、共和国の政党間関係は大きく変化した。[29] 社民党と国民社会党は、建国以来、主要政党として政権連合ないし政府を支持する多数派に属した。全国民連合におけるピェトカの全会一致の原則は、労働者の代表である両社会主義政党の合意なしには政策決定が行えない構造を作り出していた。固定農作物関税と聖職者国庫給与の二つの法案の成立は、両党の拒否権がもはや通用しないことを意味した。諸懸案が解決したとしても、もはや全国民連合の復活を当然視することは難しかった。社会主義二政党が多数派形成にもはや不可欠な存在でないことが政党指導者たちに認識されたことによって、全国民連合以外の可能性も生まれ、連合の組み合わせが自由になったのである。

また、ドイツ政党やハンガリー政党が政策形成に積極的に参加するのは初めてのことであり、ネイションで区切られていたこれまでの政党間関係からの大きな変化であった。ネイションの境を越えて政党を結び合わせたのは農業とカトリックの利益であり、そこに関税多数派の特徴があった[30]。

『リドヴェー・ノヴィニ』で、「K.」と署名する論説員（おそらくクリーマ）は、ネイションごとにではなく、経済問題に沿って多数派が形成されるのは、論理的な発展過程であり、「我が国の議会主義における健全な発展過程である」と述べ、全国民連合が復活せず、新しい連合形成が行われることを積極的に評価し、特に同じ経済利益を求める政党同士がネイションの境を越えて合意する新しい現象を肯定的に受け止めていた[31]。クリーマは別の論説でも、プラクティカルな経済利益の共通性の擁護のために、ナショナリズムが障害にならなかった点を関税多数派の特徴として指摘している[32]。

ペロウトカがクリーマと同様に指摘しているのは、インターナショナリズムを掲げる社会主義者ではなく、ナショナリストの諸政党が、チェコとドイツの共通多数派を初めて形成したという事実である[33]。特にナショナリズム色の強い国民民主党がドイツ政党とともに多数派に加わった原因として、同党の『国民新聞』は国民民主党系の農業組織の要求によって職能集団上の義務から行動したと書いているとし、「要するに、国民民主党もナショナリズムより経済利益を優先したのだ」と述べ、職能集団の利害が政党間関係を左右する重要な要素になったことを指摘した。

つまり、ネイション帰属を同じくする政党が社会、経済的利害、職能的利害の違いを越えて連合したのが全国民連合であったのに対し、関税多数派は、経済、社会、職能的利害を共にする政党が、ネイションの違いを越えて連合した多数派であったということができよう。

官僚内閣と関税多数派

新しい関税多数派が、固定農作物関税、聖職者国庫給与の両法案の可決に向けて示した結束は目覚しいものであった。特に野党から関税多数派に回ったドイツ系二政党が、議員団を乱さず、一致して法案支持に回ったことが関税多数派の強さを示していた。[34] しかし、ペロウトカが「関税多数派は統治の準備はできていない」として憂慮を示したように、関税多数派が政権連合となり議院内閣が復活するかどうかは明らかではなかった。[35] ドイツ二党の指導者のシュピナとマイヤー＝ハルティング（Robert Mayr-Harting）は、二法案以上に連合を続けるかどうか明白にしておらず、関税多数派に基づいた政府に入閣するかどうかについても別問題としたため、この後の関税多数派の動向を予測することは難しかった。

そのため、チェルニー官僚内閣と議会の間の関係は、双方が政策のイニシアティヴをとり、政策決定の際の多数派にもいくつかのヴァリエーションが見られるという、複雑なものとなった。

チェルニー政府は、固定農作物関税審議の間、議会に足を踏み入れず、イニシアティヴは関税多数派政党がとっていた。[36] しかし、前シュヴェフラ内閣で、ある程度作業が進んだところを、内閣の崩壊で審議が中断されていた公務員給与法案については、優先課題として位置づけ、官僚内閣が積極的にイニシアティヴをとっていた。[37]

官僚内閣が下院に提出した公務員法案の議決過程には、興味深い現象が見られた。[38] 政府案に対し、三百以上の修正提案がつけられ、六月十七日に行われた法案の採決では、社民党の反対のためこれらの修正案は一度に採決されず、一つ一つ個別に採決されることになった。そのため、採決は夜を徹し十八日の早朝まで行われた。修正案は三種類の連合によって採択された。第一は旧全国民連合であり、これによって、教師の給与や地区裁判所の裁判所事務官の給与が引き上げられた。第二の連合は関税連合であり、これもいくつかの修正案を通過させた。最後の連合は、共産党、ドイツ国民党、ＤＮＳＡＰらの修正案を否決するもので、全国民連合と関税連合の両連合の政党から構成されていた。

官僚内閣の政府法案に、議会の政党が二種類の連合を作り、修正を加えた点からは、議会の多数派がどちらも官僚内閣の政策に是々非々で臨んでおり、官僚内閣と固定的な関係を持っていないことがわかる。また、ネガティヴィスト野党の修正案に対しては、両方の連合の政党が合同して封じている点からは、議会の政党が、ネガティヴィスト政党と、「国家構成政党」に二分され、後者のグループが大きくなったことから、多数派形成が自由になった状況が現れている。

六月の後半になると、関税多数派は恒常的なものとして固定化し、二法案以外のより広い範囲の問題にも取り組み始めた。暴力的議事妨害をした議員への処罰にドイツ政党、ハンガリー政党が賛成したことは、これらの政党が政府参加に近づいたことの表れと見られた。また、食糧供給省廃止の決議などにも踏み込んだことから、関税多数派の反社会主義傾向も指摘された。そこでこの関税多数派が次の議院内閣をつくるかどうかが議論されるようになった。

一つの焦点は、シュヴェフラの動向であった。前首相で農業党党首のシュヴェフラが、自分が療養で外国に滞在中に新しい多数派の形成という大きな政治的変化が起こったこと、その中心にいるのはホジャであることをどう評価するかということに、関心が集まっていた。クリーマは、『リドヴェー・ノヴィニ』の論説で、シュヴェフラであれば、現在の関税同盟のように、社会主義二党を野党の側に追いやることは国家の利益になるとは思わなかったのではないかと述べ、シュヴェフラの帰還後は状況に変化がある可能性を示唆した。(39) また、社会主義二党についても、二法案をめぐる対立の熱が冷めれば、官僚内閣を支持し、直接与党の責任は負わないものの、政府支持の多数派には加わることの重要性に気がつくのではないかという希望を示している。

関税多数派が政権を握ることによって、社会主義二党が野党となることは、議院内閣制の論理からは当然の成り行きであるが、クリーマのような自由主義よりの論者にとっても、その見通しは望ましいものではなく、むしろ官僚内閣を維持してその中で社会主義二党も議会レヴェルの多数派に加わることを支持していた様子が興味深い。そして、シュヴェフラにその期待が寄せられていたことも、注意を引く点である。シュヴェフラには社会主義政党と、農業党を始めとする他のチェコ政党との間を取りもった実績があったからであろう。しかし、シュヴェフラはホジャの作り出した関税多数派という現実の受け入れを選ぶことになる。

三　ブルジョワ連合政権の形成

ブルジョワ連合政権の形成

一九二六年九月中旬になって、議会の夏期休暇の終了を前に、関税多数派を軸に議院内閣を再生する動きが現れた。

ホジャが主導した関税多数派が恒常的な多数派になるかどうかについては、シュヴェフラの対応が鍵となっていたが、帰国後のシュヴェフラを中心に、九月中旬には関税多数派の諸政党の間で話し合いが行われ、議会における協働を可能にするために原則的な問題について、相互合意が確認された。[40] 国民社会党と社民党は全国民連合を解消することをそれぞれ党大会によって確認し、議会における多数派は関税多数派のみになった。[41] これによって、秋の議会には新しい多数派と野党がたち現れることが確実になってきた。一九二〇年以来の全国民連合は放棄され、チェコスロヴァキア政党とドイツ政党による連合が新たな多数派として固定化するという大きな転換が生じた。新しい多数派は農業党四十五、人民党三十一、農業者同盟（ドイツ商工中産党を含む）二十四、フリンカ・スロヴァキア人民党二十三、商工中産党十三、国民民主党十三、ドイツキリスト教社会党十三、ハンガリーのキリスト教社会党四議席その他であり、三百議席中百六十七議席を占めた。[42]

議会多数派の形成に続き、官僚内閣を議院内閣に置き換える動きは九月末までに具体化した。ドイツ系政党の政府参加は、ドイツ系政党にとっても、受け入れるチェコスロヴァキア政党にとっても、議会での協力とは独立の判断を要求されるハードルであった。

それと関連して、農業党の幹部スルディーンコ（Otakar Srdinko）議員が、九月二十六日にチェスキーブロートの農業学校開校に際しておこなった演説が注目を集めた。この場でチェコスロヴァキアとドイツの農業党が共に政府に参画することが明らかにされたためである。[43] スルディーンコは、複数のネイションの存在する国家で、ネイションを越えて最初に手を結んだのが農業者であることを強調し、協働によって、チェコスロヴァキアとドイツの両方の農業者が、他の職業の市民よりも大きな保障を得ることになると述べ、職能利益を協働の理由として明確に表明した。同時にスルディーンコは、ドイツ系政党が参加しても、政府は常にチェコスロヴァキア市民のものであると述べ、ドイツ政党の政権参加への不安を緩和しようとした。

九月二十八日、二週間の協議の結果を伴ってシュヴェフラは、大統領の夏の居住地であるスロヴァキアのトポルチャンキに出発した。[44] このころから、関税多数派を基礎とする新しい多数派はブルジョワ連合（občanská koalice）と呼ばれるようになるが、このブルジョワ連合による議院内閣形成について大統領マサリクと協議するのがシュヴェフラの目的であった。[45] 三日間のマサリクとの話し合いの後、シュヴェフラがブルジョワ連合政権樹立の具体的な交渉に入ったこと、社会主義二政党がトポルチャンキに呼ばれなかったことから、ブルジョワ連合政権の成立とチェコの社会主義二政党が野党になることについて、マサリクとシュヴェフラの間で合意がなされたことが推測された。十月二日土曜日にはトポルチャンキから戻ったシュヴェフラがブルジョワ連合各党の代表を集め、政府参加について話し合いが持たれ、この週末のうちに議院内閣の形成が進んだ。[46] 但しこの段階でも、ブルジョワ連合の全政党が政府に今すぐ代表を送るかどうかは各党の判断の問題として留保されていた。

一九二六年十月十二日に任命された第三次シュヴェフラ内閣は、十四名の閣僚から構成された（*Národní shromáždění* 1928, 375-376）。そのうち二名はドイツ人で、農業者同盟とキリスト教社会党から各一名、シュピナが公共事業相に、マイヤー＝ハルティングが司法相に任命された。他は農業党から四名、商工中産党から一名、人民党二名、五名の専門家であった。[47]

ブルジョワ連合の政党の中で、結局国民民主党とフリンカ・スロヴァキア人民党は政府に代表を送らなかった。国民民主党は、ドイツ人が政府のメンバーとして十分信用できるか見極めずには入閣できないとし、スロヴァキア人民党は、党首フリンカがアメリカから帰国するまでは決断できないことを理由に挙げていた。両党は野党ではないとの立場をとり、後にこれらの政党が代表を送る可能性を考慮に入れ、商工相やスロヴァキア全権相には官僚が任命された。

シュヴェフラ首相は一九二六年十月十四日に施政方針演説を行い、十月二十日、下院では百五十九対百十三で、上院では、二十六日、七十三対五十六で採択されたが、政府に賛成した投票には、入閣した政党のみならず、国民民主党とフリンカ・スロヴァキア人民党も含まれていた (*Národní shromáždění* 1928, 379)。こうして、ブルジョワ連合に基づく第三次シュヴェフラ内閣が成立し、これは建国以来始めてドイツ政党が参加した内閣となった。

ドイツ政党の政権参加は、アクティヴィスト政党が進めた変化の成果であった。アクティヴィスト政党は、一九二五年の総選挙の時点で共和国に対するネガティブな態度を捨て、一九二六年春には関税多数派に加わり、一九二六年夏には政権参加を決めた。アクティヴィスト政党の変化は、プラハで一九二六年九月二十一日にキリスト教社会党が採択した「チェコスロヴァキアのドイツ系住民が権力への応分の参加と、国民的、文化的、経済的な平等を享受すること」という決議にも現れている。この変化の背景には戦後の国際情勢の安定化から、第一次大戦後のヨーロッパの地図を既成事実として受け入れたことがある。このことから、ドイツ系アクティヴィスト政党はチェコスロヴァキア国家への原理的反対をやめて、政策形成、政府に積極的に参加することによってドイツ系住民の福利を図る方向へ方針を転換した。

シュヴェフラ内閣の施政方針演説が議論された際、農業者同盟のヴィンディルシュ (Franz Windirsch) 議員は、十月十五日の議論の中で「ズデーテンドイツ人の代表が建国以来初めて内閣に入ります。この重大な歴史的出来事に際し、農業者同盟、ドイツキリスト教社会党、ドイツ商工中産党の名の下で、この内閣の議会の仕事に肯定的な考えでの参加を決めたことを宣言する責任を負うことを名誉に思います。」と述べたうえで、政府内で責任を担うことによってドイツ国民全体に奉仕し、直近の課題としては経済的な困難の克服にも努力することを宣言した(*Národní shromáždění* 1928, 375)。入閣したドイツアクティヴィスト政党は、個々の経済利益の代表であると同時に、ドイツ系住民全体の代表としての役割も主張していた。

ブルジョワ連合政権の政党配列上の位置と政策位置

シュヴェフラは施政方針演説の中で、今回の施政方針でも、十ヶ月前、一九二五年十二月に採択された方針を基本的に採用すると述べ、全国民連合からブルジョワ連合へ政治的配置が変化しても、政府が実施する政策は共通であると述べた(*Národní shromáždění* 1928, 377)。その理由として、国家の発展に関わる政策を行っていることを挙げ、具体的には経済危機の克服が緊急課題であり、税制改革や住宅建設支援も従前からの懸案事項であるとした。

議会との関係については、新連合を「ナショナリティ、宗教、社会的階級の違いにもかかわらず、我が国市民のすべての階層が参加した連合体」とよび、特に多様なネイションの文化が緊密な関係を持つ中央ヨーロッパの国家として、ネイション間のよりよい共存へと向かったことを誇り、これまで民主主義によって社会的対立を解決してきたように、次の段階ではネイションの共存の道を切り開くという課題に取り組むとした(*Národní shromáždění* 1928, 379)。

このように、シュヴェフラの施政方針演説では、新連合はネイション間宥和の連合であり、そのことがチェコスロヴァキアの議会制民主主義にとって、プラスの意味を持つことが強調された。政治プログラムの上では、連合の政党組み合わせが変化し、社会主義政党が野党となったことは、政策に影響をもたらさないという立場がとられていた。

関税多数派の形成に活躍したホジャも、ハンガリーの『ブダペシュト日報 *Budapesti Napló*』に対談をのせ、関税多数派は経済、関税利害の問題を解決するためだけの存在ではなく、チェコスロヴァキアのナショナリティ問題を解決し、議会政治のこれまでの方法を転換させ、国家利益にとって有益な貢献をしたと主張している。(48)

しかし、野党にまわることとなった社会主義政党は、当然異なる見解を持っていた。国民社会党の党日刊紙『チェコの言葉』は、新内閣の「反社会主義的」「反人民的傾向」を否定できないとし、国民民主党の「ファシスト的傾向」や、人民党の教権主義を合わせて批判した。(49) さらにこの政府は、人民に反する、国民の大多数に反する政府であり、連合は、農業党であれば農作物価格の引き上げ、国民民主党であればソ連との国交妨害、フリンカ・スロヴァキア人民党であればスロヴァキア支配など、それぞれ自党の物質的利益を引き出すために維持されている共同体に過ぎず、その傾向は内政上も外政上も国家にとって危険であるとした。

そのような批判に対し、農業党の党夕刊紙『夕べ』は、社会主義政党に対し、野党にまわった政党は今後厳しい立場になるだろうと牽制した。そして、チェコスロヴァキアには国家に反対する野党しかおらず、通常の建設的野党の伝統がなかったと指摘し、多数派についての不正確な情報やデマゴギーを流すようでは、国家に忠実な野党とはいえないとして、社会主義政党の動向を批判した。(50)

このように、シュヴェフラ政府は、ブルジョワ連合政権がネイション共存に寄与する点を強調し、政策的には国家利益を追求するので全国民連合時と変化はないと主張した。しかし、国民社会党や農業党の機関紙が主張しているように、社会主義政党が野党化し、ブルジョワ政党だけで政権が構成される以上、政策がブルジョワ諸政党の利益に沿って実施されることになると予想された。ネイションを越えた政党間の共存が成立したことは、全国民連合が強制していた社会、経済利益間の共存を不要なものとしてしまったのである。そのなかで政権連合と社会主義二政党の双方が、どのような関係をつくっていくのか、それはチェコスロヴァキアの議会制民主主義の方向性を左右する焦点となる。

ブルジョワ連合政権と「野党」

実際、ブルジョワ連合に基づく議院内閣が形成されたことによって、チェコスロヴァキアの議会制民主主義は新しい状況に直面していた。一九二六年十月以降、いずれのチェコスロヴァキア政権にもドイツ人閣僚が入ることになり、その点でこの連合が内政に構造的転換をもたらしたという点はすでによく指摘されている。しかし、チェコスロヴァキアにおける議会制民主主義の解釈に与えた影響はそれ以上のものであった。

全国民連合の間、ドイツ系政党やハンガリー政党は共和国の枠組みそのものに反対する原理的野党であり、議会の協議や政策形成に関与することを拒んでいた。それに対し、今度新たに野党になった社会主義二政党は、建国以来常に国政に参加してきた「国家構成政党」であった。社会主義政党にとって、ブルジョワ連合の成立は、人民、国民の大多数の代表である自党が、不当に政権から排除されたことと解釈された。ブルジョワ連合政権はそれゆえ反人民的な政権であり、問題をはらむものであった。

しかし、農業党の『夕べ』のように、社会主義政党は通常の民主主義国家には当然存在すべき建設的野党を目指すべきであるという意見も、議会制民主主義を多数決に重点を置いて理解した場合、当然成り立ちえた。国民民主党に近い右派独立系新聞『国民政治 *Národní Politika*』の論説の中で、ボルスキー（Lev Borský）は、新連合の登場を歓迎するのは、新連合がネイション横断的なものであることや、ブルジョワ多数派であることが理由ではなく、より全国家的見地から、「大きな、古い国家で見られるような統治構造へと我が国でも発展が見られたことが喜ばしい」と述べている[51]。つまり、多数派に二種類のヴァリエーションができたことで、チェコスロヴァキアにおいても政権交代が可能となった点が重視されている。ボルスキーは、別の論説で、多くの君主制の国では国王が政府を作ってきたが、イギリスでは選挙制度の影響もあり、保守と革新の二潮流が存在し、選挙の結果現れる多数派が政府を握っており、これこそが民主主義であると述べた。そして、チェコスロヴァキアの社会主義政党にとって重要なのは、このような交代を担いうる第二の多数派を作ることであるとした[52]。

このように、チェコスロヴァキアの議会制民主主義はこのとき新たな課題に直面することになった。ネイションによる分断が解消されると同時に、共和国への原則的反対派ではない二つの社会主義政党が野党となるという新しい事態を前に、社会主義政党が主張するように「人民の代表」を排除することは反人民的なのか、それとも、二つの多数派が競合し、選挙で勝った方が政権を握る、より民主的な政治体制への道が開かれたと解釈できるのかという、議会制民主主義の型に関する問題が始めて姿を現したのである。しかも、後者に関しては、ブルジョワ連合が利益集団間の政策抱き合わせによる妥協によって成立した経緯から、多数派形成が綱領上の合意に基づくものか、それとも無原則な利益間妥協かという点も問題となった。ブルジョワ政権の政策決定過程は、これらの問題を浮き彫りにしていくことになる。

第2節　ブルジョワ連合政権

一　ブルジョワ連合政権の政策決定過程

ブルジョワ連合の結束と不協和音

ブルジョワ連合は、施政方針演説に次いで、一九二七年度の予算を一九二六年十一月二十七日、下院で百五十四対七十五で採択した（*Národní shromáždění* 1928, 379）。政府に代表を送っている政党に加え、ブルジョワ連合のフリンカ・スロヴァキア人民党と国民民主党も賛成した。ドイツ政党が国家予算に賛成したのはこれが初めてであった。共産党、ドイツ国民党、ＤＮＳＡＰは反対し、ドイツ社民党も反対に投票した。チェコの社会主義政党の対応は分かれ、国民社会党は賛成に投票し、社民党は棄権した。このように、野党にある社会主義二政党には、政府の予算に反対すべきか戸惑いが見られた。

一九二七年には、フリンカ・スロヴァキア人民党と国民民主党が直接政府に代表を送ることを決めた。フリンカ・スロヴァキア人民党は、前年の予算案の賛成に際しその理由について声明を発表した。その中では、今回の国家予算案が、急進的な社会主義的な潮流に反対する立場をとり、農業生産を保護し、政府の反教権主義的な立場を転換し、スロヴァキア自治への漸進的一歩を踏み出していることが、賛成の理由として挙げられた。フリンカ・スロヴァキア人民党は連邦制の採用を要求していたが、それを入閣の条件とはせず、協働を選択した。一九二七年一月十五日には同党は政府参加を決定し、ガジーク（Marek Gažik）法制・行政統一相、ティソ（Josef Tiso）公共保健・体育相の二名の代表を送った。

国民民主党も、ドイツ系与党が予算案に続き、一九二七年春の防衛法案、行政組織法案に賛成したことをうけて、[53] ドイツ系政党の多数派への参加は一時的なものではないことが明らかになったとして、一九二七年四月二十八日、ノヴァーク（Ladislav Novák）商務相を送り、政府に参加した。この結果、内閣は、閣僚十五名中、農業党四名、人民党とスロヴァキア人民党が各二名、国民民主党、商工中産党、ドイツ系の二党が各一名、官僚・専門家三名の構成となった。

第三次シュヴェフラ内閣は、経済も好況で、国際情勢も相対的に安定した時期にあたっていた。ピェトカ、六党委員会に続き、ブルジョワ連合には、連合構成政党間の交渉合意機関として八党委員会（Osma, Osmička）が作られた。[54] 連合は結束して政府法案を支持した。中でも、地方制度を改革した行政組織法は重要であった。この法律は、全国をチェコ、モラヴィア、スロヴァキア、ポトカルパツカー・ルスの四つの州に分け、各州に限定的な自治権をあたえるものであった。これは、スロヴァキア人民党の政権参加への対価であり、初めてスロヴァキアが統一的な行政単位として承認されることになった（Klepetář 1937, 256–259；香坂 2006）。この法案では、ドイツ人が多い独立の行政地域であったシレジアがモラヴィアと合併されることになったため、賛成はドイツ連合与党にとっては、困難な選択だった。そのため二議員が農業者同盟の会派から離脱したが、残りの議員団は一致して賛成投票をした。同法では、州知事と、地方議会にあたる「州会」の議員の三分の一が中央政府からの任命とされたため、社会主義諸政党は非民主主義的として反対したが、それを退けての採決となり、ブルジョワ連合の結束を示す結果となった(Lipscher 1979, 97)。

これに対し、連合が一致できなかったのは、一九二七年五月二十七日の大統領選挙であった(Klepetář 1937, 254-255)。国民民主党はクラマーシュを推し、スロヴァキア人民党、人民党の一部もマサリク再選に反対した。最終的に、これらの政党はドイツ国民党やＤＮＳＡＰら原理的野党と共に白票を投じた。共産党は独自の候補に投票した。結局マサリクはブルジョワ連合の残りの政党と、社民党、国民社会党、ドイツ社民党の支持で再選された。

さらに連合の軋みは、農業党の発言力の大きさへの他党、とくに人民党からの不満や、スロヴァキア人民党内のトゥカ(Vojtech Tuka)ら急進派の動きからも生じた。前者に関しては、農業党がどの連合からもはずしえないかなめ党であることが農業党の専横を招いているという不満が連合内に存在した。また、スロヴァキア人民党は、フス記念祭への政府の公式参加やスロヴァキア地方知事の人選でも不満を持っており、連合との関係は順調ではなかった。

加えて、一九二七年冬、シュヴェフラ首相は重病となり、一九二七年十月十三日の閣議で第二党である人民党のシュラーメク社会保障相が首相代理に選ばれていた(*Národní shromáždění* 1928, 379；Klepetář 1937, 263-264)。シュヴェフラは一時政務に復帰したが、一九二八年三月に病が再発し、その後二度と公的政治の場に戻ることはできなかった。しかし、当時はシュヴェフラの復帰が期待され、シュラーメクの首相代理としての連合政権主導が続くことになった。

首相代理を務めるシュラーメクにとって重要な課題は、社会保険改正とホワイトカラー年金という二つの困難な立法であった。中でも社会保険改正は労働者の利害に直接影響する政策であったため、在野の社会主義諸政党との関係が特に焦点となった。

チェコスロヴァキアとドイツの社会民主党の接近

ブルジョワ連合と野党側の社会主義諸政党の間で利害が相反する政策が対象となったことは、チェコスロヴァキアとドイツの社民党の接近をもたらすことになる。一九二七年末、チェコスロヴァキア社民党とドイツ社民党は、より密接な関係を模索することを決め、一九二八年一月にはプラハのスミホフで合同で大会を開くに至った（Broklová 1999; Brügel 1967; Bruegel 1973; Kural 1993）。

一九二七年十二月、社民党のマイスナーは、党機関紙『人民の権利』に「共和国のプロレタリアート大会」と題する論説を発表し、ブルジョワ連合政権によって、労働者の社会的権利が侵害され、そのため労働者階級の団結、特にチェコスロヴァキア社民党とドイツ社民党の協力が必要となったとし、一九二八年一月の大会を、ブルジョワ連合成立以来の共和国の政治状況の変化がもたらした結果と位置付けた[55]。さらに、ドイツ社民党との間には国家の構造とネイションの問題の解決方法をめぐって対立があるものの、これらの解決の道を探りつつ、共に政権参加を目指すとの意志を表明している。両党の協調の具体的な目標としては、ブルジョワ連合による反動、特に「社会保険への攻撃」に対抗することが掲げられた[56]。

ブルジョワ連合の諸政党は、両社民党の協調を強く警戒し、各党の機関紙は次々と批判の記事を載せた。内容は、ドイツ社民党は共和国の枠組みの見直しを要求するショーヴィニストであり、共和国のネイション問題の解決策についての合意は難しく、両党の協調はチェコスロヴァキア社民党の国家に対する敵対につながりかねないというものであった[57]。反動と名指されたことに対する批判もあった[58]。これらに加え、ブルジョワ連合政党にとって特に気がかりであった点は、両社民党が協力して政権政党になることを目指した場合、連合のヴァリエーションが増加することであった。国民民主党の『国民新聞』は、チェコスロヴァキア社民党が、ドイツ社民党との結集によって、自党が有力政党となれる連合政権を狙っていると警戒を示した。[59]

一九二八年一月二十八日と二十九日に、第二インターナショナルの他国の社民党からの参加も得て、共和国の社民党がスミホフの大会に集まり、ブルジョワ・ブロックの社会的、政治的反動に対する抵抗、特に目前の社会保険法改革への闘争を決議した。[60]

社民党幹部のコウデルカ（Jan Koudelka）が『人民の権利』にこの大会についてまとめた記事は、前述の『国民新聞』の連合ヴァリエーションの変容に関する懸念を裏付けている。コウデルカは、チェコとドイツのブルジョワ連合によって、社民党は野党に封じ込められ、「連合に入れてくれるよう丁寧にお願いするか、政治的終末を待つか」という状況に置かれていたが、この大会で示したネイション横断的な社会主義政党の結び付きによって攻勢に出たとした。[61] 彼はこの記事の中で、農業党の『田園』は早くも、ドイツ社民党のアクティヴィスト政党化によって、議会のアクティヴィスト議員の数、ひいては連合のヴァリエーションがどのように変化したかを議論した、と紹介し、社民党は連合の数合わせのために結集したのではないと否定したが、スミホフ大会が政党間関係を変化させる役割を果たしたのは確かである。この時点ではドイツ社民党は政権参加の意思を明確にしたわけではなかった。しかし、チェコスロヴァキア社民党とドイツ社民党に国民社会党を合わせた議席数は七十四であり、二つの農業党を合わせた六十九議席を上回る。また、カトリック系諸政党六十七議席と合わせれば過半数に近い百四十一議席となる。このように、社会主義政党は結束することで、政党配置上、ブルジョワ連合に対抗する一つの極を初めて形成することができた。

前年十月にペロウトカが雑誌『現在』で、農業党が連合政権形成に不可欠なかなめ党であることが、農業党の専横を招いているとし、それを抑えるために、人民党と社会主義政党の黒赤連合を提案したところ、大きな反響を呼ぶ議論となっていた。[62] 国民社会党は、人民党とは教権主義をめぐって対立していることから、黒赤連合の提案には賛成できないとしたが、[63] 人民党内部からは、現在の連合に固執すべきではなく、別の選択肢も持つべきであるとの意見や、人民党は社会主義政党と社会政策重視という点で共通性があるという肯定的な意見も表明されていた。[64] それに対し、農業党は黒赤連合の実現可能性を否定しつつ、構想自体には警戒を示さずにはいられなかった。[65] このような議論の存在を考慮すると、両社民党の接近が連合のヴァリエーションを変える可能性のある事態として注目されたことが理解できる。

前述のように、ブルジョワ連合政権成立について、二つの多数派候補が競合するイギリスのような政党政治への接近であると肯定的に評価する右派の議論があったが、実際には社会主義政党のうち、共産党とドイツ社民党が共和国の国制に反対する立場をとってチェコの社会主義二政党と共同歩調がとれなかったため、社会主義政党の側には多数派形成の可能性は閉ざされていた。チェコの社会主義二政党は、ブルジョワ連合によって政権から排除されたことで、政権へのアクセス可能性を失っていたのである。しかし、両社民党の提携によって、両農業党に匹敵する極となり、人民党との提携可能性も議論されたことで、初めて「二つの多数派候補」の競合が生じることになった。

次に述べる社会保険法改正案の審議には、スミホフ大会で決議された社会主義政党の一致した強力な反対と、両社民党の接近によってもたらされた連合内外の政党関係の変容が影響を与えることになる。

社会保険改革過程

政府の社会保険法改正案の議会審議は、一九二八年初頭に始まった（Deyl 1985；Klepetař 1937, 259–261）。これは一九二四年の社会保険法を改正するもので、農業季節労働者が保険から除外される点、経営者と被用者が一対一で代表されていた管理委員会の改革により、労働者階級の疾病保険や社会制度での影響力が弱体化する点が、労働者の社会的成果の解体として批判された。社民党、国民社会党、ドイツ社民党、共産党の労働者を代表する四つの政党は、すべて野党の立場にあり、協力して抵抗活動を展開した。一月から三月にかけては四党共同で労働者のデモが行われた。このデモに対抗して農業党もデモを組織し、ブルジョワ連合と社会主義政党の間の緊張が高まった。(66) しかし、共産党系は実力指向であるのに対し、両社民党と国民社会党は合法的手段を重視し、両者は四月に分裂した。ここから社会主義政党と政府の間には、妥協点を探る試みが始まることになる。

社会主義政党は、社会保険は一九二四年制定時に全国民連合で合意したもので、そのときの合意の当事者である社会主義政党との交渉なしに改革することは容認できないと主張した。また、政府が中央社会保険機構（Ústřední sociální pojišťovna）の専門家委員会の社会保険改正法案に対する検証の結果を待たずに、法案の採択を進めようとしたことが批判された。(67)

緊張緩和のため、ブルジョワ連合政権は、社会主義政党と社会保険改革について妥協の交渉を行うことを決めた。まず、交渉は議会の社会政策委員会の小委員会を舞台に行われた。(68) 社会主義政党の要望をいれ、専門家委員会の意見を待って、それに基づいて議論を行うこととした。(69) 六月には八党委員会に、社会主義政党の代表が招かれ、交渉を行った。(70) 結局夏前に合意は成立せず、交渉は夏中続けられ、秋にようやく決着した。(71) このような交渉の結果、労働者側の不利益となる部分はあるが、その不利益は許容できる程度におさえられた。同様の改革は、私企業ホワイトカラーの年金保険にも行われた。

ここで興味深いのは野党を含めた交渉と妥協による政策決定という方法である。ブルジョワ連合は議会内で多数を握っているにもかかわらず、議会でそのまま法案を採決することはしなかった。全国民連合では原理的野党の議事妨害を振り切って議決に持ち込むことは何度も行われてきた。また、ブルジョワ連合が生まれるきっかけとなった固定農作物関税や聖職者国庫給与の際にも、社会主義政党の議会内外の反対にもかかわらず、議決に持ち込んだ。これらのケースと対照的に、社会保険改革では野党の社会主義政党に譲歩し、半年以上の交渉を行って法案を通した。

社会保険改正において、このような政策決定方法がとられた原因として、以下の二つを挙げることができる。第一は、労働者に直接影響がある法案であり、労働者の代表である社会主義政党を排除して決定することは望ましくないと連合側が判断したことである。社会主義政党を含む一九二四年当時の全国民連合諸政党間の合意の修正であること、人民党内の労働者翼の圧力があったことも影響している。

第二は、連合内の軋みや、両社民党の接近によりブルジョワ連合以外の連合可能性が議論に上るようになり、ブルジョワ連合が多数決で押し切ることが、連合政治の力学上も難しくなったことである。

合意形成の手法として、議会委員会内の小委員会が用いられる、あるいは連合の合意形成機関である八党委員会に社会主義政党の代表を加えて話し合うなど、これまでの連合内合意形成の手法の蓄積が生かされたといえよう。また、専門家委員会への付託というのは新しい方法であり、政策の合理性を担保しつつ、合意の基礎にするという意味で、これまでのような単なる妥協とは異なる方向性を示していた。

政党間関係の見直し

社会保険改正をめぐるブルジョワ連合と社会主義政党の歩み寄りについては、政党間関係の新たな局面として、議会制の運用の観点からこれを評価する声が、双方から出された。[72]

国民社会党の『チェコの言葉』は、専門家の発言力を求めてきた野党の考えが勝利をおさめたとし、社民党の『人民の権利』では、ヴィンターが、これまでの連合の解決策とは異なり、専門家委員会の提案を吟味した上での熟議が支配する兆しがあるとして評価した。マイスナーは議会の発言で、与党多数派は、野党に代表されている人々の生死に関わる利益に関しては、政府多数派の意思だけで野党との協議なしに決定してはならないという原則にもとづき、「国家構成野党」、すなわち野党の立場にいる「国家構成政党」と共生することが不可欠であるとの考えを示した。

これに対し農業党の『田園』は、社会主義政党が街頭での暴力に訴えているときも、協調を大事にしてきたのは連合諸政党であるとして、このような姿勢に議会少数派も加わったのだとしたら望ましいことだと述べた。『田園』は、「束縛されない自由な情熱に任せていては、ユーゴスラヴィアやポーランドの議会になってしまう」と述べ、国家の利益の側に立ち、議会政党相互の関係を大切にし、相互に礼儀正しい態度で接することがチェコスロヴァキア議会における連合諸政党の長所だとした。農業党閣僚のホジャも、すべての政党が国家に配慮するようになったことは喜ばしいことだと述べている。

国民民主党の『国民新聞』は、「我々は自分の議会の伝統を築いている最中であり、自分たちの方法で議会の通常の状況を作りつつあるのである。もちろんこの際、我々は決してイギリスのような理想的状況には到達しないということを忘れてはいけないだろう。イギリスでは、野党のトップが与党多数派のトップと同じ政治的重みを持っている。我が国では政治状況はイギリスほど単純ではないのだ。」と述べ、チェコスロヴァキアの議会の状況に即した政党間関係構築の必要性を主張した。同時に、連合政党の側にも生死に関わる利害はあり、政権の責任を果たすために、野党との合意を目指す際、それを優先することを忘れてはならず、多数支配もやむをえないと述べている。

このように、社会保険法改正の政策決定過程は、チェコスロヴァキアにおける議会政治の在り方を改めて考察するきっかけとなった。全国民連合の時期には、連合における多様な利害を持つチェコ系諸政党の協調は、ドイツ諸政党とスロヴァキア人民党の共和国に対して否定的な姿勢という条件のもとで、議会政治を機能させるための一時的な非常措置とみなされており、決して正常な議会政治の状態とは考えられていなかった。ブルジョワ連合の形成については、議会におけるネイション間の対決を部分的にせよ解決し、チェコスロヴァキアの議会政治を、イギリスのような「通常の議会政治」、つまり、保守と革新の二潮流の競合と、多数派支配に近づけるものとの解釈も行われた。しかし、実際に社会主義陣営においてもネイション間の垣根が解消し、社会主義諸政党が政権を狙う対抗連合の核としてまとまると、ブルジョワ連合政権は、多数派として社会主義諸政党の反対を押し切るより、社会主義諸政党との交渉と妥協を選んだ。ここで初めて、各党が明白な社会経済的利害を持つ、チェコスロヴァキア固有の状況が認識され、多数決で政治的意思決定を行うことの是非など、チェコスロヴァキアの政党配置に応じた議会政治のあり方が探られた。イギリスをモデルとする議会政治から、独自の議会政治を目指す発想の転換がこの時期生じつつあったのは、注目に値する。

但し、社会保険改革は野党に代表される労働者の利害に直接関わる特別な事例であり、他の政策に関してはブルジョワ連合は連合与党のみの賛成で政策決定を行うことを躊躇しなかった。チェコスロヴァキアにとって適した議会政治の在り方をめぐる言説や、多数派支配に挑戦する野党の攻撃は、現実に政権を握るブルジョワ連合を直接揺るがすことにはならなかった。しかし、次に見るように、ブルジョワ連合内部では、相互の対立がさらに激しくなり、連合与党の合意そのものが困難になっていく。ブルジョワ連合政権は、連合内部の不協和から崩れていくことになる。

二　ブルジョワ連合の終焉と拡大連合の成立

ブルジョワ連合の終焉

一九二八年十二月二日に地方選挙が行われた。これはブルジョワ連合成立後初めての選挙であり、有権者のブルジョワ連合への評価が示される機会であった。(73) 結果、ブルジョワ連合は票を減らし、国政選挙であれば少数派に転落するほどであったのに対し、社会主義政党はいずれも得票を増やした。ブルジョワ連合のなかでも党によって結果は異なり、農業党は票を増やし、国民民主党も一九二五年の激減時に比べれば得票は増えた。人民党、スロヴァキア人民党は共に票を大きく減らした。

ドイツ政権与党は票を減らしたが、ネガティヴィスト政党の結果は分かれ、ＤＮＳＡＰは得票を増やしたが、国民党は減らし、国民党の野党戦術に反対して分離したドイツ工業家のロッシェ（Alfred Rosche）のグループであるドイツ労働経済共同体（Deutsche Arbeits- und Wirtschafts Gemeinschaft　以下ＤＡＷＧ）が票を伸ばした。合計すると、ドイツ社民党を含めたアクティヴィスト政党は百十三万七千票、ネガティヴィスト政党は三十四万九千票で、アクティヴィスト政党の獲得した票がはるかに多かった。

社会主義諸党は地方選挙の結果を背景に、ブルジョワ連合への攻撃を強め、もはやブルジョワ連合は多数を持たず、政府に止まるのは問題であるとし、総選挙を要求した（Klepetář 1937, 271）。しかし、シュラーメクは、十二月十八日、下院で、地方選挙は「非政治的」であるとして国制への影響を否定した。八党委員会議長を務める農業党のブラダーチ（Bohumír Bradáč）もシュラーメクの見解を支持した。

とはいえ実際には、連合内部でも農業党と人民党の軋轢が強まっていた。選挙での敗北で連合政権内の人民党の立場は弱まり、シュラーメクが首相代理の地位にあることへの不満が高まった[74]。しかし、農業党もシュヴェフラに代わる人材を見出せなかった。

農業党は地方選挙の支持を背景に、連合内で自党の主張を強化し、国政選挙の実施を迫ることで、人民党に圧力をかけた。農業党はシュラーメクに首相代理をやめ、三人の農業党出身閣僚のうち、最年長のウドゥルジャル（František Udržal）を首相代理とするよう求めた[75]。これをシュラーメクが拒み、両党の関係は緊迫化した。結局、一九二九年二月一日にシュヴェフラが正式に首相を辞任することで、最大政党である農業党が首相を出すルールに従い、ウドゥルジャルが後継首相となった。

ウドゥルジャルは首相の交代によっても内閣のプログラムに変更はないと表明し、農業党の農作物保護の要求、人民党の祭日に関する要求、住宅供給支援法、ヘント・システムの改革など、従来からの懸案に取り組んだ[76]。八党委員会の合間には、チェコ系四党の代表（農業党のブラダーチ、国民民主党のクラマーシュ、人民党のドランスキー、商工中産党のムルチョフ）のみが集まる四党委員会（Čtyřka）も内密に開かれ、意見調整をかさねた。中でも政権が最重要課題と位置づけた家賃規制や良質な賃貸住宅の供給問題に関しては住宅八党委員会（Bytová Osma/ Bytové výbor koalovaných stran）も開かれた。[77] しかし、その後も対立は続き、政策合意はほとんどできず、多数派として機能することはできなかった。それでもブルジョワ連合は政権維持の点では結束しており、特に地方選挙で票を失った人民党は解散、選挙を先延ばししようとしていた。[78]

ブルジョワ連合政権が倒れる直接の原因となったのは、フリンカ・スロヴァキア人民党の問題であった。[79] 一九二九年八月、スロヴァキア人民党の幹部の一人であるトゥカが共和国に対する陰謀準備及び軍事反逆の罪に問われる裁判が始まった。[80] スロヴァキア人民党の党首フリンカは、九月十七日、ウドゥルジャル首相と会談し、トゥカを党から排除せず、有罪判決の場合、責任を取ってスロヴァキア人民党は政権を離脱する意思を最終的に表明した（Klepetář 1937, 277）。トゥカの有罪判決の見通しが強かったため、ウドゥルジャル首相は、スロヴァキア人民党の離脱でブルジョワ連合が多数を失い、二年後、一九三一年十一月の下院議員任期明けまで持ちこたえられなくなる可能性が高いと判断し、この段階で早期に選挙を行うことを決断したと見られる。農業党は一九二八年の地方選挙でも票を伸ばしており、議会選挙によって、国政でも有利な立場を得る見通しであった。

但し、早期選挙に反対する人民党に選挙を選ばせる必要があった。農業党は、九月に入ると新たな農業関税の要求を行うなど、連合内の対立を誘う要求を表面化させた。[81] さらに、ウドゥルジャルが兼任していた国防相ポストに農業党のヴィシュコフスキ（Karel Viškovský）を任命し、連合内の閣僚バランスを農業党に有利に変更した。[82] 人民党は激しくこれに抗議したが、ウドゥルジャルはヴィシュコフスキの任命を撤回せず、連合の亀裂は決定的となり、人民党を含めた連合諸政党は九月二十五日、解散、総選挙の道を選ぶことになった。[83] 十月八日には実際トゥカの判決を受けてスロヴァキア人民党の閣僚が辞任したが、既にその時点では選挙が告示されていた。

拡大連合の成立

一九二九年十月二十七日、共和国設立以来三回目の議会選挙が行われた。選挙の結果は、一年前の地方議会選挙結果を裏付けるものであった（表8参照）(*Volby do poslanecké sněmovny v říjnu 1929.* 1930)。ブルジョワ連合はスロヴァキア人民党を含めても多数を失い、新たな連合形成が不可欠となった。農業党は票を伸ばし最大政党の地位を守り、大統領マサリクは農業党のリーダーであり、選挙時の首相であったウドゥルジャルに組閣を委任した。

農業党は、ブルジョワ連合の人民党や国民民主党と、社会主義諸政党の間に立って、自党がかなめ党の役割を果たせる連合を目指した。ブルジョワ連合の諸政党は、一から新しい連合を作るのではなく、ブルジョワ連合を基礎としての新連合を希望し、ブルジョワ連合政党の間で、相互に連合から疎外しないことを約束したともいわれた。[84]しかし、その上で、農業党は、社会主義政党の連合参加には反対ではなかった。ブルジョワ連合が過半数を得られない可能性がある中で、農業党が選挙を選んだことから、農業党が社会主義政党を含めた新しい連合の形成も計算に入れていたと推測できよう。

農業党と社民党は、相互を最大の敵対者として選挙を戦った。農業党は農業利益と工業利益の均衡を訴えるとともに、社民党が農業恐慌対策を掲げ農村部の票を得ようとするのを牽制した。[85]しかし、連合形成において農業党が最も避けるべきなのは、人民党が社会主義政党と組み、農業党を排除する事態であった。そこで、農業党は、選挙結果の評価では、人民党の議席の減少を指摘し、人民党がかなめ党化する可能性を牽制するとともに、農業党と社民党こそが共和国の二大潮流となったとし、社民党の選挙での躍進を認めた。[86]機関紙『田園』の論説で、社民党が全国民連合の再生を希望するのであれば、大いに歓迎すると述べているように、農業党は早い段階で、社民党と農業党が核となる連合を組むことを決断していたと見られる。[87]

但し、農業党を含め、ブルジョワ連合諸党にとって望ましいのは、これまでのブルジョワ連合を基礎として、二つのチェコの社会主義政党のみを加えて過半数を確保することであり、ドイツ社民党の政権参加は希望していな

表 8　1929 年下院議会選挙結果

政　党	議席	有　効　投　票　数									
		ボヘミア		モラヴィア・シレジア		スロヴァキア		ポトカルパツカー・ルス		共和国全体	
総議席数・有効投票数	300	3867782	(%)	1822835	(%)	1428035	(%)	266327	(%)	7384979	(%)
反拘束名簿連盟	3	60837	1.6	8203	0.5	1810	0.1			425051	5.8
チェコスロヴァキア国民民主党	15	200995	5.2	56198	3.1	53745	3.8	48609	18.3	359547	4.9
チェコスロヴァキア人民党	25	255877	6.6	321936	17.7	36548	2.6	8979	3.4	623340	8.4
農業者と小農の共和党（農業党）	46	524578	13.6	224522	12.3	278979	19.5	77419	29.1	1105498	15.0
チェコスロヴァキア商工中産党	12	176188	4.6	77539	4.3	30134	2.1	7348	2.8	291209	3.9
チェコスロヴァキア国民社会党	32	535740	13.9	177595	9.7	43968	3.1	10025	3.8	767328	10.4
チェコスロヴァキア社会民主労働者党	39	535358	13.8	269674	14.8	135506	9.5	22924	8.6	963462	13.0
チェコスロヴァキア政党合計	*172*	*2289573*	*59.2*	*1135667*	*62.3*	*580690*	*40.7*	*175304*	*65.8*	*4535435*	*61.4*
フリンカスロヴァキア人民党	19	962	0.0	20406	1.1	403683	28.3			425051	5.8
チェコスロヴァキア政党とフリンカスロヴァキア人民党	*191*	*2290535*	*59*	*1156073*	*63*	*984373*	*69*	*175304*	*66*	*4960486*	*67.0*
DNSAP	8	136384	3.5	67726	3.7					204110	2.8
ドイツ選挙共同体（農業者同盟，DAWG他）	16	288972	7.5	90560	5.0	13704	1.0	3218	1.2	396454	5.4
ドイツキリスト教社会人民党	14	221945	5.7	126121	6.9					348066	4.7
ドイツ国民党他	7	124255	3.2	64932	3.6					189187	2.6
ドイツ社会民主労働者党	21	387060	10.0	114877	6.3	4824	0.3			506761	6.9
ドイツ政党合計	*66*	*1158616*	*30.0*	*464216*	*25.5*	*18528*	*1.3*	*3218*	*1.2*	*1644578*	*22.3*
キリスト教社会党（ハンガリー人）その他	9					226917	15.9	30455	11.4	257372	3.5
ポーランド党とユダヤ党の選挙連合	4	13699	0.4	40410	2.2	33679	2.4	16778	6.3	104556	1.4
チェコスロヴァキア共産党	30	398260	10.3	162136	8.9	152242	10.7	40582	15.2	753220	10.2
農業政党※	*58*	*741307*	*19*	*292442*	*16*	*289257*	*20*	*79832*	*30*	*1402839*	*19*
社会主義政党	*122*	*1856418*	*48*	*724282*	*40*	*336540*	*24*	*73531*	*28*	*2990771*	*40*
社会主義政党（共産党を除く）	*92*	*1458158*	*38*	*562146*	*31*	*184298*	*13*	*32949*	*12*	*2237551*	*30*

Volby do poslanecké sněmovny v říjnu 1929, Československá statistika sv.70, Praha 1930, 9 ; 34-35.

※ドイツ選挙共同体は議会会派としては農業者同盟 12 議席と DAWG 4 議席の共同会派を構成した。表の農業政党の票数はドイツ選挙共同体の得票数の 16 分の 12 を農業者同盟の得票と仮定して試算した。

かった。

しかし、社民党は一九二五年選挙時の二十九議席から三十九議席と議席数を伸ばし、議会の第二党になったことで、自党の政権参加は正当と考え、強い立場で連合交渉に臨んでいた。[88]

社民党は選挙戦を通じて、ブルジョワ連合政権の政策、特に農業党の政策が、食糧価格の上昇を招き、労働者、給与生活者の生活を圧迫したことを批判した。[89] また、ブルジョワ連合諸政党が、ブルジョワ連合の維持を前提としていることを、選挙結果を受け入れないものとして批判し、殊に、ブルジョワ連合の八党委員会が議会解散後も会合を続け、合意の結果を選挙後に至るまで常置委員会を通じて立法し続けていることを非難した。[90]

とはいえ、社民党も、政権復帰のためには、農業党、ブルジョワ連合諸党との連合が不可欠であることは認識していた。選挙後、ウドゥルジャルに議会第二党として政府参加の意志を尋ねられると、党首ハンプル（Antonín Hampl）は肯定的な返事をしている。但し、ハンプルが政府参加の条件としたのは、政府のプログラムに社民党の政策選好が反映されることと、ドイツ社民党の政府参加であった。[91] 社民党とドイツ社民党が一九二八年のスミホフ大会と社会保険改革の際の共闘以来接近していたことが、この条件にも反映されていた。ドイツ社民党も十一月三十日から十二月二日にかけ、アウシッヒ／ウースチー・ナド・ラベム（Aussig/Ústí nad Labem）で党大会を開き、政府参加を正式に決議した。[92]

国民社会党も社民党に同調し、両党は、社会主義政党が政府の中で少数派になり、望ましい政策が実行できないことを恐れ、個別の入閣を拒否し、ドイツ社民党とあわせて三党がまとめて入閣することに拘った。さらに政府の中でブルジョワ政党と社会主義政党が均衡するように、ブルジョワ連合の中からいくつかの政党をはずすよう求めた。[93] しかしブルジョワ連合の政党はいずれも政権与党を離れることを望んではいなかった。

そのため、病床のシュヴェフラが「一九二〇年には政党は政権参加のために要求を突きつけ、一九二五年には無条件に政権入りし、一九二九年には政権に入るためには譲歩も辞さない」と述べたといわれるとおり、共和国に対する原理的野党以外のほとんどの政党が政権入りを希望する形となった。[94] 三百議員中二百三十九議員が原則的に政府支持であった。これは農業党の『田園』が「限りなく喜ばしい現象」と書いたように、多くの原則的野党を抱え込むより、議会制にとって望ましい現象ではあった。

しかし、政権参加意志のある多数の政党を一つの多数派連合にまとめあげることは困難な課題であった。事態は膠着し、十一月末になっても政府多数派の構築は成功しなかった。このままでは官僚内閣樹立の可能性もありうると考えられたが、結局ブルジョワ連合側と社会主義政党側の双方が譲歩し、ようやく連合参加政党が固まった。ブルジョワ連合のうち既に連合との関係が悪化していたフリンカ・スロヴァキア人民党と、ドイツブルジョワ政党の中ではドイツキリスト教社会党が連合を外れたが、ＤＡＷＧが新たに加わった。社会主義政党は三党そろって政権に参加することになり、こうして四週間の交渉の果てにようやく多数派連合が決定した。

その後もポストをめぐって争いがあり、当初ウドゥルジャルは、ドイツ社民党から入閣する党首のチェヒ（Ludwig Czech）に、無任所大臣か、重要性の乏しい食糧供給相のポストしか提供しないとしていたが、社会主義政党の強い抗議を受けて修正し、社会保障相のポストを提示することとなった。[95] 人民党と社民党は、農業党を内相、農相ポストの独占からはずすよう共同して努力したが、これは実現しなかった。[96]

新政権にはチェコスロヴァキア政党からは、主要五政党に商工中産党を加えた六党が参加した。ドイツ政党からは、農業者同盟に加え、ドイツ社民党とドイツ人のリベラル小政党のＤＡＷＧが加わり、九政党から構成されることになった（*Národní shromáždění* 1938, 89）。ポーランド人とユダヤ人がチェコスロヴァキア社民党に加入した後は、与党連合は三百議席中二百九議席を占め、二政党の連合離脱後も連合七与党だけで百九十三議席を保有していた。[97] そのためこの連合は「拡大連合（široká koalice）」とよばれることになる。多くの政党が連合にとって不可欠とはいえない過大規模連合であり、チェコスロヴァキア共和国最大の連合であった。

フリンカ・スロヴァキア人民党が連合を離脱したことで、ネイション軸上の幅はその分狭くなったが、ドイツ人の最大政党であるドイツ社民党が政権連合に初めて参加したことは、共和国のネイション問題上重要な意義を持った。さらにこの連合は、三年ぶりにすべての社会経済利益の代表を含み、社会経済軸上にも大きく拡大した。農業党と社民党については、同じ社会、経済基盤のチェコスロヴァキア政党とドイツ政党が手を結んで多数派連合に参加することになる。

拡大連合政権成立の意義

拡大連合政権成立はチェコスロヴァキアの議会制民主主義の固定化において、どのような意義を持つといえるだろうか。

ドイツ社民党も政権参加の意思を示したことで、議会内の国家に原理的に反対する政党はドイツ国民党、DNSAP、共産党のみとなり、チェコスロヴァキアの議会政治はその意味で建国後の不安定な状況からさらに脱したといえよう。連合形成に参加しうる政党の幅も広がり、連合政権のヴァリエーションも理論上は拡大した。

この状況のもとでの一九二九年の選挙の結果は、次の統治多数派に関して、ブルジョワ連合の過半数割れという形でネガティブには示唆をあたえたものの、明白な規準を与えることはなかった。社会主義政党も全体として議席を伸ばしたものの、単独では政権をつくれず、ブルジョワ連合を割って新しい多数派を形成することもできなかった。

最大政党となった農業党が連合のイニシアティヴを握ったが、社会主義政党との連合を模索せざるを得ず、多数派形成に際して右派や左派といった区別やイデオロギー、新政権の政策選好などの共通性が連合を規定する役割を果たすことはなかった。[98]むしろ、ブルジョワ政党と社会主義政党、農業党と社民党の政権内における「均衡」が重視された。連合内の共通性、同質性よりも、差異を認めたうえで均衡を目指すという点が特徴的である。過半数を制する最小勝利連合は追及されず、政権入りを望むほとんどの党が政権入りし、その結果、保守と革新の二政治潮流の政権交代や建設的野党の存在の重要性という議論は姿を消した。

これまでの政権形成時に較べ官僚内閣という選択肢がほとんど議論されず、議院内閣を前提として連合形成が進んだことも特徴的であった。また、多数派議論時に見られた、議会内の多数派と政権多数派の形成の間の時間差も今回は見られなかった。

これらの特徴から、拡大連合はチェコスロヴァキアの多数派形成の課題に一つの解を見出したものと意義づけることができよう。

連合形成に参加しうる政党の幅も広がったなかで、多数決原理に基づく多数派形成が結局行われず、幅広い利害を代表する多数の政党が過大規模連合を組んだことは、チェコスロヴァキアにおける議会制民主主義に対する考え方の転換ともみなしうる。

全国民連合の際の幅の広い連合は、ネイション間対立から政権連合に参加する政党が限られていたことによるやむをえない例外的事態と考えられていた。ブルジョワ連合はドイツ系諸政党の政権参加により、チェコスロヴァキアでも、「古い議会制民主主義諸国」のように、多数決原理に基づく連合形成や政権与党対建設的野党の対立が初めて可能となり、議会制民主主義の成熟に向かったとする意見も見られた。しかし、排除された社会主義政党の側からは、人民の代表を政権から排除することへの批判も上がった。

そのなかで社会保険改革の際に、ある党にとって重要な政策については、たとえその党が野党であったとしても、多数派が多数決で押し切ることはせず、その党を含めた合意形成を行うという前例が作られたことはチェコスロヴァキアの議会制民主主義にとって重要な意味を持った。この経験が契機となって、チェコスロヴァキアはイギリスとは条件が異なり、固有の議会制民主主義の型がありうるという議論が生まれたのである。一九二九年六月、リベラル系独立誌の『現在』には、「我々の民主制、イギリスの民主制」という論説が掲載され、有権者の政党支持がフレキシブルなイギリスの動態的な民主制に対し、政党と個別の職能集団が結びつき、議会は組織化された社会の縮図であり、選挙ごとに有権者の支持の政党間移動も少ないチェコスロヴァキアの民主制との大きな相違を指摘している。(99)

このような議会制民主主義観の変化が背景にあったとはいえ、現実に拡大連合が形成されたのは、旧ブルジョワ連合と社会主義陣営の双方が切り崩しを拒んだことから、やむをえず生まれた側面がある。特に旧ブルジョワ連合側には、あくまで一部の社会主義政党のみを連合に含め、旧ブルジョワ連合を核にした最小勝利連合を目指す動きも存在した。しかし結果として、経済危機を目前に控え、広範な利害の代表を政権内に含む拡大連合が成立したことは、幅広い政党を合意形成過程に組み込むことを制度的に保障することを意味した。社会保険改革時の政党の協調は、政権レヴェルでは最小勝利連合の多数派連合が組まれ、この政策についてのみ、政策決定時に議会の野党を交渉に含めるという一時的な現象であったが、拡大連合では、恒常的に広範な政党間の交渉による政策形成が行われることになる。

社会がネイションと社会経済利益の両方によって分断され、それを反映して部分利益ごとの組織政党が多数存在するチェコスロヴァキアのような政党配置の政治社会においては、多数決原理に基づく議会制民主主義は一部の部分利益の排除という問題を招いた。この点を考慮すると、社会の広範な部分利益が政党を通じて政権連合内に代表され、政策決定過程に参加する拡大連合は、特定利益の代表が政権から排除されないことで、連合政権、さらには議会制民主主義体制そのものの正統性を高める可能性も含んでいた。拡大連合政権の形成は、多数派形成の課題にチェコスロヴァキアの条件に適応しつつ示した一つの解だったといえよう。

拡大連合の形成に対し、連合交渉中から懸念も表明された。それは、八党のブルジョワ連合がすでに合意不能になっていたことから、これ以上の規模の連合が果たして合意できるのかという危惧であった。また、過大規模連合であることから、連合政党の一部を連合から排除することも数的には可能であり、このことが合意形成をさらに困難にすると考えられた。(100)しかも、共和国を包む政治、経済状況は世界恐慌の伝播と共に緊迫の度を増していた。拡大連合の成立は、共和国の議会制民主主義体制の固定化の到達点であると同時に、新たな危機の始まりでもあった。

第四章　ウドゥルジャル拡大連合政権

——利益対立の激化と合意形成手法の制度化

拡大連合は、広範な利害の代表をネイションに横断的に政権に参加させる点で、チェコスロヴァキアの議会制民主主義体制において、画期的な意味を持った。しかし他方で、このような過大規模連合においては内部の合意形成が困難を極め、それが連合の弱さともなることが予想される。一九三〇年三月のワイマール・ドイツにおける大連合崩壊はその端的な例であった（平島 1991）。世界恐慌の到来と共に高まっていく各部分利益の要求が、政党を通じて政治的意思決定の場に導かれたとき、それへの対応の成否が、この過大規模連合が体制の安定要素となるか、それとも脆弱な連合として不安定要素となるかを左右することになる。

本章では、この拡大連合のもとで、新たな政策合意形成方法が模索される過程を分析する。

第1節　政策合意形成上の課題

プログラムと非公式合意形成機関の不在

拡大連合内閣が成立するきっかけとなった一九二九年十月二十七日の選挙は、ニューヨーク株式市場の暴落の最中に行われた。拡大連合の形成は、世界恐慌の到来を予期しつつ行われた。それにもかかわらず、多数派の形成と閣僚ポストの配分で選挙後五週間を費やし、新政権のプログラムについてはほとんど話し合う時間もなく政権が作られた。

九政党に及ぶ各連合政党の政策選好は当然相違しており、連合政権のプログラムを作ることで具体的な政権の政策を前もって方向付ける必要があったが、それはなされなかった。[1] 幅広い連合の唯一のプログラム的な結節点は、長引く農業不況と、他の経済分野も巻き込んだ世界恐慌の接近に対して、協働して対処する必要性を認識しているということだけであった。[2] 拡大連合は経済危機に諸政党が結集して当たるという意味で、「経済結集連合（hospodářská koncentrační koalice）」ともよばれた。しかし、そのための具体的合意はなく、拡大連合に基づくウドゥルジャル政権は、シュラーメクの言葉が持ち出されるように、「合意することを合意」だけして、出発することになった。

そもそも多数派形成に際しても、右派や左派といった区別やイデオロギー、新政権の政策選好などの共通性が連合を規定する役割を果たすことはなかった。[3] むしろ、ブルジョワ政党と社会主義政党の政権内における「均衡」が重視された。連合内の共通性、同質性よりも、差異を認めたうえで均衡を目指すという点が特徴的である。

連合内で大きな発言力を持っていたのは、最大政党の農業党と、社民党であった。農業党は四閣僚ポストを押さえ、社民党が三ポスト、国民社会党と人民党が各二ポスト、その他の政党が各一ポストを占めた。[4] 社会経済利益別に見ると農業党と農業者同盟の農業利益勢力と社会主義三政党の閣僚数が五対六、その他の「ブルジョワ政党」が四閣僚となり、微妙なバランスが保たれていた。

拡大連合の政策合意形成上の懸念は、プログラムの不在だけではなかった。拡大連合はこれまでの連合のような非公式の合意形成機関を欠いていたのである。

これまでの政権連合でも、あらかじめ行動プログラムが合意されることはまれであった。その代わりにピェトカや八党委員会のような連合各政党の代表からなる非公式の合意形成機関が設けられ、利益対立の交渉と妥協の場となっていた。政策の方向性に関する合意の不在を、連合諸政党間のプラグマティックな妥協の場の存在によってカバーしていたのである。また、拡大連合と同様に、広範な利害を代表する政党の連合であった全国民連合の場合、原理的野党に囲まれ、結束を余儀なくされていたことも合意形成に重要な役割を果たしていた。非公式な合意形成の中核としてのシュヴェフラの存在も大きかった。

しかし、社会主義諸政党は、ブルジョワ連合期に八党委員会で事実上の政策決定が行われ、野党の社会主義政党には議会で政策に影響を及ぼす余地がなかった経験から、拡大連合の形成にあたり、ピェトカに類する「非憲法的」な「第二政府」の設置に反対し、内閣と議会を中心に政治的意思決定を進めるべきであると強く主張した。それが受け入れられ、連合諸政党間の合意形成は直接閣議に委ねられることとなった。(5)

拡大連合は行動プログラムも、従来のような閣外の政治的意思決定機関も持たないまま、恐慌の嵐が近づく海へ船出したのである。

ウドゥルジャル内閣の施政方針

拡大連合政権の舵をとることになったウドゥルジャル首相は、シュヴェフラの後任として、ブルジョワ連合の首相を一九二九年から務め、選挙後もそのまま、最大政党の党首として組閣を任されることになった。一八九〇年代から青年チェコ党のハプスブルク帝国議会議員として活躍し、一九〇六年に農業党に移った後、第一次大戦中には帝国議会副議長を務めた農業党の長老政治家であり、シュヴェフラよりも七歳年上で拡大連合政権成立時には六十三歳であった。(6) 大統領マサリク周辺のフラト・グループの一員として知られ、後述するように内部対立が顕在化し始めた農業党内では他政党と協調的な穏健派に属していた。しかし、確固たる連合構想を持たないウドゥルジャルの指導下に政権連合交渉が五週間も迷走したように、目的を持って創造的なリーダーシップを発揮するタイプの政治家とはいえなかった。(7)

十二月十三日に行われたウドゥルジャル首相の施政方針演説は、内閣を待ち受ける課題として、真っ先に近づきつつある世界恐慌への対応を掲げた。

連合内部の勢力比を反映し、農民と労働者の利益には相対的に大きな配慮がなされていた。農業恐慌は既にチェコスロヴァキアにも及んでいるという現状認識のもとに、農村の購買力の不足は他の経済分野にも波及するとし、

「農業の危機は国家全体の問題とみなし、国家の介入を含めたすべての手法を用いて農業恐慌を解決し、その結果を緩和しなければならない」と述べ、農業恐慌対策の実行を約した。また、労働者に対しても社会政策立法によって、来るべき経済状況の悪化にたいして、労働者の雇用と社会保障水準を擁護すると述べた。

しかし、政策目標には農業者、労働者への政策とならんで、商工業者、国家公務員、年金生活者への支援、スロヴァキアやポトカルパツカー・ルスの開発が総花的に挙げられた（*Národní shromáždění* 1938, 91-94）。つまり、施政方針演説は拡大連合に関わるすべての部分利益への支援を一通り並べたに過ぎなかった。財政上は、現在の均衡財政の維持が目標とされ、各部分利益への支援も財政の許す範囲でとの条件がつけられた。

このように、施政方針演説は、農業問題と工業問題の双方に触れ、さらに拡大連合に関わるすべての部分利益への支援を一通り並べ、連合内の政治的均衡を反映していたが、具体的な政策の方向性は欠如しており、(8) 連合内の諸部分利益集団の要求が相互に対立するときの指針は何ら含まれていなかった。しかし、恐慌の波及と共に要求の先鋭化、対立の激化はまぬがれず、特に早く突出していったのは農業恐慌に直面した農業者の要求であった。

政治閣僚委員会の設置

ウドゥルジャル内閣の成立は、世界恐慌の開始とほぼ同時であったが、その恐慌がチェコスロヴァキアの工業部門に及び始めるのは一九三〇年の後半になってからであった。しかし、農業部門では以前から小麦の世界市場価格下落に見られる穀物危機が波及していた（Lacina 1984, 141-143）。一九二九年の豊作も価格の下落を勢いづけた。チェコスロヴァキアの代表的な輸出農作物であったビートは、既に一九二六年ごろから国際競争力を失っていたが、一九二八年秋の砂糖の世界市場価格の下落によって、生産高は恐慌前の最大値の七分の一に縮小を余儀なくされた（Lacina 1984, 139）。農業収入は急速に減少し、一ヘクタールあたりの純利益はチェコ地域で一九二九年の一〇八一コルナから一九三二年には一八五コルナへと減少した（Olivová and Kvaček 1967, 163）。

首相の出身政党である農業党の議員団は、一九三〇年一月九日、農作物関税の引き上げと外国との通商関係の見直しの要求を決定し、両院に提出した。[9] しかし社民党は、都市の消費者の負担増加につながるためこの要求に否定的な見解を示し、「この問題は独立に解決されるのではなく、(連合政権の) 全体的な経済社会プログラムの中で解決されるべきである」と主張した。[10]

そこで、この問題は「連合小プログラム」とよばれる連合政権の当面の行動プログラムの論議の中で議論されることになった。その際閣議での連合諸政党の交渉は困難を極め、具体的な政策協議のためには、やはり連合諸政党の合意形成の場が必要であるとの認識が広がった。人民党や国民民主党は閣僚ポストが少ないことから、各連合政党が同等の発言権を持ち閣議より小政党に有利なピェトカや八党委員会と同様の機関を設けることを主張した。人民党は、ピェトカ的機関が設置されると見込み、日刊機関紙『人民新聞』で、社会主義政党の反対にもかかわらず連合政権にはピェトカは必要であると歓迎した。[11]

しかし、社民党を始めとする社会主義政党は、ブルジョワ政権期に野党として八党委員会を非憲法的権力機関と非難しており、ピェトカ的機関の再生には断固として反対した。また、社会主義三政党は閣僚ポストの配分が多く、閣議での決定の方が有利であった。

協議の結果、二月初頭に内閣に政治閣僚委員会と経済閣僚委員会が設置されることになった。[12] 前者では政治関連の、後者では経済関連の重要省庁の閣僚が各連合政党を代表して政治問題、経済問題に関する交渉が行われることになった。国民民主党と人民党はこれに不満であり、小政党の意向が反映されやすい新たなピェトカの設置をこの後も繰り返し要求したが、その度に社会主義諸政党が強く反対し、その実現を妨げた。[13]

両閣僚委員会、特に政治閣僚委員会は連合諸政党の代表が対立する政策問題について交渉し、妥協点を探るという点で、ピェトカ、八党委員会と共通する側面を持つ。しかし、大きな相違点は、政治閣僚委員会は内閣内の公式の委員会と位置づけられ、各党を代表するのが閣僚である点であった。ピェトカは内閣や議会とは正式な関係を持たず、各党の実力者の非公式の集まりであり、その党代表が閣僚ポストに就いていないケースもしばしば見られた。また、ピェトカの決定は事実上の最終決定であったのに対し、政治閣僚委員会はあくまで事務的、予備的な交渉機関に止まり、最終的な決定権は内閣に留保された。ピェトカが内閣や議会などの公式の機関の陰で各党実力者が交渉妥協を行う場であったのに対し、閣僚委員会は内閣を中心に連合諸政党の合意形成を行うための補助機関であった。

こうして、連合政党の合議機関として新たに設置された政治閣僚委員会は、内閣の枠内に止まり、一九二〇年代の政治的意思決定手法からの変化の可能性を示した。[14] シュヴェフラの政治からの退場に象徴されるように、建国期を率いた実力ある指導者は各党から徐々に退き、ピェトカのような非公式の場での合意を自党に遵守させることができる政党指導者が減っていたこともこの変化の背景にあったと考えられる。

建国の非常時に生まれたピェトカに対し、十年の歳月を経て憲法体制により即した形での連合諸政党の合意方式が生み出されたことは、議院内閣制の観点からは平常化、成熟ということができよう。しかも、チェコ主要政党の合議機構であったピェトカと異なり、マイノリティ政党も含んだ拡大連合で合意方式が生みだされた点が意義深い。しかし、その誕生が世界恐慌という第二の危機の最中であったことはこの新たな合意形成手法に影を投げかけることになり、その評価は実際にこの方法で合意形成が可能であるかどうかを待つことになる。

第2節　ウドゥルジャル拡大連合政権の停滞

一　農業党の要求の拡大と連合内対立

農業党の要求の拡大

政治、経済閣僚委員会の設置後、連合政治は順調に機能し始めたかに見えた。社民党が推進する失業手当の改善との取り引きで、一九三〇年六月、農業党の要求する農作物関税の引き上げが実現した。(15) 連合諸政党間の利害対立の妥協に従来から用いられてきた政策間の抱き合わせが可能となったことで、拡大連合内閣がようやく動き出したと考えられた。

ところが、深化する農業不況を背景に農業党議員団と農業党の要求は拡大の一途をたどった。農作物関税引き上げに加えて、農業党の要求に沿って輸入リスト法の修正、パン製造法、小麦の化学的調整禁止法などが立法されていたにもかかわらず（Dostál 1998b, 129 ; *Národní shromáždění* 1938, 770-771）、一九三〇年十月に農業党執行委員会は声明を発表し、農作物の輸入の見直し、農業への低利信用、税負担の軽減、借家人保護の廃止、農作物と工業生産品価格の格差是正、自然災害保険などの諸要求を、強い調子で提示した（Hradilák 1967, 34 ; Dostál 1998b, 131-132）。

社会主義政党や人民党は農業党のこれらの広範な要求に対し、一斉に反対の論陣を張った。一九三〇年に入り工業労働者の失業も急増し始め、社会主義諸政党は失業手当の改善のほかに、八月には失業者の食糧配給活動の実施を連合政権のなかで実現した。これは労働組合に組織化された失業者に対し、十〜二十コルナの食糧品クーポン、あるいはジャガイモ、パン、牛乳の現物を配給するものであった（Olivová 1993, 209）。その状況下で、都市消費者を更に圧迫する農作物価格の引き上げにつながる農業党の要求は容認できないものであった。

しかし農業党は十二月、他政党の反対を押しきって農産物輸出国ハンガリーとの通商協定の更新を拒否し、協定不在状況に持ち込んでしまう（Čada 1974, 356)。この農業党の突出に対し、社会主義諸政党は内閣総辞職による対抗も検討したが、結局連合維持を優先することが確認された。

通商政策をめぐる連合内の対立

一九三一年に入ると、三月にドイツとオーストリアが恐慌対策として関税同盟締結に合意したと発表し、それに対する対応をめぐり、国内の対立がさらに顕在化した。独墺関税同盟計画に対しては、外相ベネシュがサンジェルマン条約で禁止された両国の政治的統一の準備ではないかとして即座に反対意思表示をした。

しかし、社民党やドイツ社民党はこれをきっかけに中・東欧諸国全体の関税関係を改善する必要性を唱え、関税同盟計画を肯定的に評価した。[16] 工業国と農業国のバランスの取れた経済圏の形成は、急落しつつあるチェコスロヴァキアの工業生産の再生のためにも急務と考えたからである。ハンガリーとの通商協定廃止に見られる農業党の通商政策は、共和国の工業国としての側面を無視するものであるとして批判され、農業党から離れた通商政策の必要性が唱えられた。工業団体では、ドイツ人地域に多い繊維産業が独墺関税同盟へのチェコスロヴァキアの参加に賛成した。最大の工業団体である工業家中央連盟は沈黙を守ったが、商工会議所は関税同盟への参加には反対したものの、今までの農業優位の通商政策も見直す必要があると表明した。

他方、農業党は独墺関税同盟計画への社民党の賛成に対し、これをドイツ・ナショナリズムを利するものとし、連合内のドイツ社民党を攻撃した。独墺関税同盟計画が潰えた後も、通商政策をめぐる農業党と社民党の対立は続くことになる。

ウドゥルジャルの政治指導への批判

一九三一年には農業関連では、水利国家基金法、自然災害時国家補助法、農村電化財政補助法など周辺的な要求が実現したのみであった（Dostál 1998b, 133）。農業党の内部では、党出身の首相ウドゥルジャルが、同党の要求を実現できないことへの苛立ちが高まっていった。特に、党のモラヴィア地方組織や農業党青年組織ドロスト（Dorost、青少年の意）を足場に、党内でスタニェク下院議員を中心とした反ウドゥルジャル派が勢力を伸ばしていった（Dostál 1998b, 133–134）。イフラバにおける十月十日のドロストの集会で、スタニェクは「現在の経済政治配置は農業を恐慌から守るのに適切ではない」と述べ、政府と連合への反意を表明した。

さらに農業党内の反対派は上院を足場に農業党出身閣僚が内閣で同意した法案の採択を拒否し、ウドゥルジャル首相を始めとする農業党出身閣僚の党内指導力の失墜は深刻な事態を招くことになった。内閣では、農業党出身閣僚は小麦混合法と石油に蒸留アルコールの混合を義務付ける法律と引き換えに、社会主義諸政党が要求する道路基金法と石油税に賛成していた（Hradilák 1967, 35）。これが農業党上院議員団によって拒否されたのである。対立する諸利益を含む拡大連合にとって法案の抱き合わせは何らかの政策を行っていくための唯一の方法であり、その失敗はウドゥルジャル政権の実効性への疑念を深めさせるものとなった。

従来のピェトカによる合意形成では、政党内の実力者が合意主体であり、政党間合意が議会で覆されることはなかった。拡大連合内閣で採用された政治閣僚委員会と閣議を中心とする方法で、このように閣僚と出身政党の議員団に乖離が生じたとき、連合合意の実現は保証されない。そのため合意そのものもさらに困難になってしまった。

他の連合諸政党は、首相であるウドゥルジャルが自分の出身政党である農業党を統御できず、連合政権の機能を損なっていることへの不満を隠さなかった。政権全体の方向性に関しても、社民党の若手の理論誌『新しい自由』は、ウドゥルジャル首相の議会開催前の新聞記者との会見での発言に関して、経済危機の中核にほとんど触れていないことを批判し、当時のドイツ首相ブリューニングの声明の方がずっと具体的であると述べた(17)。そしてウドゥルジャル首相に関して、家父長的政治家であり、調和を求める余り声明も非常に退屈で、状況の前進をもたらすことは期待できないと批判した。

ウドゥルジャルは党内と連合との双方からの批判にさらされ、厳しい立場に立たされた。十月二十七日には予算委員会で、「我々は非常に困難な時局にある。緊急措置を強いられるような状況に至らないとは限らない。十分理性的に国家が必要とするすべを与えなければ、非常授権措置をとらざるをえなくなるであろう。」と述べなければならないほどであった（*Národní shromáždění* 1938, 130）。この発言はドイツでのブリューニングの大統領令統治を想起させ、チェコスロヴァキアでも行政権の強化を意識させることによって、連合諸政党と特に農業党の議員団に圧力をかける狙いであったと考えられる。しかし、チェコスロヴァキアではこの後も行政権の強化ではなく、政党を主体に連合政治を打開する道が模索されることになる。

二　ウドゥルジャル政権の停滞

財政危機と農業党の新たな要求

一九三二年一月二十三日、議会会期の初めにあたり、農業党執行委員会は農民の困難は限界に達したとして、新たな決議を行い、農業部門と工業部門の構成、特に農作物と工業製品の価格差の是正を求めた[18]。具体的には、まず、農業生産物の保護関税による擁護、自給可能な農作物、家畜の輸入の禁止要求に加え、「我が国の商品に対して支払いの保証のない国々との通商には関心がない」という強い言葉でハンガリーとの通商協定への反対を続けることを宣言し、農業保護主義の一層の強化を求めた。また、農作物の輸入専売制と国内最低価格の保持を求め、小麦やライ麦の輸入は国内在庫がある限り許可してはならないとした。さらにビート農家への輸出補助金を要求し、さらにジャガイモから作る蒸留アルコールを石油に混ぜて燃料とすることは、ジャガイモ生産を援助するとともに国内の工業生産、工業労働者を助けることになると主張した。このように、農業党の要求は従来通り世界市場からの保護や補助金の要求が中心であったが、輸入専売制や国内市場の統制が新たな要求として加わり始めていた。

もう一つの興味深い点は農業利益と無関係な、失業手当システム全体の見直しがやや唐突にこの要求事項に含まれていたことである。農業党はこのころから機関紙『田園』などを通じて失業手当の不正給付が財政を圧迫しているというキャンペーンを展開し、ドイツ社民党出身の社会保障相チェヒの責任を追及していた。[19]

この要求に対し、社会主義政党側は農業党の要求を財政的に実現不可能と断じ、農業党は農業利益以外への考慮も含んだ生産的な要求ができないと非難した。[20] 失業手当への攻撃に対しては、農業党こそ補助金を通して国家支出を圧迫していると反論した。失業者数は一九三一年の夏期の微減以降再び上昇を続け、一九三二年三月には一年前のほぼ倍の六十三万人となり、失業率は二五・三%に達していた。失業手当を受ける組合員数は全組合員数の一四・六%に上った（An Economic Review, 124; 126）。失業手当への国庫扶助の維持は社会主義政党にとって最重要の課題であった。

さらに社民党は、この農業党執行委員会では右派が主導権を握り、スタニェクやストウパル（Viktor Stoupal）が台頭したため、ウドゥルジャル首相の立場が党内で困難なものとなったと報じ、その右派が社民党抜きの政府形成に熱意を傾けだしたと非難した。[21] 一方農業党の『田園』は、社民党や人民党が農業党を排除した「赤黒連合」を模索しているが、現在全ヨーロッパ的に退潮しつつある社会主義者には実質的多数は形成できないと応戦した。[22]

連合枠組みの見直しまでが応酬される対立に至った背後には、政府財政の急激な悪化があった。一九二九年には十億コルナ余りの入超であった国家財政が、一九三〇年には四億二千五百七十万、一九三一年には十二億九千五百万コルナの歳出超過に転じていたのである。[23] 財政赤字は一九二九年に金本位制に復帰したばかりのチェコスロヴァキア・コルナの信頼を損ない、景気の回復を遅らせるものとみなされ、財政緊縮が至上命題となった。そのため、削減対象や優先的に財政による支援を受ける分野をめぐって、連合与党間の対立が強まったのである。

課題別連合委員会の試み

一九三二年の初頭には、ウドゥルジャル連合政権の経済、社会問題への対策の遅さと優柔不断さがさらに際立っていた。銀行法案の制定はすでに一九三一年の十二月初頭には終了している予定であったのにもかかわらず、内閣で連合諸政党間の合意を形成することができず、決定は繰り返し延期された[24]。

この際窮余の策として、銀行法の法案作成は下院に任されることとなった。下院は専門知識をもって予想外に早期に政府法案を修正して草案をまとめ、一九三二年四月に法律が成立した。これまでは、政党内閣の場合、政府法案を議会審議で変更することは例外であり、修正なしに採択されるのが常であった。それに対し銀行法の制定は議員に合意形成を担わせるという選択肢を示すものとなった（Klepetář 1937, 304 ; *Národní shromáždění* 1938, 730）。

同時期、連合諸党間の利害がより正面から対立している問題に関しても、連合与党の議員団間に交渉を委ねる試みとして、課題領域ごとに与党の議員団代表を集めた委員会の設置が検討された。

既に一九三一年七月に独立系新聞の『リドヴェー・ノヴィニ』で、このような作業委員会の設置が提案されていた[25]。国民民主党が再びピェトカ的機関の再生を求めたのに対し、同紙は、ピェトカや八党委員会は非憲法的で、責任を持たない機関に決定権を委ねるものであり、議会の活動を単なる機械的なものにしてしまうと批判した。また、ピェトカ的機関がなくなったことで、議会が活性化し、各党議員団も批判や立法提案に大幅な自由を得ることができたと、拡大連合政権下の合意形成方式が議会に与えた影響を積極的に評価した。しかし同時に、政治閣僚委員会と閣議に連合間の合意形成が委ねられている現在の方式では、閣僚は大量の仕事に加え、個々の争点について討議し、さらに議会で法案が採択されるように考慮しなくてはならず、負担が大き過ぎるため政策形成の遅滞を招いていると、その欠点を指摘した。

そこで、同紙が提案したのが、議会に課題別の連合委員会を設置することである。この委員会は連合与党の議員団から各一名の代表を出し、課題ごとにアド・ホックに形成され、問題の技術的、専門的側面に関して話し合うものとされた。この委員会が政府案の形成、修正に関与し、さらに法案の議会委員会、本会議通過を助けることによって、政策の実施を早め、同時に責任と決定権は政府に残すことができるというのが、同紙の主張であった。

実際にこのような課題別連合委員会が設置された背景には、既に述べたように、連合与党、特に農業党の閣僚と議員団の乖離が内閣における連合合意の実現に深刻な問題を引き起こしていたことがあると思われる。ここで議員団を連合交渉の当事者とし、内閣における合意形成を補完させる利点は大きい。与党議員団間の合意が成立していれば、議会での法案成立にも支障が生じないと考えられるからである。内閣や議会の外にあって連合与党間の合意形成を行ったピェトカに代わり、内閣では閣僚が政治閣僚委員会で、議会では議員団の代表が課題別の連合委員会でそれぞれの段階の連合与党間の合意形成を行う方法が編み出されていったのである。

ＤＡＷＧが一九三一年十月に連合を去ったため連合政党は八党となっていたが、一九三二年一月にはこれらの与党の議員団から代表を集めて、蒸留酒石油混合法を検討する蒸留酒八党委員会、住宅法のための住宅八党委員会、精糖八党委員会、そして、失業対策のための緊急基金、労働義務を伴う職業安定所の設置、失業手当の監視、団体協約の拘束制、週四十時間労働について話し合う社会政策八党委員会が設置されることになった。

しかし、これらの課題別八党委員会でも、交渉は困難を極めた。

社会政策八党委員会では、農業党が、社民党攻撃、特にドイツ社民党のチェヒ社会保障相管轄の失業手当が不正に使用されているという攻撃を行い、国民民主党、人民党もこれに同調したため、失業対策のための緊急基金の問題が頓挫してしまった。(26) 三党は、農業、工業にかかわらず雇用者が失業対策の基金のために支出することに否定的であり、労働者は既に失業手当への権利を得るために労働組合に組合費を支払っているのにもかかわらず、労働者に緊急基金の費用を支払うよう求めた。職業安定所の設置、週四十時間労働、さらに住宅八党委員会で行われている住宅法も含め、社会政策法案はすべて停滞した。

売上税の導入に反対して商工中産党が連合を去ったのち、各委員会は七党委員会（Sedma）となったが、交渉の困難に変化はなかった。

農業信用七党委員会の交渉は、信用供与の条件について意見が分かれた[27]。社民党代表は小中規模農に限定するべきだと主張したのに対し、農業党、人民党、農業者同盟は規模にかかわらずすべての農業者に供与すべきだと主張した。住宅問題についての話し合いは住宅七党委員会で行われたが、既存の住宅法の期限切れの六月三十日までに決着がつかず、臨時に短期間延期することになった。

それでも、売上税、ビール税の成立は、この方式の大きな成果であった。六月には農業党の要求してきた、ジャガイモとビートの栽培農家の保護のためにこれらの農作物から作られる蒸留酒の使用を拡大する蒸留酒石油混合法が成立した（*Národní shromáždění* 1938, 526）。課題別連合委員会方法の導入によって、内閣中心の連合交渉では解決できなかった政策に合意が達成できたのである。

但し、課題別七党委員会は、一つの問題にすべての問題が結びつくことを避けることも目的としていたが、結局各政党は、委員会の境を越えて、ある問題についての自党の主張を通すために別の委員会での妥協を留保する行動様式を変えることはなかった。社民党は国防七党委員会で兵役期間の削減を討議することを、売上税、蒸留酒石油混合法賛成の条件にした[28]。

そして、農業党は、六月、農業保護措置についての合意と結びつけられない場合には、失業者緊急基金や年金税等財政対策関連の話し合いには応じないという強い姿勢を示し、議会の委員会や下院本会議は暗礁に乗り上げ、一時活動を停止してしまった[29]。議会の夏期休暇開始を前にして、連合政権は焦点の諸立法を実現できるかどうか危ぶまれる状況に陥ってしまった。

農業党の「反乱」

七月に入っても、農業党は自党の要求が受け入れられなければ社会政策面での譲歩はしないとの態度を崩さず、十三日の下院社会政策委員会の会議も上院の本会議も結論を出すことができないままに終わった。[30] しかし、十五日の午前中の農業党幹部会で、農業党の要求が若干緩和され、議会活動の再開が期待された。幹部会は、収穫の保証、畜産酪農シンジケート、農業信用の要求を確認し、穀物シンジケートについてはすぐ活動を始めるようにと譲らなかったが、今のところ畜産酪農シンジケートと農業信用の導入が連合に保証されれば他の問題に関しても譲歩するとした。[31] そして、農業党上院議員が午後の集会で年金税と酵母税について賛成するように決定した。

連合内には穀物シンジケートに関しては対立は無く、畜産酪農シンジケートと農業信用については秋に話し合う条件で合意ができる見通しがつき、農業党の要求の中では穀物シンジケートの設置、社民党の要求の中では失業者緊急基金の設置の立法が夏期休暇前に実施される可能性が出てきた。

ところが、七月十五日の上院本会議で農業党議員は、党幹部会の決定に逆らって、連合政府の提出した年金税と酵母税の法案の採決の際議場を退席してしまい、農業者同盟の上院議員の一部もそれに続いた。[32]

翌日の農業党の機関紙『田園』では、農業党上院議員が農業関連政策について発言を続けようとしていたにもかかわらず、遮られて無理矢理裁決されたことを退場の理由に挙げ、「何箇月もの間、我々は農産物輸入シンジケートの設立を要求してきたが無駄であった。社会主義政党の誠実な協力を要請してきたが無駄であった。」と強い調子で社会主義政党の連合への不誠実な態度を批難し、「百万の農民は事態の進展に備えている」と対立姿勢を示した。[33]

社民党機関紙『人民の権利』は、「首相の出身政党にこれほど規律も秩序も無く、そこで国家への配慮の無い人々が発言力を持っていることは、我が国の内政の悲劇である」と述べ、この農業党上院議員の「反乱」を厳しく非難した。[34]

一時は、ウドゥルジャルが既にプラハ郊外ラーニの大統領のもとに向かったという知らせも流れ、内閣総辞職の可能性が噂されたが、最終的に連合政権は、上院での農業党議員の反連合的行動は、上院の内部問題であると結論づけ、予定通り七月二十一日には下院本会議を招集し、失業者緊急基金と、緊縮委員会の設立に関する立法、農産物の輸入に関する授権法の採択に臨むことになった。

七月二十日の農業党幹部会は十五日の農業党上院議員の行動を支持する決定を下した。(35) この決定は政府だけでなく、特に農業党出身閣僚に向けられた反対の示威行為であり、幹部会ではスタニェク、ヴラニー (Josef Vraný)、ドナートら反対派の勢力が強いことがあきらかになった。さらに、「幾つかの連合政党の今までになく連合に対して忠誠でない態度が農業党の幹部会の決定を実現するのを妨害している。農業生産物が正しく評価されていない。何十万の農業者が、借金に苦しみ、金利の引き下げと農業者に対する利子援助を希望している。そういう時農業党は国民と国家のこれほど重要な要素である農業が破滅させられてしまわないように、努力する義務がある。」と述べ、農業者の負担金の減額と金利の引き下げを強く要求した。

二十一日には予定通り下院本会議が開催された。(36) しかし、同日の農業党の『田園』が、上院議員の行動を支持する幹部会の決定は全会一致であったと述べたことで、農業党の閣僚の完全な敗北が明白になった。しかも幹部会では、農業党閣僚は社会主義者の人質であり、農業者の利益を実現できないという激しい非難がなされ、総選挙が求められたことから、連合内での農業党との協働はもはや不可能と考えられた。これ以上明白な連合内の対立を避けるために、本会議は急遽中断され、失業者、財政関係の重要な法案を残したまま議会は事実上の夏期休会に入ってしまった。

課題別連合委員会を設置し、議員団の代表も合意形成に参加させることによって、連合の合意形成を担保させる試みは、一定の成功を収めたものの、農業党の議員団が他の連合諸政党との合意形成に否定的態度を示すと停滞してしまった。その状況下に夏期休暇前の土壇場で試みられた閣議での連合合意は閣僚との対立を強める農業党の議員団によって再び踏みにじられ、どちらの合意形成方法もこのままでは機能しないことが明白になったのである。

農業党と社民党の利益対立と政策上の接近の限界

秋の政治日程は農業党の幹部会の開催を待って始まった。[37] ここで決定される農業党の秋の議会会期に対する要求と、農業党内のウドゥルジャル首相ら閣僚派とスタニェク議員ら右派の力関係に注目が集まった。九月六日の農業党最高幹部会（užší předsednictvo）と七日の幹部会（širší předsednictvo）に対し、独立系、社会主義系各紙は両派の引き分けに終わったとの評価を下した。[38] ウドゥルジャル率いる閣僚派はスタニェクら右派の攻撃をかわすことに成功し、農業党閣僚が政府から引き上げられる事態には至らなかったが、直接の信任も表明されなかった。この幹部会で十月に農業党全国党大会を開催することが正式に決定され、両派の対立はそれまで続くと予測された。

与党連合にとって、より重要な意味を持ったのは、この際決議された農業党の要求リストであった。[39] 農業保護に関しては、農作物の最低価格維持のためのシンジケート、金利の引き下げ、農業への安価な信用供与が要求された。これらは逼迫する財政にさらなる負担をかける要求であった。同時に、農業党幹部会は社会保障負担の軽減、失業手当の削減、社会保険の見直しを要求し、社会主義諸政党と正面から対立していた。しかし、独立系新聞『リドヴェー・ノヴィニ』の評価によれば、これは連合の協働可能性を排除するような極端な最後通告の性格を持つものではなかった。

農業委員会の審議では、農業党のこの主張と社民党の反論が衝突した。農業党出身閣僚の一人であるブラダーチ農相は、九月二十三日の農業委員会で幹部会で決議された要求を繰り返し、連合与党の理解を求めた。[40] 十月五日の委員会では、農業党のザヂナがさらにトウモロコシとバターの輸入の完全禁止を求め、財政の立て直しに関しては、社会保障の重荷を見直すこと、犠牲を払っても予算の均衡を目指すことを主張した。[41] その一方で、農業党は選挙は望まず、連合協力の意思があると述べた。

これに対して社民党の委員は、農業党は農業階層の利益だけを考え、他の階層の利益への理解を見せないと非難した。ビニョヴェツ（František Biňovec）議員は、社民党は議会での農業党への協力に意欲的であり、今年も多くの農業関連法案が社民党の協力で可決されたのに対し、農業党は社会政策委員会でも例えば住宅問題に対してまったく否定的な態度をとったとし、政策を抱き合わせ相互に譲歩し合う連合のメカニズムを農業党が阻害していると批判した。

さらに、社民党のスルバ（Antonín Srba）は、農業党の立場は自由貿易や資本主義など既存の経済秩序とは相容れないと指摘し、農業党の要求は国家の私的経営に対する広範な影響力と統制によってしか実現できず、そのためにも農民と並ぶ勤労階級の代表である社会主義政党との協力が必要であると述べた。ビニョヴェツも農業問題は単独では解決できず、全勤労階層を考慮した政府の経済計画が必要であると主張した。

他方、チェコスロヴァキア社民党とドイツ社民党は九月二十二日に合同会議を開いて両党の統一歩調を確認し、二十四日には共同マニフェストが両党執行委員会の名で発表された。(42)「迫り来る厳冬に向けて我々が要求するのは何か！」と題するマニフェストでは、国民経済全体の計画的な変更と統制が求められた。個別には、金利の引き下げやカルテル法の立法、輸出信用に関する法律の改良、週四十時間労働、職業安定法、投資計画（道路、水道、土地改良、電化）促進のための投資公債の発行を要求し、さらに、直接的な失業者対策として、七月に成立するはずであった失業者に対する生産的援助や食糧配給のための使用者負担による失業者緊急基金法案の審議を求めた。

農業に関しては農業重視の保護貿易政策が工業品輸出に悪影響を与えていることを批判する一方で、農業生産物価格を利潤のある水準で安定化させることには理解を示し、そのためにも新しい農業政策の組織化が必要だとした。さらに、連合政治に関しては、最大与党である農業党が統一行動プログラムを守らず、そのために国民議会の活動の成功を阻害していると非難した。最後に国民議会の早期招集を要求し、後に詳述する公務員給与削減問題を意識して、非所有者階級にさらに負担を押し付けることへの強い反対を表明した。

これに対して農業党の機関紙『田園』は、本来失業問題は労働組合や消費者団体の内部で解決すべきなのに、社会主義政党はそれを全階層に押し付けていると批判した。農業党批判には強い反発を示し、他の政党が社民党のマニフェストを放置していることにもあわせて抗議した。(43) これに対し社民党の機関紙『人民の権利』は、「農業党の機関紙は、社会主義者でない者にとっては失業者の運命はまったく関係なく、社民党とドイツ社民党だけの問題だというのか？」と反論した。(44)

このように、農業党は農業保護のために財政出動を必要とする要求を出し、財政危機に関しては失業手当や社会保障の削減で対応するよう求めた。他方、社民党は、農業党の農業利益のみを考える態度を批判する一方で、政権連合の合意形成の方法の点からも、経済の国家統制、計画化を求める政策の点からも、農業党は社民党と協力すべきであるとの議論を展開した。そのため、社民党は基本的には農業をも含めた国民経済全体の組織的、計画的な変更を求め、その中で労働者の利益を守る立場を取った。しかし、この段階では国民経済の再組織、計画の恐慌対策としての具体化には至っておらず、求める政策も個別の対症療法に止まっていた。

デフレ政策に限定された財政状況の下、両政党の利益はますます激しく衝突するようになった。農業党はもとより社民党も、それらの要求を具体的に計画化や再組織化のプログラムの中で調和させ、政策上の接近によって解決する道を探るには至っていなかった。そのため、連合政権の合意形成には、与党間交渉による要求の組み合わせと相互妥協が不可欠であると見られた。しかし、課題別連合七党委員会も停止し、(45) 連合政権は七月の農業党右派の「反乱」以来陥った膠着状況から依然抜け出せないでいた。

第3節　マリペトル政権の形成

予算均衡問題とウドゥルジャルの辞任

農業党内部のウドゥルジャルの立場はさらに困難になり、十月末に予定された党大会にむけて各県（ジュパ Župa）で代表者会議が行われ、そのなかでウドゥルジャルが表立って批判されるようになっていった。(46)

さらに、この秋に具体的な緊急課題となったのは、予算均衡のための公務員給与削減問題であった。イギリスが金本位制から離脱し、緩やかなインフレを許容する政策に転じた後も、チェコスロヴァキアでは、ドイツをモデルとする厳格なデフレ政策が支持されていた。蔵相や国民銀行総裁を歴任し、チェコスロヴァキアにおける国民経済の最大の理論家と見られていたエングリシュの財政再建案に従い、(47) トラプル（Karel Trapl）蔵相は一九三三年度予算では可能な限りの緊縮処置を取ることを主張した。その際削減の対象とされたのが人件費であり、九月十五日、蔵相は政府に十一月十五日からの公務員給与一律一五％引き下げを求めた。(48)

農業党の経済専門家ブルドリーク（Vladislav Brdlík）は、国庫が失業手当で逼迫しきる前に出口を探す必要があり、一番反対が少ない道が国家公務員の給与削減であるとあけすけに主張した。(49)

国家公務員労働組合を重要な支持基盤とする社民党は、苦しい立場に追い込まれた。社民党はこの時点ではデフレ理論に理論的に反論する基礎を持たず、デフレ政策、均衡予算を支持していた。この時期のチェコスロヴァキアにも、需要の拡大による不況からの脱出を唱え、エングリシュのデフレ政策を批判する独立系理論誌『現在』のような意見も存在したが少数派であった。そのため社民党の反対は、他項目の緊縮や軍縮による財政緊縮を主張するに止まった。チェコスロヴァキア社民党とドイツ社民党は九月二十二日の合同会議で公務員給与削減案への反対を決議し、(50) 十月一日に開かれた社民党党代表者会議でも、マイスナー司法相は政治報告の中で財政の安定には努力するが、公務員給与の一括定率引き下げに反対するとした。

連合内の対立と、ウドゥルジャルの指導力不足を解決する方法として、連合の組み替えや官僚内閣、授権法あるいは選挙までが論議されるようになった[51]。

十月六日連合各政党代表の同席の下、ウドゥルジャル首相が議長を務めて政治閣僚委員会が開かれた[52]。各与党は公務員給与削減問題について自党の意見をまとめてこの会談に臨んだが、同意は為しえず、話し合いは翌週に持ち越されることになった。七日には閣議も開かれたが、政治状況の打開には至らなかった。八日、ウドゥルジャル首相は日刊紙の代表に議会招集の準備は完成しつつあるとのやや楽観的な声明を発表したが、翌九日の朝、糖尿病の病気療養を名目に、政府の運営を首相代理の社民党のベヒニェに委ね、温泉保養地のカルロヴィ・ヴァリへ去った[53]。

連合各党は、内閣改造とトラプル蔵相の公務員給与削減案に関して交渉を続けたが、十八日にプラハに戻ったウドゥルジャルは農業党最高幹部会にて病状を説明し「全力を必要とするこの非常に困難な時局にあって、これ以上職務を執行することができない」と首相辞任を表明した[54]。

マリペトル政権の形成

農業党幹部会は全員一致でマリペトル下院議長に他の政党と新たな政治情勢について交渉するよう委託した。こうして新たな政府形成のための交渉がマリペトルを中心に行われることになった。

マリペトルが最大政党の農業党から首相候補に選ばれたのは、他の農業党の有力政治家に首相になるには不適切な事情があったために、比較的目立たない政治家であった彼に首相ポストがめぐってきたという側面が大きい[55]。彼は農業党の中でも地味な政治家であり、五十九歳で首相に就任するまで人柄や政治的傾向などが農業党の外にほとんど知られていないほどであった。戦前ウィーンで帝国議会議員として活躍したウドゥルジャルと異なり、農場を持つプラハの北西五十キロほどの故郷で農業自助会や農業党の活動を行い、一九一四年からはスラニーの郡長を務めるなど、地方政治家としての経歴を重ねてきた[56]。建国後、革命国民議会議員、下院議員となり、一九二二年から一九二五年までシュヴェフラ内閣の内相になったが、その後は下院議長の座にあった。語られることが少なく、その人物像を描くことは容易ではないが、「鉄の神経の持ち主」、「仕事に厳しい人」といわれているように、冷静で勤勉な実務家肌の人物であったようである[57]。

しかし、国民経済の知識があり、実務家肌のマリペトルがこのとき農業党から首相に推挙された意義は大きい(Klepetář 1937, 320)。また、彼の選択にあたっては、例えば社会主義諸政党の連合パートナーに対する批判的見解ゆえに不適格とされたスタニェクなどとは異なり、社民党の支持を得られる人物であるという点も重要であった。農業党が下院議長マリペトルを首相に推挙すると、すぐ社民党指導部もそれを支持した。特にソウクップ(František Soukup)は大統領秘書シャーマル(Přemysl Šámal)に対し、マリペトルを能力のある、エネルギッシュな政治家であると推した[58]。

こうして選ばれたマリペトルを中心に、連合交渉が進行した。社会主義政党と人民党は、現連合の枠組みの維持を表明し、党の政府への代表を換える必要はないとしていた[59]。社民党のベヒニェが大臣を務める食糧配給省の廃止は規定方針となっていたため、ベヒニェはいままで官僚が占めていた鉄道相のポストに移ることとなった。

農業党出身閣僚の決定が最大の問題であったが、ウドゥルジャル派と右派のどちらにも属さない、マリペトルとホジャが入閣し、右派のスタニェクは下院議長とすることで、農業党内の対立がようやく沈静化した[60]。しかし、右派のスタニェクを下院議長とすることには連合各党の完全な合意は得られず、議長選出の際には連合与党内からも三十七票の白票が投じられた[61]。新政府の人事問題がほぼ決着したのは十月二十一日になってからであった[62]。

行動プログラムの合意

マリペトルの実務家的、調整的指導力は、この連合交渉の際に緊縮予算をめぐる政党間対立の調整時に発揮された。彼は、政権連合に参加する諸政党が、均衡予算の実現、特に国家公務員の予算削減を、蔵相トラプルの案にしたがって行うのを約束することを、首相就任の条件にすることで、新政府の財政計画への保証を取り付けようとしたのである。

憲法では十月中に議会の秋会期を始めるよう規定されていた。また、住宅臨時政府法案の期限切れが十月末に迫っていたこともあり、議会は政党間交渉の結論を待たず、二十日に招集された。(63) 政府総辞職の際には議会の開催は中断される慣行であったが、二十一日にウドゥルジャル内閣が正式に辞任を決めた後も開かれ続けた。(64) この正常でない状況を打開するため、一日も早い組閣が望まれていたのにもかかわらず、二十二日マリペトルは各連合政党に対して、二十五日の夕刻までに必要な緊縮案、つまり公務員給与削減措置への態度を明らかにするように要請した。(65) そして、もし諸政党が前もって十二億コルナと見積もられる赤字を解消するこの削減案を受け入れることで一致しないならば、農業党によって委託された新政府形成の任務を返上すると宣言した。

連合政権の形成にあたり、行動プログラムに合意をすることはチェコスロヴァキアでは前例を見ないことであり、マリペトルのこの試みは驚きを持って迎えられた。これまでは、最低でも五政党以上の連合各党のポスト配分と入閣メンバーの決定が、連合交渉のすべてである場合がほとんどであった。リベラル左派の『リドヴェー・ノヴィニ』もウドゥルジャル政権を回顧する二十日の記事で、ウドゥルジャル政権が行動プログラムなしに出発し、先の見通しなく事態の進行に押される形で問題ごとに連合間で交渉を行っていたことを指摘して、今回はこれに学んでプログラムが必要なのにもかかわらず、前政権以上に連合交渉が人事問題に終始していることを批判したばかりであった。(66)

二十三日の農業党機関紙『田園』には、マリペトルによって指示されたと見られる社説が掲載された。(67) 社説はまず、幾つかの新聞で組閣終了が報道されたのは間違いであるとし、人事問題は組閣にとって二次的なものでしかないと述べた。続けて社説は「前政権、連合の経験から、マリペトル議員は我が党の賛成の下、まず政府と与党多数派の順調な仕事のための第一の条件を解決することにし」、諸政党と今後の協働のための第一条件である均衡予算について話し合っていると述べた。さらに、一九二九年のウドゥルジャル政権成立の際、「我々は合意することを合意した」とのスローガンに頼った時の失望を想起し、連合政権設立の前に合意が必要であると強調し、「マリペトルが大統領の新政府樹立の委任を受け入れるかどうかは諸政党の答えにかかっている」と警告した。

交渉が失敗した場合には議院内閣の設立は困難となり、官僚内閣が任命されることが予想された。公務員給与問題にもっとも利害を持たない人民党は既に削減に賛意を表明していた。官僚層を支持者に持つ国民民主党は給与削減に反対していた。さらに、同党は議院内閣の設立を絶対視しておらず、官僚内閣支持に傾きはじめたため、マリペトルは国民民主党なしでも連合政権は可能であり、代わりに商工中産党と入閣交渉をすると圧力をかけた。[68]結局国民民主党は、給与削減を受け入れた。

最後まで残ったのは公務員組合を抱える社民党であった。連合交渉の初期、社民党は農業党の内部対立によって首相交代に至ったことに冷ややかな態度を示し、連合にそのまま残留することを当然視していた。しかし、公務員給与削減問題への態度表明を連合参加の条件とされたことで、にわかに苦しい立場に追い込まれた。マリペトルと社民党の間では厳しい、見込み薄とすら思われる交渉が続けられた。[69]農民党の機関紙『田園』は連日連合形成の条件は予算均衡問題についての合意であることを確認して圧力をかけた。[70]二十八日には具体的合意があまりに困難であったために、悲観的観測が広がるほどであった。[70]大統領マサリクは連合形成の努力を放棄しないように繰り返し両党の政治指導者に呼びかけた。

最終的に社民党は二十七日の党幹部会の会合の後、急遽電報で中央執行委員会を二十九日に招集した。[71]党首ハンプルと党出身閣僚の説明後、中央執行委員会は、社民党が議院内閣の形成を支持し、それが一刻も早く形成されるよう貢献することを決定した。また、予算均衡の合意のために全力を挙げ、その際その負担が一方的なものとならないよう努力することを確認した。社民党内の国家公務員労働組合代表は、年金基礎給与が一万二千六百コルナまでの公務員を削減対象から除くよう要求したが、それが原則的条件だとまではこだわらなかった。指導部は、議会制が危機に瀕しており、このように重大な状況では、党の他の要素の利益、つまり労働者や私企業被用者の利益も考えなくてはならないとし、もし社会主義者が直接政府に代表されないならより反社会主義的な統治が予想されることから、連合への参加が不可欠であると主張した。

社民党の中央執行委員会が指導部にさらなる話し合いのための制限なしの全権を与えたことで政権連合の協議が可能となり、二十九日の午後、再びマリペトルと各党の代表が交渉を続けた。[72] 蔵相トラプルを含めて、公務員給与削減について具体的な合意案が作られた。結局、給与が年金基礎九千コルナまでの国家公務員は削減対象から除外され、それ以上の給与額の公務員に関しても、一律定率引き下げではなく、段階ごとに引き下げ率を定める妥協がなされた。[73] 引き下げ率もトラプル案より緩やかにされた。この合意で達成される緊縮額はトラプル案の元来の要請には達しないため、他項目の削減と増税について早急に合意するなど、全政党は予算均衡のために可能な限りのことをし、十一月末までに予算案を下院に提出することを約した。

これらの基本合意についてマリペトルは電話で大統領に伝え、その日の夕刻のうちにマサリク大統領はウドゥルジャル政権の辞表を受理し、マリペトル新内閣を任命した。

第4節　恐慌下の拡大連合合意形成

本章ではチェコスロヴァキアの世界恐慌への初期の対応を検討してきた。

チェコスロヴァキアは諸利益を代表する八党からなる大連合で世界恐慌を迎えた。フリンカ・スロヴァキア人民党と二つのドイツ人ナショナリズム政党と、共産党が連合から除かれていたことは、恐慌の引き起こした経済的、社会的不満をこれらの政党が吸収する一因となったが、これらの政党を除いても政権連合にはネイション横断的に多様な利益を代表する政党が含まれていたことも確かであり、世界恐慌の社会的、経済的課題に対応する政策決定過程に国民のかなり広範な部分が代表を出しえていた。農業者や都市商工業者などの旧中間層が農業党や商工中産党、労働者層が社会主義諸政党を通じてもっとも困難な時期に議会制民主主義への決定過程へ参加しえたことは、体制の安定性の確保に重要な役割を果たしたと考えられる。特に連合内で大きな地位を占めていたのは、農業党と社民党であった。

しかし、多様な利益が政権連合に参加していたことは、翻って政権連合内の合意形成を非常に困難なものにした。殊に農業党は、農業恐慌の被害を緩和する農業利益固有の具体的な要求を次々と行い、都市消費者や輸出工業者の利益、国家全体の社会経済の方向性と衝突した。連合内の合意形成機関として、一九二〇年代の与党の代表の合議機関であるピェトカや八党委員会に代わり、内閣を中心とした意思決定が試みられ、閣内に政治閣僚委員会が事前折衝のためにつくられたが、行動力の欠如したウドゥルジャル首相の政治指導、農業党の閣僚と議員団の対立と連合規律からの逸脱から、合意の形成ができず、問題は絶えず延期され続けた。

さらに財政の困難が加わると、農業党は自党の要求を通すために、直接労働者の利益の浸食を唱えるようになり、連合間の対立は高まった。連合の合意形成のために、問題別に議会に連合与党議員団の代表からなる委員会を設けて争点の検討、妥協を行う方法が試みられ、一定の成果を上げたが、ウドゥルジャル首相が出身政党の農業党議員団の統制を失ったためと、予算をめぐる対立から、内閣の崩壊に至った。

ウドゥルジャルに代わるマリペトルは、連合プログラムとして予算問題に連合諸党の合意を得てから首相を引き受け、調整型議会政治家として連合の歯車を再びまわし始めることに成功する。

本章で見てきたようにチェコスロヴァキアでは、連合各党の代表による交渉と妥協、議案の抱き合わせといった一九二〇年代以来の手法を様々なヴァリエーションを試みながら続けてきた。その中で、ピェトカのような党指導者の非公式の場での「ボス交」ではない、閣議や議会の委員会に基礎を置く方法が編み出されていったことは、チェコスロヴァキアの議会制民主主義の一つの成熟と考えられる。連合内の利害調整の絶え間なき遅延は、早期解決が望まれる恐慌対策にとって大きな問題と考えられたが、それは個々の部分利益を代表する政党の、「連合への誠意」の不足とみなされた。ウドゥルジャルからマリペトルへの内閣の交代は、農業党内の分裂とウドゥルジャルの指導力の欠如の問題を解決し、「連合への誠意」を回復することによって、チェコスロヴァキアの議会制民主主義が再び機能し始めることを可能にした。マリペトルが一九二〇年代にシュヴェフラの内相を務めた調整型の議会政治家であったことは、その点で象徴的である。

しかし、一九三三年一月にドイツでナチスが政権を握ると、ナチス・ドイツという強力な対抗体制の存在がチェコスロヴァキアの議会制民主主義が置かれている文脈に根本的な変化を生じさせることになる。部分利益間の妥協による決定の遅延が「弱さ」とみなされ、より「強い民主主義」が求められるようになる。また、部分利益代表政党の党派的利益の抱き合わせは国民、国家の利益とは異なるという主張がなされるようになり、利益妥協による議会制民主主義が疑問視されるようになっていく。そのなかで、本章における連合政治の主要な担い手であった農業党と社民党がどのように対応していくのか、次章で見ていきたい。

第五章　マリペトル新政権の模索

——転換の年、一九三三年

第1節　マリペトル新政権の積極的危機打開政策

十月二十九日に発表されたマリペトル新内閣の構成は、ほぼ前内閣と共通していた。閣僚のうち、十二名は前内閣からの留任であり、しかもそのうち十名は同一ポストを占めた。主要な変更は農業党出身閣僚の四名中三名が、マリペトル、ホジャ、それに農業党に近い内務官僚であり、もと官僚内閣首相のヤン・チェルニーに交代した点である。また、社民党代表のベヒニェが食糧供給相から鉄道相に移動した。食糧供給省は、社会保障省と内閣官房に分割される方針が決まり、首相が大臣を兼任したのちに一九三三年七月に廃止された(1)。

農業党、国民社会党、社民党、人民党、国民民主党に、二つのドイツ人政党（農業者同盟とドイツ社民党）を加えた連合構成は前政権の最後の連合形態と同じであった。商工中産党とフリンカ・スロヴァキア人民党は連合交渉を行ったものの結局閣外にとどまった（Klepetář 1937, 318 ; *Národní shromáždění* 1938, 117）。

各党はそれぞれ、農業党四名、国民社会党三名、チェコスロヴァキア社民党三名、人民党二名、農業者同盟とドイツ社民党、国民民主党が各一名の閣僚ポストを得た(2)。農業党と農業者同盟の農業利益勢力と社会主義三政党の閣僚数は五対七、その他の「ブルジョワ政党」が三閣僚であった。各党は各々の経済社会利益と関係の深い閣僚ポストを占め、政党間のバランスにも注意が払われていた。

トラプル蔵相と、モラヴィア州長官を務めたヤン・チェルニー内相を除き全員が下院議員であり、ブルジョワ連合政権において専門家が多かったことと比べるならば、前内閣に続き、政党内閣の性格が固定化されたといえる(3)。

連合政権は下院では三百議席中百九十四議席を占め安定した基盤を持った。その裏面として、前内閣と同様、多様な社会、経済的利益を代表する七党間の調整が困難なために、実行力に欠ける政権になる可能性も存在した。

しかし、新政府は意外にも既に一九三三年の春会期には、連合諸政党の合意のうえで、多くの施策を実行に移し、世界恐慌による経済、社会的な困難、さらに、ドイツでのヒットラーの政権掌握によって引き起こされた政治的な困難に積極的に取り組む姿勢を見せた。その原因は、マリペトル首相の登場による農業党内部や政治指導の変化、さらに、それによって連合の合意形成のあり方に変化が生まれたことに求められよう。まず、本節ではこれらの変化とそれにもとづく積極的な経済政策を論じることにする。

一　マリペトルの政治指導

農業党の安定化

ウドゥルジャル首相退陣の原因は、既述のように、連合政党間の予算問題をめぐる対立と、農業党内部での閣僚と右派上院議員の対立であった。

農業党内部の対立は、農業党代表閣僚の交代によって一応の決着を見た。連合交渉が大詰めを迎えていた一九三二年十月二十九日から翌三十日にかけて、プラハの市公会堂に千四百人の代表を集め農業党の党大会が開催された(4)。農業党内の分裂から大荒れになるのではとの見方に反して、大会は整然と進行し、他政党の機関紙からも農業党内の団結を示すものと受け止められた。党首シュヴェフラは依然病床にあり、党大会に出席することはできなかったが、二十九日の午後には大会から六十人の代表が、プラハ郊外のホスティヴァーシュの彼の農場を訪れ、シュヴェフラの挨拶を受けた。民主主義における指導者と責任の問題についてのこの挨拶は、社民党機関紙の『人民の権利』からも民主主義の議論に寄与するものと評価された。国民社会党系の『チェコの言葉』もシュヴェフラの精神が党大会で支配的であり、農業党は連合と民主主義に賛意を表明したと評価した。

ウドゥルジャル首相を含む農業党出身閣僚の交代によって、農業党内の亀裂が閣僚対議員団の対立に直結しなくなったことで、最大政党の農業党が安定化し、連合政党間の合意形成の大きな混乱要素が除去されることになった。

マリペトルの政治指導

さらに重要だったのは、新首相マリペトルの新しい政治指導とそれによって形成された連合の政策の方向性に関する一定の合意である。

マリペトルは、前述したようにこれまで比較的目立たない政治家であった。しかし、連合交渉時にも見られた実務的、実際的な交渉力、指導力には、連合政治の重い歯車を回す期待が寄せられた。新首相マリペトルについて、独立系週刊誌の『現在』はヘルベン（Jan Herben）の「自分が求めているものを知る人」と、編集長のペロウトカ自らの「なぜ我々はマリペトルを称賛したのか」という記事を掲載し、その指導力を歓迎した。(5) 実際、ウドゥルジャルが場当たり的解決や、解決の延期を繰り返したのに対し、マリペトルは、経済、社会問題の解決に具体的な方針と行動力を持って臨む姿勢を見せた。

彼の方針は、一九三二年十一月三日に召集された下院議会での施政方針演説（*Národní shromáždění* 1938, 117-120）と、明けて一九三三年一月十二日の下院予算委員会での膨大な内容の演説（*Národní shromáždění* 1938, 121-129）に示された。ここでも、演説の大半は国民経済状況の分析と経済問題解決のための政府の具体的政策に向けられた。

また一九三三年春にはマリペトルはラジオ演説を通して政策の説明を行った。首相がラジオを通して国民に直接演説するのはチェコスロヴァキアでは初めての試みであった。この演説に関しても、農業党の『田園』は次のように述べている。「我々の首相の特徴は、冷静で現実的、実際的であることだ。ラジオ放送を聞いて、言葉の魔術師ではないことはわかるだろう。しかし、専門的に状況を伝え、さらに解決策、経済困難の克服方法を提示している。……淡々とした言葉の中に彼の確信が見える。(6)」

経済問題に実務的関心を持ち、経済政策の基本的方向性を示すマリペトルの政治指導は、重要なファクターとみなすことができる。

連合の政策合意

既に見たように、マリペトルは、連合交渉とセットにすることによって、緊縮予算への合意を全連合政党から取り付けていた。公務員給与削減をはじめとする緊縮予算案には、連合与党の合意が与えられていた。

農業党は、十月の党大会時の党総書記ベラン[7]（Rudolf Beran）の政治報告で、主要課題として、国家行政の緊縮と予算の均衡を強調した。また、農業党は他党との協力に賛成であるとする一方、農業の必要性の観点を他党が理解するよう求めた。

三十日には、スタニェクが二十九日夕方のマリペトル新内閣の任命を党大会に報告した。その際スタニェクはマリペトルを首相とする新内閣の設立に際し、「国家予算の均衡を保障し、健全な国家財政と安定への信頼をもたらす合意」の形成が最も困難で、かつ必要不可欠であったことを述べ、マリペトルが国家財政の建て直しに努力し、「その際の負担をこの国の住民の各要素に公平に配分する」よう働く際には、農業党は「一人の人間のように」団結して支援することを約束した。さらに、このように均衡予算を重視する理由としては、「国家予算の安定化は我々の農業の要求が実現される可能性が生まれるための条件である。混乱した状況では我々も何も成し遂げることはできない。」と述べた。そして、反体制派を除く「全要素の信頼によって強化された強い政府が、我々をカオス、混乱、経済的崩壊状態からひき出してくれるよう心から願う」とマリペトル内閣への期待を表明した。

一方社民党は、新政権の成立に対して、十月三十一日にプラハで公開人民集会を開き、再び連合政権参加に至った状況を党首ハンプルが説明した。その中でハンプルは、広範な勤労階層は目下のところ政府への代表なしに止まることはできないという原則に立って連合交渉に臨んだとし、政権参加によって議席を減らすことは許容できても、人民と意識的に対話し、確固たる政治路線を守る義務を放棄することはできないと述べた。官僚内閣の危険を避けるために妥協はやむをえず、公務員給与削減は、被用者の解雇を避けるためのより小さな悪であると主張した[8]。社民党を連合から排除する動きは、農業党の右派を中心に存在していた。このときには一九三〇年のようにその動きが具体化したわけではなかったが、社民党は連合内に止まり、その中で労働者の利益を擁護することを優先し、緊縮予算のために、公務員の給与の減額、クリスマス賞与の削除という譲歩を約束したのである。

連合の軸となる両党が基本的な政策方針に関して連合政権発足前から合意を示したことは、マリペトル内閣の実行力にとって大きなプラスであったということができる。農業党の『田園』も新内閣は社会主義政党も右派政党も相互の忠誠を確認し、新内閣は今までにない全般的忠誠を誓われていると述べて歓迎の意を表した[9]。連合合意が連合形成に先行して成立するのは、共和国では初めてのことであった。数合わせとポスト配分のみならず、政策の基本方針に関して前もって合意できたのは、連合政治の新しい段階を示していた。

二　経済危機への積極的対応

マリペトル首相の政策方針

マリペトル新首相の施政方針演説では、第一に国家財政の均衡回復が政府の最大の義務であることが強調され、そのためには歳出のうち人件費の削減が必要であることが数字を挙げて説明された（*Národní shromáždění* 1938, 117–120）。またその具体化のために、議会緊縮監督委員会が既に活動を始めていることが告げられた。第二に金融政策に関しては、通貨価値維持を前提とし、金融市場の活性化のために、公共事業、農業、工業、商業への金利の引き下げのための処置を約束した。第三に失業問題に関しては、輸出増の見込みのない現在、農業者と労働者の購買力が失業問題解決のために重要であるとし、その際農産物と工業製品の価格の均衡化の必要性を強調した。また、景気の回復が失業者数の削減に寄与することを期待するが、それが望めない場合には、国家や公的団体の効果的投資によって失業者に仕事を与えることも考慮すると述べた。当面の失業者の困窮を救うために、各自治体での自主的な慈善活動を呼びかけた。

このように、大半を経済問題に費やしたあと、外交政策についてはこれまでの路線を堅持することを約した。最後に議会に対し、「我々は一つの船の上にいる。この船の上に困難なときも喜びのときも政府と立法府は共にあるのだ。」と述べ、困難ではあるが責任ある仕事を受け止め、政府への信頼と協力を示すよう議会に呼びかけた。

予算委員会での演説で、マリペトルは、基本的な経済の方向性として、世界情勢から一定程度のアウタルキー（自給自足経済）を指向することはやむをえないとし、見込み薄の工業製品の輸出拡大を目指すより、国内市場を重視する立場を示した。そのためにも、農業者と労働者という二つの最重要な階層の購買力が必要だとしながら、そのために特に強調したのは、農作物価格の低下を是正することであった。均衡財政、金利引き下げの他に、具体的な政策として、カルテル法を作成して価格の監視に努めることや、失業対策としての職業紹介所の設置や、投資国債が挙げられた[10]。

施政方針に見るマリペトルの経済政策は、財政の均衡と通貨の維持を優先する点で、従来のデフレ理論に基づく政策を踏襲していた。そのために、公務員給与の削減が行われた。しかしその一方で、金利の引き下げ、カルテル法、投資国債など、単にデフレ理論に基づいたものではなく、リフレーション（redeflace）の要素を含んだ政策が具体的に盛り込まれていたことに注意する必要があろう。マリペトルの政策は経済への国家介入の方向に向かっており、政府の行動力を期待させるものであった。

財政・金融政策

優先課題である緊縮予算案の作成と議会通過は順調に進行した。連合成立に際し、公務員給与削減と共に予算均衡への努力が連合諸党から約束されていたことに加え、議会の連合委員会を活用した予算案の作成手法が効果的であった。

マリペトルは十一月二日に行われた初めての閣議で、下院予算委員会の与党メンバーから、政府と協力して一九三三年度予算の準備をする予算七党委員会を作るよう要請した。[11] 政府の要請にしたがって、下院予算委員長の農業党のヨゼフ・チェルニー（Josef Černý）は四日、連合七党の代表を招集し、歳出削減と予算均衡のための会議を開始した。予算七党委員会はほぼ一ヶ月にわたり、詳細に一般予算の各項目を検討し、九億コルナ以上の予算削減を行った。予算七党委員会の活動は、連合政治が再び動き出したことを象徴していた。この委員会で政党間の利益調整を行い、政府はわずかな変更を加えたのみでそれを承認した。[12] 予算七党委員会の活動は順調に進み、農業党も社民党も機関紙でその成果を高く評価していた。[13] 農業党の『田園』は、今回始めて議会が予算の内容に関して決定的な影響を持ったと述べ、予算七党委員会を設立したことによって、議会と政府に同様に責任を持たせ、政府と議会の接近、政党間接近という成果をあげたと評価した。[14] 公務員給与削減には賛成できないとする社民党系の『新しい自由』も、予算七党委員会に関しては、現在最も人気のある機関と述べ、均衡予算案を作成し議会の問題解決能力を示したとして称賛した。[15]

緊縮予算案の審議が終わると、それ以上の連合プログラムはあらかじめ準備されていたわけではなかった。一月末に予算審議が終わりかけていたときには、次の政府プログラムは真空状態であるという指摘もあった。[16] しかし、予算委員会でのマリペトルの演説の中には、金利の引き下げ、カルテル法、投資国債など具体的な政策案が盛り込まれていた。また、上院予算委員会での発言でも、これから取り組む課題としてカルテル法や金利引き下げを挙げた。[17] 金利の引き下げに関しては、中央銀行である国民銀行（Narodní banka）にこの任務に協力すべきとも述べていた。

これらは、社民党の要求を反映した政策でもあった。そもそも社民党も、デフレ政策によってインフレを避け、コルナの維持に努める点では、マリペトルと一致しており、緊縮均衡予算には賛成であった。予算案を下院予算委員会に提示したのは、社民党の予算七党委員会のメンバーである、レメシュ（Antonín Remeš）であった。レメシュがそのとき述べたように、インフレでは中間層や勤労層がもっとも被害を被るという認識もその背景にあった。[18]但し、党首ハンプルの下院総会での発言にも見られるように、デフレ政策を貫徹させるために、金融制度の見直しや金利の引き下げ、カルテル法の制定による物価の引き下げが必要であるというのが、社民党の主張であった。[19]また、失業対策として、投資国債などによる計画的投資を国家の最重要任務に掲げていた。社民党は、十月三十一日のプラハの公開人民集会でも、公務員給与削減を承諾する代わりに、議員閣僚給与削減や、カルテル法の制定などに取り組むことを約していた。[20]

農業党も、農業者への強制執行の中止と共に、金利の引き下げを要求していた。これらは、赤字経営に苦しむ農業者にとって重大な意味を持つ要求であった。農業党は早期に解決すべき問題として、一月には幹部会、両院議員クラブ共に、早期に金利を引き下げるように決議を行っていた。[21]ザヂナ議員の予算審議中の発言でも、「資本も犠牲を払う必要」があると述べ、金利の引き下げを要求していた。[22]

さらに、金利の引き下げは農業以上に高金利に苦しむ工業にとっても必要な政策であり、連合内の合意が成り立ちやすい問題であった。[23]マリペトル首相も利率の引き下げには明確な賛意を示しており、一月には国民銀行と検討を始めていた。[24]

しかし、二月には金利統制とＤＮＳＡＰ議員の訴追をめぐり、[25]連合内の政治状況が緊迫化した。経済閣僚の協議は、成果をあげられず、下院本会議に金利統制法が提出できるかどうか微妙な情勢であった。[26]しかし、二月末には、連合政党間交渉の結果、金融と金利の変更についての政府提案に合意が形成された。「金融機関の競合と金利の変更に関する法律」は、二月二十八日に採択された。金融機関が自発的に修正しないときには政府が金利を引き下げられるという法案であり、これを受けて、金融機関による自発的利下げが行われ、次に述べる投資国債（「労働国債」）への準備も整った。

さらに、債券を低い金利に転換する法律も、金融八党委員会（Peněžní Osma）で諸利益の調整の上提案を作成し、国民銀行総裁ポスピーシル（Vilém Pospíšil）に了承された後、政府に提出された。国債の金利は約六％から約五％へと引き下げられた（*Národní shromáždění* 1938, 747–787）。

金利の引き下げ幅に関して『田園』には不十分だとする意見も表明された。[27] しかし、社民党の『新しい自由』は、金利の引き下げが実現したことは、各紙で好意的に受け止められ、ウドゥルジャル政府の「宿命論的」政治運営と対比して、マリペトル政府の積極姿勢が評価されたとした。[28]

労働国債

一九三三年春に実現したもう一つの重要な経済政策は、労働国債（Půjcka práce）である。

一九三三年予算案では、公務員給与とともに公共事業省の削減幅が二五％と目だって大きかった。[29] しかし、失業者対策の中心を、現金、食糧の直接給付から、「生産的扶助」として公共投資を通して労働機会を与える方向に変える必要は各党に認識されていた。マリペトルも当初からこの立場を取り、失業は投資によって解決すると述べていた。[30]

予算を均衡させつつ「生産的扶助」を行うための方策として考慮されたのが、公共投資による労働機会創出のための国債――「労働国債」――の起債である。労働国債は、投資の要素を平常予算から切り離し、予算を均衡させるための手法でもあった。

社会主義政党は、緊縮予算案を承認する代償として、この労働国債の実現を強く要求していた。[31] 一九三三年一月十日に行われた社民党幹部会の会合でも、政府に失業者への生産的扶助を拡大するように要請する決議が行われた。[32]『人民の権利』では、労働国債に対し直接的には失業を減らし、さらに波及効果を国民経済全体にもたらすことが期待され、そのためには最低二十億コルナが集まる必要があると見ていた[33]。

一方、農業党も、年頭の『田園』で、均衡予算が失業増に結びつかないように、失業者の多いところに建設事業を配置する措置を検討しているとし、政府が労働国債を検討中であると述べていた[34]。

積極的だったのは社民党だが、このように農業党も当初から合意を示していたため、政策形成は順調に進んだ。

三月上旬には連日政府で協議を重ね[35]、議会は三月十六日に労働国債法を採択した（*Národní shromáždění* 1938, 816）。

労働国債法では、国債を購入した場合、税金面での優遇が定められていた[36]。議決の際反対したのは十一議員のみであり、連合与党はもちろん、野党を含む広い合意が存在したことがわかる。

労働国債には、期待以上に国民の関心が集まり、各種団体、個人が労働国債を購入した。『新しい自由』は、金融機関のみならず、住民全階層が購入したことを、市民の信頼の反映として歓迎した[37]。農業党に関しては、農業関連団体からの購入が少ないという批判も社民党側から見られた。下院外交委員会での農業党のジルカ（Jindřich Žilka）議員が演説（三月二日）で、労働国債などは、一時的な救済であり、国内農民の購買力を上げることこそが永続的な失業対策になると主張していたように、農業党はこの政策を積極的に支持したわけではなかった[38]。しかし、その農業党も党とその関連組織のネットワークを通して労働国債購入のキャンペーンを行っていたことから、全般的には連合全体で政策を推進することができた。

最終的には労働国債に対して十五億コルナの応募があった（**Ottova slovník naučného nové doby, v. V-I, 270**）。国債の収入は一九三三年予算で決まっている事業に当てられ、それから鉄道、水道、電気などの投資事業、最後に自治体の投資事業に充当されることになっていた[39]。実際には、赤字財政の穴埋めに用いられた部分が多く、経済再生への効果は期待したほどではなかった。

しかし、社民党にとっては大きな政治的成果であった。社民党は一九三〇年十二月十二日に、トマーシェク（**František Tomášek**）が当時の首相に公共投資と労働国債についての党の覚書を渡して以来、党は労働国債導入のためのプロパガンダを続けてきたと述べ、労働国債が、自党の成果であることを強調した。[40]

カルテル法

マリペトルが一九三三年一月の予算委員会で表明したもう一つの恐慌対策が、カルテル法の制定である。マリペトルは予算の均衡を維持して、通貨の安定性を保ち、インフレを避けることを重視した。そして、金利引き下げの金融政策と共に、価格政策ではカルテル法を早く実現することを約束していた。[41] カルテル法は利害対立が激しいため、これまでも何度か議論されながら、実現には至らないでいた。[42]

社民党もデフレ政策を徹底するために、カルテル法を制定し価格統制を行うことに重点を置いた。『新しい自由』でも、均衡緊縮予算案によって勤労者階級に犠牲を強いる代わりの要求の一つとしてカルテル法の制定が挙げられた。[43] 社民党は、工業、生産業の連盟に価格の引き下げを強い、デフレ政策を完成させるためにも、カルテル法の実現を求めていた。

他方、工業界においては、一九三三年に他国で景気回復の兆しが見えてきたことから、一時議論になりかけたアウタルキーや工業の保護への言及が消え、経済を国家の束縛から解放し、税制改革、金利の引き下げ、賃金引き下げを利用することで、国外への輸出力を強化することが求められた。[44] 社民党系の『新しい自由』は、少し前までは農業だけが保護され、工業は競争にさらされていることが批判されていたのに、いまは、農業保護が工業生産費用に跳ね返ることが批判されていると、その変化を否定的に評した。[45] 工業界では「資本の自由を阻害する」と考えられる法規制の阻止が図られた。特にカルテル法は、自動車輸送法、鉄の価格の引き下げと並び、攻撃の的であった。そのためカルテル法や価格のコントロールに関する話し合いは、なかなか進展しなかった。社会主義陣営では、工業界は経済生活への国家の介入、特に価格形成過程への介入を妨害する一方で、税の削減や関税の引き上げを要求しているとして批判が展開された。[46]

ようやく政府内の委員会で合意が成り、[47] カルテル法の政府案が議会に提出されたのは、七月に入ってからであった。七月八日にわずかな修正の後可決された「カルテルと私的専売に関する法律（カルテル法）」は、既存のカルテルや私的専売（トラスト）を法的に承認し、法的保護を与えるものであった。[48] カルテル協定は法的根拠を与えられると同時に、カルテル協定によって定められた販売価格や料金を含めて、国立統計局に登録、公開された。カルテル協定の条件は、参加者に対して法的拘束力を持ち、個々のカルテル参加者は自由裁量で解約することはできなかった。協定違反や、カルテルからの離脱には罰則が与えられた。

関係者は、特に公共の利益が阻害される場合には、カルテル協定による損害を訴える権利が認められ、政府の商業省とカルテル委員会は、カルテル協定が高価格など不適切な結果をもたらすようになったときには、定められた価格、料金を禁止することができた。

社民党の『人民の権利』は、カルテル法成立後、カルテルの価格政策を監視するための、国家経済評議会を作るという案が認められず、商業省とカルテル委員会がその任にあたることになったことと、カルテル委員会は六省庁の官僚からなり、うまく機能することは難しいと思われる点を批判した。[49] 社民党がカルテル法に期待していた価格の引き下げはこのカルテル法では十分効果を発揮できないという疑念を示したのである。実際、この価格をコントロールする権限は、利用されることはなかった（Lacina 1984, 163）。価格の引き下げよりはむしろ価格の安定が目的であったと考えられよう。

カルテル法の実際の成果は、カルテルの法的承認と強化であった。ナチス体制下のドイツと異なり、カルテルへの加入は原則的には義務ではなかったが、同法の効果は大きく、カルテルの強化のみならず、カルテルの急速な浸透、拡大につながった。一九三三年十一月一日には五百三十八のカルテルが登録されたが、一年に百以上ずつ増加し、第一共和国末の一九三八年九月三十日までにその数は千百五十二にまで増大した。

これと並行して、国家の介入による義務カルテル化も一定の生産分野で拡大した。この場合、アウトサイダーの参入は特別な公的許可なしには不可能とされた。これは農業と結びついた工業部門から進み、一九三二年には醸造業が統制され、精糖業に割り当て制が導入された。一九三五年以降は国家はさらに介入を強め、一九三五年にはガラス製造業、製材業、一九三六年には製粉、繊維、食品加工業（イースト、チーズなど）が義務カルテル化された。農業生産の分野では製糖業カルテルが一九二七年に先鞭をつけ、国内生産量、卸価格、ビート農家への支払い額を定めた。一九三一年から一九三四年の間に穀物、家畜、乳製品など多くの農作物がカルテル化され、農業の領域で最も浸透したといえよう。なかでも後で見るように一九三四年に政府が設立することになるチェコスロヴァキア穀物公社は国家補助によるカルテル化の最大の成果であった。

内閣主導の積極的経済政策——合意形成の手法

以上のような積極的な経済政策のための合意形成はどのように行われたのであろうか。上述のように均衡財政を維持し、デフレ政策路線をとりながら経済の回復に努めるという政策の方向性については連合内閣形成時に合意があり、ウドゥルジャル政権下に見られた問題ごとの統一性のない連合交渉は、この時期減少する。

また、マリペトルは連合内で合意を形成させやすい金利引き下げを政策の第一歩に選んだ。さらに、農業保護政策で農業党の議員の要求に応えつつ、社民党にも労働国債という具体的成果を与えるなど、農業党と社民党のそれぞれの要求を取り入れたことも積極的経済政策のための合意につながった。とはいえ、前章で見たように、七連合政党の合意を成立させ具体的な政策をまとめることが困難であるのは変わりなかった。

予算七党委員会のように議会の委員会も大きな働きを示したが、マリペトル内閣の連合の合意形成の中心は、内閣と内閣の政治閣僚委員会であった。内閣中心に経済問題に積極的に対処していく姿勢の現れと考えられるのが、内閣の経済諮問委員会の設置である。

マリペトルは予算委員会での演説時から、経済生活のコントロールの必要性を述べていた。食糧供給省は経済コントロールのための機関としては不適切であるとし、廃止、分割する一方で、新たに国民経済全体を見る国民経済部門を内閣に設置する意図を明らかにした[50]。

社民党は消費者保護の役割を果たしてきた食糧供給省の廃止に反対してきた。しかし、同省の廃止は既に連合交渉時の合意事項となっていた。そこで、社民党の機関紙『人民の権利』は、廃止される食糧供給省に代わる消費者政策の機関として、また国民経済全般を統合的に研究し、首相に助言する機関としてマリペトルの構想に期待を示した[51]。チェコスロヴァキア社民党とドイツ社民党の系列労働組合の共同行動方針調整にあたる労働組合共同センターも、経済危機解決を目指す経済諮問委員会を歓迎した。

農業党の『田園』も、国民経済全体の利益を求めて、調整、統制、指揮するための機関と捉え、経済統制の必要性に応えるものとの見解を示した[52]。

経営者利益と近い、国民民主党もこの機関の設置には積極的であった。国民民主党のホダーチ（František Hodáč）議員も下院予算委員会で、経済諮問委員会の任命を歓迎し、政治的決定に代わるものではないが、専門家による事前の会議を経て議会審議に移行することによって、政治的決定を容易にするだろうと述べた[53]。

経済諮問委員会のメンバーに選ばれた多くは議員であった。社民党のヴィンターは『新しい自由』のなかで、専門的判断を下すところであるべき経済諮問委員会に、政党員である議員が任命されるのは問題であるとして、これを批判した[54]。しかし、このように経済諮問委員会もまた政党単位の交渉、妥協の場とされたことは、注目に値しよう。

このように、内閣を中心として経済・社会政策を積極的に促進するマリペトルの方針は、六月に授権法によって、新たな段階を迎えることとなる。授権法については、第2節で改めて扱うことにし、次小節ではマリペトルの経済・社会政策の限界と連合のきしみを見ることにする。

三　政策の限界――連合内の経済利益対立

以上のように、マリペトル内閣は連合の合意に基づき、経済、社会政策で積極的な政策を行った。しかし、厳しい経済情勢は継続し、財政赤字や経済再建をめぐって連合与党は鋭く対立した。ウドゥルジャル前内閣と同様に、幅広い連合基盤に立つマリペトル政権においては、連合政党間の利益対立が大きな課題であった。殊に、農業党が代表する農業利益と、社民党が代表する労働者利益の対立は依然として大きかった。本小節ではこの両者の立場を中心にその対立を考察する。

財政赤字の膨張――均衡予算の拘束と経済利益対立の激化

一九三三年には、経済状況、財政状況の悪化がさらに進行した。一九三三年当初、恐慌は底を打ったと見られ、景気回復への楽観的見通しが語られていた。デフレ政策の継続こそが必要と考えられ、一九三二年末、マリペトル政権成立と同時に予算七党委員会によって様々な緊縮措置を盛り込んだ均衡予算案が作られ、一九三三年一月には承認されていた。

このように、財政均衡が優先課題とされる中、二つの問題が浮上した。

まず、冬季の季節増加と見られていた失業者数が春になっても予想ほど減少せず、なお景気の見通しは厳しいことが明らかになった。二月一日の失業者数は九十二万人に上った[55]。歳入の減少は続き、反対に、失業手当のための財政支出が予想を越えて拡大した。

チェコスロヴァキアでは、前述の通り、一九二一年以来失業者への所得保障は所属労働組合が担い、それを国家が補助する、ヘント・システムとよばれる失業者救済保険制度がとられていた。ヘント・システムは、事業主の拠出金負担がない点が大きな特徴である。失業者増で労働組合の資金が枯渇すると、失業手当の負担は、国庫に掛かった。

もう一つ、財政を圧迫していたのは、鉄道を始めとする国営企業の赤字である。鉄道は、長期的には自動車輸送との競合、短期的には恐慌により国外との通商の減退によって、日々莫大な赤字を積み重ねるようになった。鉄道相はチェコスロヴァキア社民党のベヒニェであり、国有鉄道批判は、ベヒニェへの批判でもあった。ベヒニェはこれまで大臣を務めてきた食糧供給省を廃止され鉄道相に移り、火中の栗を拾わされたのである。

均衡予算案にもかかわらず、一九三三年度予算案の執行は大規模に出超の様相を見せはじめた。失業手当と鉄道赤字は、財政赤字の最大の原因として、激しい議論の焦点となっていった。社民党は、失業手当と国有鉄道への攻撃に必死で対抗することになった。

社会保障相のチェヒはドイツ社民党の出身であった。チェヒは一九三三年一月の予算委員会で発言し、失業者数が前月から二二％増加し約七十五万人になり、一九二九年十二月の十四倍に達し、これまでで最高となったと指摘した。一九三二年には失業関連の国庫出費が約八億千三百万コルナに上り、そのうちヘント・システム関連の出費は約四億九千三百万コルナであった。[56] チェヒは、それにもかかわらず失業者の救済はまったく足りないことを強調し、失業に対する義務保険制が必要であると述べた。[57] また、公共事業や労働時間短縮、職業安定所などの措置が必要であると主張していた。

失業手当に関しては、前述のように一九三二年六月に失業者緊急基金を創設し、事業主負担を設ける案が提出されたが、実現には至らなかった。社民党は十三週間後失業手当が失効したのちの補助として、いわゆる緊急補助(mimořadná podpora)を要求したが、一部の労働組合にしか拡大できなかった。[58]

チェコ社民党党首のハンプルも二月の下院総会で、社会政策による個人の保護が重要であると強調した。社会保険の改正、失業手当の見直しや監督には賛成であり、失業手当はもっと広い基礎で行われるべきだと希望した。同時に、失業手当が攻撃、改悪、廃止の対象であるかのような意見には反対であると述べた。[59] 鉄道の赤字に関しては、社民党のベヒニェ鉄道相は道路輸送との競争と外国との貿易減のため、三年で収益が十六億コルナも減少したと予算委員会で報告し、人的合理化を含む支出の削減と近代化を目指すことを約束せざるをえなかった。[60]

一方、農業党は『田園』を始めとする党の機関紙で、増加の一途を辿る失業手当と、鉄道を始めとする国営企業の赤字への攻撃を繰り返した。[61] 農業党は、ドイツ社民党のチェヒ社会保障相が党派利益のために不正支給を行っていると攻撃し、財政を立て直すためには見直しが必要であるとの立場を強く打ち出した。三月一日の農業党幹部会でも、失業手当について論議し、農業党全体として、チェヒ社会保障相を攻撃した。上述のチェヒと同じ数字を挙げながら、強調点は、失業手当関連支出がいかに国庫に負担をかけているかということにあった。農業政党の議員は、一九三一年十一月の農業者同盟のベルマン（Georg Böllmann）、ホヂナ（Franz Hodina）の提案以来ヘント・システムの改革の試みを続けてきた。農業労働者の賃金の四分の三に国家の負担金を切り下げること、季節労働者の排除がその要求であった。[62]

さらに、失業手当が不当に利用されているという攻撃は、農業党のみならず、国民民主党、人民党からも出された。社民党とは労働者保護で共同歩調を取っている国民社会党も、同党に近いトラプル蔵相からの要請を受け、この批判に参加した。[63]

失業手当を監督する社会保障省の大臣がドイツ社民党のチェヒであったために、国民民主党は、社民党の党派利益に加え、ドイツ人のナショナルな利益を図っているという批判を盛んに行った。[64] 国民社会党も、ナショナリズム的立場から、同様に批判した。このようなナショナリズムを絡めた批判に対して、チェコ、ドイツの両社民党は、ドイツ人地域には打撃を受けた産業が多いことから、そこに失業手当が多く支払われていても当然であると主張した。

この問題の解決のために、三月には閣僚ポストの交換が有益ではないかという考えも浮上した。チェコ社民党のベヒニェを社会保障相にし、鉄道相は人民党に、人民党のドスターレク（Jan Dostálek）が持っていた公共事業相ポストをチェヒにまわすという案である。しかしこの案は、ドイツ社民党が、チェヒが社会保障省を手放すという話を聞くことすら嫌がり、強硬に反対したため実現しなかった[65]。

国民民主党の攻撃は、後述する共和国防衛関連の争点とあいまって、連合内のチェコ系、チェコスロヴァキア系政党とドイツ系政党間の対立を拡大しようとするものであったが、連合の他の政党の支持を取り付けることはできなかった。農業党は、失業手当の不正給付を激しく攻撃したものの、チェヒがドイツ系であることを直接的に攻撃することは避けていた。

社民党は、失業手当の維持を繰り返し主張した。一月の社民党下院議員クラブの要求にもそれは含まれていた[66]。しかし、比較的党派対立から距離をおく『リドヴェー・ノヴィニ』すら、手当の明白な悪用がある反面、手当をほんのわずかしか得られない人も存在する不平等は維持できないとし、失業手当制度の再編要求にチェヒが応えられるのかどうかを疑問視するなど、失業手当と両社民党の状況はさらに厳しいものになっていった[67]。

四月には、失業手当制度の再編は避けられなくなり、具体的な争点をめぐる対立となった[68]。右派の新聞や政党は、失業手当の必要性の吟味や失業者に労働を義務付けること、季節労働者を失業手当給付対象から排除することを要求し、社会主義諸政党は議論を表に出すことを避けたが、各系列労働組合は一致してこのような要求に対して不同意を表明していた。

社民党が失業手当への攻撃に対抗して掲げた失業者対策は、週四十時間労働と職業安定所の設置、労働協約(kolektivní smlouva)である。労働組合共同センターも一月に労働時間の短縮、労働仲介の必要性を要求していた[69]。予算委員会でのチェヒ社会保障相、チェコスロヴァキア社民党のスヴォボダ(František Svoboda)発言、下院総会でのハンプルの発言もこれらの点を強調していた[70]。特に週四十時間労働制への労働時間短縮は、国際労働機構での議論が進行中でもあり、社民党の強い要求項目となっていた。国際労働機構では、チェコスロヴァキア政府の代表が既に週四十時間労働に同意していたことも、追い風となっていた。

経営側は時短には反対であり、農業党も経営者としての観点から農業労働者にも週四十時間労働が適用されることは容認しえないとした。対立点は、時短を法律で恒久的全般的なものとして定めるか、それとも一時的な措置として各業界、企業ごとに定めるかという点にあった。下院社会政策委員会は労働時間短縮の提案を検討し、小委員会を作り、各会派の代表を送る決定をした。(71)

農業と工業

財政赤字をめぐる上記の対立に加え、農業党と社民党の間には、農業と工業のどちらを優先するかという点をめぐっても対立が存在した。

（a） 農業優遇措置

第一に、失業手当が財政を圧迫していると批判する一方で、農業党は農業者の利益のためには財政状況を省みず、農業優遇措置を要求した。その際利用されたのは、農民の購買力回復が、景気回復の鍵であるという議論である。

マリペトル首相自身も予算委員会での演説に見られるように、景気回復のためには工業製品の輸出拡大よりも、国内市場の購買力を重視する立場を明らかにしていた。ただ、マリペトルは、農業者と労働者の二つの重要な階層の購買力が必要だとし、労働者にも配慮を示していたのに対し、農業党の議員は、農業者の利益のために率直な要求を行った。

農業党のザヂナ議員は予算審議の場で発言し、農業者保護が恐慌克服のための優先事項であるとの認識を示した。(72)ザヂナは農業生産の崩壊が危機の原因との見解が世界中で受け入れられていると述べ、英、米、独、仏でも農業保護の徹底的措置が取られており、我が国の政府の最大の任務は、農業者層を守る生産プログラムを作ることであると述べた。さらに、この必要性は全政党が認めており、農業者を守ることは他の階層の利益と対立することではなく全体のためなのだと主張した。

特に大きな問題は、農業者の債務であった。農業恐慌で農作物価格が大幅に下落した結果、農業者の債務は膨大なものとなっていた。特に一九三三年は豊作であり、農業の収益性はさらに減少することになった。負債が返済不可能になったため、あるいは税金を滞納したために、農場を差し押さえられるケースも増加した。そのため、農業党は「農業の収益性回復」をスローガンに、金利引き下げ、税金の重圧軽減、農民債務へのモラトリアムと強制執行中止を繰り返し求めた。(73)

また、農業経営者にとって、被用者の社会保障負担金、特に疾病保険の負担が重いという指摘もなされた。農業党執行部社会政策委員会会議では、社会保障制度は好景気のときに生まれたもので、特に農業には負担であるとし、農業党大会の決議で、社会保障の重荷を軽減することを求めるよう決めた。(74)

一方、社民党は、農業問題に関しては、農業党は農業者全体の代表を名乗っているが実際には大地主の利益のみを代表していると批判し、農業利益の分断を試みた。社民党下院議員クラブは、一月の要求事項の中にも小作農保護法を再度農相に要請することを盛り込んでいた。(75) 社民党は、農業モラトリアムがドイツで認められたことに関して、かえって農民は借金もしにくくなり、金融機関の不良融資が拡大するとして批判的であった。(76)

また、財政難に関しては、精糖など一部生産部門の優遇措置を止める、税金の未払いを止めさせるなどの措置が必要だとし、農業党の社会保障費批判を牽制した。(77)

(b) 通商政策をめぐる対立

第二に、通商政策に関して、農業と工業のどちらの利益を優先すべきかという対立があった。マリペトル首相は既述の通り、世界情勢から一定程度のアウタルキーはやむをえないとし、見込み薄の工業製品の輸出拡大を目指すより、国内市場を重視する立場を示した。そのためにも、農業者と労働者という二つの最重要な階層の購買力が必要だとしながら、特に強調したのは、農作物価格の低下を是正することであった。この政策は、国内市場や国内の資本に重点を置くものであり、農業利益の立場に沿ったものであった。

農相ホジャはこの時より率直に政府内で農業党の立場を代弁した。ホジャは予算委員会で大演説を行い、ハンガリー、ユーゴスラヴィア、ルーマニアなど南方の農業国との通商協定を結んでも、これらの国の経済が回復しない限り輸出は困難であり、チェコスロヴァキアの工業にメリットは少ない、さらに、これらの国でのドイツ工業との競合や工業化の影響を考慮する必要があると述べた。(78) そして、国家の経済の方向性を考慮するとき、輸出工業のことのみを考えることはできないとし、危機打開の方策は各国の経済構造によって異なり、イギリスやアメリカのような工業国と違い、フランスやチェコスロヴァキアのような半農半工国家は、農業と工業の両方を援助することによって、相互の危機を一定程度打開することができると述べた。そして、工業輸出の減少を国内消費で部分的にカバーし、農業者の購買力の回復によって危機を打開することがチェコスロヴァキアにとって適切な方法であるとした。

社民党は、マリペトルや農業党とは異なり、経済再生のための方策として国際協調による輸出回復に期待していた。党首ハンプルは「経済的にも国家の存続につながる外交」を求め、世界経済会議での自由貿易の提案にそなえて通商政策や関税を見直すことを要求した。(79) 国際交易全般の回復、世界経済全体のアウタルキー化の阻止を求め、世界経済会議にも期待を寄せていた。また、具体的にはチェコスロヴァキアと南の農業国との通商関係の改善、特にハンガリーとの通商協定の回復によって、工業輸出を回復させることを要求していた。(80)

このように通商政策をめぐって農業党と社民党は基本的立場が異なり、対立する関係にあった。この対立は食糧供給省の廃止、小協商の経済協調、農産物関税率の引き上げをめぐる問題を通して顕在化した。

(c) 食糧供給省の廃止

食糧供給省の廃止は既に連合交渉時の合意事項であり、社民党は連合参加時に廃止を受け入れていた。しかしこれは社民党にとって大きな痛手であった。『新しい自由』では、行政改革、合理化の一環としての廃止であるが、人も部門も別の省庁に引き継がれるため、財政緊縮には役立たないと反論した[81]。社会主義政党は食糧供給省を消費省に改革、拡充することを目指していたにもかかわらず、廃止されることになったことに遺憾の意を示した。そして、食糧供給省が通商協定の協議の際、消費者利益のために闘ってきたことを指摘し、同省が廃止されれば、経済生活への農業党の圧力がさらに強まるとの懸念を表明した。

(d) 小協商の経済協調

一九三三年二月にジュネーヴで結ばれた小協商の組織化協定は、経済協調推進の条項も含んでいた[82]。社民党の『新しい自由』は、この協定は輸出工業における中欧、バルカンの重要性に応えるものとしつつ、農業党が通商政策を左右し、南スラヴ、ルーマニアの農民との利害が対立する以上、小協商国の経済的接近は紙の上のものに終わるであろうと悲観的に述べた[83]。

農業党は、小協商の経済関係の改善には、懐疑的であり、下院外交委員会でのジルカ議員の演説（三月二日）でも、小協商協定に賛成ではあるが、社会保障負担の重いチェコスロヴァキア農業は、ユーゴ、ルーマニアの農業とは競合できず、犠牲を払うことになると主張していた[84]。ホジャ農相は小協商の協定に対しても「チェコスロヴァキアは必要不可欠なもののみ輸入する」とすぐに否定的な見解を示していた。『新しい自由』はこれは、農業党はチェコスロヴァキア工業とバルカンの農業の協力を容認しないということを言い換えたに過ぎないと批判した[85]。

工業経営者の利益の立場からも通商問題は重要であるはずであった。工業資本を代表して、プライス[86]（Jaroslav Preiss）は農業と工業の利益のバランスを説いたが[87]、農業党に対抗するほどの力はなかった。

さらに通商政策と関連して連合内の対立構造を複雑にした問題は、ベネシュの外交政策、とくに小協商やソ連との外交関係をめぐる意見の相違である。

ベネシュは当時イタリアの提案による四国協定によって講和体制が脅かされていると認識し、経済を含んだ小協商との経済協力に備えるためにも、国内経済の方向転換を呼びかけていた[88]。しかし、ベネシュへの反発から、国民民主党は、小協商に消極的であった。

また、ソ連に関しては、社民党の『新しい自由』はソ連との関係正常化に積極的であり、通商上のメリットもその理由に掲げていた。ドイツが工業製品をロシアに輸出していることを指摘し、ソ連との関係が不安定であることが、チェコスロヴァキアの工業界と労働者にとって大きな損失になっていると述べた。[89] しかし、工業経営利益を背後に持つ国民民主党は、親ロシアスラヴ主義の立場からソ連との外交関係の正常化に反対であり、同じ工業輸出の増加を要求していても社民党とはこの点でも相容れなかった。

(e) 農作物関税率の引き上げ

さらに農業党は、世界経済会議で関税が引き下げられる前に、農作物に関して高い関税率を導入しておくことを要求し、[90] そのために後述するように授権法を求めていくことになる。

社民党下院議員クラブは、一月十九日の話し合いで、関税の引き上げに反対を示した。税収不足に関しては、これまでの税金の未徴収分の徴収が先決であり、その解決ぬきには新税、新関税は容認できないとした。また、輸入消費財への関税は勤労階級に被害を及ぼすものであり、受け入れられないと主張した。[91]『人民の権利』も果物や野菜も含めた農作物関税の引き上げによって、勤労階級は購入を控えることになり、健康状態の悪化も憂慮されるとし、我が国の経済政策は反消費者的だと非難した。[92]

このように、通商政策をめぐっても農業党と社民党の意見の一致は困難であった。

また、この問題も失業手当の問題と同様に、ドイツ系住民の利害にかかわっていた。後述のようにドイツ系居住地域の工業がガラス、繊維、木工など著しく輸出指向であったことを考慮すると、農業党、マリペトルの国内市場重視の立場はドイツ系の工業関連住民への配慮に欠ける方針であった。これはドイツ系ナショナリストが主張するように、故意に無視したわけではなく、チェコの農業党と、ドイツの輸出志向工業の利害がこの点で逆方向を向いていたという構造的な問題であった。しかし、チェコスロヴァキア政府や有力政党の通商政策のこのような方向性が、ドイツ系住民の疎外感を強めたといえよう。

第2節　実効性のある「民主主義」

前節で見たように、新たに登場したマリペトル政権の恐慌対策も、連合政党間の経済利益の対立のため行き詰まりを見せていた。共和国の連合諸政党にとってこのような行き詰まりは世界恐慌の発生以来、頻繁に生じている事態であった。

しかし、共和国の置かれている状況はこの時期大きく変化していた。一九三三年一月、ドイツでヒットラーが政権を握り、三月にはオーストリアでも議会停止という事態が生じたのである。国内でもドイツ系住民の間でドイツのナチスと共通の主張を持つＤＮＳＡＰやチェコ系住民のファシズム運動が伸張していたこともあり、共和国に与えた影響は大きかった。

その結果、連合政党間の合意形成方法という共和国設立以来繰り返されてきた問題が、「民主主義」というキーワードを通して議論されるようになる。「民主主義」がチャレンジを受けたと認識し、それに対抗する方法を模索する中で、各政治アクターの「民主主義」の解釈が明らかになり、相互の相違も見えてきた。対立と同床異夢のなかで、「民主主義」の擁護を標語として、授権法を始め多くの新しい法案が導入される。チェコスロヴァキアの連合政治は、新たな文脈の中に置かれたのである。

一　隣国の政変と国内のナチズム、ファシズムの動向

ドイツとオーストリアの政治変動

ドイツでは一九三三年の一月三十日にヒットラーが首相に任命された後、国民の自由権の抑圧と議会制民主主義の崩壊が急速に進行した（芝 1997, 201-210）。大統領緊急令によって集会、出版の自由が制限され、特に共産党と社会民主党の選挙集会、機関紙が禁止された。さらに三月二十三日には「国民と国家の危難を除去するための法案として、いわゆる「全権委任法（Ermächtigungsgesetz）」が提出された。この法案では、国会、ライヒ参議院、大統領の承認無しに政府が立法権を行使しうる権限が授権された。その後四月から七月までの間にナチス以外のすべての政党が解散、禁止され、議会制民主主義は完全に崩壊した。禁止された社民党は指導部をプラハに移し、地下活動を続けることになる。

一方、オーストリアでも議会制民主主義に終止符が打たれた（ジェラヴィッチ 1994, 166-179）。ドルフスは三月七日オーストリアの議会政治を事実上終わらせる布告を出し、経済授権法に基づいて統治した。言論、集会、出版の自由を含む市民の基本権は抑制され、三月には社会民主党の準軍事組織である防衛同盟、五月には共産党、六月にはナチ党が非合法化される。同時にドルフスは「祖国戦線」の形成を発表し、キリスト教社会党や護国団もそこに加わった。

こうして両国では、議会制の空洞化と授権法による統治が始まり、複数政党制も制約されることになった。

ドイツ国民社会主義労働者党の攻勢

ドイツのナチ党の動きに応じて国内のナチ党がますます危険視されるようになったのは、チェコスロヴァキアでも同じであった。

チェコスロヴァキアとオーストリア、ドイツのナチ党は、ハプスブルクのドイツ労働者党を共通のルーツとする兄弟政党であり、鉤十字の標章や赤地に白い円の中に鉤十字の旗も共有していた。チェコスロヴァキアのナチ党の正式名称は、ドイツ国民社会主義労働者党であり、DNSAPの略称が使われていた。

DNSAPの綱領は一九〇四年のドイツ労働者党の綱領を基にしており、反マルクス主義、反資本主義、反ユダヤ主義の立場をとっていた（Malíř, Marek a kol. 2005, 869–872；Klepetář 1937, 313–317）。ドイツ人問題に関しては、大ドイツ支持の傾向を持つが、表立っては再統一ではなく、自治を要求していた（Smelser 1975, 50）。

しかし、DNSAPは、一九二〇年代まではドイツのナチスとは一線を画し、異なる特徴を備えていた。DNSAPは一九二〇年代には労働者政党としての側面が強く、系列のドイツ労働者組合連盟（Gewerkschaftsverband deutscher Arbeiter）は比較的大きな影響力を持ち、約十万人の組合員を擁していた。また学生の組織にも力を入れていた。支持層は労働者が中核で、自営業者や公務員の中間層がそれに続き、一九二九年の選挙では三百議席中、八議席を獲得した（*Volby do poslanecké sněmovny* 1930, 9）。この選挙でドイツ系五政党全体では六十六議席を得ており、DNSAPはその中で第四党の位置を占め、チェコスロヴァキア諸政党と政権連合に参加したドイツ系アクティヴィスト政党を強く批判していた。

党首ユング（Rudolf Jung）は才能のある議会戦術家であり、DNSAPも一九二〇年代はチェコスロヴァキア民主主義の枠内で議会主義政党として機能していた。しかし、二〇年代の終わりになるとドイツのナチスの力が拡大し、組織や綱領の面でもナチスの模倣が進み、指導者原理が受け入れられ民主的性格は失われた。一九二九年には青年層が突撃隊SAを模倣して国民スポーツ団（Volkssport）を組織した。一九三一年後半にはユングもヒットラーを指導者と認めた（Smelser 1975, 50）。

一九三〇年九月に、ドイツでの選挙でナチスが大勝した後、チェコスロヴァキア共和国においてもDNSAPは顕著に活動を活発化させた。一九三〇年十月の党大会で、DNSAPは共和国の領域内における自治区の制定を要求した。一九三〇年代には、主に世界恐慌の被害を受けた青年層によって大きく支持者数を伸ばし、一九三〇年から一九三二年の間に、党員数は三万人から六万一千人へと倍増した（Smelser 1975, 52）。DNSAPは、まず同じナショナリスト政党のドイツ国民党から票を奪い、さらにアクティヴィスト政党を支持していた中間層にも浸透し、最後にはドイツ社民党を犠牲にして党勢を伸ばした。

ドイツ系住民のナショナリズムの急進化の背景には、ドイツのナチスの影響だけではなく、恐慌によって大きく経済的被害を受けたことがある。しかも被害はチェコ系住民の地域より明白に重大であり、たとえば一九三五年十月末の時点で、チェコ人地域の平均失業者数は千人あたり三〇・五人であったのに対し、ドイツ人地域では八〇・九人と、ドイツ人地域のほうが失業率が高かった。(93)

この原因は前述のように産業構造の違いにある。ドイツ系住民地域ではガラス、繊維などハプスブルク帝国末期には既に古くなった軽工業が中心で、合理化も遅れ、恐慌の被害を受けやすかった。それに加え、チェコスロヴァキア共和国の農業党の主導による農業の関税保護に重点を置く通商政策や、デフレ政策は、輸出軽工業に不利であった。一九三三年の失業率を一九二九年と比べると、繊維産業では十六倍、採石業では約二十八倍、ガラス産業では約七十三倍になっていた（Kural 1993, 104）。前節で述べたとおり、ドイツ社会民主党のチェヒが社会保障相として失業手当の責任を負い、他の連立与党からのドイツ系住民地域に過大に支払われているという非難や失業手当削減要求に頑強に抵抗していたが、そのことを評価するより、チェコスロヴァキア共和国がドイツ系住民地域の経済的困窮に無策であることを非難する声のほうが受け入れられやすい土壌が生まれていたといえよう。

国民スポーツ団は四万人のメンバーを擁するようになり、ドイツのナチ党の支援を得て活動を活発化させたため、共和国政府は一九三二年二月には組織を解散させ、活動家の多くを拘留、さらに系列の学生団体（ドイツ国民社会主義学生同盟：Deutscher Nationalsozialistischer Studentenverband）も解散させた。このように政府が強い対抗措置をとり、DNSAPも勢いをそがれた矢先に、ヒットラーの政権掌握が成立し、DNSAPは勢いを盛り返していく。

ＤＮＳＡＰとドイツのナチスの関係は前述のように微妙であった。一九三三年一月十六日には、ユングは予算委員会でヒットラーとの協力をまだ否定し、ＤＮＳＡＰは自治を望んでいるだけだと強調し、共和国への忠誠も表明した（Kárník 2002, 136；Smelser 1975, 53）。しかし、ヒットラーの政権獲得後は、支持の姿勢を明白にし、ドイツのナチスも、ヒットラーが一九三三年五月に国民スポーツ団裁判についてチェコスロヴァキアの裁判所を非難するなど、ＤＮＳＡＰの活動への支援を強めた。

チェコ・ファシズム組織

（a）チェコ・ファシズムの発展

チェコスロヴァキア国家という枠組みに最も不満の少ないチェコ系住民の間では、ファシズムは大きな力を持ちえなかったが、それでも一九三〇年代には勢力の伸張が見られた。(94)

チェコ系住民の間でファシズムと呼ばれる運動が姿を現したのは、共和国建国間もない一九二〇年代初頭である。他国と同様、第一次世界大戦の従軍体験が基盤となり、いくつかのファシズム組織が形成され、小さな町の商工業者や農民の間で支持を広げた（Gregorovič 1995, 19–22；Kelly 1995, 42–45；Peroutka 1991, 1781）。

チェコ・ナショナリズムを標榜する政党としては、国民民主党があり、これらの運動は、同党の内部組織として、あるいは党と関係の深い組織として発展した。一九二五年末までに、内務省の推測では、ファシスト諸組織はあわせて二万人ほどのメンバーを擁していた（Kelly 1995, 45）。重複加入の可能性もあるが、かなりの規模に達していたといえよう。

国民民主党は、共和国の他政党と比べて、大衆基盤に欠け、長期低落傾向にあった。そのため、ファシズム組織を党の大衆基盤として利用しようとしていた。イデオロギーの上でもナショナリズム、ドイツ系住民への敵意、汎スラヴ主義、反共産主義が両者の共通項であった。国民民主党のなかでも、ディク（Viktor Dyk）、フラヴァーチェク（František Hlaváček）、マレシュ（František Mareš）、シス（František Sis）[95]らは、国民民主党の大衆基盤獲得のために、ファシストよりの姿勢をとった（Kelly 1995, 45）。一方ファシズム組織の側も、政府与党である国民民主党からの保護や、財政支援を必要としていた。その結果、両者の間にはメンバーシップ上の重なりが生じていた。一九二〇年代中ごろには、ファシズム組織のメンバーの大多数は、国民民主党の党員でもあった（Kelly 1995, 45）。

しかし、チェコ・ファシズムの諸勢力は、一九二五年選挙でナショナリスト勢力が得票を減らし、ドイツ系のキリスト教社会党と農業者同盟の二政党が入閣、それを国民民主党が容認した事態を受けて、国民民主党から離れ独自の組織をつくることを決めた。一九二六年三月二十三日、新しい組織である国民ファシスト共同体（NOF : Národní obec fašistická）が設立された。

チェコ・ファシズムの諸潮流のなかで最大の組織となった国民ファシスト共同体の主張の中心は、チェコとスロヴァキアの連帯、汎スラヴ主義にもつながるナショナリズム、コーポラティズム、反共産主義、反ユダヤ主義、および、マサリクやベネシュ、フラト・グループ批判であった。反共産主義の立場からは共産党の解散、共産党機関紙の停止が要求された（Gregorovič 1995, 50 ; Kelly 1995, 79）。反ユダヤ主義はナチスほど明確ではなかった。ドイツ系住民に対しては、チェコ、スロヴァキア文化の拡大によって、急速に同化するというやや非現実的なプログラムを掲げていた。また、経済問題に対しては、労働者身分と経営者身分が互いに国民の繁栄のために協力することによって解決できるとし、階級対立的な見方を否定した。（Gregorovič 1995, 49, note9）。

政治体制については、イタリアのファシズムをモデルとし、議会制民主主義を職能身分国家で取って代えようとしていた。国家の柱は農民身分、労働者身分、商業身分（obchodnický）、手工業身分（živnostenský）、知的労働者身分からなり、新しい国民議会においては、これらの諸身分から比例代表ではなく、同数ずつ代表が選ばれるとしていた（Gregorovič 1995, 47）。しかし、理論的にはこれ以上の進展はなかった。

指導者には、第一次大戦中のシベリアでのチェコスロヴァキア軍団の戦いで著名になり、一九二六年に事件を起こして軍を去ることになったラドラ・ガイダ（Radola Gajda）がついた。組織は指揮組織を中心に、農業部門、農業シンジケート、ブラチスラヴァの自営商工業シンジケート、ファシスト労働組合、青年組織オムラディナ（Omladina）、ファシスト学生同盟のように、職能別に区分されていた。イタリアを見本に、黒い制服を着た民兵組織ユナーチ（Junáci NOF）も設立された（Gregorovič 1995, 30–31）。支持者は、農村、都市の中間層が中心で、国民民主党から移行したものが多かったが、農業党、商工中産党、人民党から移ることもあった（Gregorovič 1995, 38）。いくつもの大政党によって組織された労働者がファシズム政党に引き寄せられることは少なかった（Kelly 1995, 74）。一九三二年には国民ファシスト共同体は三百五十八の地方組織と三万九千人のメンバーを擁していた（Gregorovič 1995, 40）。

但し、ファシズム運動は内部対立が激しく、国民ファシスト共同体の分派や国民ファシスト共同体以外のファシズム組織も数多く存在し、結集は困難であった。国民社会党内部の主導権争いでベネシュに破れ、一九二六年に党を追放された元ピエトカのメンバーのストゥシーブルニーは、公にファシズムを名乗ることはなかったが、スラヴ国民社会党（一九二九年以降急進国民社会党を名乗る）を組織し、自身の編集するタブロイド紙の人気で急進右翼の重要なアクターの一つとなった。

国民ファシスト共同体とガイダは一九二九年の選挙前に「反拘束名簿連盟（Liga proti vázaným kandidátním listinám）」を結成した。この連盟には国民民主党の総書記であったフラヴァーチェクも加わった（Kelly 1995, 86）。反拘束名簿連盟とは、チェコスロヴァキアの選挙制度では、選挙民は政党の候補者名簿を選ぶことしかできず、候補者やその順位は政党の本部が決定していたことに対する反対の表明であった（Kelly 1995, 86）。一九二九年十月の選挙でこの連盟は三議席を得、ガイダ、ストゥシーブルニー、ペルグレル（Karel Pergler）の三名が議会入りを果たした。しかし、連盟は長続きせず、一九三〇年には分裂し、ストゥシーブルニーは自分の派を国民連盟（Národní Liga）と名づけた。

(b) 世界恐慌下のチェコ・ファシズム運動

経済恐慌の下で、国民ファシスト共同体はナショナリズム的な言説に加え、既存政党とその政治への批判を強めた。それは政党指導者たちが「共和国と国民から盗んで」自分の懐を肥やしているという批判であり、恐慌に苦しむ農村住民の間で支持を受けた[96]。一九三一年の国民ファシスト共同体のパンフレットではさらに「国家機構は政府を握る個人に奉仕するのではなく、全体、つまり国民に奉仕するものである。そのためには政治体制と国家の憲法を変更しなくてはならない。職能身分制国家では身分の政府が統治するのであり、政党の政府ではない。……政治議会をやめ、その代わりに経済―職能身分議会を設置し、上院の代わりに上級経済会議をもうける。この議員は、職能身分の専門家と学者と芸術家から選ばれる。……大統領は上院と下院ではなく、国民によって直接選出する。」と主張し、政党の廃止と、秩序と公正をもたらす職能身分制の導入を訴えた(Kelly 1995, 91)。経済政策に関しては、反資本主義の傾向を持ち、国家が経営の利益を規制し、すべての階層の物質的繁栄を保障するべきだと主張した。また、五年間のモラトリウムの要請は、借金を負った農民にとって魅力的であり、農業党や人民党から支持者を奪った(Kelly 1995, 93)。

一方、国民連盟は都市の経済的に困窮した自営業者や、下層ホワイトカラー、失業労働者を主にターゲットとして成功を収め、一九三一年の秋の市町村選挙では、五万票獲得して、プラハ市議会(ústřední městská zastupitelstvo)で百議席中十一議席を得、市参事会(městská rada)にも三名を送り込んだ(Kelly 1995, 90; 95)。

このような既存政党批判の一方で、両組織の準軍事組織による共産党、ドイツ人やユダヤ人に対する暴力行使も目立つようになった。

さらに一九三三年一月二十一日から二十二日にかけての夜、チェコ・ファシストによるクーデター未遂事件(ジデニッェ事件)が生じた(Gregorovič 1995, 40-41)。クーデターはブルノのジデニツェにある兵舎を攻撃し、ブルノを押さえ、軍隊の力を借りてモラヴィアを占拠するという計画であった。周辺地域では国民ファシスト共同体の部隊が比較的強く、理論上は六千人の部隊が形成可能で、軍隊の協力も期待していた。実際には小刀、銃剣、ピストルなどで武装した四十三名の徒歩部隊が兵舎にまで達したものの、短時間のもみ合いの末、武装解除され投降した。

クーデター計画自体はよく練られたものではなく、少数者の冒険的行動にすぎなかったが、最大の問題となったのは、国民ファシスト共同体本部や国民ファシスト共同体の指導者ガイダがこの事件にどれだけ関与していたのかということであった。ジデニツェ事件のメンバーとガイダらは、共和国防衛法違反の罪で訴追されたが（Kelly 1995, 103）、一九三三年七月の判決では、ガイダは攻撃計画を知らなかったとして無罪にされた(97)。

以上のように、チェコ社会におけるファシズム運動は、政治体制への脅威とはいえなかったが、実力を用いた行動は不穏な要素となった。また、既存政党によるそれまでの政治運営手法に対する批判が、支持者を徐々に増やしつつあったのは確かであった。また、ジデニツェ事件の推移から、これまでの法律では現在の状況の変化に対応できないとの認識が広まることになった。

二　民主的共和国の防衛

連合諸政党の状況認識

ドイツ、オーストリアの政変に対して、チェコスロヴァキアの連合諸政党の反応は複雑であった。チェコスロヴァキア共和国の現在の枠組みを防衛する必要性では一致していたが、ドイツやオーストリアでの事態に対する評価は分かれ、まったく否定的な見解ばかりではなかった。

ドイツのナチスに関して何よりも警戒されたのは、ヴェルサイユ体制への批判と国外の「ドイツ民族」の利害へ関心を示している点であった。しかし一九三三年の前半は、ヒットラーもヴェルサイユ条約体制を公然と否定することには慎重な姿勢をとっていた。再軍備は非合法に秘密裡に進められ、ジュネーヴ軍縮会議も継続中であった。

但し、国内のドイツ系住民において、DNSAPというドイツのナチスと呼応する勢力が拡大していることもあり、対応を講じる必要があった。

しかし、隣国での基本的自由の制限や政党に対する攻撃が重要な帰結をもたらしかねない重要な変化であるという認識は、すべての政治勢力に共有されていたわけではなかった。当初、ナチスの政党に対する攻撃は、共産党、社民党など左翼政党に対して向けられていた。そのため農業党や人民党は、ナチスの動きを体制の大きな転換、民主主義体制そのものを解体するものであると判断せず、左翼への攻撃、左翼の急進的な動きをつぶすものとみなしていた。[98] オーストリアのドルフスの政策は、左翼と同時に、オーストリア・ナチスも叩き、国家の独立性を擁護するもので、必要な措置として受け入れられた。現在は左翼が守勢に立たされている時代であるという見解が共有され、社会主義政党の社会保障削減への抵抗を圧迫することになる。

それに対し、社民党はドイツにおけるナチスの政策に対し、当初から強い警戒を示した。二月十八日には、「社会主義政党の新聞がドイツで消滅させられる」という記事が『人民の権利』に掲載された。[99] 三月上旬には社民党の両院クラブの合同会議で党の指導者が次々に「わが国の民主主義と憲法を擁護する」必要があると主張し、ドイツの事態が民主主義、政治体制に対する挑戦であるとの見解を示した。[100] オーストリアのドルフス体制に対しても民主主義への挑戦と受け止めていた。四月にはプラハのスロヴァンスキー・オストロフで社民党の集会が開かれ、党首ハンプルが、労働者は民主主義に立ち、ファシズムの独裁に反対すると宣言した。[101] また社民党は、ジデニツェ事件に見られる国内のチェコ・ファシズム勢力の動きと、ドイツのナチスやオーストリアの政変との共通性を指摘し、警戒を促していたが、このような立場も他の連合与党には見られなかった。[102]

非常事態諸法

このような状況認識の下、第一にとられた対応は、共和国と民主主義を保護するために表現の自由や言論の自由を制限する一連の非常事態諸法の立法であった。

既存の法律としては、共和国では、一九二三年から一九二四年にかけて、国内的には経済的不況と左翼の攻勢、国際的には王政復古の試みという状況の下で、共和国防衛法、名誉保護法など、一連の非常事態諸法が既に導入されていた。共和国防衛法（一九二三年三月十九日公布）は、一九二三年、ラシーン暗殺事件をきっかけに導入された（Cappoccia 2005, 14-16 ; Mamatey 1973b, 113）。この法律は、やはりラーテナウの暗殺をきっかけにワイマール共和国で導入された法律をモデルとしたものである。一九三三年春の措置は、これらの法律を改正、強化することによって行われた。

まず五月に、極右、極左政党の行動を規制し議会の進行を改善するために、両院の審議規則の改正が行われ、立法案を前もって関連閣僚に提出すること、下院での審議には、最低三十人の議員が出席すること、代議員の声明読み上げの禁止が定められた。最後の規則は、検閲された文章を読み上げて、出版する権利を得るケースがしばしばあったため、それを防止することが目的であった。

一九三三年六月には、緊急措置法改正、名誉保護法改正、共和国防衛法改正、新聞法と国家公務員の反国家行動訴追に関する法律の制定が相次いで行われた。

緊急措置法（一九二〇年四月十四日公布）の改正では、緊急事態の定義が拡大された。戦時、ないし、国内で国家の「共和的」形態が脅威を受けた場合とされていたのが、「国境」が加えられ、かつ国家の「共和的民主的」形態と拡大された。[103]この変更は、ドイツ人居住国境地帯とドイツとの国境での緊急事態が想定されること、一九二〇年のときには、王制復古が脅威であったのに対し、この時には、共和的ではあるが、反民主的な勢力が出現したことを受けたものであった（Cappoccia 2005, 18）。

市町村議会に関しても，前回の選挙が一九三一年であり一九三五年に実施されることとなっていたものを、任期を四年から六年に延期することで、選挙を国境地帯の情勢が落ち着くまで延期することになった。[104]

また、共和国防衛法の改正によって国民議会の保護が強化された。議会はこれまでは、暴力やその法的権限の横領からのみ保護されていたが、共和国、国民、マイノリティ少数民族と同様、中傷からも保護されることになった。公に国民議会、両院、委員会などを中傷することは、犯罪となった[105]。

さらに、国家公務員の反国家行動訴追に関する法律[106]が制定され、反国家行動を自ら援助したり促進する公務員は、共和国防衛のために設置される懲戒裁判機関にかけられ、年金なしの解雇などの罰則も定められた。

最も力が注がれたのは、新聞、雑誌などの定期刊行物の刊行停止や流通の制限によって反体制的なプロパガンダを阻止することであった。

まず、共和国防衛法改正でも、裁判所が定期刊行物の停止を命じる犯罪行為の範囲を拡大した。例えば、民族、言語、人種、宗教、あるいは無宗教ゆえに住民の一部集団に暴力や敵対行動を煽動することに加え、敵意の煽動も含められることになった。さらに、政府に、政令によってこの停止理由に追加する権限を与えた。列挙行為のなかには、一部地域の住民に不穏を引き起こすこと、国家の安全や公共の秩序を脅かすこと、あるいは必需品の高騰や買い占めを招くことを知りつつ虚偽の情報を流布することや、政治的犯罪を含む犯罪を公に賞賛することが挙げられた。最後のものは、極右極左政党が、党員が刑法を侵した場合、殉教者として賞揚することを対象としていた[107]。

さらに、新聞法の制定によっても制限的な措置が取られることになった[108]。チェコスロヴァキアでは、オーストリア＝ハンガリー二重君主国以来の新聞法を、部分的な修正と追加的法律の制定によって使用しつづけていた。この状況を抜本的に改善するために、司法省は新新聞法案を作成し、一九三二年四月法案は下院に提出された。この新法案は専門家、チェコスロヴァキア新聞記者シンジケート（Syndikát čs. novinářů）の新聞記者を含む関係者の参加の上で四年間かけて作成されたもので、報道の自由を可能な限り守ろうとするものであった。印刷物、殊に雑誌の配布、出版は完全に自由にされ、これまでと異なって当局の許可は不要となるはずであった[109]。

一九三三年一月にも下院の憲法法制委員会でこの法案の審議が進行中であった[110]。しかし、その後春になって、政府は提出法案を引き戻し、新新聞法案のなかから配布、青年を害する雑誌、外国雑誌の規制に関する部分だけ抜き出し、いわゆる小新聞法として立法し、これまでの新聞法に追加する方法を選んだ。[111]この理由として、下院での審議の際、国民社会党のヤロスラフ・ストランスキー（Jaroslav Stranský）は「今日の状況に伴う政治的理由」と述べ、情勢改善の折には提出されていた新法案による新聞法の全体的改革を要望するとした。[112]

小新聞法による最も重要な改正は、一定の条件の下では行政の禁止によって配布の自由が制限されることになった点である。[113]まず、第二条でチェコスロヴァキア共和国の独立、憲法的一体性、領土的統合性、民主的共和的国家形態ないし民主的共和的秩序を直接ないし間接的に攻撃、中傷する場合は配布の禁止が可能とされた。さらに、今日の緊急事態に鑑み、一九三五年六月三十日までの時限臨時措置として、不正な内容で国内の平穏と秩序を脅かす印刷物の配布も禁止の対象とされた。加えて、内務省に第二条に反する外国出版物の郵便、鉄道による配布を禁止する権限が与えられた。この法律によって、約百の外国、特にドイツからの雑誌の輸入が禁止された（Lemberg 1998 ; 1990）。『新しい自由』は国内新聞の配布にも制限が課せられることを問題視した。[114]

非常事態諸法に対する連合諸政党の対応

このように、数多くの非常事態諸法が一気に導入されたのは、隣国の動向とそれに呼応する国内の勢力によって、共和国が脅かされているという認識が強かったためである。授権法を除くこれらの非常事態諸立法に関しては、新聞各紙でも大きく取り上げられることはなかった。ストランスキーも、重要問題であるにもかかわらず、これらの政治問題が、経済問題に比べ、ほとんど関心を集めなかったと指摘している。[115]

但し、ここで重要なのは、共和国と民主制を脅かす政党や勢力に対しては、基本的自由の一定程度の制限をもって臨むという対応は、程度の差はあれ、ドイツやオーストリアで当時取られた政策と共通の側面を持っていたという点である。しかし、前述のように連合諸政党の間では、隣国の変化に対する見解が違っていたため、対応策への意見も異なっていた。

農業党や人民党にとって、ドイツやオーストリアの政策は、まさにこれらの国に対する、あるいは国内の批判勢力に対する対抗策として、示唆を与えるものと受け取られた。上述のように、政治体制の変容をもたらす措置とはみなしていなかったため、自国に関しても特に抵抗なく受け入れたのではなかろうか。

それに対し、社民党は、新聞法、選挙法および公務員服務規程の変更について最初反対していたが、国民社会党と政府の要求をのんで反対を取り下げた（Klimek 1998, 349）。その理由は明白ではないが、民主主義体制に対する敵の危険性の認識が強かったため、基本的自由を一定程度犠牲にしてもやむをえないと考えたのと、連合政権内の意見の一致を優先したためと思われる。

このように、理由付けの点では異なるものの、連合政権全体の支持で、非常事態関連の諸法案が合意された[116]。

三　授権法

以上のように、ドイツやオーストリアの政治変動や、共和国の枠組みや政治体制への批判の高まりに対するマリペトル政権の第一の対応は、非常事態諸法の制定であった。同時に第二の対応として、非常事態法の一環として授権法が制定された。実際この時期のマリペトル政権にとって最大の問題は、前節で述べたとおり、経済、社会保障問題に関して連合合意が形成できないことであり、隣国の政変や国内におけるファシストの動きは二義的な問題であった。

この問題を打開するためにマリペトル政権は授権法の制定に向かった。授権法は、通常議会の法律によって決定する事項を政令によって決する権限を執行権に与えるものである。授権法は既述のように、政変後のドイツやオーストリアで制定、利用されており、議会制民主主義からの逸脱と評価されている。一方、フランスでも戦間期には幾度も授権法が制定されていることを考慮すると、議会制民主主義と両立できるものとも考えられる。したがって、チェコスロヴァキアがどのような意図で、どのような授権法を制定したのかを詳細に考察する必要があろう。(117)

本項では、授権法制定過程の議論を追い、授権法が導入された理由、授権法導入に見る各政治アクターの意見とその変容、この時点でのチェコスロヴァキアの議会制民主主義にとって、授権法の導入が持った意味を考察する。

農業党による授権法の発案

授権法制定の考えは一九三三年の四月に農業党から提起された。授権法自体は、チェコスロヴァキアの政治家にとって、なじみのない制度ではなかった。チェコスロヴァキアでも、一九二〇年と一九二三年の二回、共和国建国期の経済的危機による経済、社会的混乱の早期収拾を目的に短期間授権法が導入されたことがあった。世界恐慌への対応としても、ウドゥルジャル前首相や国民社会党のクロファーチが導入を提案していた。

けれども、この時期に実際に導入に移されたのは、ドイツやオーストリアでの授権法の導入がきっかけになったと思われる。しかし、授権法を提案した農業党が第一に掲げていた理由は、ロンドン世界経済会議の開催が目前に迫り、それまでに農作物関税率を修正するためには、議会を通すのでは間に合わないという経済課題の決定上の必要性であり、非常に具体的なものだった。

それまで水面下で議論されていた授権法の提案が公にされたのは、五月二十日の農業党機関紙『田園』上であった（Hradilák 1967, 38）。『田園』は、ロンドン世界経済会議で決められる関税率が、外国産農作物の流入を招き、チェコスロヴァキアの農民を害することがないよう、六月十二日の経済会議開催前に、緊急に農作物関税を引き上げる必要を訴え、遅滞なく対応するために、授権法を導入して政府に政令で改正を行う権限を付与するべきであると主張した。その後の議論のなかで、『田園』は農作物関税のみならず、予算均衡や経済問題全般の解決のためにも授権法が必要だとする議論を展開した。その中で具体的には、失業手当の縮小、国有鉄道の赤字削減という、連合内で農業党が社民党と対立している政策分野を対象に挙げていた。
このように農業党は、連合内の対立で解決が先送りされている経済、社会政策上の課題の緊急性を理由に、授権法の導入を主張した。

社民党による授権法不要論

これに対して、社民党の『人民の権利』は二十三日、および二十七日付の紙面で[118]、農業党の授権法導入の試みを激しく批判した。批判は、第一に農業党が自党の、特に大土地所有者層の利益のために農作物関税を引き上げようとし、その目的で授権法を導入しようとしている点に向けられた。このような経済利益をめぐる対立は両党の間で絶えず争点となっていた。

しかし、第二の対立点は新しい要素であった。『人民の権利』は、授権法は民主的感情に挑戦するものだと非難し、それに対して農業党の『田園』は、農業党は民主主義を支持しており、授権法は議会を疎外するものでも、制限するものでもなく、議会にはなお多くの任務があると反論した。そして、議会が重大な国際、国内状況に対応する非常事態の備えを持ちえないことを、授権法導入の理由としてあげた。一方、『人民の権利』は、議会は迅速に活動しており審議の遅れで政府を待たしてはいない、議会はむしろ、予算七党委員会や銀行法の制定などで政府を助けていると反論し、授権法は危険であり、無駄であるとした。また、政府に授権してもいずれにせよ連合間で討議するのであるから、議会の議決を経る場合と基本的には同じではないかと指摘している。この点が、後に触れる授権の範囲をめぐる議論とその帰結から考えて、特に興味深い。

以上の機関紙上の論争から、農業党と社民党の間で、これまでの議会のパフォーマンスの評価に関して相違があったことがわかる。社民党が議会の連合合意形成への貢献を評価したのに対し、農業党は現在の事態の緊急性を主張し、議会の非効率性を強調した。また、社民党が授権法による議会の疎外は民主主義への挑戦と捉えたのに対し、農業党は授権は一部の課題についてのみ行われ、議会にも十分多くの仕事が残されることで、民主主義への危害にはあたらないとした。

以上のように社民党は民主主義の観点から授権法を問題視し、議会は十分役割を果たしており、授権法は不要だと主張した。しかし、このような社民党の見解は連合内で孤立しており、他の連合政党は授権法の必要性に合意していた。

農業党の『田園』は二十八日付の紙面で社民党を激しく非難した[119]。農業党の民主主義支持の姿勢を強調した上で、再び世界経済会議をはじめ、現在の経済状況の非常性を指摘し、議会では十分な迅速な対応ができないので、政治と経済の秩序という国家全体の利益のために授権法が必要であると主張した。「諸隣国では、社民党は神経質とデマゴギーで、全国民、国家的利益に関する他の階層との理性的な合意ができなかったので破滅した」と述べ、社民党は、最近の諸隣国の出来事に何も学んでいないのかと、強く攻撃した。この『田園』の記事には、授権法推進の意見は農業党以外の政治家にもあること、授権法実現のためには連合改変もありうることを報じる『リドヴェー・ノヴィニ』の二十七日の記事が引用され、社民党の連合からの排除も示唆された。

『リドヴェー・ノヴィニ』は、これまで政府が失業手当の再編、鉄道赤字問題、輸入関税問題の決定を連合内の対立のために先延ばししたために、経済、財政問題が切迫してしまったという経緯を指摘しつつ、この状況では、授権法は実現することになるだろうという見通しを示していた[120]。

孤立した社民党は連合内にとどまることを優先して不要論を撤回し、『人民の権利』も五月二十九日付の紙面で、留保つきにではあれ授権法を許容する可能性を示す論調に転換した（Hradilák 1967, 39）。

農業党の授権法案と各党の見解

(a) 農業党の授権法案

五月二十九日からは授権法の正式な交渉が内閣、政治閣僚委員会、与党の議員クラブ代表者会議で始まった。マサリク大統領とマリペトル首相や連合与党指導者の話し合いも行われた[121]。

五月末の農業党の『田園』と社民党の『人民の権利』のやり取りでは、農業党の掲げた経済的必要性という論拠と、社民党の議会主義擁護の立場という論点が挙げられていたが、実際に本格的な交渉が始まると、さらに重大な論点が表面化した。その原因は、実際に農業党の提示した授権法案は、他の連合与党の予期していたものよりも、広範なものであったことにある[122]。

まず、授権の対象について、内閣全体に対してではなく、首相に法的効力を持つ政令を出す権限を授権し、その政令には大統領の署名による裁可を必要とするという考えを示した。授権の対象を内閣全体にする場合、議会での議決は要しないために、閣僚と議員団の対立による遅延をさけることができ、その点では時間の短縮が可能である。しかし、前出の『人民の権利』の指摘の通り、議会での立法と同様に連合与党の閣僚間での合意形成が必要となり、そこで時間がかかってしまう。そこで、農業党は迅速な意思決定という目的のために、首相のみに授権という提案をしたと思われる。

この案では、農業党出身の首相があまりに強い権限を持ち、他の連合与党には受け入れ難いことは明らかである。しかし、農業党党書記のジルカは、首相への授権と大統領の署名を「右と左の両方が代表されるための保証」とし、「我々が知っているように、そして左翼も知っているように、大統領は左翼に反対して行動することはない」と述べた。このように農業党では、右よりの農業党の首相に対して、マサリク大統領が左よりの立場をとるので、バランスが取れ、社会主義諸政党の利害も守られると主張し、社会主義諸政党もこの案を受け入れられるだろうと考えていた(Hradilák 1967, 39-40; Klimek 1998, 355)。

また、農業党案は、授権法の対象とする政策範囲も広くとり、関税や失業手当の再編以外の政策にも授権の対象を広げるように要求した。関税に関して具体的には、現行の三倍とする政策を授権法で実現するよう提案していた。また、授権法の有効期間を限定することにも消極的であった。但し、議会は政令を十四日以内に採択ないし否決できるとし、この方法で議会制民主主義も維持されるとした。

この授権法案は、農業党の元首相で療養中のシュヴェフラのイニシアティヴで作成されたといわれ、「シュヴェフラ案」ともよばれた。病気のため政治の表舞台を退いた後も、一九二〇年代の連合政治の鍵を握っていたシュヴェフラは広く尊敬を集めていた。そのため、社民党の『人民の権利』は、シュヴェフラのイニシアティヴというのは、連合与党に影響を与えるための農業党のレトリックであると批判した。後に述べるようにマリペトル首相自身は首相に授権するという案に賛成ではなかったことから、具体的な授権法案をめぐっては農業党内部にも対立があったことが推測される。農業党の中で、農業党の利益をより強く主張するグループがシュヴェフラの名前のもとにこのような大きな変革を求めたとも考えられる。また、最大限の要求を掲げておいて、後で取引材料にするのは農業党の連合交渉の常套手段であり、そのような戦術的な判断からできるだけ農業党に有利な提案を党全体として出してきたとも解釈できよう。

(b) 国民社会党の支持

授権法支持を明確にしていたのは、国民社会党であった。前述のように、国民社会党党首クロファーチは、既に自身で授権法を提案していた。クロファーチは六月二日付のベネシュへの手紙のなかで、一年前に既に授権法を唱道していたことに注意を喚起し、「国家が必要としているものすべてに賛成であり授権法に賛成」であると述べた(Klimek 1998, 355)。クロファーチによれば、「国境地域で我々がどんな状態かを見れば」、その必要性は明らかであり、緊急性に応えるためには大統領と首相のみが授権される方がよいとした。

農業党の提案は、授権されるのは首相であり、その政令に大統領の署名を義務付けるものであり、このクロファーチの提案のように大統領と首相が授権されるというのとは異なる。農業党案では、大統領には授権法に基づく政令への拒否権が与えられるが、政令の発議権は予定されていないと考えられるからである。しかし、クロファーチの場合も、大統領周辺でも、この差異は特に考慮されず、大統領と首相に授権するという案として受けとめられていた。

クロファーチは、授権法の対象とする政策に関しては、授権法が「数パーセントの農民や、何人かの工業家のための保護主義に使われてはならない」と述べている。この手紙からは、クロファーチはドイツ系住民の動きに対して「国民」利益を擁護するための措置に授権法を用いることを考えていたと見られる。まず何よりも農作物関税引き上げのために授権法を利用しようと考えていた農業党とは、立場が異なるが、支持する授権法の内容には共通性があった。国民社会党では早速五月三十一日の幹部会で、クロファーチ党首と閣僚のフランケが農業党の授権法要求について説明し、国家の非常時には非常手段が必要である、それが勤労者階級の利益にもなる、として、授権法に賛成する決議が行われた[123]。

(c) 国民民主党、人民党、社民党の要求

他の連合与党——国民民主党、人民党、社民党——も、授権法導入を原則としては許容する方向であった。しかし、農業党の提案した具体案をそのまま受け入れることはできず、授権される政治主体、政策範囲、期間、議会の承諾の有無の点で見直しを要求した[124]。

国民民主党、人民党、社民党がそろって要求した点は、①首相だけではなく、政府全体に授権すること、しかも、現政府への授権という形をとることで現連合維持とセットにすること、②授権法を数ヶ月の時限立法とすること、③一般的な授権にせず、目的を限定することの三点であった[125]。①の点については、内閣での決定も多数決ではなく、「連合の古い原則」に基づき全会一致で行うことが要求された[126]。

人民党では、党首で閣僚のシュラーメクが現連合維持の立場であったのに対し、スタシェク（Bohumil Stašek）議

員を中心とする一部右派議員が、農業党の右派議員に呼応して、授権法を機に連合を組替え、社会主義政党を排したブルジョワ連合を目指す動きを見せ、農業党の提案を支持していた。[127] しかし、人民党としては、上記の修正要求に加え、さらに授権法に基づいて実施された措置はすぐに議会審議にかけるという留保を加え、その上で賛成の方向性を決めた。このことから、人民党内ではこの問題に関して、シュラーメク党首を中心とする現連合維持派が右派を抑えたものと考えられる。

国民民主党はさらに、授権する政策対象に関しても留保を示していた。国民民主党は、経済の困難な状況に際し、政府は何ヶ月も話し合いを続けたが、解決の具体策が取れないできたと、ここまで事態を切迫させた現政府を批判し、ここまで放置しなければ議会の通常の立法で十分解決できたはずだとしつつ、現状では授権法を容認する姿勢を見せた。[128] 但し、国民民主党は授権法を、財政再建、具体的には緊縮統制委員会が提案した三億五千万コルナの国庫支出削減の提言を実現するためのやむをえない手段と位置付けていた。失業手当制度の改革と国有鉄道赤字の解決が授権法導入の主要な目的であり、農作物関税に関しては、財政再建の目的に付随してきてしまったものと考え、関税率を農業党の要求ほど引き上げることは、輸出工業にとってさらなる打撃となると反対した。[129]

国民民主党の授権法に関する主要な要求は、この授権が通貨価値の修正に触れないことであった。「国民民主党はこれこそが勤労者、年金生活者双方の収入の確保のために重要であると考える。緊縮財政や、経営の安定の前提条件である。[130]」と述べ、授権法の対象から明示的に除くよう強く求めた。コルナの安定は国民民主党の最重要な政策であり、授権法によってコルナが切り下げられることを特に警戒していたのである。この要求は授権法交渉の最後まで争点となったが、最終的には受け入れられ、通貨問題は授権法の対象としないよう明記された。

(d) 社民党の守勢

授権法の受け入れがもっとも困難だったのは社民党であった。授権法によって導入されようとしている政策は、農作物関税引き上げ、失業手当改革、鉄道赤字の解決などすべて社民党が妨げようとしてきたものであった。逆に社民党には授権法で積極的に実現したいと考える政策はなく、議会は十分役割を果たしうるという立場をとっていた。しかし、この点で社民党は政権連合内で孤立しており、連合内にとどまることを優先して党首ハンプルは受け入れの方針を固めた。

但し、社民党指導者の間には授権法の導入をめぐって尖鋭な対立が依然として存在しており、党内を説得する作業が残されていた(Hradilák 1967, 43 ; Klímek 1998, 354)。六月一日には、党指導部と議員クラブの共同会議が開かれた。『人民の権利』の編集者コウデルカはその様子をベネシュに次のように報告している(Hradilák 1967, 43 ; Klímek 1998, 354)。「ハンプルはこれまで聞いたことのない、一九〇五年を思い出させる様子で発言した。[授権法は]社民党の運命に関わる、前進しなければ、SPD[ワイマール・ドイツの社民党]の運命が待ち受けている。マチェク(Josef Macek)、スルバ、レメシュ、ピク(Luděk Pik)が反論したが、ハンプルは目に涙を浮かべ闇雲に彼らに食って掛かり、その様子は我々の心を揺さぶった。ハンプルは、危機の最中であることがわからないのかといい、党を絶体絶命の運命に追い込むことには同意できないと語った。ハンプルは授権法のためにライオンのようだった。」マチェクは、ハンプルは「私は第一にチェコ人であり、次に社会主義者である。……この国がつけを払わなくてはならないような状況は起こすまい。」と述べて授権法を擁護したと報告している(Klímek 1998, 355)。

このハンプルの発言や五月末の『人民の権利』と『田園』の論争を考慮すると、授権法問題を機に連合から社民党が排除される危険が、ハンプルを中心とする社民党の指導部に授権法を受け入れさせる動機となったと考えられる。ハンプルら社民党の指導部にとっては、社民党を排除し右に傾斜した連合政権は、国内国際的情勢のなかで共和国全体の右旋回の危険を招くものであり、阻止すべきものであった。実際、前述のように農業党や人民党の一部では、授権法を機に社民党を連合から排除し、スロヴァキア人民党、商工中産党、ドイツキリスト教社会党など右へ連合を拡大する構想が再燃していた。『リドヴェー・ノヴィニ』[131]は、「連合の左派政党を排除して授権法を導入するのであれば、それはまさに民主主義に反する。……右に拡大して左を排除するというのは、国家の利益ではなく、党派的な専横であり、ファシズムである。……社会主義者の失業手当に関する態度や農業党の関税に関する態度など、ある党の態度が国家の条件と両立できないと主張するものはまずそれを証明しなくてはならない。」と述べ、授権法導入を理由にした連合改編の試みを批判した。『リドヴェー・ノヴィニ』では、六月四日の記事でも、国際情勢上現連合の維持が最優先であるとし、農業党と社民党双方に譲歩を呼びかけた。[132]

このように、社民党にとって不利な経済政策が授権法の対象とされることが見込まれる状況下では、首相への授権プラス大統領の署名という構想は、社民党にとって著しく危険を伴うものであった。マサリク大統領が左の利益を保証するという農業党の主張は、社民党にとって受け入れ難かった。『人民の権利』の編集者のコウデルカは、マサリク大統領は高齢であり、次は誰が大統領になるかわからないので、大統領だけでは保証には不十分だと述べている（Hradilák 1967, 43；Klimek 1998, 354）。さらに、社民党幹部のマチェクのように、マサリクの健康状態や経済問題に関する意見への懐疑から、マサリク自体を頼りにできないという考えもあった（Klimek 1998, 355）。ハンプル党首も「政府全体に授権され、常置委員会の決定を前提とするような構成も排除されていない」として、授権が内閣全体になされる可能性に期待を示した。

授権法の受け入れを前提とした場合、社民党の要求は、授権の対象を政府全体に広げることと、時限立法とすることの授権法の形態にかかわる二点が中心で、授権法の政策対象に関しては、社民党に不利な財政再建のための社会・経済政策が含まれることに抗議することはなかった。この点では、国民民主党が通貨問題を排除することに固執し、要求を通したのと対照的である。授権法の形態に関しては国民民主党、人民党と要求が一致していたが、政策に関しては孤立していたこと、財政赤字が急速に拡大していることに対する非難に、社民党としても反論し切れなかったことがその原因であろう。前述のように、社民党も財政赤字を容認する理論的立場には立っていなかった。『人民の権利』でも編集者クシーシュ（Karel Kříž）の論説の中で、農業党、国民民主党が授権法導入の理由として挙げている財政難状況は、実際想像した以上に悪化していることを認めている。[133]

社民党指導部が授権法受け入れに向けて合意した事情は、以上のようなものであったと考えられるが、社民党の機関紙では、連合からの排除の危険性に関して触れることはなく、授権法が失業手当や国有鉄道の改革に利用されることに関しても社民党支持者の注意を喚起することはなかった。機関紙は公式の話し合いが始まって以降は授権法に関しては、議会との関係と、ロンドン経済会議の開幕が十二日に迫っていること、関税率を急遽引き上げるためには授権法による他はないという点に絞って報道し、加えて授権法の形態についての交渉状況を補足する程度であった。[134]

五月末に授権法を議会制民主主義の立場から批判していた社民党は、受け入れを決めたことによって、今度は支持者に対し、授権法を同じ観点から弁護する立場に立たされた。

議会との関係では、議会が必要な働きをしていないという批判があるが、実際には問題に十分対処できていないのは政府であり、そのために議会に仕事が回されてこないと強調し、議会での立法で対応できると主張した。[135]しかし同時に「我々が考慮している草案は、民主的なベルギー議会によって受け入れられた法律を元に作成されている」と述べ、外国の先例を引証し、また制度的には議会の事後承諾が必要なため、民主的議会の要素も含まれていると指摘し、授権法が民主主義に反する措置ではないことを強調した。さらに、別の記事では、授権法という言葉は、民主主義者にとって心地よくはないが、議会制民主主義も今日、このような性格を持った措置に踏み込むのをためらわない、問題はどんな体制に授権するかであると述べ、[136]議会制民主主義に現在必要な手段として授権法を位置付けた。また、クシーシュは授権法を生かすために、政府の活動方法を再編することを要望していた。このように社民党の機関紙では授権法と議会制民主主義の関係について考慮の上、肯定的に評価が行われた。

以上の各党の対応をまとめてみたい。農業党、国民民主党はそれぞれ授権法を利用して迅速に解決したい政策があった。農業党は農業政策と財政赤字削減のための社会保障費の削減などであり、後者は国民民主党も強く望んでいた。これは社民党の不利益になる政策であったが、社民党は連合からの排除を恐れ反対しなかった。国民民主党は通貨問題が授権法の対象となることには強く反対していた。国民社会党は「国家全体の利益」のためにより全般的な授権を望んでいた。また、授権法の形態に関しては、農業党と国民社会党は少ない人数に授権して効率的な政策決定を行うことを希望し、期限も設けない考えであったが、国民民主党、人民党、社民党はあくまで連合全体での意思決定にこだわり、政府全体に授権することを要求し、短期の時限立法にすることも重視した。議会制民主主義との関連については社民党のみが考慮し、議会制民主主義にも授権法のような手段が必要だとの見解を示した。

大統領と連合政党の対立

首相への授権と大統領の署名による裁可という構想に対しては、社民党のみならず、人民党も強く反対したため、六月二日には、農業党が譲歩し、政府全体に授権し、大統領が裁可するという手続きへ変更することを容認した（Hradilák 1967, 44）。同日行われていた社民党指導部の会議の席上に農民党の譲歩の知らせがベヒニェによってもたらされ、社民党指導部にとって授権法受容への障害が減少する可能性が生じた。

しかし、マサリク大統領は、首相と大統領のみで政令を裁可できる案に最後まで積極的であった（Klímek 1998, 359）。六月三日にも、マサリクは大統領府副長官のシースル[137]（Josef Schieszl）に対し、授権される「人数は少ないほうがよい」と述べ、自分と首相への授権を主張した。シースルは、それはマサリクにとって重責に過ぎ、社民党首のハンプルか、国民社会党の代表者を左派の代表に使うことを提案した。いずれにせよシースルも「広い協議機関では状況の緩和にならない。授権法は議会に対抗するものではないが、反政党であり、実際には反内閣でもあるのだ。」と日記に記し、授権する人数を制限する意見であった。マサリクも授権法にはやや反政党的性格があることを確認していた。マサリクは他の機会にも「民主主義では迅速な統治ができない」ことを理由に、二人だけを授権するように要求していた。

これに対し、今度は政党側が農業党を含め一致して政府全体への授権を支持した（Klímek 1998, 359）。大統領と首相に授権するプランは、いまや大統領のプランとよばれ、マリペトル首相本人が「それほど大きな責任は負いたくない」として拒否し、大統領と並んで内閣全体に授権するように希望した。政党の一致した戦線に屈し、マサリクも七日までには、内閣全体に授権することに同意した。

連合政党の合意

内閣全体の授権ということでは合意した連合諸党間には、なお、政府の意思決定方式について対立があった。農業党は二日に政府全体の授権へと譲歩したものの、政府の意思決定は多数決で行うことを主張した（Hradilák 1967, 44）。人民党、国民民主党、社民党は、連合の慣例に従って、全連合政党の一致した合意を必要とするよう要求した。六日には農業党もそれを受け入れ、全員一致での決定にもほぼ合意がなされた。

しかし、この日になって突然、人民党、国民社会党、社民党から、連合の改変を行わないこと、すなわち現七党連合からどの政党も排除しないことの保証として、「現内閣」に限定し、内閣全体に授権する案が出された(138)。また、授権法を時限立法とすることには合意ができていたが、具体的な期限について合意ができず、期限を現連合政権が存続しているかぎりとする案が浮上した。農業党とマリペトル首相は連合政党の一部の反対で授権法の効果が阻害されるとして反対し、総辞職の可能性を示して合意を迫った。

しかし、実際には、総辞職をして内閣を改造した場合、十二日のロンドン経済会議開幕までに授権法を立法することは不可能になるため、農業党は譲歩せざるをえず、七日に連合与党間で授権法案に関して最終的な合意に達した(139)。連合の改変を行わない保証として授権を現内閣に限定するという要望は授権法自体には取り入れられなかったが、授権法の合意に際し、連合各党の間で現連合を変更しないことを相互に約束した。連合の全政党はそれぞれ全権代表を出し、国家のために誠実に協力すること、現在の連合の統一を守ることを相互に明文で約束し、この文書に首相、政治閣僚も署名を行った。国民社会党の『チェコの言葉』は「連合の忠誠と責任を高めるために。全連合政党の相互誓約」と題した記事のなかで、「合意は厳かに儀式のように行われた」と報じた。(140) さらに、授権法の期限はこれまで提示されていた年末から十一月十五日までに短縮された。

首相マリペトルはさらに閣議の場で、政府はこれまでの仕事の方法を変更せず、これまで通り法案を議会に、夏の議会の閉会中は議会の常置委員会に提出すること、国際状況でやむをえない場合のみ授権法を用いることを宣言し、全閣僚の賛成を得た。(141)

マリペトルの議会尊重の発言を裏付けるように、六月七日の下院では常置委員会の十六名の委員と十六名の補欠が選ばれた。(142) 常置委員会は、議会の政党比をほぼ忠実に反映して構成され、野党からも委員が参加している点が重要である。与党からは、農業党三名（補欠を含むと五名、以下同）、人民党一名（三名）、国民民主党二名（三名）、国民社会党一名（三名）、社民党二名（五名）、ドイツ農業者同盟一名（二名）、ドイツ社民党一名（二名）で、計十一名（二十三名）、野党からは、商工中産党一名（一名）、ドイツキリスト教社会党一名（二名）、フリンカ・スロヴァキア人民党一名（二名）、ドイツ国民社会主義労働者党一名（一名）、ドイツ国民党〇名（一名）、共産党一名（二名）で、計五名（九名）であった。各党からは党首ないし党首級の人物が送り込まれ、常置委員会の正統性を補強する役割を果たした。

授権法の対象となる課題については、価格と関税の修正に加え、国家予算の均衡のために不可欠な問題に関しても授権が行われることになった。追加された後者は、ヘント・システムによる失業手当への国家扶助の見直しと鉄道に関する緊縮を意味する。この点では社会主義政党は農業党案に譲歩した。

このように、授権法の効力が及ぶ対象は広くしたが、期間としては他の連合与党の意見を入れて、五ヶ月の時限立法にすることを決めた。農業党は、授権の対象に関して要求を引き上げておいて、妥協したことによって、政策の面で、要求を通したと推測できる。

授権法案は八日に下院をわずか半日の議論で通過し、九日には上院も通過した。法案提出者の農業党議員ヨゼフ・チェルニーも、これまでの議会政治の方法は維持され、政府は民主的に議会と今後も協調すると議会に保証し、議会では野党のわずかな反論があったのみで、審議は速やかに行われた。[143] 授権法は十日に公示され即日施行された。

授権法では第一条で次のように定めていた。「国内国際的経済の非常事態の間、しかし長くとも一九三三年十一月十五日までの間、政府は政令によって、チェコスロヴァキア関税率を修正し、——憲法の規定上特別の法律を必要としていない場合、あるいはチェコスロヴァキアの通貨の法的修正に関わらない場合——、工業、商業、農業の価格、生産販売状況の適切な修正のため、また、国家、国有・国営の企業、機構、基金、施設、法的権限によって会費、料金、税金を徴収する機構、基金、施設の財政均衡維持のための措置をとることを授権される」[144]。第三条では大統領の共同署名が定められ、第五条では政府は政令を十四日以内に議会の両院に提出し、両院が可決を拒んだ場合、政令は即座に効力を失うとされた。また、最後の第六条では政府のメンバー全員が授権法を実施すると定められた。

第一条に箇条書きされているように、授権法は、このように関税率の修正と財政の均衡という二つの具体的な政策を実現するための法律であった。後者は広い政策範囲をカバーし、国営鉄道や、ヘント・システムによる失業扶助金、疾病保険などの懸案事項を含むものとなっていた。

社民党は、八日に党の中央執行委員会の非定例会議を開き、マイスナーとハンプルが授権法の経緯を報告した。[145] 中央執行委員会は、長い議論の末に、指導部と議員クラブの行動は、現在の経済状況と、政治的コンステレーションに応えるものであると結論し、信認された。

社民党の『人民の権利』は、授権法に基づく政令を出す際には、閣議は全会一致でなくてはならず、各党の意見は今後も尊重されると主張した。[146] 授権の対象を政府全体にしたこと、時間的に制約を設けたことを、人民党、国民民主党、チェコスロヴァキア、ドイツの両社民党四党の成果として改めて強調した。平常の議会を通しての手続きも維持され、議会制民主主義の基礎が保障されるとも述べた。授権法の対象としては、現在考えているのは関税率の変更のみであるとし、失業手当問題が対象とされていることは述べられなかった。(147)

四　授権法導入の意義

政治的意思決定過程からの議会の排除

授権法導入時の議論は以上のようなものであった。授権法は一九三三年十一月の時限を前に延長され、その後も、一九三四年六月、一九三五年六月、一九三六年六月と繰り返し延長され、一九三七年六月まで効力を持った（*Národní shromáždění* 1938, 373-378）。

授権法の導入によって生じた最大の変化は、政治的意思決定過程からの議会の排除であった。授権法によって、授権法に列挙された経済問題に関しては、議会での議決を経ずに、政府は政令を通じて安定的に政策を実行することができるようになった。事後的に議会に政令の採否を仰ぐとはいえ、その違いは大きい。

これによって、野党は公的な場で事前に政策決定に関与したり、異議を唱えたりすることができなくなった。野党のチェックは事後的にしか及ばなくなり、議会主権の原則からは問題であることは明らかであった。連合与党にとっては、政権にとどまることの重要性が増したといえよう。

チェコスロヴァキアでは議会は政府法案を可決する機関にすぎず、議会での議論や採決は重視されていなかった。とはいえ、建前だけでも議会での議決を経て法律となるのと、そもそも議会での議決が不要で政府による政令だけでよいのとでは、大きく異なる。

しかも、マリペトル首相は、下院議長を務めていた経験からも、議会を重視し、就任当初から、民主主義のもっとも大事な手段は議会であり、その委員会が政府であるとも述べていたこともある。議会審議を実質化、効率化し、議会を強化するために、議会審議規則の改定も行っていた。(148) このような議会重視の流れもあっただけに、授権法による議会の政治的意思決定からの排除は、重要な変化であった。

議員団の抑止と政府における連合政党間合意の強化

さらに、連合与党の中でも、議員団の発言力を抑え、政府に決定権限を集中させる効果があったと考えられる。第四章で見てきたように、一九二九年の拡大連合形成以降、ピェトカや八党委員会を持たない連合政権は連合政党間の合意形成のために様々な工夫をこらしてきた。ピェトカのような非公式な機関を設けない代わりに、連合政党間交渉は、政府を舞台として連合政党を代表する閣僚間の交渉（政治閣僚委員会）で行われるようになった。それと同時に、議会を舞台とする連合政党議員団の代表の交渉（課題別連合委員会）も試みられてきた。

授権法によって、議会の可決を経ずに政令で政策が実施できる以上、政策の形成過程に議員団を入れる必要性は弱まった。七月には多数の課題別内閣小委員会が出現し、内閣を舞台に課題ごとに連合の合意形成を行っている。その後の法案の成立過程を見ると、授権法で採択された場合でも、政府に設けられた課題別小委員会と議会の課題別連合委員会の両方で協議しているケース（社会保険法改正）と前者のみの場合（穀物専売制導入）がある。テーマや緊急度に応じて選択できるようになったのである。

政府は議員団の反乱によるリスクを避けることが可能となった。殊に、農業党内部における、マリペトルら閣僚の議員団に対する立場はこれによって強化されたと考えられる。

以上のように、授権法は議会と連合与党の議員団を政治的意思決定過程から遠ざけることによって、政府に政治的意思決定を集中させ、執行権を強化したと位置づけることができるだろう。

「迅速化」の要請への対応

議会重視の姿勢を示してきたマリペトル政権で、授権法が導入されることになったのは、本章第一節で見てきたように経済、社会問題への対応が連合政党間の意見の不一致で膠着状況に陥っていたことが、最大の原因であろう。しかし、このような膠着状況はこれまでも頻繁に繰り返されており、今回なぜ授権法の導入が行われたのかを説明するには、もう一つ、当時の時代の空気の変化、特に周辺国の政変の影響を考慮する必要がある。

ドイツやオーストリアの政変に対して、チェコの政治家たちは、共和国内のドイツ系住民への影響によって共和国の枠組みが揺るがされる可能性については警戒していた。しかし、政治体制の変更に対しては、社民党以外は、危険視というより、むしろ羨望や焦りの気持ちを持って眺めてもいた。一九三三年の春を通じて経済、政策の対立に苦しみ、一刻も早く必要な政策が実現できないままでいるとき、政令統治による迅速化は確かに魅力的であった。

たとえば、農業党の機関紙『田園』は、ドイツの授権法導入に関して、「国家秩序と経済の再建のための全権を政府は手に入れたことになる。新しいドイツ帝国の建設のための礎石が置かれる。」と肯定的に評価していた。[149]また、授権法の可決を前に『田園』は「我が国周辺の国家が皆迅速な保護、防衛措置を取っているときに、我が国でも迅速な対応が必要」であると主張し、[150]さらに可決の日にも、「迅速な交渉について決定したのは我が国が世界でほぼ最後である。混乱は我が国でも小さくない。我々ももはや幸せな島ではないのだ。授権法はほぼ十二の先例につづくものである。今年の最初の四ヵ月で歳入が六億コルナも減っている。国営企業の赤字は三億コルナ以上、全体で最初の四ヵ月の赤字は約十億コルナである。」と述べて授権法を擁護した。[151]

独立系週刊誌『現在』においてペロウトカも「授権法の主要な理由はしかし、明らかに精神的な模倣機能に求めなければなるまい。世界にはすでにあまりにもたくさんの独裁や授権政令があるので、我が国の民主主義者にも影響を与え、少なくとも弱めた形で世界の動向を模倣しようとさせずにはいられない。もし、外国の前例がなかったら、もしドイツのブリューニング以降の歴史がなかったら、我が国でもこのような授権法への大きな要求はなかったであろうし、多分思い付きもしなかったであろう。しかし、世界中に政令統治への信頼の波が押し寄せている今、我々もその水しぶきを少し浴びたのだ。[152]」と述べ、時代の空気と国際的影響力の強さを授権法導入の原因に挙げている。このように、議会や議会を通した手続きこそが政治の中心であるべきであるという自由主義的な考え方を維持することが、当時のヨーロッパでは難しくなっていたことが背景として重要である。[153]

政党妥協体制の維持

しかし、ペロウトカの「少なくとも弱めた形で」という発言に現れているように、チェコスロヴァキアの授権法は、授権法としては不徹底なものであった。

チェコスロヴァキアの授権法の特徴は、七つの政党・会派からなる連合政府全体に授権され、閣僚の全員一致が授権法に基づく政令の要件とされたため、これまで通り連合政党間の交渉による合意形成が不可欠となった点である。実質的に政党妥協体制というこれまでの政治意思決定方式の基本が維持されたのである。

議員団の説得や議会の議論を経ないという点では「迅速化」の試みだったが、政党間の合意は従来通り必要だった。この点で、政党間合意も排除する他国の授権法とは異なる。他の国では政党が機能する多数派を形成できなくなって少数の執行権者に決定を委ねたのに対し、チェコスロヴァキアでは、多数派連合は維持され、政党間合意が授権法の基礎になり続けたのである。

このように政党間合意の体制が維持されたために、授権法への反対が少なかったといえるだろう。チェコスロヴァキアの与党政治家にとっては、政党間の合意で政治的意思決定が行われることが重要で、議会での議論や議決はそれほど重要とは思われていなかった。政党間の合意形成、政党の決定への参加こそが重視され、議会の立法府としての役割は政治の焦点ではなかった。チェコスロヴァキアでは、議会制民主主義とは、多数派連合政党間の合意による政治と解釈されていたのである。

一九二〇年代に連合政党の実力者による非公式な合意形成組織であるピェトカや八党委員会が発達したのもその現れである。議会における議論は重視されず、議会での議決は、ピェトカや八党委員会の決定を承認するものだった。拡大連合以降の議会重視の流れも、連合政党間合意中心の政治的意思決定のあり方から外れるものではない点に注意する必要がある。議会における課題別連合委員会も、連合与党の議員団の間の交渉の場であった。

授権法が議会の役割を制約するものであるのは確かであるが、授権法導入時の議論からわかるように、その点に拘る政党政治家はほとんどいなかった。わずかに社民党が、初期の段階で議会は機能しているから授権法は不要であると反論したが、これも授権法が議会制民主主義に反するという直接の批判ではなかった。

チェコの政党政治家が、議会制民主主義の基本は政党間妥協であると考えるようになった背景には、チェコスロヴァキアの多党制がある。多くのネイションと社会的クリーヴィッジを抱え込んだチェコスロヴァキアにとって、議会制民主主義を完全に放棄するわけではなく、議会制ゆえに経済問題が解決できないという問題点も解決するような授権法が実現したことはポジティヴに受け止められたのである。

七日に下院の憲法法制委員会で授権法の審議が行われた際、マリペトル首相は授権法導入の理由として、国内国際情勢の緊急性に応えるためであり、党派利益のためではないと述べた[154]。議会との関係については、議会と政府の関係を維持し、議会に法律で解決する機会をできる限り与えることを約すと同時に、授権法に基づく政令は、議会に提出され変更や停止を受けることを強調した。

さらに興味深いのは、マリペトル首相がここで以下のように自身の民主主義観を述べ、そこから授権法を肯定している点である。「立法府が政府に、このような権限を与えたからといって、民主主義を廃止することにはなりません。多数派が決定するということにまさに民主主義の本質があるのです。多数派が、我が国のように選挙法によって各人の意見が効果を持つように作られている場合は、他の選挙制度をとっている場合より政治状況は複雑になります。我が国では〔比例代表制の〕選挙法によって民主主義が徹底されているため、多数派は連合になるのは確実です。……私は、特にこの時期に、多数派が全住民の階層の代表から作られ、最大マイノリティの代表も参加していることは、とても正しく、有益であり、有効であると考えます。……このように困難なときに、可能な限り広い住民層で責任を分かち合うのは、私の考えでは、可能な限りもっとも公平な利害調整を行いながら、全体の必要に応える保証であります。これは困難ではありますが、独裁よりは客観的な手法です。これは独裁の始まりではありません。独裁だという人はわざと論点をずらしているのです。独裁は、このような多数派が行えること、行わなくてはならないことはできません。思慮、強靭さ、能力の不足や、このような困難な時に責任を避けることは、民主主義を傷つけるでしょう。一定の分野に関して、あらかじめ決めた条件でこの民主主義が委員会、つまり政府にいささか広い授権を与えることは、決して民主主義を傷つけはしないのです。」

マリペトル首相は、民主主義において核となる多数派は、チェコスロヴァキアのように比例代表制によって諸階層が複雑に代表されている場合、諸階層の代表の連合によって形成されると指摘した。そしてこのような困難な時期に、この連合＝多数派が広範な階層からなっていること、ドイツ系の代表も含んでいることは、公平な利害調整と全体の必要に応える保証となっているとして高く評価した。これは、一九二〇年代につくられたチェコスロヴァキアの議会制民主主義の型を改めて確認するものであり、ここに現れているマリペトルの民主主義観は、多極共存型デモクラシーやプロポルツ・デモクラシーと多くの共通性を持っている。その上でマリペトルは、連合＝多数派自らが政府に一定の条件のもとで授権することは、民主主義には反しないと主張しているのである。

下院総会への報告は、議会の緊縮監督委員会議長を務める農業党のヨゼフ・チェルニーが行った。[155] この中で、経済状況の改善、特に財政問題の解決のために、迅速な介入が不可欠となっていることと、「ネイションも異なり、様々な政治プログラムを持つ七つの政党が多数派を作って」いるというチェコスロヴァキアの特殊な政治状況ゆえに、「我が国の複雑な議会の技術的問題、政治的な多様さゆえに今日では長すぎる審議が必要となる経済問題に関してのみ」、政令にまかせることにしたいと述べた。

このように、多数派連合の合意に基づく決定こそが民主主義の基本であり、授権法もその枠の中に入っている、あるいは、それをより効率的に行うためにやむをえない、あるいは必要な手段であると、政党政治家は考えていた。

「民主主義」

チェルニーはさらに、「中欧諸国では、民主主義は後退しつつあり、深刻な危機に陥ったり、独裁に取って代わられています。我々のみが一人、中央ヨーロッパでしっかりした民主主義の原則に立っているのです」と、危機感を述べ、「今日の戦いは民主主義と独裁の闘いです」とした上で、「民主主義に手段を与えないことは独裁を意味します。古い民主主義国には伝統も経験もあるが、我々にはありません」、「民主主義がその任務のために必要としているものを与えなければなりません」と繰り返し主張し、授権法を擁護した。

このように、チェルニーの主張のなかでは、授権法は民主主義に反せず、独裁ではないというだけにはとどまらず、さらに一歩進んで、チェコスロヴァキアの困難な状況に適応した民主主義が、独裁と対抗するための手段であると位置づけられていた。「迅速化」というヨーロッパ全体の潮流の影響を受けているのは確かであるが、チェコスロヴァキアの政党指導者たちは、独裁が手に入れているような迅速化の手段を、民主主義にも与えることによって、民主主義を独裁と対抗できるようにするというロジックを用いていた。

同様に憲法学者ヴェイル（František Weyr）も、『リドヴェー・ノヴィニ』のなかで、「現代の民主主義が、現在の独裁に対峙するヨーロッパでは、民主主義の独裁に対するハンディキャップが非常に大きく、耐え難いものになる」ため、授権法はそれを取り除く手段であるとして、積極的に評価している。[156]

チェコスロヴァキアの政治が「民主主義」というキーワードを通じて議論されるようになったのは、この授権法の討議を通じてであった。これまでは、財政問題、諸利益間の対立など具体的な争点をめぐって争われていたのが、このころから、「民主主義」という言葉が頻繁に使われるようになり、政党政治家たちはチェコスロヴァキアの政党間妥協の政治を擁護するためにこれを利用した。連合政党の政治家たちは、農業党と社民党のように、具体的な経済、社会利益をめぐって激しく対立していても、この点では一致していたのである。

政党間交渉の「民主主義」への二つの批判

このような政党間交渉の「民主主義」の新たな手段として導入された授権法には、もちろん批判もあった。第一の批判は、政党政治家以外の知識人による議会主義擁護の立場からの批判であった。ペロウトカは、『現在』のなかで「議会なしでは決してやらないこと。それが若く健康な民主主義の唯一の原則ではないだろうか。」[157]と述べ、議会を政策決定過程からはずすことが民主主義の原則に反すると批判した。もう一つは、政党間交渉の政治を批判する立場から、異なる形の授権法を支持する立場である。農業党が最初に要求していた、首相だけに授権し大統領がそれを承認する形態は、確かに困難で時間のかかる連合交渉を避ける手段であった。前述の通り大統領マサリクや大統領府副長官のシースルはこの案に賛成しており、マリペトル首相が反対し、農業党がこの案への支持を撤回した後も、支持を続けていた。この案では、政党間交渉、妥協という政党政治家の考えるチェコスロヴァキア議会制民主主義の基礎が省かれてしまい、これまでの政治的意思決定方式と大きな断絶をこうむることになる。

また、国民社会党のクロファーチも首相と大統領などなるべく少数の指導者に、幅広い範囲の問題に関して授権することを望んでいた。[158]例えば、授権法案の発表前ではあるが、国民社会党とチェコスロヴァキア軍団共同体(Čs. obce legionářská)は一九三三年四月六日に、連合諸党はそれぞれの議員団長によって内閣に代表され、内相、外相、蔵相、国防相や司法相などの重要ポストは、議員であるかないかにかかわらず、大統領と首相の信認に基づいて任命されるよう、内閣の改組を要求していた（Klímek 1998, 355）。そのうえで、この内閣が、全経済、通貨問題について授権されるよう求めていた。シースルやクロファーチの授権法に関する考え方の背後には、大きな変化の時代との認識に基づいて、新しい政治を求める傾向が見られる。そして、ファシズムの批判、要求も部分的には当を得ており、取り入れるべきであるとすら考えていた。

シースルは、大統領に、「この連合の指導者が、可能ならばルダーク［Ludák：フリンカ・スロヴァキア人民党］も加えて、ファシストやストゥシーブルニーのプログラムのうちいくつかを実現する全権を手に入れられればよい」と、大統領の息子のヤン・マサリク駐英大使と合意したと述べ、ファシストのプログラムのうち、全権で実現すべきものとして、比例代表制の候補者拘束名簿方式の改革、国家行政の縮少、失業問題の解決の三つの課題を挙げた（Klímek 1998, 337）。特に候補者拘束名簿に関しては、「拘束名簿方式をとっていたヨーロッパの国のうち、ドイツ、オーストリア、ポーランド、ユーゴスラヴィア、ルーマニアは既に独裁になっている。議会制を維持しているのは我々とラトヴィアとサン・マリノだけである。」と述べ、改革の必要性を主張した。

また、シースルは、最高裁判所の書記であるヨゼフ・クリメント（Josef Kliment）に、議会制の危機についての彼の本に対して、「長い間、私は、民主主義は自由主義的な社会でのみ可能であると考えてきました。我が国の社会、経営者サークルにおいても、自由主義的な考え方は人生を終えつつあります。ですから、我々は国家統治の新しい体制を探さなくてはならないでしょう。」と述べ、議会主義からの脱却を示唆している（Klímek 1998, 338）。

一方、国民社会党のクロファーチも、「ヒットラーのスローガン、特にそのよいものはありていにいって我々からの借り物である」と述べ、ことに、「全階級と階層の統一的な利益を理解し実現する」ことによって、「最大の国民エネルギー」を得ることを主張した（Klímek 1998, 338；Gajanová 1962, 77）。

授権法案に対しても、「国家や全勤労民衆の利益のためには、職業の違いや党派的、職能身分的、さらには階級的な狭い利益を超えて、どの政党とも協力しなければならない」と述べ、「全般的な授権法が農業党と国民社会党によってしか支持されず、他のチェコ政党がドイツ人政党同様支持しなかったのは残念」であるとする国民社会党中央執行委員会のコミュニケを発表し、遺憾の念を示した(159)。

まとめると、実現した授権法は、政党間妥協の決定方法を効率化することを目指していたが、それに対して議会制民主主義の立場からの批判と、授権法は、むしろ、政党の党派的利益を抑え、国民全体の利益になる決定をする手段となるべきだという批判が見られた。後者のような批判があったからこそ、農業党の指導者たちは繰り返し、授権法の導入は党派利益のためではなく、国家のためであると反論していた(160)。この後者のような批判は、今後さらに勢いを増していくことになる。

五　経済政策の改革

授権法を得たマリペトル政府は早速懸案問題の解決に取り組み始めた。

政府は既に五月三十日に、政府の経済問題に関する意思決定の効率化を目指して、経済閣僚委員会の仕事を三つのグループに分け、新たに三名ずつの閣僚小委員会を設置した(161)。関税表を作成する関税閣僚小委員会、カルテルと価格政策について討議する価格閣僚小委員会、失業手当の再編に関する社会政策閣僚小委員会である。

農作物関税の引き上げ

何よりも急がれたのは、授権法の直接の目的でもあった、農作物関税の引き上げであった。農業党はロンドンで開かれる世界経済会議の前に農作物の関税障壁を完成することを第一の課題としていた。七月十三日にロンドンで開始された世界経済会議は、生産価格と販売価格の不均衡の是正、外国資本への制限の削減、関税率の引き下げなどによって、国際貿易の制約を減らし、小麦などの生産と貿易の組織化などを目指し、金本位制への回帰の条件を探るものであった。[162] しかし、それに臨むチェコスロヴァキアの準備は、これまで見たように授権法という手段を導入してでも前もって農作物関税を引き上げておくというものであり、会議の目標に反していた。

授権法の成立と同時に、関税閣僚小委員会はすばやい対応を示した。関税小委員会は社民党のベヒニェを議長とし、農業党のホジャ農相、国民民主党のマトウシェク（Josef Matoušek）商務相の三名からなっていた。提案は前もって専門家の委員会で討議されており、閣僚は意見の対立する点についてのみ話し合った。[163] ラードなどいくつかの項目の関税率の合意に時間がかかったが、十二日ごろまでにはほぼ合意が成立し、関税率の変更は公布されたばかりの授権法で行われた。[164]

農業党の最高幹部会議では、マリペトル首相が非常に短期間に交渉がまとまったことを評価し、授権法が有効活用されたとした。[165] 内容的にも、農業の利益と輸出工業の利益のバランス、消費者の立場と農作物生産者の立場に配慮したものであり、共和国の経済利益の擁護に役立つとまとめた。

一方、社民党の『人民の権利』のクシーシュは、授権法自体の審議が短時間で行われたことを指摘し、同様に連合政党間交渉を行えば、関税率の変更についてもわざわざ授権法を作る必要はなかったと批判した。[166]

このように評価は立場によって異なっていたが、農作物関税の最終的な交渉は、三閣僚による話し合いだけで進められ、迅速な対応に授権法が役立ったことは確かであろう。

失業手当制度の再編

一方、困難であったのは、失業手当の再編問題である。既述のように、チェコスロヴァキアでは、失業者への所得保障は所属労働組合が担い、それを国家が補助する、ヘント・システムとよばれる失業者救済保険制度がとられていたが、国庫負担分が増大し、財政赤字を悪化させたために、四月ごろからなんらかの改革は不可避な情勢となっていた。国庫負担額は、四月には九千六百万コルナ、五月には一億一千三百万コルナに上っていた。[167]

政府では社会政策閣僚小委員会がこの問題を担当し、六月八日から話し合いを始めたが、政党間の対立が激しく、ひとまず先送りにすることが決められ、六月後半から再び閣僚間の話し合いが始められた。[168]

(a) ヘント・システム批判

この問題では、国庫からの失業手当給付負担額と、労働組合による失業手当給付というヘント・システムそのものに対する批判の二つの点が争点となった。ヘント・システムは、熟練労働者など資金の比較的豊富な社民党、国民社会党系の労働組合に加盟している労働者に有利なシステムであったため、他政党からは後者の点への批判も相次いだ。[169]

農業党の新聞はチェヒが人工的に失業者数を水増ししているという批判を展開し、ヘント・システムを攻撃した。[170] また、農業党の夕刊紙『夕べ』は、労働組合が国が支払った失業者のための基金をアジテイションや党の活動のために使っているという批判を行い、失業手当給付を労働組合に行わせないように望んでいた。[171] それに対し、社民党は、労働組合は国家の機関より安価に失業手当の運営を行っているとして、ヘント・システムを擁護した。

さらに、農業党は農業、林業労働者を季節労働者としてヘント・システムに基づく失業手当から排除することを求めていた。これに対して『人民の権利』では農業党の労働組合は、失業手当の点で組合員の要望に応えることができず、社会主義政党系の労働組合と比べ、近年、組合員を減少させていたため、農業労働者への失業手当そのものを廃止しようとしていると批判した。[172]

国民民主党系の『国民新聞』も、国庫へ負担をかけていること、労働者に労働組合加盟を強いる仕組みであることを取り上げ、ヘント・システムを批判した。さらに、失業者でない人も配給を受けているとして、食糧配給活動も批判し、ヘント・システムと食糧配給活動を変更し、均衡財政を目指すべきであると主張した。[173]

(b) 労働組合との交渉

これらの批判にたいして、社民党は、財政赤字の削減の必要性と、連合内の状況から、失業手当の切り下げはやむをえないと考え、条件で争う構えであった。[174]

しかし、労働組合からはこれまでの失業手当維持の強い要求がなされた。[175] 六月末には、農業党の新聞に失業手当は六〇〜八〇％減らすべきだという主張が掲載されたため、印刷工がストを行い、土曜日の夕刊と日曜日の新聞が、全国で全く発行されなかった。[176] 二十三日にはチェコスロヴァキア労働組合連合中央評議会（Ústřední rada Odborového sdružení československého）と被用者労働組合連盟（ústřední odborový svaz zaměstnaneckých）が、失業手当問題を政府が一方的に解決することに反対して協議するなど、労働組合の動きが目立った。[177]

共産党も、ブルジョワ政党のヘント・システム批判が高まると、今度はヘント・システム改正に反対して建設労働者にゼネストを呼びかけたが、失敗した。[178] 社民党の『人民の権利』は、それをアジテイションであると強く批判した。[179]

社民党は、労働組合との連帯を確認する一方で、失業手当再編の決着方法を探った。[180] 政府は、全社会主義政党、人民党系の労働組合の代表を招き、首相とドイツ社民党出身のチェヒ社会保障相が交渉を行い、労働組合共同センターに示すことなく政府案を決定することはないと約束し、組合側からも評価をされた。

労働組合は、待機期間の三ヶ月から六ヶ月への延長、失業手当の等級の簡略化、受給者への労働義務の導入には賛成したが、国家からの給付額、失業手当の必要性の審査の導入、季節労働者への失業手当の点で政府の案と対立していた。

予算を超過しないためには、労働国債によって十五万人の失業者に雇用を与えることを計算に入れても、なお、国家からの給付額の最高値を十八コルナから十二コルナに下げることで、失業手当の国家負担金を少なくとも二億五千万コルナ節減し、七億五千万の予算の枠内におさめる必要があるというのが、政府の案であったが、[181] それでは低すぎると組合側は主張していた。また、ヘント・システムでは一定の年月、組合費を払った組合員はみな失業手当を受ける権利があったが、政府案は失業者が手当を必要としているか審査することを考慮していた。季節労働者については、一年のある時期は失業手当への権利を持たないことにするという案には、組合は反対していた。

(c) 授権法に基づく改正

しかし、なかなか合意ができないでいる間に、議会は七月半ばに休暇入りし、その後ヘント・システム改正は、七月末にようやく実現した。[182] 七月二十九日午前の閣議で授権法に基づくヘント・システム改正の政令の検討が行われ、採択された。改正は九月十五日から効力を持つことになり、政令は、秋に議会の承認を受けることになった。労働組合が支払うという失業手当の支払い方法や、国家による負担金の仕組みはこれまで通り維持されることになった。しかし以下の点で変更がなされた。

最大の争点であった、失業手当の国家負担分は、失業者に労働組合が支払う手当の二倍(失業者が独身の場合)ないし、二・五倍(家計を維持している独身者)に減額され、妻帯者のみ三倍支払われることとなった。[183] 負担額はこれまで最高で一日十八コルナであったが、十二〜十五コルナに限定された。失業者に定期収入がある場合、二倍まで引き下げるほうが妥当かどうか審査されることになり、例えば自分の家や畑がある季節労働者など、失業前の三分の一の収入のあるものは二倍にまで引き下げられることになった。

また、給付のコントロールを厳しくすることが決められ、これまでは労働組合に前渡金として渡されてきたが、この方法はとられないことになり、新しい方法は、最高監督庁と相談のうえ別途政令で定めることになった。農業党が主張していた季節労働者の問題は別個に考慮されることになった。[184] このように、対立していた点に関しては、妥協や先送りによる解決が図られた。全体として、当初農業党が要求していた削減案からかなり緩和された結果となった。

この結果、失業手当の引き下げは、これまでの三〇%減となり、国庫にとって目標の最低額の二億五千万コルナの節約にしかならなかった。[185]『リドヴェー・ノヴィニ』は、九月からの実施のため、今年に関しては八千万から一億コルナ程度の節約にしかならず、七億五千万コルナの予算を超えるであろうと評価した。[186] 社民党系の『人民の権利』では、失業手当をこれ以上削ることは不可能であったため当然の結果であり、ブルジョワ政党がもっと削減できると主張したことが誤りであると報じたが、農業党の『田園』では、さらに削減できたはずであるのに、「社民党は自分の労働組合を擁護して、国庫の負担で選挙での支持者を増やしている」と非難した。[187]また、最終的な失業手当再編案に関しては、農業党のタブロイド的夕刊紙『夕べ』などは不満を示し、その代償に農業者への補助金の増額を要請した。[188]他方、組合労働者からは失業手当額が低すぎるという抗議もあった。[189]しかし、社民党の『人民の権利』は失業手当制度改正を総括して、失業手当水準維持のために、労働組合と社会保障相のチェヒができる限りの努力をしたことを評価した。[190]

失業手当制度の改正をめぐる対立は以上のように大きな政治的争点となり、授権法に基づく政令で改正が実施された。改正にいたるプロセスや改正の内容を見ると、話し合いの場が政府に集中し、効率的な解決が図られたといえるであろう。しかし、授権法によって一方的な解決がなされたわけではなく、連合政党間の妥協による合意が図られた。労働組合の代表も政府に招かれ、合意形成に加わっている点も重要である。

内容としては、失業者救済のためには、労働機会の拡大が大切であり、労働国債の利用、公共投資の拡大など、生産的失業者救済を目指すべきであるという点では、労働組合も社民党も一致していた。[191]労働国債こそスタートし、そこに期待が掛かるものの、デフレ政策の枠組みの中では、とりうる政策には限界があり、失業手当に対する緊縮をどの程度実施するかということに議論が終始してしまっていたといえよう。

その他の経済政策

ヘント・システム改正のほかにも、議会閉会後、多くの経済問題が内閣の小委員会での討議を経て授権法に基づき政令として発令された。[192]価格、関税、社会政策閣僚小委員会に加え、商工閣僚小委員会は繊維販売税と、小ビール醸造場のための基金について話し合った。また、投資閣僚小委員会は労働国債の使途を決めることになり、自治体の投資に七千三百万コルナ、道路建設基金の財政均衡に一億一千七百万コルナ、その他ティサ河の工事などを含め、計二億九千万コルナが新たに投資されることになった。この結果、これまでに労働国債から投資された額は十二億五千六百万コルナに上ることになった。

国民民主党の商務相マトウシェクを委員長とする農業閣僚小委員会では、農相ホジャが提出した農業生産と農業関係の信用拡大に関する農業党の要求が話し合われた。(193) 農業党の具体的な要求は、穀物シンジケートの改革、国内消費以上に収穫のある穀物、特にライ麦に関して価格を維持するための投資基金を設置すること、土地局の国内植民援助基金の設置などであった。最も対立したのはライ麦価格維持のための投資基金であり、他の政党がすべて緊縮財政の影響を受けているのに、農業党だけが自党にとって有利な政策を実施することへの批判の声が上がった。これには農作物関税の増収分を当てることとし、緊縮目的に合った財政負担の少ない形態の提案とすることで、合意が成立した。『リドヴェー・ノヴィニ』はヘント・システム改革で農業党が譲歩する代わりに、農業関連の優遇措置を通すという取引があったことを指摘している。(194)

また、財政閣僚小委員会が、議会の緊縮監督委員会と協働して、一九三四年の国家予算について協議した。(195) 議会の緊縮委員会は旧予算七党委員会のプログラムを実現する形で、チェコとドイツ人のメンバーによって全会一致で採択され、七月二十一日、マリペトル首相に提案を提出した。(196)

以上のように、授権法を作って、政府に決定の場を移しても、やはり関係政党間の協調が必要であるという構造は変わらず、政策間の抱き合わせも行われ、議会の委員会も協働していた。しかし、合意までの時間が短縮され、効率的になったことは確かであった。

八月四日金曜日に最後の閣議が行われ、経済政策、共和国の安全、政治的意思決定の手法の各面で多くの変化を見た一九三三年の政治はひとたび休止となり、閣僚はその後三週間の休暇に入った。

六　ドイツ二政党の活動停止

授権法を制定し、実効性を増した連合政権であるが、八月にはフリンカ・スロヴァキア人民党の自治要求の拡大を示す、ニトラ事件が生じ、スロヴァキアにおいて共和国の枠組みに対する不満が高まっていることが示されることになる。さらに連合政権は、「民主的共和国の防衛」の政策をさらに一歩進め、ドイツ系ナショナリスト二政党の禁止に踏み切った。

スロヴァキア問題（ニトラ事件）

まず、連合政権にとって、八月には思いがけない方向から困難な問題が生じた。スロヴァキアの自治要求の拡大である。スロヴァキアの町ニトラで、後にチェコスロヴァキアとなる地域ではじめてのキリスト教教会がニトラに作られたことを記念して、共和国の政府の代表も出席して千百年祭（Pribinovský oslav）が行われた（Felak 1994, 101–105；Kelly 1995, 97）。

しかし、スロヴァキア自治主義者たちは、この祝祭を政治的機会として利用し、支持者を動員して、マリペトル首相、ホジャ農相、デーレル教育相ら政府代表団の演説を妨害し、代わってフリンカ・スロヴァキア人民党党首のフリンカが演壇に立ち、スロヴァキア自治を要求した。

スロヴァキア自治主義者は、チェコの極右勢力とも場合によって積極的に協力していた。国民連盟、国民ファシスト共同体、国民民主党の急進主義者たちの代表と、フリンカ・スロヴァキア人民党、ラーズス（Martin Rázus）らスロヴァキア国民党の代表は、ニトラで会合し、政府に対抗する新しい右翼を形成した。この「スラヴ野党戦線のマニフェスト」は、現在の政府を国民を経済的貧困に導くものとして批判し、「スラヴ国民国家連邦」の形成とポーランドとの軍事連盟を要求していた（Pasák 1965, 128–129）。この事件は、スロヴァキア自治運動が急速に力を伸ばしていることを示す結果となった。

政党の活動停止、解散

(a) 二政党の活動停止、解散に関する法律

一九三三年秋には、マリペトル政権によって共和国の民主主義体制に関わるもう一つの重要な決定が行われた。最高裁で国民スポーツ団に対する判決が出たのを受けて、DNSAPとドイツ国民党の活動が政令によって停止され、さらに、政党活動停止解散法の制定によって、正式に解散させられたのである。

DNSAPはドイツのナチスの政権獲得に力を得て活動を活発化させた。一九三三年八月にも亡命中のドイツのユダヤ系哲学者テオドル・レッシング(Teodor Lessing)がDNSAPのメンバーに暗殺される事件が起こった(Malíř, Marek a kol. 2005, 872)。政府は、DNSAPに対し、政党解散を含めた処置の準備を進めた。

DNSAPの準武装組織である国民スポーツ団の裁判では、国民スポーツ団の指導者が国家に敵対的な活動で有罪とされたが、DNSAPの指導者であり、議員でもあるユングら五名も、連合内での議論の末、一九三三年二月に下院で免訴特権を剥奪され、裁判にかけられていた。[197]

十月二日に国民スポーツ団に対し最高裁の判決が下された。その中で最高裁は、国民スポーツ団とドイツ国民社会主義学生同盟はDNSAPに所属する団体であると認定した上で、両者はドイツのナチスと緊密な協力関係にあり、チェコスロヴァキア共和国の一部を分離し、大ドイツに加えることを目指し、チェコスロヴァキアの領土保全を脅かしているとした(Klepetář 1937, 344)。この結果、最高裁判所がDNSAPは国家に敵対的な政党であると認めたことになった。[198]

政府はこの判決を受け、即日閣議を開き、重大事のため各党党首も加えてDNSAPの解散について話し合いを始めた。その結果、十月四日に政府の政治閣僚委員会は内務省が二つのドイツ系野党、つまりDNSAPとド

イツ国民党の活動を停止することを決めた[199]。

行政命令により、十月四日をもって、DNSAPの活動はすべての地方組織の活動も含め、停止された。その根拠としては、同党の全ドイツ人の領域的統一を実現しようとする努力は、それ自体が暴力的であり、刑法、憲法百十三条の公共の平穏と秩序を害することが挙げられた。同様の理由でドイツ国民党の活動も停止された。

しかし、DNSAPは最高裁の判決後このような措置がとられることを予想して、九月二十八日臨時党大会を開催し、自ら解散を決定していた。DNSAPは二日の裁判結果を受けて、十月三日、ウースチー・ナド・ラベムの党大会で、自発的な解散を党員に知らせた[200]。ドイツ国民党もこれに続き自発的に解散した。このため、四日の政令はそれを後から確認する形となった。

政府は政党活動停止解散法を作成中であったが、制定途上の法案に沿った行動を前倒しでとることを閣議で全会一致で支持し、十月四日の行政命令は上述のように、刑法、憲法の公共の秩序に関する一般的条項に基づいて下された[201]。そのため、政府は政党活動停止解散法を早期に制定しなければならなかった[202]。

政党活動停止解散法は一九三三年十月二十日に下院、二十五日に上院を通過し成立した（Kárník 2002, 139–140）。この法律に関しては、第一に、この法律が民主的であるかどうかという点、第二に、解散させられた政党の議員は議席を失うが、この議席をどうするかという点をめぐって議論があった。

マリペトルは憲法法制委員会において、「政党活動停止解散」政府法案について説明し、国内、国際的状況が切迫しているため、やむをえずこれまでの「民主主義、憲法、国家全体の保護」法に加えて同法案を提出するとした[203]。また、「わが国の大部分のチェコ人だけでなく、ドイツ人も民主主義的信条を支持しており、これらの人々は、民主主義を民主主義を転覆するために悪用する人々からの擁護を長らく求めていました。共和国の民主主義的形態を支持する者は恐れる必要はありません。本法案は、民主主義を脅かすものではなく、国家の民主的体制が人々に悪用されないようにするものなのであります。国家転覆思想をプロパガンダするものたちは責任をとるべきです。

このような民主的自由の悪用に対し、政府は徹底的な一撃を加えたいと考えています。」と述べて、ドイツ人を対象とするものではなく、また、民主主義を守るための法律であることを強調した。さらに、法が乱用されないよう、市民はこの法に基づく政府の措置に関して最高裁に訴えられるよう定めたこと、この法律に対して野党を抑圧するものだという批判もあるが、自分は野党なき民主主義はすでに民主主義ではないと考えていると述べた。

この法律には、社会主義政党も賛成したが、社民党にとって、この法律と民主主義の関係は重要であった。同党は十月二十六日から二十九日に行われた第十七回大会で、大議論の末「ドイツの経験の後、我々は民主主義を積極的に守る必要性を強調しなければならないと考える。……社民党はイレデンティズム（失地回復主義）、左右からの独裁、特に何色でもどのようなマスクをかぶっていようともファシスト的革命に対し、厳しい姿勢で臨む。[204]」と述べ、民主主義を積極的に擁護する必要性を再確認し、そのための手段として位置づけた。

第二の争点であった、解散政党の議席については、議席が減少すると議会における過半数の規模も縮小し、それに対応して、現在の与党連合から左翼政党が追い出されるのではないかという危惧が、社民党、国民社会党の側から示されていた。

この問題については、マリペトル首相が、憲法法制委員会で発言し、失われた議席を補欠選挙をして埋めないのは憲法違反であるという批判に対し、下院三百名、上院百五十名というのは最大の議席数であり、それより少なくてもかまわない、また、比例代表制の下にあっては、新たに選挙をしない限り、補欠選挙は不可能であると述べ、議席数の増減があるという心配は無用であるとし、解散政党の議席はそのままにすることになった。[205]

十月四日に当局によって活動を停止されたＤＮＳＡＰは法律制定によって、正式に解散されることになっていた。正式な法的解散は十一月十一日に実施され、同時にドイツ国民党の活動も停止され、二十五日には両党の議員は議席を喪失した。ユングは留置所から連れ出され、最後の発言を行い、ＤＮＳＡＰは国家に敵対的ではなく、チェコとドイツの問題のポジティブな解決を目指しているだけだと述べた（Kárník 2002, 140）。

（b）政党解散の意義

これまでのチェコスロヴァキアは、政党活動に関しては自由であり、例えば周辺諸国では禁止されることも多かった共産党も、チェコスロヴァキアでは一〇%前後の得票を得て活躍していた。一九三三年六月の小新聞法によって、各党の雑誌や新聞は制限を受け、検閲も強化されたが、今回の措置は政党活動自体を停止し、さらには解散にまで踏み込んだ点で、議会制民主主義体制の性質にとって、重要な意味を持った[206]。歴史学者レンベルクも指摘するように、一九三三年に共和国の民主制の質の変化が徐々に生じたということができるであろう（Lemberg 1998 ; 1990)。

ニトラ事件に見られるスロヴァキアの自治勢力の拡大やナチス・ドイツの動きもチェコスロヴァキア連合政権の判断に影響を与えた。さらに一九三三年十月十四日ドイツはジュネーヴ軍縮会議を退席し、同時に国際連盟を脱退するにいたった。これによって、ナチス・ドイツのヴェルサイユ条約体制否定の姿勢は明白になった。

民主体制の性質の変化に加え、二政党の解散は、チェコスロヴァキアの政党システムに変化をもたらす重要な契機となった。二政党解散後、その支持者を吸収しながら新しい政治運動であるズデーテン郷土戦線が登場したことで、政党システムは従来のように機能できなくなる。この点については、第七章2節以降で詳しく検討することにする。

七　シュヴェフラの死

一九三三年十二月十二日、農業党の党首シュヴェフラが死亡した。一九二〇年代の連合政治を率いたシュヴェフラは、病のため既に一九二八年には政治の表舞台を退いていたが、彼の死は一つの時代の区切りを象徴していた。二〇年代の連合政治はチェコの主要五政党の有力政治家による非公式な決定機関であるピェトカ、その後の社会主義政党を除きドイツ系政党を加えたブルジョワ連合の八党委員会に現れているように、有力政治家による政党間の取引で政策決定がなされていた。政策合意は各政党の要求の抱き合わせによって行われており、何らかの原則に沿ったものではなかった。シュヴェフラは合意形成の調整者として重要な役割を果たしてきた。

拡大連合のウドゥルジャル政権以降、第四章で見たように、チェコスロヴァキアの政治決定は、議会や政府内に設けられた連合政党間交渉の場へと移され、有力政治家の個人的能力に依存しない制度化が図られた。一九三二年末に形成されたマリペトル政権は、緊縮予算という政策方針が先に決められた上で連合政権が作られた初めてのケースとなり、政策面での原則的協調が目指され、その点でもピェトカ方式からの変化を見せた。しかし、本章でこれまで見てきたように、緊縮予算のもとで各経済社会利益集団の恐慌下の要求を調和させることは困難を極め、ついには経済問題に関して政府の政令に法的効力を与える授権法が導入された。

シュヴェフラの連合政治は、機能する多数派の形成を目的としており、一九二六年にドイツ人ブルジョワ政党を加え、社会主義諸政党を除いたブルジョワ連合を受け入れたところにその特徴が現れている。それに対し、マリペトル首相は授権法導入に際し、チェコスロヴァキアのようにネイション別に、社会経済利益ごとに組織化された国では、可能な限り多くの集団が政府に代表され、合意形成に加わることが望ましいと述べている。そして多くの集団の代表されている場、政府に大きな権限を与える授権法の正統性もそこから導かれている。ここには、シュヴェフラの追求した政党間妥協の政治をさらに発展させた、多極共存型ないし、プロポルツ・デモクラシーの成熟が見られる。

シュヴェフラが建国期の模索の中から作り上げた政治の形は、制度化によってシュヴェフラのような強い個性の存在なしにも作動できるようになっていた。シュヴェフラの死は政治に影響をもたらすことはなく、シュヴェフラはただ共和国の一人の功労者として農業党員、大統領マサリク、各政党の代表者に送られて厳粛に退場していった。

シュヴェフラの政治からのもうひとつの変化は、上述の通り政策面での原則的協調を目指すことであった。緊縮予算は、その指針であったが、妥協を困難にする足かせでもあった。一九三四年はこの問題への打開策を模索しつつ幕を開けることになる。

第六章　「赤緑連合」への転換

——一九三四年

マリペトル政権は授権法によって、世界恐慌による経済的苦境を打開するために経済政策決定を迅速化する手段を手にした。しかし、依然として連合諸政党間の合意形成という課題はのこっていた。財政均衡を最優先とする緊縮予算の制約のなか、各政党の社会経済利益は対立していた。中でも社民党は失業手当と鉄道による財政赤字膨張問題で政府内で強い批判を受け、連合に残ることを最優先し、財政赤字の削減のために失業手当の削減など労働者にとって不利な政策を受け入れざるをえなかった。

この状況を大きく変化させたのが、一九三四年初頭の通貨切り下げを契機とする経済政策の転換と政権連合からの国民民主党の離脱である。この結果、農業党と社民党を中心とする「赤緑連合」政権が成立し、両党の関係にも変化が生じた。チェコスロヴァキアにおいて経済政策の転換の中心は経済の国家管理の本格的な導入にあった。そのため経済政策の転換は、経済の国家管理の担い手をめぐる議論を引き起こすことになる。これは授権法の議論の際にもその萌芽が見られた、政党政治や議会政治への懐疑、新しい民主主義の仕組みを求める主張にもつながり、下野した国民民主党はその一つの流れを推し進める立場となって、連合政権と対立する。一方の農業党と社民党はこれらの議論を受けつつ、経済の国家管理を政党を中心に進める形態を積極的に追求していくことになる。

本章では、まず第1節においてこの転換のきっかけとなった通貨切り下げを契機とする経済政策の転換と、国民民主党の連合からの離脱を検討する。次に第2節で新しい民主主義をめぐる議論について分析し、最後に第3節において、「赤緑連合」の経済国家管理政策を検討する。

第1節　二つの転換――経済政策と連合政治

一　経済政策の転換

経済の国家管理を目指す考えの広まり

マリペトル政権は、労働国債やカルテル法の導入に現れているように国家の経済介入に当初から積極的であった。さらに、授権法によって政権は経済政策を迅速に行う手段を手に入れた。しかし、緊縮予算の制約の中、政府の実現しうる経済措置は限られており、他国で経済回復の兆しが見えてきた一九三三年においても、チェコスロヴァキアの経済は立ち直りの気配を見せていなかった。そのため、一九三三年の秋には、経済再生のために国家のより積極的な措置が必要であるとする考えが徐々に広まっていった。政府内でも計画経済への方向性について議論されていることが、ベネシュ外相の発言を通じて明らかにされた(1)。

(a)　社民党

もっとも明白な形でそれを提示したのは社民党の『経済再生プログラム（Program hospodářského oživení）』であり、一九三三年秋にネチャス（Jaromír Nečas）を中心に社民党の経済委員会によって作成され、同年行われた第十七回党大会の決議の一部として採択された(2)。

この『経済再生プログラム』で社民党は、国家は住民の多数派の意思の執行者として、恐慌に対応する措置の中心的担い手となるべきだとし、恐慌に対する最上の対策として国家の経済への計画的介入を推奨した(3)。社民党に近い経済理論家ヴェルナーチ（Václav Verunáč）は、さらに踏み込んで計画経済案の提唱もおこなった(4)。

第二の対策として、社民党は国家の公共投資を要求した。これは弱体化した私的投資活動に代わり国家が大規模に投資を行い、失業者を減らし、経済の再生を図るというものであった。具体的には水道や発電所、運河など長期的な意味を持つ投資を推奨した。しかし、社民党は通貨の切り下げやその他インフレを引き起こす可能性のある手法をとることにはかたくなに反対していた[5]。ネチャスも一九三四年予算案を緊縮の結果、均衡予算とすることができたことを評価し、インフレ予防が経済再建の基礎であるとした[6]。

(b) 農業党

「管理経済」「計画経済」という言葉は農業党にも浸透していた。十一月二十二、二十三日に開催された執行部委員会で農業党は自由主義に反対し、管理され組織された経済を支持する考えを示した[7]。農業党の経済の国家管理への傾斜は、一九三三年十二月に農業党と密接な関係にある研究広報機関、チェコスロヴァキア農業アカデミーが発表した農業生産改良計画に現れている[8]。アカデミーによるこの計画の採択には、農業相ホジャを始め、諸官僚も出席しており、この計画には公的な性格もうかがえた。ホジャ農相は開会の辞において「農業恐慌は経済恐慌であるだけでなく、自由主義時代の終わりである」と述べ、農業生産における計画経済への努力を示した。具体的には穀物専売制の導入による穀物価格の安定化が提言された。

デフレ政策へのこだわりを見せる社民党に対し、農業党内にはデフレ政策をやめるべきであるという意見が有力となり、マリペトル首相は一九三三年秋に成立した一九三四年度予算案に関して、これが「最後のデフレ予算」であるとし、経済の回復のために積極的な介入を行う意思を表明した[9]。しかし、具体的な反デフレ政策の案は出せずにいた。

通貨切り下げ

(a) エングリシュの通貨切り下げ案

転換のきっかけは政党からではなく、金融専門家エングリシュからもたらされた。元蔵相のエングリシュが一九三三年末に通貨の切り下げを提唱したのである。

チェコスロヴァキアは、一九三一年以降の国際的な金融危機と通貨危機の連鎖のなかでもこれまでコルナの平価維持とデフレ政策を堅持してきた。一九三一年五月のオーストリアの銀行クレディト・アンシュタルトの破綻をきっかけに、金融危機はドイツをはじめ、チェコスロヴァキアを含む中欧全体に広がり、イギリスのポンドに飛び火した。イギリスは一九三一年九月に金本位制を離脱し為替相場を三〇％切り下げ、これに追従して英連邦諸国、スカンジナヴィア、南米諸国が金本位制を放棄し、為替相場を切り下げた（キンドルバーガー 1982, 141）。

チェコスロヴァキアは一九二九年に金本位制にようやく復帰したばかりであり、国民銀行は一九三一年夏、割引率を引き上げ、外貨準備を費やして介入を行いコルナを買い支えようとしたが、外国からの投資の引き上げをとめることはできず、十月には外国為替統制を再び導入した（Olšovský 1961, 394）。自由な金交換を停止したことで、完全な金本位制ではなくなったが、金本位制離脱国と異なり、チェコスロヴァキア・コルナはこれまでの金平価を維持し、フランスからの六億フランの借款などの支援を受けつつ、金ブロック諸国と歩調を合わせていた。[10]

金本位制離脱諸国の為替相場切り下げ率は、一九二九年の金平価と比較した場合約三〇～四〇％に及び、その結果これらの国では需要を外国商品から国内商品へとシフトさせると同時に、国際市場での競争力を強化させ、国内産業を刺激する効果が生じた。[11] その影響で、チェコスロヴァキアをはじめ金平価を維持する諸国では、国際収支悪化、国内産業の生産の減少が生じた。チェコスロヴァキアでは国内市場の価格は金に換算した場合世界市場での価格より約二〇％高くなり、輸入を促進する一方でチェコスロヴァキアの輸出品は為替相場を切り下げた諸国の輸出品と競争することができなかった。関税引き上げによる貿易障壁によって国内市場の保護が図られたが、輸出促進のための措置はとられず、一九三三年の輸出額は、一九二九年の二八・九％にまで縮小した（Průcha a kolektiv 2004, 352）。そのための大きな打撃をうけたのは生産量の八〇％を輸出していたガラス工業や陶器工業であり、それぞれ一九三三年には一九二九年の四八・六％、四一・四％にまで生産が縮小した（Dobrý 1959, 109-110）。それに対し、精糖業、ビール醸造業、製粉業、蒸留業などの食品工業の生産縮小は八八・四%にとどまった。

このような困難な状況にもかかわらず、チェコスロヴァキア政府は前述のとおり、伝統的なデフレ政策を堅持していた。通貨の安定を至上命題とする政策から、国家紙幣の流通量を引き締める金融政策がとられ、財政においても赤字財政をさける緊縮財政策が要請され、国家の金融、経済、社会政策が制約を受けていた。これまで見てきたように、チェコスロヴァキアの連合諸政党は、その背景とする社会経済利益の多様さにもかかわらず、デフレ政策支持の点では一致していた。金平価維持、緊縮財政の大枠の内で、農作物の輸入関税率や失業手当の国庫負担金をめぐり、農業党と社会主義政党が対立していたのである。

しかし、一九三三年後半には、この前提を見直す動きが出始めていた。最初に提案されたのは、金融政策の転換であった。一九三三年七月末から八月初頭にかけて、金融関係者が通貨市場と国家紙幣の流通量の統制を緩めることを交渉した。エングリシュは手形再割引機構（Rediskontní ústav、後のReeskontní ústav）を提案し、銀行の救済だけでなく、凍結した信用全般の流動化や国債の保証を行い、さらに、国家財政の赤字二十億コルナを手当てさせようとした（Lacina 1984, 172）。しかし、商工銀行（Živnostenská banka）を中心に銀行の厳しい反対に遭い、実現しなかった。銀行がこの機構に預金の一〇%を強制的に集められることを嫌ったためであった。このため、資本市場における決定的な介入は延期された。

そのため、政府内の議論は通貨と輸出の拡大問題に集中した。一九三三年春にはアメリカのルーズヴェルト大統領も金輸出を禁止し、ドルの金平価を五〇%まで引き下げる全権を与えるよう提案し、その結果ドルは七月までにポンドに対し三〇~四〇%その価値を下げた（テミン 1994, 128）。一九三三年七月の世界経済会議も国際金本位制の再建に失敗した。このような国際経済の状況の変化を受けて、一九三三年夏にはチェコスロヴァキア政府内でも議論が行われたが、国立銀行とマリペトル内閣全体が固定通貨を支持した。それにはフランスのフランが金本位制と固定金平価を維持していたことが影響していた（Lacina 1984, 172）。一九三三年秋には再び政府内で経済再生の方策と輸出の拡大についての話し合いが行われたが、結論は出なかった。

その状況下に、エングリシュが十一月十四日から『人民新聞』に掲載した一連の論文のなかで、デフレ政策の放棄、リフレ、通貨切り下げと金融緩和への政策転換を提唱したことは大きな衝撃を与えた。[12] エングリシュはこれまでデフレ政策を採るのであれば、それを徹底すべきだという主張を繰り返していた。その彼が、政府の一九三四年度予算を「最後のデフレ予算」にするとの意思表示を政治の転換の合図と受け止め、具体的なデフレ政策からの脱却案を提示したため、影響力は大きかった。

エングリシュは輸出の落ち込みを最大の問題とみなし、その原因はコルナの高価維持にあるとし、輸出を再生するために輸出補助金と輸入超過課金に加え、コルナの平価切り下げという考えを公にした（Lacina 1984, 172-173）。

(b) エングリシュ案への各政党の反応

エングリシュ案に対して、最も強く反対したのは商工銀行であった。商工銀行は国民銀行にも影響力を持つチェコスロヴァキア最大の金融勢力であり（Lacina 1984, 156）、国民民主党の中核勢力でもあった。

商工銀行は恐慌の初期には経済自由主義を掲げて経済への国家介入に消極的であり、金利や関税への介入にも反対していた。商工銀行とそのコンツェルンは強力であり、恐慌で競争相手がダメージを受けることによって強化される側面もあったからである。しかし、恐慌が進むと、商工銀行も自由主義的な立場を放棄し、恐慌対策の必要性を強調した。しかし、国家の直接的な措置は推奨せず、国家の統制と協力に基づき、利益団体が実践することを求めた。商工銀行頭取のプライスは、「工業家は工場とその指導に関して自由な決定権を維持する必要がある」と、一九三二年のチェコスロヴァキア工業家中央連盟の本会議で述べている（Lacina 1984, 156-157）。プライスらの考える国家介入とは、企業家たちの構成する独占体に国家が保証を与えるもので、国家の直接統制ではなかった（Lacina 1984, 157）。

このように、経済への国家介入は容認しても、商工銀行は通貨の維持については決して譲らない姿勢を示していた。一九三二年マリペトル政権成立の際の緊縮予算を最も強く要求したのはプライスであり、コルナの価値を維持することを目指し、国家の歳出を三〇%ほど削減することを要求した（Lacina 1984, 158）。

プライスは緊縮政策の堅持を訴え、コルナを切り下げても歳入は増加しないと主張した（Klímek 1998, 362）。大統領マサリクも経済問題に関してはプライスの意見を尊重しており、切り下げ反対の立場をとっていた。プライスは工業家中央連盟の名前で自ら対抗策を発表し、売上税の払い戻しによって輸出を支援する輸出補助金を提唱した（Lacina 1984, 173）。プライスの対抗策を支援するために商工銀行は他の三つの大銀行と共に政府に五億コルナの借款を申し出た。国民民主党の機関紙『国民新聞』も反対の論陣を張った。

一方、輸出企業が世界市場で競争力を持つためには、コルナの評価が低い必要があり、イギリスのポンド切り下げ以来、商工銀行の立場は輸出企業の利益とは対立するようになった。商工銀行はそのコンツェルンを通じて工業界にも強い力を持ち、チェコスロヴァキア工業家中央連盟の指導部は商工銀行に握られていたため、これまで輸出工業は十分自己利益を追求できなかった。(13) 工業家や工業の労働組合、ドイツ系の工業家のエングリシュ支持の声は、工業家中央連盟に無視されていた。しかし輸出工業は、エングリシュという代弁者を得て、コルナ切り下げ支持に明らかに傾いた（Lacina 1984, 158）。シュコダ工場（Škodový závod）の総支配人のレーヴェンシュタイン（Karel Loevenstein）に率いられた工業金融グループは、輸出促進を期待してコルナ切り下げを要求し、商工銀行と対立した（Klímek 1998, 363）。

社民党もエングリシュ案には反対の立場をとっていた。その理由としては、金の過小評価が恐慌の原因ではなく、コルナの切り下げは恐慌解決策にならないこと、インフレを招く恐れがあること、また、実質的に関税を上げることになり、外国からダンピングと判断され、報復を受ける可能性があることを挙げていた。(14) 社民党は、デフレ政策に限界があるとしても、その限度までやってみるべきであると主張し、デフレ政策を続けながら、国家の介入と公共投資による恐慌脱出策を試みるべきだとした。

一方、農業党内では二通りの見解が対立していた。党の中心的な理論家ブルドリークは、工業生産品と農作物の価格の格差を是正することが、農民の収益性を回復させ、不況からの脱却の道を開くとし、そのためには、強い通貨を維持し、工業製品、給与、賃金、国家支出、社会保障給付を引き下げる必要があると主張していた（Lacina 1984, 154-155）。また農業銀行（Agrární banka）など農業系の金融業は農民に対する最大の債務者の立場から、一九三三年までインフレを支持せず、通貨の安定を支持し続けた。

しかし、一方で、機関紙『田園』の編集長ヴラニーを中心に、いわゆる「リフレーション」を要求する声も次第に強くなっていった。ヴラニーらは金本位制を廃止し、通貨価値の下落とインフレを求め、国家は農作物価格が上昇するように介入すべきであると主張し、目標価格水準として小麦が一キロあたり百八十から百九十コルナという高価格を挙げた。[15]

（c）コルナ切り下げ

政府の主要政党の判断が割れるなか、蔵相トラプルは一月中旬エングリシュ案を若干の修正の後、政府に提案した。トラプルは金融、財政の専門家として蔵相の立場にあり、その立場からエングリシュ案を受け入れたと考えられる。[16]

一九三四年一月初頭の段階でも、商工銀行と国民民主党は事態を自分たちが押さえており、通貨政策の転換には至らないと考えていた。プライスは手紙の中で、次のように述べ、エングリシュ案は政府を通過することはないだろうと述べていた。[17]「［国民民主党の］ホダーチ博士[18]は農業党の政治家とこの問題について話し、私に［政府通過はないと］請け合った。農業党政治家たちは、この問題は関係ないし、工業家の望み通りにするつもりだ、なぜなら工業家との足並みを揃えることのほうがこのような実験より大事だから、と語った。また農業党の政治家たち自身、実験を恐れている。」

しかし、農業党内ではインフレ支持派がエングリシュ案支持に回り、これまでのデフレ政策への攻撃が始まっていた。党書記長のベラン自身が一月七日に『田園』に投稿し、通貨の高い評価が経済の困難の原因になっていると述べた。[19]

マリペトル首相はこのような党内の動きを受けて、トラプル蔵相の提案を入れ、経済諸利益団体や専門家と協議をする一方で、経済閣僚委員会、政治閣僚委員会で、エングリシュ案の検討を始めた。[20]その過程で一月十九日ごろには首相はエングリシュ案の実現に傾いた。

しかし、国民民主党は反対を続けた。[21]国民民主党の機関紙『国民新聞』はエングリシュ案をインフレの試みとして非難した。一月十九日になってもプライスはベネシュに対し、コルナの平価切り下げに反対した改革案を提示していた。

政府内での議論を決したのは、一月末に、これまで反対してきた社民党がコルナ切り下げ賛成に回ったことであった。社民党は当初エングリシュ案に激しく反対していたが、批判的に考慮するという態度に変化し、一月末には、金平価切り下げは国際的な趨勢のためやむをえないとの立場をとるようになった。[22]

二月上旬の一週間、政府で連合政党間の交渉が続いたが、結局、国民民主党の意思に反してもコルナを切り下げることが決定された。[23]一九三四年二月十日、マリペトル首相は政府の通貨計画についてラジオ放送で国民に説明した。[24]政府の政策の説明にラジオ放送を利用するのはチェコスロヴァキアでは初めての試みであった。マリペトルはインフレの懸念を抱く国民に対し、通貨の改革は決してインフレを招く措置ではなく、国内の経済生活に混乱を及ぼすものではないと説明した。社民党が賛成に回った後は、社民党の機関紙『人民の権利』も金平価切り下げはインフレを招くわけではないと解説を繰り返した。

政府決定後も国民民主党は再割引機構の提案には賛成したが、金平価切り下げには頑強に反対した。特に党首クラマーシュは断固として拒否を貫き、その影響が大きかった。二月十二日には国民民主党は首相に金平価切り下げを否定し、輸出補助金案を代わりに提示した覚書を手渡し、国民民主党閣領の辞任が避けられないものとなった。

二月十四日には国民民主党を除いた新しい内閣が組織された。二月十五日には施政方針演説が行われ、マリペトルは今までの政府のプログラムを継続することを宣言したが、唯一の変更点であり演説の中心となったのはコルナの平価切り下げであった。その中でマリペトル首相は引き下げによる物価上昇はないと強調し、投機的な価格引き上げは政府が取り締まると述べた。

一九三四年二月十七日、チェコスロヴァキア・コルナの金平価切り下げに関する法律が採択された。コルナの金含有量は四四・五六ミリグラムから六分の一引き下げられ三七・一五ミリグラムになった（Lacina 1984, 174）。この引き下げ量は輸出産業が期待したほど大きなものではなかったが、重要な方向転換であることは確かであった（Klimek 1998, 364）。これによって、紙幣の流通量を増加し、国家の財政を一定程度安定させることができ、借款も軽減された。輸出の条件の改善に関しては、期待されたほどではなかった。しかし、当時の国際的な通貨状況から見て、必要とされた措置であった。

三月十四日にはチェコスロヴァキア手形再割引・動産抵当貸付機構（Československý reeskontní a lombardní ústav）が設置され、金融機構に信用を提供し、国債市場を統制し、国家の金融政策に参加することになった。必要な資金は各金融機関から決まった割合で拠出させた（Lacina 1984, 174）。

平価切り下げに反対していた国民銀行の総裁ポスピーシルは引退し、コルナ切り下げを主張してきた元蔵相のエングリシュに交代した。(25)

通貨切り下げに賛成していた雑誌『現在』では、心配された価格の上昇はなく、外国からの報復措置もなかった一方で、輸出などに改善が見られたとし、通貨切り下げの成果を高く評価した。(26) 但し『現在』の中でヴィシュコフスキが「チェコスロヴァキアはアメリカではなく、エングリシュはルーズベルトではない。我が国ではインフレは避け、リフレもしない。」と述べているように、通貨切り下げ政策はリフレ政策とは一線を画すものとみなされていた。

経済政策上の転換の意義

金平価切り下げを中心とする政策転換は、経済政策上どのような意義を持っていたといえるだろうか。金平価切り下げと手形再割引機構の設置は共に国家の通貨、金融体制への重要な介入を意味していた。これらの措置による金融緩和によって、チェコスロヴァキアは古典的な経済の正統主義とは決別する。

経済面ではケインズ主義赤字財政による公共投資に踏み込んだわけではない。しかし、緊縮財政の足かせがなくなり、既に見られていた経済の国家管理の方向性が進められた点が重要である。

一九三〇年代の世界恐慌時の経済政策上の革新については比較研究上の蓄積がある。ガーヴィッチは、経済政策のスキームの革新、ことに需要刺激スキームへの革新と、それを可能にする社会連合の組み合わせに焦点を置いている (Gourevitch 1986)。彼は一九三〇年代当時、市場の問題は市場で解決すべきだとし、デフレ政策を推奨する古典主義者と、公有化と計画を要求するマルクス主義者の二つの正統主義的な対立しあう立場があったが、両者を混合することでこの対立を乗り越える政策革新スキームが二つ登場したとする (Gourevitch 1986, 25 & 127)。一つはイギリスの道、つまり保護主義と重商主義を混合した新正統主義であり、もう一つはスウェーデン、ドイツ、アメリカでとられた赤字財政による公共投資で需要を増やす需要刺激策であった。ガーヴィッチは、前者は知的にも政策的にも議論の余地があり、後者こそこれまでの正統主義と明らかに断絶する新しいスキームであるとしている。この評価に見られるように、経済政策革新の立場からは、ケインズ主義的な需要刺激策こそ、実際に景気の回復をもたらしただけでなく、ゲームのルールを変え、賃金と利潤は共に引き上げることができるとした、戦後につながる三〇年代の革新として評価されてきた。一方、テミンのように、政策革新として、社会主義的政策、生産と販売のコントロール、管理経済の要素の導入に注目する見方も存在する (テミン 1994)。

チェコスロヴァキアで取られた経済政策の革新は、需要刺激スキーム、ケインズ主義を準備するものとは言えず、ガーヴィッチの枠組みでいえば、新正統主義の枠組みに、テミンの指摘する国家による経済管理の要素を強く加えたものである。ガーヴィッチは新正統主義について、通貨の切り下げにより歳出を削減する必要がなくなった結果のデフレ緩和、国内産業を輸入から保護する保護主義、生産物を分配し、価格を統制し、補助金を提供する市場の統制（政府が後押しをする公的な合意による場合と私的な合意による非公式のものの双方）の三点の特徴を挙げている。

おそらく需要刺激策では公共投資によって政治的にコントロールされる経済領域を生み出すものの、他の領域は市場経済のメカニズムによる景気変動に委ねられている。これに対し、チェコスロヴァキアで取られた新正統主義では、経済規模の膨張によってパイを大きくすることを前提とせず、国家による経済の管理、計画によって既存のパイを適切に配分し、市場の失敗による経済的打撃から市民を守ることを目指していた。

ここから、さらに二つのことを検討する必要があろう。

第一は、新正統主義による革新の持つ政治的意義である。景気の回復、経済政策上の革新の意義としては、ケインズ主義のほうが注目されてきたが、本書では一九三〇年代の危機において、民主主義を支える政治連合が形成しうるかどうかに焦点を置いている。この観点からは、新正統主義への政策転換も評価することができよう。ガーヴィッチも保護主義重商主義混合モデルを、スキームの革新としては評価していないが、ビジネスと農業と労働者のすべての生産者をまとめる役割を果たしたとしている。

第二に、市場に任せず、国家が介入するとすれば、どのようにそれを行うのかが当然議論されるようになる。経済の国家管理の必要性についてはチェコスロヴァキアに反対者は少なかった。しかし、財の分配の方法、主体については次節で検討するように多様な考えが存在した。一九三四年春にはこの問題についての議論が巻き起こることになる。その前にコルナ切り下げの連合政治上の帰結を見ておきたい。

た。

二　連合政治の転換――「赤緑連合」の成立

国民民主党の政権離脱

金平価切り下げをきっかけに、経済政策上の転換に加えて、連合政治上の転換が生じたことも重要な意味を持った。

前述のように、国民民主党は同党の反対に逆らって金平価切り下げが実施されるとは考えていなかった。国民民主党は授権法のときにも通貨問題を授権法の対象としないことを条件にしており、この問題についての否定的態度は明らかであった。国民民主党は、農業党には国民民主党との関係を悪化させてまで政策転換する意思はないと考えていた[27]。一方、エングリシュ案支持派の側は、国民民主党が拡大連合維持を優先し、最終的には折れて案を支持すると考えていた。例えば『リドヴェー・ノヴィニ』の編集長ペロウトカは、恐慌という危機を乗り越えるためにも主要政党間の協力が必要であるとし、国民民主党に矛先を収めるようにと呼びかけていた[28]。両者ともこの問題が国民民主党の離脱を引き起こすことは予期していなかった。しかし、二月初頭の最終的な連合の話し合いの中で、離脱の流れが決定的となっていった[29]。

国民民主党は、二月十日の首相のラジオ放送を受けて、党幹部会を開き、もし内閣が通貨切り下げを実行するのであれば政権を離脱すると決定した（Klepetář 1937, 349）。十二日、国民民主党はこの意思を伝える覚書を首相に手渡し、十三日にマリペトル首相は国民民主党のマトウシェク商務相、ホダーチ議員、書記長のホラーク（František Horák）を呼び、妥協を探るが成功せず、国民民主党は正式に連合からの離脱を宣言し、マトウシェク商務相を政府から引き上げた[30]。

マリペトルは国民民主党の連合離脱を受け、迅速に他政党と接触し、二月十四日には第二次マリペトル内閣が任命された（Klepetář 1937, 350）。内閣のメンバーにはほとんど変更はなく、新しいメンバーは二名で、シュヴェフラの娘婿である農業党のヨゼフ・チェルニーが官僚出身のヤン・チェルニーと交代して内相に、法律家で大学教授のクルツマール（Jan Krčmár）が教育相になった。[31] その他の変更はポストの交換が中心であった。社民党のデーレルはマイスナー司法相と交代し、マイスナーはチェヒに代わり社会保障相に、チェヒは公共事業相にまわった。人民党のドスターレクは国民民主党の離脱で空いた商務相のポストについた。農業党はもっとも多い四つの閣僚ポストを占めた。国民民主党の連合離脱によって、拡大連合は下院議員を十四名失ったが、そもそも過大規模連合であったため、なお百七十九議席を擁した。さらに、ドイツ二政党の解散のため、議席総数が減っていたため、議決のうえで支障はなかった（Klimek 1998, 364）。

こうして、国民民主党は建国当初の「赤緑連合」期以来久しぶりに政権連合を離れ、下野することになった。国民民主党は、通貨問題についての対抗姿勢をくずさず、党首クラマーシュはこの通貨政策によって、何百もの我が国の勤労者が国家への信頼を失うであろうと述べ、政府を離れた。[32]

連合政治上の転換

国民民主党の連合離脱は諸政党間の関係をどのように変化させたのであろうか。

国民民主党の政権離脱はデフレ政策への拘泥と、政府が商工銀行に反対する政策に出たことへの反発がきっかけであったが、国民民主党は、農業党が国民民主党を捨て、社民党との連合を選んだと受け取り、新しい政権を、一九一九年から一九二〇年当時の「赤緑連合（rudo-zelená koalice）」の再来であるとし、党派利益のために国民の連帯をないがしろにしていると繰り返し批判し始めた。[33] 連合には、一九二〇年時とは異なり、人民党も残っており、農業政党と労働者政党だけの連合ではなかった。しかし、国民民主党は、第二次マリペトル政権を「スタヴ（職能身分）と階級（třída）の二政党」の「独裁」と位置づけた。[34] 職能身分の党とは農業党のことであり、階級の党とは社民党を指し、時には「四政党の独裁」との表現で農業者同盟とドイツ社民党を含めることもあった。この場合は人民党だけでなく階級宥和的な国民社会党が連合に参加していることもあえて無視した批判であった。国民民主党はさらに進んで、次節に見るようにこのころ議論されるようになった政治体制改革構想にも関心を示し、農業党や社民党が現在の政治体制を支持しているのを批判するようになる。[35]

では、農業党や社民党から見て、連合の変化はどのように評価されるであろうか。

国民民主党の政権連合におけるプレゼンスはそもそもそれほど大きかったわけではない。閣僚ポストも農業党や社民党の三ポストに対し、一つしか握っていなかった。しかし、国民民主党が政権連合を離れたことで、連合の重点が変化したことは重要である。

拡大連合においては、農業党、人民党、国民民主党の右翼中道政党と、社民党、国民社会党の左翼中道政党の間の対立が強調されてきた。特に農業党は社民党とは経済利益上対立しており、国民民主党や人民党と結んで、社民党を閣外に追い出す考えをちらつかせることもしばしばであった。

通貨をめぐる対立で、農業党が国民民主党を切り捨てたことで、農業党は自ら右翼中道連合の選択肢を捨てたことになった。この結果、社民党、国民社会党との連合を重要視しないわけに行かなくなったのである。

農業党の『田園』は、国民民主党が国民全体の利益を標榜しつつ実際には大工業家の利益の代表者であり、農業者の利益保護に常に反対していたと国民民主党を非難した。[36] 国民民主党の赤緑の独裁との非難に対しては、連合政権はほぼすべての階層を代表していると反論した。しかし同時に、世界恐慌によって農業者と勤労階級の二者が最も被害をこうむったとの認識から、この二者の利益に配慮し、農業党と労働者の代表が協力をするのは自然であるとし、連合政権の実質が「赤緑連合」であっても正当であると主張した。マリペトル首相も「この危機の深みから一歩一歩住民の経済状況の改善に向けて進むにあたり、労働者と農民という最も数の多い階層が最も被害を受けたということを考慮しなくてはならない。……経済的に最も弱いものに配慮する必要がある。[37]」と述べた。国民民主党の体制変革や選挙制度の改正の呼びかけに対しては、現在の体制こそが人民の声を反映する制度であるとして反対した。[38]

社民党は、コルナの金平価切り下げ論議と偶然時を同じくしてオーストリアの社民党が蜂起の結果破れるのを間近に見つつ、ますます政権指向を強めた。[39] 社民党系の労働組合はインフレを恐れ金平価切り下げに反対していたが、社民党はその抗議を取り上げることなく、金平価切り下げの成功を主張した。国民民主党の「赤緑連合」批判に対しては、これは農業党と社民党を対立させようとする国民民主党の手口であり、実際には六党の連合であり、「赤緑連合」ではないと反論した。[40]

以上のように、連合改変のきっかけは通貨政策をめぐる小さな対立であったが、国民民主党は、野党化したことによって、与党連合に対し、党派利益の独裁であると批判するようになり、さらには体制変革まで要求し始めた。一方の農業党からは、農業者、労働者に配慮する経済政策を肯定する声も聞かれるようになった。

このように、金融政策と連合政策上の二つの変化が生じたことから、経済、社会政策の上では、どのような変化がもたらされたのであろうか。経済的リベラリズムとデフレ政策の放棄によって、新連合には、新しい政策協調の可能性がひらけるのであろうか。[41]

直接この問題を扱う前に、まず次節では、一九三四年のちょうどこの時期にチェコスロヴァキアに現れた改革諸構想を検討したうえで、これらとの対比のなかで農業党と社民党の政治体制構想上の共通性を見ていくことにする。

第2節　民主主義をめぐる体制改革諸構想

「古い民主主義は死んだ。新しい民主主義、秩序と行動の民主主義万歳。」一九三四年三月二十三日、青年知識人の理論誌『民主中道 *Demokratický Střed*』は、このような戦闘的な言葉を掲げつつ、新しい体制構想を公表した[42]。経済、政治体制の抜本的刷新を呼びかける同構想は、すぐさまあらゆる政治潮流の百を超える日刊機関紙、理論誌で取り上げられ、大きな反響を呼んだ。

改革の具体的内容や規模については批判があったものの、驚くべきことに、大胆な刷新案の提示、その危機的な現状認識そのものや行動力に対しては多くが好意的であった。さらにこの案に続き、新たな体制改革構想がさまざまな政治的立場に立つ集団から次々と発表された。現行体制への閉塞感は、党派帰属を超えて広く浸透していたのである。

本節はこの『民主中道』の新政治体制構想を中心に、この時期の政治諸潮流の多様な体制改革構想を分析をする。この問題をめぐる政治諸勢力間の相互関係を明らかにし、殊に、批判の対象である当時の政治体制の担い手であった政党、特に与党の社民党と農業党側の体制構想と対比させることによって、具体的な社会、経済政策や農業政策をめぐる対立とは異なる対抗軸を提示する。

一　一九三四年の初頭の状況

『民主中道』に新体制構想が発表されたのは一九三四年の三月である。この年の新年号において、『民主中道』は一九三四年を共和国転換の年と位置づけた。その理由の一つは経済政策の転換の不可避性であった。前節でも見たように、ついにチェコスロヴァキアでもコルナが切り下げられた結果、デフレ政策の要因の一つが消滅し、生産の落ち込みと大量失業に対応する財政、経済政策の選択の幅が拡大した。経済自由主義のドクトリンが放棄された結果、政治は経済への介入を容認され、さらには場合によっては要請されることになったといえる。それ故に既存の政治の在り方への不満も現れるようになる。

もう一つの理由は、ナチスの政権掌握とオーストリアの権威主義体制への移行という、中央ヨーロッパにおける民主主義の相次ぐ崩壊であった。この事態は、単に「ファシズム」の汚染から自国を守るという防御的なものに止まらない既存の政治体制への自省を各国に迫るものであった。ナチ体制やドルフス体制に経済、社会的成果の点で対抗しうる、政治的には民主的な体制が求められたのである。

体制改革の必要性は広く認識され、各国でさまざまな取り組みが見られた。一九三三年のクリスマスにベルギーの労働党大会で、採択されたデ・マンの「労働プラン」は、その代表例である。この影響を受け、オランダやフランスでも同様のプラニスムの試みがなされた。(43) チェコスロヴァキアもその例外ではありえず、むしろドイツやオーストリアに近いだけにより状況は切迫していたといえよう。社会主義諸政党の機関紙では、ベルギーの「労働プラン」以来、盛んにプラニスムが取り上げられるようになった。(44) このような時代状況の中で、何が問題視され、どのような改革案が出されたのだろうか。以下、順次考察する。

二　『民主中道』の改革構想

『民主中道』の現状認識

既に述べたように、『民主中道』は、『現在』と並び、左派リベラルの独立系理論誌と位置づけられる。しかし、すでに論壇のエスタブリッシュメントとなっていた『現在』に比し、青年層中心の『民主中道』はより現状批判性が強かった。雑誌の発行人であった国民民主党出身のヒチル (Zdeněk Chytil) は当時既に四十代であったが、改革構想の中心人物であるリプカ(45)は一八九五年生まれのジャーナリスト、クリメントは一九〇一年生まれの弁護士と、いずれも三十代の知識人層であった。雑誌の読者としても、青年知識人が対象とされていた。例えば一九三四年の課題として、戦後世代の登用や、青年の失業緩和が掲げられており、「高い教育を受けたものにはそれだけの義務があり、見物人に止まることは許されない」として、青年知識人の改革への参加を呼びかけている。[46] では、彼らはどのような現状認識の下、いかなる改革を志したのであろうか。

（a）経済の国家管理

経済、社会分野におけるリベラリズムの終焉という認識は、『民主中道』の綱領の基本的前提であった。リベラリズムの議論では、個々人が社会的紐帯から切り離されており、個人を制約する要素が存在しない。そのため、個人の権利を社会全体の利益に媒介するものがない。彼らはそこに当時の混乱の原因の一つを見ていた。混乱を克服するために、綱領「新民主秩序」の経済秩序の章において、経済の国家管理が主張された。そこでは全経済過程が、具体的な計画プログラムによって導かれる。

ここで特徴的であるのは所有権や経営権に関する議論が改革案ではわずかしかなされていないことである。規模、社会的重要性の両面から大企業と判断される企業は社会的管理に移行する、小生産は私的所有に残す、という二点を抽象的に述べていたに過ぎない。より詳細に練り上げられたのは、後に分析する経済に関する立法、行政組織の改革案であった。

改革案発表後表明された他の政治諸潮流の反応も、経済の国家管理に関してはそのまま肯定的に評価し、議論の対象としないものがほとんどであった。『現在』も「経済領域における国家の影響力の拡大」を『民主中道』の綱領の中で歓迎すべき点として挙げている。[47] 自由放任主義の立場からの反論はなく、議論は機構論に集中した。

その中で、社民党の立場は複雑であった。党首のハンプルが、「『民主中道』の綱領を読むと社会主義者の雑誌を読んでいるようだ」と述べたように、[48] 社会主義者も経済の国家統制は提唱していた。しかし、社民党の提唱するそれには、重工業の生産手段と金融の社会化、労働者階級を含む決定機関による管理の二点が不可欠であった。そのため『新しい自由』で、フランタ（Jiří Franta）は社会化の具体政策の不備を批判し、さらに、決定機関において労働者の発言権は確保されず、生産手段の所有者が国家機関に守られて決定権を握ることになると考え、『民主中道』

料金受取人払郵便

千種支店
承　　認

633

差出有効期間
平成25年8月
31日まで

郵便はがき

464-8790

092

名古屋市千種区不老町名古屋大学構内

財団法人 名古屋大学出版会 行

ご注文書

書名	冊数

ご購入方法は下記の二つの方法からお選び下さい

A. 直　送	B. 書　店
「代金引換えの宅急便」でお届けいたします 代金＝定価（税込）＋手数料200円 ※手数料は何冊ご注文いただいても200円です	書店経由をご希望の場は下記にご記入下さい ＿＿＿＿＿＿ 市区町 ＿＿＿＿＿＿ 書

読者カード

（本書をお買い上げいただきまして誠にありがとうございました。
このハガキをお返しいただいた方には図書目録をお送りします。）

書のタイトル

住所　〒

TEL（　　）　—

名前（フリガナ）　　年齢

歳

務先または在学学校名

心のある分野　　所属学会など

メールアドレス　　＠

Eメールアドレスをご記入いただいた方には、「新刊案内」をメールで配信いたします。

書ご購入の契機（いくつでも○印をおつけ下さい）

店頭で　B 新聞・雑誌広告（　　）　C 小会目録
書評（　　）　E 人にすすめられた　F テキスト・参考書
小会ホームページ　H メール配信　I その他（　　）

購入店名　　都道府県　　市区町村　　書店

書並びに小会の刊行物に関するご意見・ご感想

の綱領を「国家資本主義」を求めるものとして鋭く批判したのである。(49) 但し、この批判も、焦点は経済統制決定機関の構成原理にあり、経済の国家管理にたいするチェコスロヴァキアでのコンセンサスは高かったといえよう。

(b) 政党政治批判

以上のような経済への計画的国家介入の必要性を認識しつつ、政治の現状に目をむけたとき、『民主中道』はこれをどう評価したのであろうか。

『民主中道』の綱領は、「これまでの社会機構の破綻と崩壊」の政治領域における現れとしてまず、「政治機構が過度に利益的な要素を加えられることによって汚染されている」ことに注目する。その原因は「政治的思想、理想の担い手」でなくてはならない政党が、「個々の社会集団の部分的利益の道具」となってしまい、党官僚に機械的に支配されていることにあるという。その政党が、閣僚、議員支配を通して政府と議会を握り、政治腐敗が蔓延している。

なぜ、そのような弊害が生じるのだろうか。それは、現行議会システムは百年以上前に、経済問題が公共問題になる以前に作られたものであり、前世紀の終わりから焦点となった経済問題には適合的でないためである。綱領は「複雑な現代社会における政治的社会的任務の大きさ、技術的進歩を前に、政治的制度や政治指導者の旧弊や欠点は極度の有害物、障害となっている」と指摘している。

これは、チェコスロヴァキアの議会制民主主義の特徴的な在り方を反映した批判ということができる。古典的な自由主義議会制が経済問題に対応することができないことを指摘している一方で、具体的に批判の対象となっているのは、古典的自由主義議会制とは性格を異にする、部分利益を代表する政党の政治支配である。農業党を中心に、各種の部分利益を代表する諸政党の交渉と妥協による政治は、建国期以来チェコスロヴァキア政治の基調をなしていた。組織された社会の部分利益を政党が嚮導し、相互妥協を見出すという特徴的な議会制民主主義は、経済問題を含め「複雑な現代社会」への対応の一つであると考えられる。政党と組織利益の関係には各国ごとの相違があるが、このような政党利益政治は一九二〇年代の中欧に広汎に見られる傾向である。[50]この中欧的議会制民主主義を前提としているため、『民主中道』の批判は二重のものとならざるをえない。つまり一方では、古典的議会制が現在の問題に対応できないことを批判しながら、同時に一つの対応であった、政党政治をも批判しているのである。

これまで見てきたように世界恐慌の深化とともに部分利益間の対立が深刻化し、政党間妥協の政治手法は困難な時期を迎えていた。特に最大勢力である農業党が農業利益擁護に関心を集中することの弊害があらわとなっていた。しかし、『民主中道』の批判はこのような農業党の「行き過ぎ」に対してだけではなく、経済への国家介入を始めとする「現代」的諸要請に対する、政党政治という対応そのものへの批判であった。

以上の立場から『民主中道』は、経済の国家管理の必要性に対応し、かつ、現行の政党政治とは異なる体制を求めて、憲法体制の改革を提唱することになる。

『民主中道』の憲法体制改革案

(a) 経済国家管理機関の設置

『民主中道』の提示した改革案は、まず経済と政治を分離し、経済問題に関しては既存の議会、政府に並ぶ、独自の立法、執行機関を作るというものであった。綱領では、「新民主秩序」の中心に新しい経済諸機構の設置を置いた。[51]

第一に、現在の上院に代わり、経済会議所(hospodářská komora)の設置が提案された。経済会議所は、経済、社会、財政問題に関係する予算案、法律の審議、立法を担当し、諮問機関ではなく決定機関である。下院は普遍的機関として、経済問題に関する経済会議所の決定を拒否できるが、修正はできず、全体を否決したうえ、経済会議所に差し戻す。経済会議所の再審議によっても両者の対立が解消しなかった場合は、大統領が裁定するとされた。

経済会議所は、すべての経済利益領域の代表者（消費者、被用者を含む）の七十名から構成される。ここでいう経済利益領域の代表は職能身分代表と同一視されがちだったが、後に詳述するように、むしろ専門性を重視したものである。代表の選び方に関して『民主中道』は、経済会議所が政党の勢力比に基づいて（podle《politického klíče》）構成される危険があるとし、最初の経済会議所は大統領マサリクによって任命されるよう提案した。マサリクは「政党を超えた普遍的権威」と「与えられた状況の中で手に入れられる最大の客観性」を持つとし、彼が、該当する経済組織、経済アクターの候補の中から決定することを提案したのである。経済会議所の任期は六年であり、その間に以後の経済会議所の構成方法が考慮されるとした。

経済機構改革の第二は、経済諸省の再編成である。農業省、商務省、公共事業省を国民経済省に統合し、鉄道、自動車、飛行機の運輸と郵便、電信を統括する運輸省の設置が提案され、さらにこれら省庁の閣僚は、国民経済ないし技術の専門家であるべきとされた。

第三に、経済社会関連の法律、政令、諸措置の立案及び執行機関として、最高経済評議会が設立される。最高経済評議会は、経済領域における指導的行政機関であり、政府が下院に責任を負うように、経済会議所に責任を負い、会議所の不信任による交代もありうる。最高経済評議会は全経済閣僚、経済会議所代表、議長によって構成され、後二者は経済会議所の過半数による推挙で、大統領が任命する。議長は内閣の無任所大臣となり、首相との直接の同意の下で活動する。評議会の提案は首相の同意を必要とするが、内閣全体の同意は不要である。評議会には独自の事務局も付属するとされた。

このように、経済の国家管理の必要性に対して『民主中道』が提示した解は、経済領域の政治領域からの独立化というかなり急進的な構想であった。経済議会構想そのものは当時チェコスロヴァキアに限らず広く見られたものであるが、経済社会関連の執行機関である最高経済評議会を設け、立法、行政ともに政治領域から分離させたのはこの案の特徴的な点である。また、経済会議所の構成にあたり、戦間期のチェコスロヴァキアで諸機関を形成する際に多用された政党の比例原理を排するために、少なくとも初回に関しては大統領マサリクの任命によるとした点にも、経済領域を政党政治から極力切り離そうとする意図が見られる。

(b) 政党政治の改革

既に述べたように、チェコスロヴァキアの政党は部分的経済利益を基礎としているものが多く、経済を政治から切り離すことは、これらの政党からその基礎を奪うことであった。しかし、『民主中道』は政党を不要なものと考えていたわけではなかった。社会は物質的利益のみで動いているわけではないとし、それゆえに職能身分秩序に基礎を置くドルフス体制のような職能身分制国家やポルトガルのサラザールの協同体国家には反対する。むしろ、政党は経済問題から離れることで、政治思想、理想について議論、競争できるようになると構想されていたのである。そこにこそ政党の真の意義があると考えられた。

新しい政党の組織化のための措置として、政党内の民主化、青年の登用、政党補助金の支給が盛り込まれた。選挙制度に関しては、党派主義の源泉と考えられた拘束名簿制は廃止されるが、比例代表制は維持される。三百名から百五十名に議員数を絞った下院と、経済会議所のあいだの権限調整、つまり、経済問題と政治問題の区分には、新たに設置される国家元老院（státní senát）があたることとされた。二十四名の国家元老院のメンバーは、最高裁と最高行政裁判所から各五名が選出され、十四名は大統領マサリクが自由に任命する。

これは、政党の存在や比例代表制は受け入れているものの、政党の役割を政治思想、理想についての議論、競争においている点で、世紀転換期以降のチェコスロヴァキアの政党の発展を否定するものである。すなわち中北欧に共通する、社会の組織された部分利益を表出する大衆組織政党への発展という趨勢に抗し、十九世紀的、自由主義的議会制への指向をあらわにしたものであった。

(c) 執行権の強化

もう一つの重要な憲法体制の改革は、執行権を政党、議会からより独立させ、強化することであった。

チェコスロヴァキアでは大統領に首相、閣僚の任命権があったが、実際には議会の最大政党から首相が出され、連合政党間の交渉で閣僚人事も決まり、それを形式的に大統領が任命するという慣行がほぼ成立していた。それに対し『民主中道』は、大統領が自分の自由な考慮に基づいて首相を選び、首相と相談しつつ組閣することで、政府を政党、議会から独立させることを目指した。議会は政府不信任の権限は持つが、二ヶ月の間を置く二回の不信任が必要とされる。さらに、各省には専門性に鑑み大統領が任命する政務次官を置くとした。

しかし、大統領は直接選挙ではなく、下院と経済会議所の合同会議で選出されるとされた。この点から、大統領マサリクへの信頼にもかかわらず、大統領個人に正統性と権限を集中する執行権の強化ではなく、議会や政党に執行権を左右させない点に主眼を置く執行権の強化が選択されたといえる。

以上のように、『民主中道』の改革構想は、経済、社会問題を担当する独立の立法、執行機関の設置、政党、議会の経済からの分離と「政治」への特化、執行権の強化という根本的な憲法体制の変更を目指すものであった。

三　新体制の諸構想

『民主中道』の構想が発表された後、各新聞、雑誌には、構想への評価、批判が多数表明された。さらには独自の構想も『青の評論』や『現在』に発表された。そこで次に、これらの評価に照らし、他の構想と比較することで、『民主中道』の体制改革構想の特色を明らかにしたい。さらに、様々な改革構想の分析を通してその多様性を明らかにし、かつ、諸政治潮流のこの問題をめぐる位置づけを試みる。

その際、次の二点に着目したい。

経済の国家管理の必要性に対して、『民主中道』の改革案では、経済会議所の設置を提起した。これは、経済の国家管理の必要性に対応し、かつ、部分利益代表政党間の妥協による経済、社会的対立の解決という従来の政党政治の手法をとらないために、『民主中道』が選択した対案である。

ここでは、経済、社会的対立はどのような原理に基づいて解決されると構想されたのであろうか。経済議会構想を経済、社会的秩序の形成原理に基づき類型化することで、この点をまず考えてみたい。それが、第一の分析のポイントである。

また、経済問題に関する決定から政党と議会が排除されることは、議会主権や民主主義の考え方と抵触しうる。第二のポイントとしてはこの問題に関して諸政治勢力が取った立場を考察することにする。

経済議会構想の類型

まずこの項では、経済議会構想を、国民民主党系の『青の評論』に見られる職能身分代表、非政党系の『民主中道』や『現在』の専門家代表、社民党系の『新しい自由』の階級利益代表に分類し、順に考察することにする。

(a) 職能身分代表

『民主中道』の経済会議所構想は、会議所という名前からも職能身分代表機関であると――本来の意図に反し――受け止められた。選出母体が明記されていなかったこともその一因であろう。その点では、国民民主党系の『青の評論』が直後の四月三日の号で発表した「国民の力と職能の国家のために」と題する改革構想と同じ範疇に属すると考えられた。(52)

『青の評論』の構想では、これまでの下院を再編した一般的な政治問題を扱う人民院に並び、全経済問題を扱う職能院の設置が提案された。職能院は、国民文化、国民生産、防衛の代表百五十名から構成される。代表は同時に選出されるのではなく、それぞれの中央機関、会議所、社団が別個に代表を選出する。そのことにより、職能院の連続性と刷新が担保される。

国民文化は学問、芸術、教育の代表からなり、具体的には大学、アカデミー、協会、ジャーナリストから選出される。さらに大統領は作家協会のようなその他の文化団体から憲法が定めた人数を任命する。

国民生産は工業、商工業、農業、交通、商業、金融、自由業の代表からなる。個々の職能身分内で使用者と被用者の統一組織が作られることが望ましいが、それが不可能な場合は、各職能身分の使用者は営業領域ごとに分かれた中央組織を作る（中央工業組織：重工業、機械、織物、化学部門など）。被用者は、これまでの政党ごとに系列化された労働組合に代わり、労働者中央組織や公務員中央組織に組織される。これらの中央組織も農業労働者、重工業、機械、織物、化学労働者など、生産部門ごとに分けられる。自由業はその会議所を通じて代表される。その多くは既に伝統あるもの（弁護士、公証人、技術者、医師会議所など）である。一部の職能代表には、大統領によってその分野の最も成功した活動家とみなされる人物が憲法の規定に従い任命される。

このように『青の評論』の職能院構想は、『民主中道』の経済会議所構想よりも基礎となる職能身分が具体的に提示されている。同様の経済議会の提案は、国民民主党の支持団体の一つである商業会議所からもなされていた。しかし、『民主中道』は、「職能身分」制度との同一視に反論し、職能身分や社団に基づくのではなく、専門家の議会であることを繰り返し強調した。(53) 確かに『青の評論』の構想には専門家という言葉は見られず、その点で、『民主中道』の構想と大きく異なっている。

専門家による合理的で技術的な経済問題の解決が目指されたのではないとすれば、『青の評論』は経済問題に関して、どのような解を想定していたのだろうか。『青の評論』では、指導的理念としてナショナリズムを挙げ、国民経済の在り方についても、「すべての生産力を一つの目的――国民と全国民構成要素の繁栄――に向けたい」としている。労働者に関しては、「企業の繁栄は自分たちの繁栄であると考えられるようになる」ことを希望し、「能率的な仕事の当然の報酬として、労働者自身の満足の中に、生産と国民全体の繁栄を見ることができる」と主張している。使用者と被用者の統一的組織における合意によって生産上の紛争を防止することが、そのための制度的手段とされた。

つまりここでは、利益対立は国民共同体の利益の前に止揚されるのである。この案は職能身分の調和を前提とする点では、カトリック勢力から出された職能身分制国家案とも共通性を持つ。しかし「国民の強い力」が強調されているようにナショナルな要素が強く、より動態的である。[54]

(b) 専門家代表

上記のように『民主中道』は、同誌の経済秩序構想を「職能身分」制度と同一視するような見方、さらにはファシズムとの批判に反論し、専門家の議会であることを次のように強調した。確かに現状では職能身分の利益の概念と専門性の要素が、既存の組織においては混合、相互浸透しており、最近の職能身分制国家やコーポラティズムの思想でも両要素が混じりあって現れているが、古い職能身分の原理が混合した組織では、今日の複雑な社会活動に対応できない。新しい社会の機能分化に従って、専門分野ごとに組織化を進める必要がある。その上で、分野ごとの専門性と技術性に基づいて、各専門分野の自治と、専門家会議所、つまり経済会議所における分野間の協定と協力を組み合わせて、経済、社会問題の決定を行っていくシステムを構築するべきだとするのである。

『青の評論』の構想では、職能身分間の秩序は国民共同体の存在を前提に所与のものとされるのに対し、『民主中道』では各専門分野間の諸問題は専門家の協定と協力により解決される。ここに見られるのは、現在にふさわしい専門性、技術性の強調であり、信頼である。経済分野を政治から分断し、専門性を貫徹させることによって、最適解が導かれるというのは、当時注目を集めた専門性、技術性に基づく社会秩序形成という発想をもっとも純粋な形で体制改革案に盛り込んだものといえるだろう。

専門性の原理を組み込んだもう一つの構想として重要なのは、非政党系知識人の雑誌である『現在』が提示した改革案である。[55] ペロウトカは、改革案の氾濫のなかの「唯一の理性的改革提案」として匿名の改革案を紹介するという形を取りながら、従来の上院に代わる専門家上院の設置を提案した。

専門家上院のメンバーは選出されるのではなく、任命による。任命は大統領と政党が半数ずつ行う。メンバーは大学、最高裁判所、農業評議会（zemědělská rada）、労働組合、商業・商工・弁護士・医師・技術者・公証人会議所、障害保険・疾病金庫の中から選ばれる。政党は定数の三倍の候補者を選び、その中から大統領が選べるようにする。

専門家上院の総会は開会時に一度開かれるのみであり、その後、経済金融、技術、社会政策、文化の専門ごとの委員会に分かれる。これらの委員会は下院の対応する委員会と合同で活動する。専門家上院のメンバーがここで投票権を持つかは留保されている。

さらに、下院委員会と上院の委員会の同数の代表からなる経済財政会議所、技術会議所、社会政策会議所が設置される。会議所は法律案の作成にあたり、発議権も持つ。会議所の会議は公開である。会議所が作った法案は下院に提出され、そこで可決ないし否決される。この下院の決定が最終的決定である。

『民主中道』と同様に専門性を経済問題の解決に組み込むことを目指しつつ、『現在』の場合は、専門家上院のメンバーは個別の委員会や会議所で下院議員と協働することとされ、専門家は決定に諮問的役割を果たすにとどめられる。最終的決定は下院に委ねられ、専門性の自己完結的最適解形成能力への信頼は見られない。ペロウトカが、この案を推す理由として、「今まで出た構想の中でもっとも導入しやすく、これまでの民主主義を維持できる」としているように、『現在』にとっては実現可能性と並んで、「これまでの民主主義」の維持が重要であり、そのために専門性の組み込み方が『民主中道』とは決定的に異なっていたのである。ここには経済問題に関しても議会における「政治的決定」を必要不可欠とする民主主義観が強く働いている。この問題についてはさらに次項で考察する。

（c）階級利益代表

社民党の『新しい自由』では、『民主中道』の綱領を国民民主党系の『青の評論』や商業会議所の構想と同一視し、まとめて以下のように批判している。すなわち、国民を職業（農業、工業）などに分け、その中から同数で被用者と使用者が代表されるというのは「ファシズム的」制度である。これでは、比例代表制によるものより、労働者の代表が少なくなってしまい、普通選挙によって勝ち取った権利が失われてしまうことになる。金融、産業資本の代表が中心となって資本主義的秩序が守られることとなる。『民主中道』や商業会議所の構想が正面に据えている「専門性」に関しては、専門家の名のもとに現在の不公正な経済、金融権力の分配を擁護するものと批判している[56]。

しかし、社会民主主義勢力は経済議会の設置そのものに反対しているわけではなかった。では、彼らが想定する望ましい経済議会は何に基づくものなのであろうか。『新しい自由』では、社民党の理論家の一人ヨゼフ・フィッシャー（Josef Fischer）が、「経済議会を包む霧」[57]や、「最近の流行――経済の非政治化」[58]の中で、経済議会を導入するとすれば次の点に留意すべきであるとした。①経済民主主義実現のための機関であること、②部分利益に対して、全体の利益である多数派の利害が優越すること、③政治議会の優越の維持、の三点である。経済議会は多数派の利益が反映されるように、業種ごとの職能別ではなく、被用者、使用者、自由業に分けて代表されなければならない。被用者の代表は、既存の自由な組織の連合から、ないし新設の被用者会議所から選出される。

この提案からは、社会民主主義勢力の考える経済議会とは、基本的には被用者と使用者の代表からなる労使協議機関の発展形態と考えられる。さらにそこでは、被用者、労働者を中心とする（中間層の獲得が課題とされているが）「多数派」勢力の利益が、全体の利益として優先するとされている。被用者、労働者の階級利益が、経済議会の基礎なのである。

（d）部分利益間妥協との関係

このように、同じ経済議会構想といっても、多様な社会、経済利益から秩序を形成する方法とその原理は、職能身分代表を通じた所与の国民共同体秩序の再現、専門家代表による技術的合理的最適解の発見、階級利益の代表を基礎とする多数派利益の反映、と相互にかなり異なっていた。職能身分代表の経済議会はイタリア、オーストリアのモデルがあり、階級利益の代表という構想は社民党の経済民主主義理論から来ている。

これらと比し、『民主中道』の構想は、時代の思潮であった専門性、技術合理性への信頼を純粋な形で経済議会構想に結晶化させている点で、特徴的である。

また、当時のチェコスロヴァキアの文脈に立ち返ってみた場合、これらの経済議会構想がすべて、政党を通じた部分利益間の交渉と妥協という、当時の政党政治で用いられていた社会、経済利益の秩序形成の方法・原理を意識して構成された点を想起する必要がある。職能身分と専門性の原理は、政党による部分利益間妥協とは異質な方法であるが、階級利益代表の原理は部分利益の妥協に含まれうる。このことは、経済議会と既存の議会、政党との相互関係をいかに構想するかという次の問題に、影響を及ぼすことになる。

議会制民主主義と政党

本項ではまず、『民主中道』の構想における経済議会と既存の議会の関係を考察し、次に『現在』および社会民主主義勢力による『民主中道』に対する批判とその論拠を検討する。そのことにより、各政治勢力の議会および民主主義に対する考え方の相違が明らかになるであろう。

(a) 議会の「解放」

『民主中道』の構想のうち、『現在』や『新しい自由』にもっとも批判されたのは、普通選挙によって選ばれたのではない経済会議所が、経済問題に関する最高決定機関とされ、政党と議会は経済問題から排除された点であった。

同様に立法権の分割にまで踏み込んでいるのは、国民民主党系の『青の評論』の提案である。職能院と人民院のそれぞれの決定は、他方の院に送付され、修正なしで裁決にかけられる。否決された場合にさらに元の院がその法案を支持するのであれば、大統領の決定に委ねられるとされた。『民主中道』と『青の評論』はともに、経済を政治から分離し、経済問題を決定する経済議会を政治担当の議会から切り離すことを目指していた。

それは同時に政党を経済問題から排除することにもなるが、両構想では、それに止まらず政治担当の議会における政党の改革も主張する。既に述べたように『民主中道』では、政治思想、理想について議論、競合する政党への改革を提言した。『青の評論』の場合は政党については言及がなく、人民院百五十名の内、絶対多数小選挙区制から百名、比例代表の全国共通選挙区で五十名という選挙制度改革のみが書かれている。

いずれにせよここで想定されているのは古典的自由主義的な意見の府、国民代表の府としての議会の姿である。『民主中道』は、経済への国家介入の必要性を強く意識していたからこそ、議会にその役割を担わせようとはしなかった。議会と「政治」に、部分利益や階級、身分の問題はもちろん、経済、社会秩序の形成原理とした技術専門性をも持ち込まないことが、議会や「政治」をあるべき姿に守ることであると『民主中道』は考えていたと思われる。次に見るように『民主中道』は議会軽視との批判を浴びたが、『民主中道』の論理からすると、議会は経済問題の負担と利益にまみれた政党の党派主義から「解放」されて、ここに本来の姿を取り戻すのである。

(b) 民主主義の基礎としての下院主権

専門性の経済問題決定過程への導入という点では『民主中道』と一致していた『現在』は、『民主中道』の経済会議所構想を非民主主義的であると批判した。『現在』は、左派指向で一定程度社会主義の視点を含むと考えてきた『民主中道』が、「民主主義への信仰告白」をしながら、このような提案を出したことに驚きを禁じえず、「左派陣営の混乱をもたらす危険」とすら述べた[59]。『現在』によれば経済と政治の分離は不可能であり、ともに民主的に選ばれた下院の最高決定権に服することが、民主主義の原則を維持することであった。これは、民主的選出という議会形成の手続き面を重視する立場である。その立場から、『現在』は、既述のように、専門家は下院委員会と合同で活動し、下院の決定が最終的となる構想を発表する。

(c) 多数派利益の反映としての民主主義

その左派陣営の一つの柱である社民党の現行民主主義に対する立場は複雑であった。例えばこの年の年頭には、社民党の『新しい自由』も、交渉の遅さや経済の困難な問題を迅速な介入で解決することができないなど、現在の議会制民主主義による統治の困難さを指摘していた。[60]「この事実は現行民主主義の支持者も認める。チェコスロヴァキアが中央ヨーロッパにおける唯一の民主主義の島であるとの解釈にもかかわらず、ここにまったく違う真の経済、政治的民主主義が存在しうるという考え方が広がっても不思議ではない。社会主義者にとって、資本主義体制の危機は社会主義の階級的意見の正しさの証明であり、現在こそ社会主義のプログラムを発展させる好機である。」『民主中道』の提案も、社会主義者の提案を見るようだとの評価もあった。

しかし、社民党首のハンプルは『民主中道』や商業会議所の改革案は、議会と議院内閣によって代表され表明された政治的意思に対して、「ある種の超然とした軽蔑」を含んでおり、これでは民主主義を強化するよりむしろ弱体化することになると非難した。経済議会に関しても、社会民主主義の立場からはいわゆる経済議会の設置を原則的には否定できないが、下院に従属するときに限るとし、補助的な役割を果たすのなら民主的共和国において健全な機関といえると述べている。[61] ヨゼフ・フィッシャーが述べているように、社会民主主義勢力にとっては経済の政治からの「解放」は論外であり、「経済の政治化」こそ目指されるものであった。[62] つまり、経済と政治の分離は専門家の名の下に利益団体の自治、優先を招くものであり、多数派である労働者の利益が反映され、全体の利益を正しく代表しうる議会や政府の決定に経済を従わせるべきだとするのである。

このように社会民主主義勢力は、経済統制や現状民主主義改革への志向を持っていたが、議会の優越、多数派である労働者の利益を反映する「政治的」決定への経済の従属という原則の点で『民主中道』とは異なっていた。

(d)「民主主義」観の違い

以上のように、『民主中道』が経済問題の最終的決定権を政党、議会から切り離したことは、経済への国家介入の必要性の認識と古典的な議会制の理念の擁護との両立を目指したためであったが、『現在』や『新しい自由』によって、民主主義に反するものとして批判された。両者の批判はいずれも「民主主義」における議会の役割を重視する点で共通している。

しかし、両者においてその基礎となる「民主主義」のイメージが異なることも確認しておきたい。『現在』の批判は政治と経済の分離は不可能であるという立場と、普通選挙で選出された下院が、最終的決定権を持つことが民主主義であるとする考えからのものであり、他方、社会民主主義勢力の『新しい自由』の批判は、多数派である労働者の利益が正しく反映されることが民主主義であると考えるためであった。

また、一見当然のように見えるこのような抽象的議会擁護論も、当時のチェコスロヴァキアの政治の現実に照らして考える必要がある。そこで、これまで批判されてきた政党政治の担い手の側の政治体制についての考えを整理し、当時の諸政治勢力の体制構想の構図を完成することにする。

四　農業党と社民党の体制観

これまで見てきたのは、現行政治体制を批判する政治勢力の新体制構想である。『民主中道』を始めこれらが共通に現政治体制の欠陥として非難しているのは、政党の党派的利益の政治であった。その非難の最大の対象である農業党の体制観と、国民民主党の政府離脱後、農業党の主要なパートナーとなった社民党のそれはどのようなものであったのだろうか。

議会、政府での最強政党である農業党は、農業の統制、計画化に関してはプロパガンダを継続的に行い、次節で見るように穀物専売制度の導入を始めとする具体的な成果を上げようとしていた。注目すべきは、農業党が個別政策領域での計画への強い関心にもかかわらず、農業利益を含めた全体的な利益の調整のための特別の機構が必要であるとの認識は持たず、経済議会構想に関心をまったく示さなかったことである。農業党の理論誌『畝』には体制改革構想への言及はほとんど見られず、政党を中心とした従来の体制を肯定しつづけた。[63]機関紙『田園』は、専門家の介在に不信を表明し、「もしシュヴェフラが生きていたら、何か強力なピェトカのようなもの、実務的政治家の『理性的なトラスト』、民主主義の頂点を再生しただろう」[64]と、政治的実務家＝政党政治家の決断が必要であるとした。ピェトカの再生を希望することは、まさに部分利益を政党政治家の決断によって妥協させる従来の社会経済利益秩序形成方法の肯定であった。

しかし、同時に農業党は、農業者の具体的な利益を守ることが民主主義であるという独自の農業民主主義の主張を続けた。農業党の「民主主義」の焦点は農民利益の擁護にあり、議会の最終決定権を民主主義の必要条件と考える立場とは距離があった。エストニアやラトヴィアでの議会の停止、農民党リーダーのクーデターによる権威主義体制樹立に関しても、それが、農民利益の擁護につながっているかという点に関心は絞られていた。事実チェコスロヴァキアの農業党の中にも、農業党を中心に政府党を形成し、連合政党間の議会における交渉と妥協を廃して「権威ある民主主義」を目指そうとする右派の動きは存在したのである。[65]但し、農業党が議会、政府において中心的位置を占めている以上、農業党は議会制民主主義の立場に立つ可能性も大きかった。『現在』でペロウトカが、農業党を民主主義擁護勢力と位置づけ、賞賛したのは、その点を明示的に強調し自陣営に獲得するねらいであったと思われる。

他方、社民党の態度は、国民民主党の政府離脱以来の議会、政府内での立場の強化、オーストリア社民党の敗北など情勢の変化を受けて、議会制民主主義の擁護へと変化していった。階級利益の代表という観点からは、比例代表制の議会で目的は達せられること、当時の状況の下では経済議会の主張はかえって議会制民主主義を掘り崩すという判断があったと思われる。秋に発表された『社会主義者は何を求めるか』[66]では、議会と政党を中心とした民主主義の擁護を明示した。経済議会の設置は拒否され、経済統制の新しい機関としては、立法機関ではなく行政機関が必要であると主張した。政治改革に関しても、政治的民主主義の機関は政党であり、人民主権の現れである議会の活性化が重要であるとし、そのために議会委員会に専門家を出席させる、選挙区の縮小などの改革を行う、などとしている[67]。

農業党と社民党の連合の中で、具体的な農業政策や社会保障政策などをめぐって両者の利害はしばしば対立していた。しかし、体制構想に関して、論理構成には相違があるものの、政党中心の議会制民主主義という点で共通性があったことは、連合維持に重要な役割を果たしたものと思われる。

五　経済の国家管理と議会制民主主義

以上のように、『民主中道』の改革構想と、それに応じる形で出された諸政治勢力の改革構想、農業党、社民党の反応に見られる体制観を分析してきた。

まず、一九三四年春の時点で、経済の国家管理の必要性を否定する議論は出されず、広いコンセンサスがあったことがわかる。その上で、経済の国家管理と議会制民主主義が両立可能かという問題が真剣に議論されている点が興味深い。議会制民主主義への懐疑は、権威主義的で復古的な発想にのみつながっていたわけではない。経済の国家管理という極めて現代的な課題においては、国家が経済問題について優先順位を定め、資源の分配を行わなくてはならない。そのような決断を行う機構として、はたして議会が適切か、という一九三〇年代だからこそ初めて現れる問いの結果でもあるのである[68]。

経済の国家管理の必要から、従来の議会を離れて経済議会を設け、そこで経済問題を解決するという構想が複数の政治勢力から示された。これらの構想は、経済問題解決の基準として何を想定しているかによって、国民共同体における職能身分間の調和に期待するもの、専門性に期待するもの、被用者・労働者階級の多数者の利益を優先するものと、三種類に分類できる。経済議会を不要としているが、農業党と社民党の体制観は、最後の多数者として利益が優先されるべきであるとする立場に近い。

注目すべきは、この三種類はそれぞれ異なる原理に立脚するが、具体的に考えた場合、相互に近接する部分がある点である。職能身分代表が専門性を期待される場合も想定できる。また、職能身分代表と階級代表は共に部分利益の代表である点で類似する。例えば、農民については、農業という職能身分とみなすか、大衆的基盤を持つ階層とみなすかの区別は難しかった。農業者の一部、特にドイツ系の農業者が職能身分制にひきつけられていった原因はここにあるといえよう。

さらに、新しい体制構想と民主主義の関係についてもいくつかの考え方がある。経済問題についても、議会に判断をゆだねるべきか、それとも経済議会を別に設けるべきかが一つの焦点となる。前者の見解は、議会で決定することこそが民主主義であるという論拠に基づいている。しかし、二つの疑問がある。第一は、議会が民主的であるかどうかについて、第二は、議会以外の機構での決定は民主的ではないかどうかについてである。

第一の、議会が民主的であることの論拠に注目した場合、重要なのは、『民主中道』の批判の焦点は、党派主義に染まった議会は民主的ではないという点にあるということである。議会での決定こそが民主主義であると主張する点では一見一致しているように見える社民党は、逆に労働者大衆の利益を表出できる場所であるからこそ、つまり党派主義であることこそを理由に挙げており、理由づけが異なっているのである。したがって、議会の現状が民主的かどうかについても判断は逆となる。

第二の、議会以外の機構での決定は民主的ではないかどうかという点については、地域代表の通常議会と比べ、職能代表議会が民主的ではないことは自明ではなく、理由が必要なことに気づかされる。ケルゼンは議会における決定が多数決原理に基づいて行われることが重要であるとし、職能代表議会ではそれが不可能であるとして、職能代表議会を否定している（ケルゼン 1966, 80）[69]。しかし、チェコスロヴァキアの議会のように、比例代表制に基づいて選ばれた政党が、多数決原理ではなく、なるべく多くの政党の一致による合意を目指す議会の場合、このメルクマールは通用しないのではなかろうか。現行のチェコスロヴァキアの議会と職能代表議会の距離はかなり近いことになるのである。

このように、農業党や社民党の体制観も新しい体制構想と部分的に近接していた。しかし、それでもなお、農業党と社民党は経済問題の解決には特別の経済議会は必要ではないという立場に立っていた。両者とも、部分利益表出とその妥協こそが議会制民主主義体制と考えていた。また、両者は議会と政府の連合において中心的な位置を占めていたため、連合における妥協という問題解決を是認しやすい立場にいた。『民主中道』が提起するような議論の場としての議会への支持ではないことには注意すべきであろう。また、具体的な経済争点では対立する両者が、体制構想では一致していた点は重要である。

但し、ここで示された農業党の体制観は、一九二〇年代と変わらないものであった。また、社民党については、経済議会構想から後退して現状肯定に至っている。そのため、両者とも、経済の国家管理問題を十分踏まえたものではなく、今後の変化、発展の可能性も残されていた。その可能性については、第七章の2節で見ていきたい。

第3節　経済介入をめぐる合意

通貨コルナの金平価切り下げをきっかけに、一九三四年初頭、経済政策の方向性と連合政治の転換が生じた。前節で見たように、この後、国家による経済統制を前提として、政治体制改革諸構想が展開された。これらの構想分析で明らかになったように、農業党と社民党には農民と労働者が政党を通じて利益を代表させ、国家の経済管理の方向性を決めるという手法を選択する点で共通性が見られた。本節では、具体的な社会経済政策をめぐって、農業党と社民党の動きを検討し、経済、社会政策への国家の介入とその方法に関する両党の姿勢を分析する。

一　穀物専売制

穀物専売制の導入

一九三四年前半の重要課題は穀物専売制であった。農作物価格の下落による農業者の困窮への対策は農業恐慌が始まって以来の長年の課題であった。穀物専売制は既に一九三〇年と一九三一年に国民社会党が提案したが、農業者自身の反対で実現されなかった。[70] また、当時は国民民主党や商工中産党も自由競争の立場から反対していた。[71] 次にはスライド関税制が導入され、国内小麦価格にあわせて関税を上げ下げすることで農業保護が図られた。しかし、この制度はハンガリーからの穀物密輸入などで骨抜きにされたことに加え、金銭不足から安価に穀物を販売せざるをえない農民の保護にはならなかった。

一九三三年は豊作のため穀物価格が下落し、農業者の困窮に拍車をかける結果となった。その経験から、農業党のホジャ農相を中心に農業省案として「穀物専売制」の導入が提案された。ここで提案された穀物専売制は、農業協同組合を代表する中央協同組合（Centrokooperativa）、消費者利益を代表する中央消費者協同組合（Družstva spotřebitelská）、製粉業同盟（Sdržení mlynářského průmyslu）、穀物販売者連盟（Sdržené Svaz obchodníků s obilím）の四集団が資本参加して、チェコスロヴァキア穀物公社を設立し、この公社が穀物の買い上げ、販売、輸出入を独占的に行う制度である。

これは実質的に農業党の提案であり、それに対して連合各与党、野党の国民民主党、さらに蔵相と外相から批判が出され、十週間を超える交渉の結果、妥協案が導き出された。

討議は閣内委員会で行われた。ここには、蔵相（国民社会党に近い専門家であるトラプル）、農相（農業党のホジャ）、商務相（人民党のドスタールレク）、社会保障相（社民党のマイスナー）、外相ベネシュの代理のフリードマン、それに社民党のベヒニェ副首相が参加した。[72] これは、この問題に関連する各省を代表すると同時に、連合各与党の声も反映する構成となっていた。

ホジャ農相は六月二十三日土曜日には法案が公示されるよう努め、六月十九日から二十一日木曜日の未明まで、夜を徹して閣内委員会の会議が行われ、閣議と議会審議に間に合わせる努力がなされた。しかし、対立点が多かったため、議会の夏季休会前に審議し立法化することはあきらめられ、授権法に基づく政令での公布を目指すことになった。さらに、延長されてきた授権法の期限が再び切れたため、七月一日から効力を持つ新授権法を待ってそれに基づく政令で公布されることになり、穀物専売制の公布はさらに遅れた。その後も穀物の価格や、どの穀物を専売の対象とするかをめぐり連合諸党間で対立が続き、最終的に穀物専売制案が内閣で採択されたのは七月十三日であり、十四日に授権法に基づく政令として公布された。交渉がこれほど長引いたために、スロヴァキアを始め収穫の早い地域では既に刈り取りが終わり、手付金をおいて穀物取り引きを始めながら穀物専売法の公布を待っている状態であった。[73]

農業党を除く連立与党の批判は、農業利益の優先が国家全体の利害に反するというものと、消費者を犠牲にするのではないかという点にあった。

前者は、通商政策に与える影響と国家財政に与える影響上の問題である。

穀物専売制では、穀物輸入の権限は排他的に穀物公社に属し、輸入は商務省が農業省との協議の上で許可するとされた。この点に関して、外務省は、通商政策上の問題を指摘していた。条約上の義務として幾つかの国から米や固形油粕を輸入することになっており、それは無条件に実現されなければならなかった。また、専売制によって、現在小協商諸国から輸入している穀物の国内作付けが拡大すると、小協商国からの輸入の減少につながり、チェコスロヴァキアの経済状況や、小協商における立場の弱体化につながるとの指摘もなされた。しかし、この問題に関しては、国内農業の保護が優先され、批判に対しては、小麦に対するライ麦の価格を相対的に高く設定することによってライ麦の作付けを推進し、小協商国からの輸入への影響を軽減することで応えるに止まった。

国家財政と穀物専売制の関係に関しては、穀物公社は前述の四団体が資本を出して設立する組織であり、国家は穀物公社に対して監督を行うのみで、直接的な義務は持たないとされた。しかし、穀物公社の政治的性格から、例えば豊作によって穀物公社が大きな損失を被ったときには、それを国庫から補填することになるのではないかとの疑念が蔵相から出された。そこで、国庫から公社への支給限度額を定めることとなり、その額をめぐって連合内で対立した。農業党は一億コルナを主張したが、最終的には、六千万コルナまでと合意された[74]。

連合内部でより深刻な問題となったのは、消費者保護の観点である。麦粉、パンを始めとする製粉製品価格の値上がりへの強い懸念が、社会主義政党、工業の側から示された。チェコスロヴァキア労働組合連合は政府に穀物専売制導入に際して、消費者保護を重視するように要請した。また、監督が農業省だけでなく、社会保障省、商務省からも行われるよう提案した[75]。

まず、製粉製品を専売制に含めるかどうかが大きな問題となった。社民党、国民社会党、人民党を代表して、社会保障相と蔵相、商務相は消費者にとって価格上昇につながるとして麦粉が専売制に含まれることに反対した[76]。農相ホジャは二十七日には議会の農業委員会で、麦粉やパンは専売制に含めないと発言したが、製粉業同盟や農業党の一部は含めるよう最後まで主張し、この問題は六月の終わりまで決着がつかなかった[77]。しかし、社会主義政党の主張を入れ、最終的には麦粉、製粉製品の国内売買は専売制の対象外となった。但し麦粉の輸出入は穀物公社の独占とされた。

価格の設定は、最後まで合意できなかった問題であった。六月二十二日までは、価格は国家が決めるものとされていたが、二十三日からは、政府の合意のもとで、公社が定めることになった[78]。最終的には、最初の一年に関しては国家が定め、二年目からは公社が定めることになった。

農業党は、不作の結果、一九三四年の小麦の世界市場での価格は二百コルナから二百二十コルナになるとして、小麦の価格として二百二十コルナを要求したが、国民社会党系の『チェコの言葉』紙は、これは破滅的な結果を招くことになる要求だと非難した。[79] まず、工業部門の賃金を引き上げなくてはならなくなり、首相があれほど熱心に推進したコルナ切り下げの効果がなくなってしまう。また、高価格によって、消費者が米やジャガイモに消費を移し、穀物の消費が減少することも考えられ、これでは結局、農業者のためにもならない。『チェコの言葉』はこの二点を指摘して、反対した。

結局、小麦の価格は百七十コルナから百九十コルナと合意された。[80] 国民社会党系の『夕刊　チェコの言葉』は、合意後も農業党の大農場主の元来の要求額は二百コルナとさらに高かったことを強調しつつ、交渉によって引き下げられたこの価格でも、例えばユーゴスラヴィアの六十五コルナに比べてかなり高額であり、消費者を犠牲にするものだと非難した。また、連合与党間の妥協を図るため、穀物専売制の継続期間は農業党が元来少なくとも十年を希望していたのに対し、最終的には経済の見通しの困難さを配慮するとして三年になった。[81]

具体的な経済的利益的争点は以上のように連合与党間で妥協がなされ、穀物専売制は一九三四年七月十三日に授権法に基づく政令として公布された。[82]

穀物専売制と各党の経済・社会体制構想

(a)　穀物専売制導入に対する社民党の反応

以上のようにいくつかの争点はあったものの、『人民の権利』の記事から判断すると、社民党は原則的には穀物専売制の導入に理解を示し、農業党と共に国民民主党の攻撃に対して穀物専売制を擁護していた。その理由の一つは交渉のプロセスに見出せる。

穀物専売制の交渉過程はこの二つの新聞では明らかではない。なぜなら、第一共和国の連合政党間交渉の暗黙のルールとして、合意が完成するまでは、交渉の過程を新聞は公開できなかったからである。「共和国にとっての難しい試錬」という記事の中で、『田園』の記者は「これは、我々農業党の記者にとって、難しい試錬であった」と述べている。[83] 十週間にも及ぶ穀物専売制の交渉の間中、読者に情報を提供できなかったからであり、それは合意が困難で破綻する可能性もあったためである、という。

そのため、我々が見ることができるのは同意の結果のみである。しかし穀物専売制は、授権法に基づく政令によって導入されたとはいえ、農業党の強制的手法で実現されたのではなく、長期にわたる消耗する交渉の果てに実現されたということは重要である。

この交渉の過程で、社民党も農業党から妥協を勝ち取った。麦粉や製粉製品は穀物公社の専売対象に入らなかった。専売制は大半の穀物と飼料を統制するが、麦粉の販売は自由である。『人民の権利』はこの措置は消費者政策の勝利とみなせるとした。なぜなら、「麦粉価格を固定化することで消費者は少量を買うのに、競争状況に基づいたときよりも高価格に甘んじなければならなくなるからである。[84]」一方、『田園』はこの点を大きな欠点とみなし、大文字で「麦粉の専売制のほうが食糧供給を確保し、麦粉を安価にすることができたのに」と断定した。[85]

社民党が穀物専売制について積極的に評価した第二点は、消費者協同組合が、社民党を代表して交渉に参加し、穀物公社の運営委員会にも参加することである。運営委員会は、農業協同組合を代表する中央協同組合、消費者利益を代表する中央消費者協同組合、製粉業同盟、穀物販売者連盟の四集団の代表から構成された。メンバーは中央協同組合から八名、その他の組織から各四名であった。農業党を抑えられるか確実ではないとはいえ、運営委員会のこの構成は興味深い。

穀物公社の副委員長に就任した、中央消費者協同組合長のエミル・ルスチク（Emil Lustig）は、消費者が代表されていることを重視していた。穀物専売が導入される約一ヶ月前の六月十七日、ルスチクは『人民の権利』紙上で、穀物専売制導入に際して、例えばパンや麦粉の価格が消費者にとって手の届く範囲であることなど、幾つかの条件を提示し、「消費者世論は現在のところ、農業生産保護には現行措置で十分という意見である」と述べた。[86] しかし、「政府がより高次の集中的組織の必要性を確信するに至るのであれば、消費者協同組合運動が、消費者層の重要な組織利益を直接擁護できるように、実施される組織の内側で改善要求をするのは当然のことである」と続けた。

一ヶ月後、ルスチクは同じ経済欄に「穀物専売制と民主主義」と題する記事を寄稿した。[87] 国民民主党党首ホダーチが、穀物公社には経済アクターが平等に経営参加しておらず、二つの農業党と社民党に結びついた団体の経営体であると批判したのに答え、ルスチクは、国家の利益は、まず第一に農業生産者と農産物消費者の利益によって代表されるのであり、決して販売者や製粉業者の利益によってではない、と主張した。それに加え、工業カルテルでは消費者要素はこれまで代表されたことはないとし、「消費者協同組合はチェコスロヴァキア穀物公社に、消費者保護を求めている」と強調した。

他方運営委員会の最初の会合で、ルスチクは「法律で農業生産物に一定価格を保証することによって、消費者の損失で農業者の物質的立場を改善することになり、消費者は大きな犠牲を払うことになる」と述べた。[88] 同じく社民党に結びついている大組織でありながら、時には党指導部とは意見を異にするチェコスロヴァキア労働組合連合中央評議会も、穀物専売制への意見を表明した。[89] 中央評議会は、穀物経営の改善の努力を考慮する際、専売制の運営に「消費者と被用者の共同行動、共同決定が保証されるように」と強調した。

これらの記事から次のことがいえるだろう。社民党は消費者の生活状況を悪化させる麦粉やパンの価格引き上げにつながりかねないこの措置に対し、完全に賛成したわけではなかった。しかし、もし穀物専売制が不可避であるならば、積極的に専売制の経営に参加し、消費者の利益を擁護したいと考えたのである。この点で、社民党の立場は野党国民民主党の態度と原理的に異なっていた。

もちろんこの社民党の態度は連合与党としての立場、パートナーの農業党との関係と関連していた。社民党は専売制導入前に投機によってパンの価格が上昇したときに、このパン価格の上昇は投機家によるもので、農民は一ハレーシュも得していないと主張し、政府の時宜を得た措置を強調した。[90] そして、「共和国の全市民は一度ならず農業階層の必要性への理解を示した。特に労働者は、労働者の運命は農業者の運命と分かちがたく結びついていると意識している。」と続けた。

また、穀物専売制の受け入れを肯定するもう一つの理由付けとして、穀物専売制を経済の計画化の第一歩と見る見方も現れた。『新しい自由』は、穀物専売制を「わが国の国民経済の重要部分の一定の計画化を意味する」と評価し、「農作物価格の安定化によって、農民だけでなく、よい意思をもって運用されれば消費者を投機から保護することにもなる」と評価した。[91]

以上のように、社民党が穀物専売制を受け入れる理由として強調したのは、穀物専売公社に社民党系の消費者代表が加わることであった。このように決定機関に社民党の代表が加わることを社民党は最も重視していた。

(b) 国民社会党の転換

穀物専売制導入をめぐる対立は、このような具体的争点に加え、各党の経済、社会体制構想の違いをも浮き彫りにさせた。

国民社会党は、前述のように一九三〇年、一九三一年には自ら穀物専売制を提案したことからもわかるように、元来は専売制に賛成であった。しかし、国民社会党は直接国家が専売制に参加する形を希望しており、農業党の中央協同組合と、社民党の中央消費者協同組合が決定的発言権を持っているホジャ案には強い不満を持った。[92] 国民社会党は、社民党のように大経済団体を背後に持たず、団体自治の形をとった穀物公社案では発言権を奪われてしまうのである。

チェコスロヴァキア人民党も、農業党が中央協同組合を通じて穀物公社を支配し、人民党の勢力基盤であるモラヴィアの農村に食い込みを図るのではないかとの警戒を示していた。[93] さらに、野党国民民主党の『国民新聞』も、穀物専売制は農民が得をするのではなく、農業党の中央協同組合と、社民党の中央消費者協同組合の二つの団体を

利するものだと批判した。(94)

恐らくこれが理由で、国民社会党はこの穀物専売制案に対して、関係新聞である『チェコの言葉』上で政府の交渉の間中、連合与党としては異例の非難キャンペーンを展開した。(95)『チェコの言葉』は、今回の穀物専売制案は大農場主に有利であり、恐慌に最も苦しむ貧しい小農を救済することにはならないと主張した。チェコスロヴァキアの七〇%以上の農民は五ヘクタール以下の土地しか持たず、売却に充てる穀物はほとんど栽培していない。そのため、穀物専売制によって利益をうることはない。それどころか、小麦や飼料を買うときには、消費者と同様に犠牲を被ることになる。この専売制によって、利益を得るのは大農場主のみであり、不況に苦しむ都市勤労民衆や農業労働者は、大農場主のために犠牲を払うことになる。そして、国民社会党は小農救済の意欲は持っているが、この専売制案には賛成できないとし、全体のためを考えた穀物専売制を導入すべきだと主張した。

しかし、国民社会党は穀物専売制政令の公布がほぼ固まった七月十日の『夕刊　チェコの言葉』以降、この政策のイデオロギー上の意義を強調することで穀物専売制支持の立場を明確にした。(96)「労働と賃金に対する権利」と題する記事において、穀物専売制の出現は社会政策の路線上の急進的な転換を意味するとし、次のように述べた。

「穀物専売制を評価する際に、これまで注目が十分払われてきたとは言えない重要な点を見落としてはならない。農業者として、我が国ではまったく新しい社会的タイプが現れることだ。農業労働に対して、安定した、前もって定められた変化しない対価が保証されることによって、農業者は我が国の社会状況のなかでは、まったく新しい立場を手に入れることになる。それは、長らく全勤労人民の望みだった立場である。農業者は、我が国の勤労階級の中で第一番目に仕事の対価を前もって知ることができるようになる……。穀物専売制は農業者に、仕事の成果は前もって決められた安定価格で報いられ……リスクが取り除かれるという保証を与える。……農業者は、我が国では前例のない社会的保証を手に入れる。つまり、いかなる時も、仕事や適切なその対価を奪われないということである。

社会主義の観点からは、このような新しい社会的タイプの形成は、まさに革命的な出来事である。これは、新たな社会秩序への決定的一歩である。なぜならば仕事への権利と有益な仕事への適切な対価の権利を認めることは、当然ながら勤労人民の一階層にのみ認めることはできず、他の階層にも同じ権利が生じるからである。……今日すべての勤労人民が農業者にユニークな社会的な考案の成功を願うなら、それは、労働者、被用者、職員、商工業者もまた仕事の保証、賃金、給与、対価の保証に対する完全な権利があるという確信を持っているからである。賃金や給与を適切な生活に応じた水準で安定化させれば、共和国の堅固な経済生活、政治的平穏に貢献するであろう。」

このように主張し、勤労者に仕事とその対価を保証する新しい経済秩序の第一歩として穀物専売制を評価したのである。十四日の『チェコの言葉』でも、この主張を繰り返し、現代的な経済は計画、統制されなければならず、社会的経済的弱者を倒す経済的自由のアナーキーは破壊されるべきであると述べた。また、統制は一つの階層に限ることはできず、この現代的な経済潮流は他の部門、工業生産にも持ち込まれなくてはならず、また保護は賃金、給与にも適用されなくてはならないと主張した。そして、農業党と社民党に、この発展方向に向けて進むことを希望した。[97]

(c) 経済統制の第一歩としての評価

このような経済統制の第一歩としての評価は、フラトに近いニュー・リベラリズム系の『リドヴェー・ノヴィニ』や『現在』、非マルクス主義左翼系の『国民解放 *Národní Osvobození*』で既に示されていた。

経済への国家介入の観点からこの問題の重要性を指摘したのは、『リドヴェー・ノヴィニ』である。農業者も消費者も保護できるような価格のコントロールが行えるかどうかは、計画経済の試みの持つリスクを示していると し、社会的に重要な意味を持つと指摘した。そして、この側面は注目されていないものの、穀物専売制の試みは、国家の介入主義、経済エタティズム、あるいは集団主義への方向性を決定的に強めることとなると述べた。[98]『リドヴェー・ノヴィニ』編集者のズデネェク・スメターチェク (Zdeněk Smetáček) は、『現在』に寄せた「農業党に注目しよう」と題する記事の中で、穀物専売制を統制経済の出発点とみなし、農業党がプロレタリアート政党と共に反自由主義の立場に立ち始めたことを高く評価した。[99]

また、『現在』でグトヴィルト（V. Gutwirth）は、天候や相場に収入を左右されてきた農業者に対し、穀物専売制は労働に対して適切な報酬を保証するものであるとし、私的所有の経済システムに介入する、土地改革に続く重要な一歩であると評価した。ここでは国家は農民の労働の立場に立ち、自由な経済力の相互作用から独立に、農民にその労働に対していくらいくら報酬を得ると保証する。これは、社会主義者の手法を農民が自らに適用したものだともいえる。農業党はここで国家は社会的弱者を援助しなくてはならないという原則を実現した。グトヴィルトは、もちろん農業党は農民のことのみ考えているが、農民のみが今日の経済システムの中で弱者かどうかは別の問題であり、国家は社会的弱者のために介入すべきであるという原則は他の人にも許されうると農業党が気づく必要があるだろうと主張した。[100]

また、『国民解放』紙は、穀物専売制に対して、一貫して肯定的な評価を示してきた。「専売制は、農業者に適切な販売価格を保証すると同時に、消費者も食料品価格の高騰から保護するものである。また、穀物専売制は高度な組織化、いわゆる計画経済を意味する。これは、農業経済を、収益を上げうる安定価格を維持する目的で中央集権的にコントロールするものである。穀物専売制は農業者が競争や投機にさらされる今日の状態からの進歩である。この点で国民の大きな一要素である生産者が計算可能となり、生産物に対して得た適切な対価で工業製品を購入できるようになることは、公共の利益である。[101]」このように述べて、社会、経済の統制化、組織化というイデオロギー的側面から穀物専売制を支持したのである。

そして、一年間で、三十一の法律と政令が農業者保護のために出されている現実を見ても、農民は、他の階層、特に勤労者階層が農業の状況に十分理解を示していないとは非難できないと述べた。「農業者の要求に対する社会主義政党の支持を、農業党の指導者は重く見なくてはなるまい。このお返しに社会主義政党の社会的要求の実現、労働機会の拡大の努力を支持しなくてはならないだろう。相互〔原文太字〕協力こそ永続的な価値を持つのだ。[102]」とし、農業党は、社会主義政党の要求に対して、社会、経済体制構想の上からも、相互性という点からも協力すべきであると強調した。

国民社会党の『チェコの言葉』も『国民解放』も、賃金、給与、年金の削減によって苦しむ消費者を食品価格高騰から守ることの重要性を強調し、それを穀物専売制承認の条件とした。大農場主の要求を引き下げ低価格を認めさせた点を強調し、政府は麦粉とパンの価格を現状に止めるとの内相ヨゼフ・チェルニーの約束を重要視した。また、国民民主党の批判に対しても、コルナ引き下げのとき国民民主党は政府を離脱し、物価が高騰するとのキャンペーンを行ったが、そうはならず、政府は物価維持に成功したとし、今回も政府は成功するだろうと述べ、それも穀物専売制受け入れの大きな動機になったことをうかがわせる。

社民党については、社会・経済体制構想上の理由を挙げて承認している点に注目すべきであろう。具体的経済利益の対立は数字の上げ下げによって、妥協点を見出した。しかし、そのような単なるプラグマティックな妥協ではなく、新しい経済、社会体制の必要性という理論的な一致で、社会主義政党と農業党を結び付けようとしたのである。

(d) 生産手段の集団化なき国家社会主義

一方、野党の国民民主党の『国民新聞』は、農業の収益性回復のために健全な協力をすることにはやぶさかではないと強調しつつ、しかし、国家はすべての階層の経営の収益性を保証するわけには行かないと述べた。[103] 工業、商業、商工業者など経営層すべてに収益性を保証することができない以上、農業者にのみこれを保証することはできないというのである。『国民新聞』は、穀物専売制は生産手段を集団化していない点のみ違う、国家社会主義であり、農民は土地や生産手段の私的所有にこだわっているが、両者は両立しないと述べ、国家によって収益性を保証するのではない援助方法を考えなくてはならないと主張した。

また、国民民主党は、穀物専売は農業党の中央協同組合と社民党の中央消費者協同組合を助けるものであり、普通の農業者にとって利益はない上、労働者や公務員は生活必需品の値上げで困るようになり、労働者、工業にとっては高くつくものであると批判した。(104) 以上のように主張して、国民民主党は穀物専売制に反対した。

穀物専売制導入の意味

このように、農業党と社民党における経済への国家介入についての基本的合意が穀物専売制の導入を可能にした。金融財政政策の方向転換によって、国庫支出の削減問題が大きな争点にならなかったことも、穀物専売制の導入時の農業党と社民党の対立を和らげた。

ここで、国民社会党、あるいはニュー・リベラリズム系の理論誌は、穀物専売制を労働者、工業をも含めた経済の国家管理、計画化への端緒とすべきであると指摘していたが、農業党や社民党は穀物専売制導入の時点では、その点を考慮していたわけではなかった。

農業党の専売制導入の目的は農業者の利益保護であり、農業者の収益性を保証することが、国家全体の経済状況の改善につながると主張していた。社民党は、専売制に社民党系の消費者組合の代表が参加することを重視し、経済決定への労働者の参加の仕組みとして評価した。

次の項では他の社会経済政策を通して、農業党と社民党の両者の関係を検討していきたい。

二　社会経済政策

社会保険改革

一九三四年春の政策課題の一つに、社会保険法の改正問題があった。

既に一九三三年の前半には、経済危機の影響で支払超過に陥った保険機構の救済が切迫した課題となっていた。[105]危機的な状況になったのは、鉱山共済基金の保険と労働者疾病保険である。[106]中でも被保険者が二百六十万人を超える疾病保険は、経済危機によって収入が減り、給付金に比べて掛金が少ない低い等級へと移行する労働者が急増したために、積み立て基金が枯渇してしまった。労働者疾病保険と労働者廃疾・老齢年金を監督する中央社会保険機構は、一九三一年から委員会を設置して社会保険法改正の検討を始めていた。[107]制度を実際に運用することで判明する問題点の解決がそもそもの目的であったが、次第に疾病保険の救済が改正の一つの柱となった。

委員会は、雇用者、被用者が比例代表され、それに専門家が加わる構成であり、専門家委員会とよばれた。この委員会で掛金は引き上げず、給付金の引き下げによって疾病保険を救済することが合意された。委員会の提案を受けて、議会の社会政策七党委員会（Koaliční sdma sociální）と内閣の社会政策閣僚委員会（sociální komise ministerská）がこの問題を含め社会保険全般の法律改正を協議したが、[108]一九三四年の一月には疾病保険問題に関しては専門家委員会の提案がこれらの委員会でもほぼそのまま受け入れられる情勢となった。

これに対して労働組合はいかなる保険の条件悪化も認めないとの声明を発表したが、これはまったく顧みられることはなかった。それにもかかわらず社会保険改正の協議が半年近くもつれたのは、政治協議の段階になって農業党が思いがけない問題を提起したためであった。[109]

農業党はこの際、農業雇用者を代弁して農業経営の社会保障負担金を削減するよう要求し、具体的には、季節農業労働者を労働者廃疾・老齢年金の義務的対象から外すこと、保険対象農業労働者に関しても保険金支払い額を引き下げることを求めた。さらにこの削減分を、中央社会保険機構に国庫から補填するよう要求したのである。

これに対しては各党から変更要求が相次ぎ、季節農業労働者の保険からの排除については、これを期間を限った一時的なものにするよう求めた。また、保険金引き下げについては、農業党が低い二階級についてそれぞれ週一・三〇コルナ、二・四〇コルナに引き下げ、二千九十万コルナの削減を提案したのに対し、ドイツ社民党は、最低限一・八〇コルナ、三・〇〇コルナを要求し、削減を千百八十万コルナに抑えるよう求め、対立した。

結局一九三四年の六月二十五日、授権法に基づく政令によって社会保険改正が行われた。[110] この改正では、まず労働者疾病保険に関して、給付削減によって保険機構の財政救済を図った。削減は、①給付受給待機期間を二日から三日に延長する、②給付開始後一定期間後（保険金により十四日ないし九十日）は、給付金の額を引き下げる、③家族受給者の範囲から同居の兄弟、甥、姪、祖父母を除外する、の三措置によって行われることになった。

他方、財政状況が良好な労働者廃疾・老齢年金に関しては、未亡人年金受給資格年齢の引き下げの他、保険制度開始時には既に労働歴を持っていた労働者に対し、年齢に応じて給付資格を割り増す措置が取られるなど、制度の改善が行われた。

しかし、その一方で季節農業労働者は、臨時に二年間、労働者廃疾・老齢年金から排除されることになった。常勤の農業労働者（生活をこの農業労働に依存、三ヶ月以上雇用、一ヶ月に十六日以上の労働の要件を満たすもの）に関しても、最も低い二つの等級の保険金を大幅に減額し、[111] 不足金額は中央社会保険機構に対して国家が月百十万コルナの補填金を支払うと決められた。

この社会保険改革では次の三点が重要である。第一に、社会保障の観点からは、労働者廃疾・老齢年金の改善がなされたものの、労働者疾病保険の給付水準が引き下げられた。また、季節農業労働者の労働者廃疾・老齢年金からの排除は期限付きとはいえ、明らかに社会保障の後退であった。第二に、さらに農業党の要求によって、農業労働者の保険金が大幅に減額され、不足分を国庫から補填することが決定したことは、農業党の党派的利益を、国庫負担の増大もかまわず押し通した結果であった。第三に、政府は元来、一九二四年の「疾病、廃疾、老齢の際の被用者保険に関する法律」を改正する法案を議会に提出し、法律によって改正する予定であった。しかし、労働者疾病保険の清算が猶予ならないことを理由に、改正が七月一日までに公示されるように、授権法に基づき六月二十五日に政令で改正が行われた。[112] その二日後に政府は下院に社会保険改正法案を追加的に提出し、簡単な審議の後採択されるという手続きが取られた。

社民党と農業党の反応

これらの点に関して、社民党はどのような態度を示したのであろうか。

社民党の機関紙『人民の権利』は、この改正を「改善」と呼ぶことはできなかったが、公式には、労働者廃疾・老齢年金の改正は労働者に有利であることを強調し、全体として受け入れる姿勢を示した。労働者疾病保険の改革に関しても、「治療を維持し、改善するために必要」として、理解を示した。

これに対し、プラハの工場の活動家が、チェコスロヴァキア労働組合連合に組織された労働者を代表して、七月二日に行われた集会で「待機期間の延長、給付の削減、農業労働者の廃疾・老齢年金の改悪」に対して抗議した。(113) しかし、労働組合の反対は党に受け入れられなかった。

社民党のメディアのなかでも、青年層の改革派の集まる理論誌『新しい自由』では、労働組合の要求がまったく取り入れられなかったことを批判し、農業党の要求が受け入れられ、農業労働者の保険金が引き下げられたことに関しては「ブルジョワ政党の階級的、自己中心主義の産物」であり、労働者にとっても農民にとっても大きな不正であるとした。(114) しかし、このような意見は党内で影響力を持つことはできなかった。

『人民の権利』が懸念を表明したのは、農業労働者の保険金引き下げに関してのみであった。『人民の権利』はこのような措置の要求に至った農業生産者の危機に対して理解を示しつつ、例えば農村の鍛冶屋は助手に農家よりもずっと高い保険料を負担しなければならないなど、農業以外の事業との間の不均衡を指摘した。(115) しかし、この措置に関しても改正どおり二年間の臨時措置に止め、延長されることのないようにと強調するに止まり、社会保険改正を全体として受け入れた。また、労働者疾病保険の給付水準引き下げに関しては、財政上の必要性に加え、決定方法の公平性を重視して、これを擁護した。中央社会保険機構の専門家委員会には労使の代表が比例代表されており、そこで決定したという手続き面の正当性を強調したのである。

興味深いのは、社民党からはこの改正が授権法による政令で実施された点に対する批判がまったくなかったことである。上記のプラハ工場の活動家は、この導入手法に関しても抗議していた。しかし、『人民の権利』は、労働者疾病保険の危機的な財政状況を考慮し、この方法の必要性に理解を示した。『新しい自由』もこの点を批判してはいなかった。

それに対して、野党国民民主党の『国民新聞』は社会保険改正を授権法に基づく政令によって公示した二日後に下院に法案として提示されたことに、不満を表明した。[116] 検閲による大幅な削除のため国民民主党の批判点は判然としないが、下院が授権法による政令に法律としての外観を与えるためだけに利用されること、連合与党の議員が黙従していることを強く批判した。

社会保険改革はそれまで授権法で実施された措置のうち最大のものであった。授権法による政令という手段が使われたことに対する反対が、この決定過程から排除された野党国民民主党からしか出てこなかったことから、授権法は社会主義政党にも容認されていたとみなすことができよう。

この政策に対する農業党の反応は最小限しかない。社会保険改正についてのコメントはほとんど見出せず、小さな記事で農業に関連する範囲のことが書かれているだけである。農業労働者の立場に関しては、農業党と社民党は対立せざるをえなかったが、『人民の権利』は注意深く農業党への攻撃を避け、農業党はこの改正を農業にとっての成功と評価したのみであった。

他の社会政策

社会保険改革は、与党連合を維持するために社民党が労働者に対して不利な政策を受け入れた側面が強い。但し、一九三四年前半には、他にいくつか社民党にとって有利な社会政策も実施された。[117]

たとえば一九三四年四月二十日に、工場操業中止、大量解雇に対抗する措置と、解雇期限の修正に関する政令案が採択された。[118]『人民の権利』はこの政令案を評価し、「これは重要な、多くの被用者にとって有利な措置である」と書いた。そして、この政令案を作成した社会保障相のマイスナーの功績に注意を促し、「全被用者労働組合の要求に対して可能な限り応えた」と述べた。[119]

同じ週に閣議は三つの青年連帯労働キャンプ設置とその他の経済措置に関する政令も採択し、このことを『人民の権利』は、「政府の仕事にとって成功の一週間であった」と評価した。[120]これらの処置は授権法に基づく政令によって実施されたが、その点に関しては、社民党から問題視する声は上がらなかった。

私企業職員に関する二つの法改正に関しても肯定的な評価を見出せる。私企業上級職員年金保険改正は『人民の権利』によって歓迎された。なぜなら、「この実現は年配の被保険者のみに利益を与えるのではなく、社会年金の導入によって、失業者の数を減らすことによって公共の利益になる」とした。

社民党のクライン（Robert Klein）は私企業職員統一連盟の書記長であり、下院の社会政策七党委員会で私企業職員法の改正に従事した。[121]私企業職員の労働条件の保護に関する法律の採択に際し、クラインはこの法律は商業補助員法（一九一〇年施行）の大改正であり、被用者にとって解雇期限や休暇の改善など多くの利点がもたらされると述べた。『人民の権利』はこの法律の改善に際して、クラインや社民党議員が活躍したことを強調した。

『田園』にはこれらの社会政策に関する記事や、工業や工業労働者に関する記事はほとんど見つけることができず、農業党が農業以外の政策に対して無関心であり、農業問題にのみ集中していたことが伺える。

三　経済介入手法をめぐる合意

以上本節では、一九三四年の夏期休暇前に実施された穀物専売制と社会保険改革、その他の社会政策を取り上げ、そこに見られる経済、社会政策への国家の介入とその手法に関する農業党と社民党の姿勢を検討してきた。

社民党は連合政党の堅い協力を強調した。[122] 連合維持の必要性は、社民党が社会政策を肯定的に評価した理由の一つであっただろう。他方、農業党は農業経営の採算性を経済状況全体が改善するための基礎と考え、農業政策への協力をほとんど当然とみなす側面もあった。[123]

他方、社民党はマリペトル政府の社会経済措置の導入方法に反対ではなかった。議会のイニシアティヴ不足に時折不満を見せつつ、関係機関と政府の間で本質的な交渉が行われる方法を積極的に受け入れ、この措置の実施が政令によってなされるか、法律によるかは考慮しなかった。

例えば社会保険改正案は、中央社会保険機構の専門家委員会に、被保険者と雇用者の代表が参加して考案し、政府は大枠においてこの提案を受け入れた。[124] 政府の年金保険法案も被保険者と雇用者の代表の合意に基づいて作成された。週四十時間労働への労働時間短縮は導入されなかったが、被用者労働組合中央、工業家中央連盟、政府の代表による交渉が何度も開かれた。

社民党にとって、党の代表がこの交渉に参加できなければそのことのほうが、より問題であった。例えば社民党は全国農業諮問委員会の構成に対し、一方的であると抗議し、社民党の参加を「誠実な民主主義」のためにとして求めた。[125] 社民党の穀物専売制に対する肯定的な態度は、この観点から説明することができる。

さらに社民党は国家の介入と新しい経済制度の必要性に賛成しており、この点で農業党と一致していた。社民党のヨゼフ・スチヴィーン (Josef Stivín) は『人民の権利』のなかで、経済秩序は世界恐慌の間に大幅に変化したと述べ、「自由主義の没落の後、……我々は新しい経済形態に向かって急ぎつつある」と続けた。[126] ここで、労働者階級の政治的力を、農業者や工業者のように統一する必要性が強調されていることは興味深い。スチヴィーンは新しい経済形態を、組織利益間の交渉を基礎に考えていたと思われる。この問題は恐らく上に述べた社会経済措置導入方法と関連するであろう。

農業党の側には、社民党の要求する、工業分野での新しい経済システムへの理解は見られなかったが、農業党と社会主義政党の間で、国家の経済への介入と、その決定への組織された農業者や労働者の参加の必要性が、政策の合意形成の方向性を決めたことは重要であろう。

第七章　「農民と労働者の民主主義」

――ネイションの一体性か、部分利益連合か

第六章で見たように、チェコスロヴァキアの部分妥協の政治を革新する要求が、さまざまな政治集団から提起される一方で、デフレの束縛を脱した「赤緑連合」政権の農業党と社民党は、経済的自由主義からさらに離れ、穀物専売制に見られるように国家の経済介入に踏み込み始めた。その一方で、ネイションの共同体は部分利益の連合に解消しえないとし、その一体性を強調する主張も次第に強くなっていった。

本章では、まずネイションの一体性を主張する政治勢力の伸張を確認し、それと農業党、社民党の部分利益連合の政治との関係を、一九三五年の選挙を中心に分析する。

第1節　ネイションの一体性

ネイションの一体性を主張する政治勢力は、ドイツ人社会とチェコ人社会の双方で成長していった。第1節ではまず、この動きを順次見ていきたい。

一　ズデーテンドイツ郷土戦線

一九三三年秋にドイツ系の二政党が解散されたのと同時に、新しいドイツ人の政治運動であるズデーテンドイツ郷土戦線（Sudetendeutsche Heimatfront、以下、郷土戦線）が成立した。

二政党の解散と郷土戦線の成立が同時であったために、郷土戦線はこれらの政党、特にDNSAPの後継組織であり、ナチス・ドイツと結んでドイツ人居住地域のドイツへの合邦を意図していたとみなされることがある。しかし実際には、郷土戦線はDNSAPとは異なる性格を持ち、共和国に対する姿勢も独自のものであった。本項では、郷土戦線の成立過程、主張や支持層、他の政党との関係を分析し、郷土戦線の特徴を明らかにしていく。

DNSAP、ドイツ国民党主導の再編の試み

ヒットラーの政権掌握の影響を受け、チェコスロヴァキア内のドイツナショナリスト政党の間ではドイツ系政党の組織をまとめる動きが現れ、ズデーテンドイツ国民評議会（Sudetendeutscher Volksrat）や民族戦線（Volksfront）の形成が一九三三年春から秋にかけて試みられた。[1] これまでのドイツ系政党や組織に使われてきた「ドイツ」という表現に代わり、「ズデーテンドイツ」という言葉が、[2] チェコスロヴァキア共和国内のドイツ系住民全体を指す表現として用いられ、「ネイション（Nation）」ではなく「民族（Volk）」という言葉が利用されている点に、ナショナリスト政党の変質がうかがえる。

これらの組織は、チェコスロヴァキア当局から抑圧を受けたDNSAPを、新しい組織の傘下に入れることで、擁護することも目指していた。民族戦線にはドイツ国民党、DNSAPに加え、ドイツ商工中産党やDAWGも参加を決めたが、[3] 与党のドイツ社民党と農業者同盟はすぐに参加を拒否し、野党のドイツキリスト教社会党も参加を断った。また、参加を表明した政党も、自党の組織を解散する動きは見せず、既存政党の再編によって、DNSAPを当局から擁護し、「ズデーテンドイツ人」を代表する組織を作る試みは成功しなかった。

シュパニスムの僚友団とヘンライン

これらの動きと平行して、別個に試みられたのが、ドイツ体操団体（Deutscher Turnverband）のコンラート・ヘン

ライン（Konrad Henlein）を中心に、既存政党の外に新しいドイツ人組織を形成する動きである。その中心となったのは、シュパン（Othmar Spann）の政治思想であるシュパニスムに基づく僚友団（Kameradschaftsbund）という組織であった（Kural 1993, 121）。

シュパンは、主著『真性国家（*der wahre Staat*）』（1921）のなかで、自由主義とマルクス主義を共に乗り越えることを主張し、階級対立を乗り越えるために中世に範を得た職能身分制の導入を提唱し、ネイション問題に関しては、神聖ローマ帝国をモデルに、中欧におけるドイツのヘゲモニーを主張した[4]。シュパンは第一次大戦後ウィーン大学の政治経済学教授となったが、戦前はブルノの工科大学で教鞭をとっており、チェコスロヴァキアのドイツ人にも強い影響を与えていた。

一九二五年、シュパンの弟子ハインリヒ（Walter Heinrich）らによって、ライヘンベルク／リベレツに社会科学行動サークル（Arbeitskreis für Gesellschaftswissenschaften）が設立され、これが一九二八年には僚友団に再編された[5]。僚友団の指導部は、オーストリアから五名、ドイツから二名、チェコスロヴァキアから八名の十五名で構成された。エリート主義に基づくため、メンバーは約二百名から四百名と限定的であったが、チェコのドイツ人社会のナショナリスト政党や農村団体などの大衆組織の指導部に浸透し、影響力を持った[6]。

中でも重要な位置を占めた大衆組織は、僚友団の指導部が関わったドイツ体操団体であった。体操団体は建築家のルタ（Heinz Rutha）の貢献のもと、千百の地域組織と十八万のメンバーを擁するまでに成長した。シュパンの弟子ブラント（Walter Brand）も政治教育を担当した。

しかし体操団体で中心人物となったのはヘンラインであった[7]。職業は銀行員であったが、もと勇敢な「前線兵士」として、伝統的な体操協会を体操団体に変え、指導者原理、ドイツ民族共同体（Volksgemeinschaft）のイデオロギーやアーリア条項まで導入し、軍事教練的要素を含んだ体操によって、ドイツ人の強化を目指した（Kural 1993, 121）。劇的な演出を凝らした公開体操集会で注目を集め、人気を博すようになり、特に一九三三年夏のザアス

(Saaz/Žatec）での公開体操大集会は彼のキャリアのうえで決定的になり、郷土戦線の結成へとつながった。

郷土戦線の設立

民族戦線による既存政党の糾合の試みが失敗する一方、共和国政府による政党解散が迫り、ＤＮＳＡＰとドイツ国民党の指導者は、ザアスの公開体操集会で成功したヘンラインに接触し、ズデーテンドイツ人の政治団体を設立し、解散される二政党の受け皿となることを求めた。

一九三三年十月一日、ヘンラインを指導者とする郷土戦線の設立が宣言され、半年で三百の支部、三万二千人の党員を数える大組織に成長した（Smelser 1975, 82）。解散した二党の党員の大多数もここに吸収された（Malíř, Marek a kol. 2005, 872）。

しかし、郷土戦線の設立は、ルタをはじめとする僚友団の指導部のメンバーを中心に実施された（Kural 1993, 121）。さまざまな大衆団体の指導層に僚友団のメンバーがいたことが、郷土戦線の組織づくりに役立った。郷土戦線の主張や指導層も、ＤＮＳＡＰよりも僚友団に近く、郷土戦線は解散させられた二政党の支持者を受け継ぎつつ、思想的には僚友団の流れに立つ、新しい大衆運動であるといえよう。(8)

郷土戦線の特徴は、チェコスロヴァキアに住むドイツ系住民の地域的な立場と独自性を強調し、「オーストリアドイツ人」と同じように、「ズデーテンドイツ人」は独自の「部族（Stamm）」であるとして、チェコスロヴァキア内における「ズデーテンドイツ人」の利害に焦点を置いている点にあった（Smelser 1975, 62）。(9) この点でも大ドイツ主義の立場に立ち、ドイツとの合邦に焦点を置くＤＮＳＡＰとは異なっていた。ヘンラインは、例えば一九三三年十一月の演説では、ズデーテンドイツ人がチェコスロヴァキア国家の一部となったのは運命だとし、それを最良の形で利用して、チェコ人との間である種の相互理解に達しなければならないと述べている（Smelser 1975, 82）。

また、郷土戦線はシュパニスムの影響のもと、政治体制としてはドルフス体制のような職能身分制を指向していると見られていた。郷土戦線が「党（Partei）」という言葉を避け、「戦線（Front）」という言葉を使っていることにも現れているように、郷土戦線は「全体」を重視する立場から、部分的な個別利益を代表するのではなく、ドイツ人全体をまとめる組織を目指していた。既存の「政党」政治への失望は、僚友団の中心人物の一人であるルタの次の発言に現れている。「我々の任務において、政党は眼中になく、ドイツ人のみを念頭においている。……青年の献身的で活動的な協力が、公共生活の再生に資する。ドイツ性への貢献のためにすべての道徳的精神的力を捧げたい（Kural 1993, 119）。」このため、郷土戦線は当初、「政党を捨て郷土戦線へ」というスローガンを掲げていた。

一九三四年三月には政党としての登録を行ったが、その際、ヘンラインが、郷土戦線の週刊誌『展望 *Rundschau*』で、「政党組織を元に作り上げられている政治に参加」し、支持者を獲得するために、「政党制度の廃絶を目指す政党として、やむをえず古い政党組織の衣をまとったまったく新しい政治組織として選挙に参加する」と述べているように（Klepetář 1937, 361）、共和国の部分利益を代表する政党とは性格が異なることを自任していた。

郷土戦線は設立後、長期にわたって綱領を明示せず、それが郷土戦線の性格への疑念を招くことにもなっていた。一九三三年の設立時には綱領はないとし、後には綱領は「民族共同体（Volksgemeinschaft）」の一言にまとめられると述べていた（Klepetář 1937, 364）。

ようやく初めて綱領を提示したのは、一九三四年十月、ベーミッシュ・ライパ（Böhmische Leipa）における集会においてであった[10]。この集会には十一台の特別列車で約二万人が参加し郷土戦線の勢いを示した。この集会で、ヘンラインは、チェコ政党の批判に答え、「我々はドイツ人であったし、ドイツ人であり、これからもドイツ人であり続ける。我々は大ドイツ民族の構成要素であると感じていることを公に認める。」と述べる一方で、汎ゲルマン主義と汎スラヴ主義はともに拒否し、現在のチェコスロヴァキア国家を現実として認める「国家構成勢力」であると宣言した。また、ズデーテン地方を戦場とするドイツとチェコスロヴァキアの戦争はありえず、唯一の可能性はネイションの共存の道を探ることであり、そのためにはチェコ人が国民国家のイデオロギーを捨てなければならないとし、具体的には、国家の一体性を維持しつつ、諸ネイションの自治を認めることを要求した。民主主義に関してはチェコスロヴァキアの民主的共和国としての国家形態を支持するとしたが、「しかし、我々は純粋な民主主義のみを望み、言葉で利用しつくされたものを望みはしない」と述べており、何を民主主義と考えるかについて含みを持たせた（Klepetář 1937, 364）。また、リベラリズムに対しては戦後の経験から敬意を持てないが、市民的自由の要素は新しい運動が発展するためにも必要であるとした。[11] 他の政治勢力に関しては、敵対するのは、社会主義者のみであり、労働者の固い組織は民族共同体の障害であると述べた。

以上のように、郷土戦線は「ズデーテンドイツ人の一体性」を強調する政治運動であり、部分利益を組織化する政党からなる共和国の議会制民主主義体制とは対立する要素を持っていた。しかし、ドイツ人社会を部分利益ごとに分節化して組織化する既存政党に関しては、社会主義政党は民族共同体の障害として敵視したが、それ以外の政党との関係はこの段階では明らかではなかった。そのため農業者同盟やドイツキリスト教社会党は、後で見るように、郷土戦線との協力の可能性も考慮することになる。

また、一九三四年末の段階では、郷土戦線はチェコスロヴァキア国家を承認し、その中でのドイツ人の結集を図るという意図を示しており、解散された二政党の大ドイツ主義とは距離を置く姿勢を見せた。[12] この場合、問題は国内に止まり、国際問題に発展しないという点も望ましいと見られた。また、市民的自由にコミットし、活動も合法的であり、総じて郷土戦線の登場は共和国の安定性にとってプラスであるとの評価が、チェコ政党の間でも存在していた。

二 「国民統一」の成立

「国民統一」の形成

一九三四年秋には「国民統一（Národní sjednocení）」が結成され、ドイツ陣営に続いてチェコ陣営にもネイションの一体性を主張する政治勢力の結集が見られた。これは、「国家構成政党」の一角である国民民主党がチェコ・ファシズム勢力と合同することによって実現され、チェコ社会の政党システムに大きな変化の可能性が生じることになった。

国民民主党の内部には、それまで、金融、工業家の利益を代表する経済部分利益代表の側面を重視するグループと、官僚や都市のホワイトカラー、学生層を中心にナショナリズムに主眼を置くグループが存在していた。通貨政策の転換までの国民民主党では、前者が、連合政治に不満を持つ後者を押さえていた。前年の一九三三年の国民民主党のブラチスラヴァ大会では連合政権の政治を批判する急進的ナショナリストグループが明白に敗北し、金融、工業家の利益を代表する商工銀行を中心とするグループが党内の主導権を握り、連合政権支持を固めていた（*Politická elita*, 92）。党首クラマーシュは高齢であり、党の実権を握りその路線をとったのは、工業家中央連盟書記長を兼ねるホダーチであった。

通貨政策をきっかけに政権連合を離脱した後、ホダーチは国民民主党内の急進的ナショナリストグループの支持を得て、チェコ・ファシズムの勢力と結び、国民民主党の党勢の回復を図ろうとした。具体的には、まず、一九三三年に党内主流派から追われた『国民思想 *Národní Myšlenka*』周辺のラヂスラフ・ラシーン（Ladislav Rašín）のグループの支持を獲得し、党の主張における国民主義的要素を強化した。それとともに、前章で見たように政権連合への批判の主眼も、通貨政策の批判から、農業党と社民党がそれぞれの職能身分利益と階級利益を重視し、チェコ・ネイション全体へ配慮していないという点に移っていった。

次にホダーチが取り組んだのは、チェコ・ファシズムの政治勢力との協力関係の形成である。病床にあったクラマーシュもこの試みに同意し、国民民主党は大きく路線を転換しフラト・グループとも、連合与党とも対立していった。ガイダの国民ファシスト共同体との交渉は不調に終わったが、ストゥシーブルニーの国民連盟とは、一九三四年九月、「国民統一」設立の合意がなされ、十月二十八日の建国記念日を選んで、「国民統一」が成立した。両党は各々独立を維持するが、共通選挙候補者リストをつくり、選挙後も共同会派を作る協定が結ばれた。[13]

国民民主党からは「国民統一」形成への反対から、多くの党員が離党し、その中には副外相のクロフタ（Kamil Krofta）も含まれていた。また、ヒチルら『民主中道』のグループも既に主張の上では国民民主党とは離れていたものの、形式的には国民民主党に属していたが、これをきっかけに正式な離党を考慮することになった。[14]

「国民統一」の主張

「国民統一」の主張の中心は、「ただネイションのみ！（Nic než národ!）」というスローガンに現れている通り、経済的国際的危機の中で、チェコ・ネイションの力を結集する必要があるという点にあった。『国民新聞』においてクラマーシュは、ネイションの力の結集は、「ヒットラーとムッソリーニの目覚しい成功が基礎であり、彼らのナショナリズムは我々に敵対しているものの、両運動は我々から見て同感できるものである。……フランスにも民主主義の精神を保ったままでフランスの再生を目指すナショナリスト運動が成長している。」と述べている。[15] ネイションの力の結集が政治体制にどのように反映されるのかについては、直接言及されてはいないが、『国民新聞』ではイタリアやドイツの政治体制が積極的に評価されていた。

その一方で、連合与党である農業党と社民党の政治に対しては、前章でも触れたように党派主義との激しい非難が浴びせられた。

郷土戦線と「国民統一」の共通性

郷土戦線と「国民統一」には共通点が多かった。両者とも党派的利益でネイションを分断する既存政党を非難し、ネイションの力の結集を促した。両勢力は、ファシズムとよばれることを嫌悪し、民主主義の原則に従っている点を強調するが、組織内には指導者原理を採用していた。『新しい自由』のフランタは、これをチェコとドイツの二つの「国家構成的民主的ファシズム（státotvorně demokratický fasismus）」とよび注意を促した。[16]

また、支持層においても共通点があった。チェコの「国民統一」はオストラヴァ周辺の失業者の多い地域でもっとも支持されており、ドイツの郷土戦線も恐慌の影響の大きい国境地域で支持を受けていた。

『新しい自由』は、ドイツ陣営における郷土戦線の活動が、チェコ側に対抗意識をかきたて、「国民統一」の運動に影響を与えていると見ていた。[17] 住民の間での対抗関係の高まりについて、『新しい自由』は、「郷土戦線のポスターは毎日破られているが、もう一度はり直される。夜の間にジーメンス社の明かりで無償で直されたドイツの破風の広告は朝までに再び壊されている。」と報告していた。[18]

このように、ドイツ・ネイション、チェコ・ネイションの双方におけるネイションの一体性を主張する勢力は相似形をなしつつ、競合しながら伸張していった。

第2節　部分利益諸政党の対応

一　政治変容の可能性

ネイションの一体性を主張する政治勢力の伸張によって、チェコスロヴァキアでは二つの点で政治変容の可能性が生じた。

(a) 政治体制変容の可能性

第一は、政治体制の変容の可能性である。「国民統一」は、チェコスロヴァキアのこれまでの議会制民主主義体制の作動方式である部分利益間の妥協に、明確に反対を表明しており、ネイションの力の結集という点において、イタリアのファシズムやドイツのナチズムの政治運動にも共感を示していた。(19) 具体的な政治体制の構想は明確ではないが、「国民統一」が大勝した場合、議会制民主主義の作動方法に大きな変化が起こることは避けられないと考えられた。郷土戦線も政党の党派主義への批判の点で一致していた。

(b) 政党システムの変化の可能性

第二に、チェコスロヴァキアの政党システムに変化が引き起こされる可能性が生じた。チェコスロヴァキアの政党システムの特徴は、チェコ人社会、ドイツ人社会、スロヴァキア人社会のそれぞれに複数政党からなる政党システムがあり、特にチェコ人社会とドイツ人社会には同じ部分利益ごとに分かれた政党が並行して存在していた。共和国において、ドイツ系住民の政党を通じた統合が一定程度可能であったのは、ドイツ系政党が同じ部分利益を持つチェコの政党と協調することで、政権に参加していたからである。

ネイション統合を組織基盤とする政治運動の出現は、チェコスロヴァキアの政党システムにとって大きな挑戦であった。ネイション統合政党が部分利益諸政党を圧倒した場合、チェコスロヴァキア共和国のネイションごとの分断が加速されることが予測されたからである。

選挙の接近

野党の立場に立った「国民統一」は連合政権との対立色を強め、選挙での決着を求めた。大統領選挙前の六ヶ月間は国民議会の解散、総選挙を行ってはならないという憲法上の規定があったため動きがとれずにいた国民民主党は、一九三四年五月二十五日に大統領選挙が行われてマサリクが四選を果たすと、選挙実施を求め世論に訴えていった。[20] 国民民主党は一九三四年の秋にも選挙が行われるよう求めた。郷土戦線も政党として選挙に出て住民の支持を問う姿勢を示した。

しかし、与党連合は、当初選挙を避け、これまでの政治を続けようとしていた。政府は国政選挙は任期が満了してから、つまり一九三五年秋に行う意向であった。[21] 経済状況が回復し始めていたため、これを待って選挙に臨むことも考慮していたのである。

「国民統一」は、いくつかの地方選挙で同党が大きな伸びを示したため、与党の「赤緑連合」が敗北を恐れて選挙を延期していると攻撃した。[22] 一方社民党も、地方選挙での支持拡大を報道し、対抗した。[23]

しかし、次第に連合側も、選挙を避けられなくなった。一九三四年十一月ごろには、選挙の接近の予測と共に、政党間のブロック形成が活発化した。選挙後の多数派形成を考慮しつつ、現与党の諸政党も含め、政党間で協力と対立の関係の確認、再検討が繰り返されるようになった。

その際、与党連合の社民党と農業党の連合戦略が鍵となる。次に、両党を一党ずつ取り上げ、前節で見たネイションの一体性を強調する二つの政治勢力とどのような関係を結ぶか、その他の政党との関係、および、二党相互の関係を分析する。

二　社民党の対応

「国民統一」、郷土戦線との対立

「国民統一」、郷土戦線に対し、明確に対立姿勢を示した主要政党は、チェコスロヴァキアとドイツの社民党のみであった。[24]

社民党は「国民統一」と郷土戦線の双方を資本家の政党と位置づけており、ネイション統合というスローガンは、資本家がナショナリズムを利用しようとしているだけだと主張していた。[25] したがって、社民党にとって「国民統一」もズデーテンドイツ郷土戦線も対立相手と位置づけることができた。実際、国民民主党と近いチェコスロヴァキア工業家中央連盟は、社民党の労働時間短縮や計画経済化の要求に対し、工業に対する足かせをさらに増加させ、失業者の吸収にとってマイナスであると批判しており、経済利害の点でも両者は対立していた。[26] チェコスロヴァキア社民党だけではなく、ドイツ社民党も同様に郷土戦線から距離を置いていた。[27] ドイツ人住民の間では、特に青年層の間に郷土戦線支持が拡大したが、ドイツ社民党では、青年組織のリーダーであるヤクシュ（Wenzel Jaksch）を中心に郷土戦線に対抗する立場を維持していた。これによって、チェコスロヴァキア社民党の立場も後に述べる農業党とは異なり、明確なものとなった。

社民党はオーストリアの職能身分国家には否定的であり、ラトヴィアの体制変動についても「ファシズム」と呼んで批判していた。[28] このような、周囲の体制の評価に関しても、後述の農業党の評価との間には距離が見られる。

統一戦線の拒否

社民党には、共産党と結ぶという新しい選択肢も生まれていた。ゴットワルド（Klement Gottwald）、ザーポトツキー（Antonín Zápotocký）によって率いられた共産党は、ソ連共産党の方針転換、チェコスロヴァキアとソ連の間の外交関係の確立によって路線転換を迫られた。一九三四年七月、共産党は社会主義諸政党に「統一戦線」形成を呼びかけた。これに対し、国民社会党は即座に拒否し、両社民党も受け入れなかった。[29] 社民党のハンプル党首とドゥンドゥル（Vojtěch Dundr）書記長は、反ファシズム、反戦の共同歩調の提案には理解を示したものの、これまで共産党が社民党の組織の破壊を試みてきたことを挙げ、提案は受け入れられないとした。ドイツ社民党も、「我々のことをずっと社会ファシストと呼んでいたあなたがたがなぜ、ファシズムとの闘いに招いてくれたのかわからない。

……長年のあなたがたのマヌーヴァの継続としか受け取れない。」と述べて拒否した。ドイツ社民党は、さらに共産党は「軍事予算に賛成しているとして我々を非難するが、ソ連は大規模な軍備を備えているし、チェコスロヴァキアの軍備にも期待している」と述べ、ソ連との協力と、チェコスロヴァキア共産党との協力の間に一線を画す意思を示した。

その後も、共産党は統一戦線の呼びかけを続けた。社民党、特にベヒニェの農業党よりの姿勢を批判し、同時に社民党の労働組合派が工業家と密接な関係にあるとして非難し、労働者にとっての唯一の利益は、共産党との統一戦線であると主張した。(30) 党内には、『新しい自由』のように、右派の統一戦線に対抗するために、共産党を含めた協定の可能性を可能な限り残しておくべきだという主張もあった。しかし、社民党指導部は、統一戦線で社民党は得るところはなくリスクを犯すことになるとしてそのような提案を拒否した。(31) 共産党は、十一月の社民党の反ファシスト集会で、公式に自分の見解を表明することを希望したが、これも拒絶した。(32)

そして、社民党のハンプル党首は十一月、統一戦線についてもう一度声明を出し、共産党と交渉する条件として、共産党が「第三インターナショナルのセクトにすぎない状態」を脱し、自己決定することを挙げた。(33) これは共産党にとって受け入れがたい条件であり、統一戦線の可能性は乏しくなった。

さらに、一九三四年十二月十二日のプラハのルツェルナにおける社民党の公開集会において、ベヒニェは、「共産党との統一戦線を受け入れることは政府離脱を意味し、ブルジョワに政府を任すことになる。それゆえ社会主義者には受け入れられない。反ファシズムのためには、チェコ人、スロヴァキア人、ドイツ人の全民主主義勢力を糾合しなければならない」と述べ、現連合を維持することの必要性を強調した。(34)

連合協力の維持と社民党の計画経済の要求

このように、社民党は左右の両極政党を拒否し、これまでの連合諸与党間の協力の維持、特に農業党との協力関係の維持を一貫して主張し続けた。しかし、農業党との協力関係には経済政策上の対立も障害となっていた。

この時期、社民党は一九三三年までの緊縮財政支持の立場を離れ、社会保障や公共投資の増大を支持するようになっていた。『新しい自由』は、十一月にアメリカで行われた中間選挙において民主党が大勝したことをルーズベルトのニューディール方式の承認であるとし、社会保険の導入、週三十時間労働など、経済の計画化がさらに進むであろうと述べた。[35] また、スウェーデンの社会主義政権が危機をほぼ克服したことにも注目し、計画経済的要因を強調している。[36] これらの諸事例にも刺激され、『新しい自由』は、十一月に議会の秋季会期が始まる際、失業対策が政府の最大の課題であると述べ、ドイツに倣って赤字財政をとらないまでも、新しい方法を試してみる必要があると述べた。[37]

社民党の経済政策上の要求は、経済の計画化によって労働者の購買力を回復することに向けられた。具体的には、週四十時間労働、経済計画による失業者の吸収、労働条件の定期的監視などが挙げられていた。[38]

十月七日、ペルシュティーンの「労働組合の家」で開かれた党代表者会議において、社民党の社会保障相マイスナーは、社会経済政策における成果を強調した。[39] 特に強調したのは、県、市町村の行う失業者対策の公共事業へ補助金を給付する生産的救済（Produktivní péče）の成果である。社会保障省は千を超える県、市町村からの要求に対応し、五万人の労働者に仕事を提供しており、さらに来年には約一億コルナを投入する予定であると述べた。また、穀物専売は農業者の購買力上昇を意味し、同様な方法で、賃金、給与生活者も最低賃金給与の設定により生活の安定が保障されるべきだとした。

しかし、公共投資や失業手当の重要性は連合の他の政党から十分な理解が得られていなかった。一九三四年度予算では社会保障省の予算は前年比一億二千五百万コルナ削減されたが、一九三五年予算では削減されず、五千九百万コルナ増額され、社会保険の予算も四千二百万コルナ増え、これまでの削減基調からは変化の兆しが見えていた。[40] けれども、一九三五年度予算案は、一九三四年の予算規模を上回ってはならないというのが与党各党の了解原則であり、九月十二日の農業党執行委員会でも、一九三五年予算は一九三四年と同規模との見通しが示され、均衡させるよう努力する旨が報告されている。[41] このようにチェコスロヴァキアでは公共投資の価値が十分理解されていないというのが、『新しい自由』の連合の経済政策への不満であった。[42]

特に農業党に対しては、農業党が農民の債務免除や購買力の問題のみ配慮し、他の階層、つまり労働者階級の購買力について考慮していないことを「職能身分的主張」であるとして批判した。[43] 農業党の『田園』は、農業党がヘント・システムによる失業手当の負担を非難しないのと同様、社会主義政党も総額二百億コルナに上ると見られる農民の債務免除問題の解決を受け入れるべきであると主張し、[44] 失業手当と農民の債務問題の抱き合わせを求めていた。しかし、『新しい自由』は農民の債務は国全体の借金の一五％に過ぎず、国家や自治体、多くの私企業も債務に苦しむ中、農民だけを優遇することはできないと主張し、相互の主張は平行線をたどっていた。

「国民統一」の『国民新聞』は、社民党が最大与党である農業党との密接な協力で保身を図っていると批判した。特に社民党のベヒニェを農業党との協力の中心人物として攻撃し、党内にも彼に対する批判があると主張した。[45] さらに、社民党は農業党との協力のために支持を失っており、今度の選挙で負けるのは地方選挙の結果からも明らかであり、それゆえ選挙を先延ばしにしていると批判した。

同時に「国民統一」は農業党と社民党の対立点の報道に熱心であった。特に農民の債務免除問題は、両党を対立させる要素であり、「国民統一」にとって好都合な争点であった。[46]

このように、社民党はこれまでの連合、特に農業党との連合支持の立場に立っていたが、農業党との協力関係には経済政策をめぐる障害も抱えていた。

三　農業党の揺らぎ

多様な連合選択肢の模索

他方、農業党も一九三四年九月十二日の農業党執行委員会では、これまでの連合協力の原則を維持する方針が報告された。[47] しかし、社民党が「国民統一」と郷土戦線への批判を明確にし、共産党との統一戦線も拒んで、これまでの連合支持を選んだのに対し、農業党の対応は両義的なものであった。

農業党は、農業利益優先政策をとっているとの「国民統一」の攻撃に対しては激しく反発するが、明示的な対立は避けていた。

また、農業党は「国民統一」が主張する権威主義的な政治手法の導入に対し、必ずしも反感を持っていたわけではなかった。例えば一九三四年のエストニアやラトヴィアの議会制の停止と権威主義体制の設立に対して、農業党は、その体制が農業、農業党にとって有効な政策を実現しているかという観点から、好意的に評価していた。[48]

さらに、農業党は商工中産党やフリンカ・スロヴァキア人民党との関係改善による、連合選択肢の複数化も探っていた。商工中産党は政権参加に意欲的であり、国民民主党の共同戦線の誘いを断り、農業党の誘いに応じて選挙後の与党連合との協力を模索していた。[49]

フリンカ・スロヴァキア人民党に関しては、同党の立場は不明瞭であり、農業党と「国民統一」の両方が同党の支持を得たがっていた。農業党からのアプローチも報告される一方、[50] フリンカは十一月にストゥシーブルニー、ラヂスラフ・ラシーン、ホダーチとプラハのルツェルナでの集会に参加し、「国民統一」参加の可能性が取りざたされた。但し『新しい自由』は、フリンカはその集会でもスロヴァキアの自治を主張し、ホダーチの国民国家の理想と対立したため、「国民統一」への参加はありえないと見ていた。[51]

農業以外の職業従事者へのアピール

農業党はさらに自ら、国民民主党の支持者層などにアピールし、農業以外の職業従事者の支持獲得を目指した。[52]特に注目を集めたのは党首代理のベランが、機関紙『田園』の編集部に、急進右翼のストゥシーブルニーの雑誌『セイドゥル *Šejdr*』や『夕刊 *Polední List*』からカハーネク（Ferdinand Kahánek）らを引き抜いたことであった。[53]『畝』周辺の農業青年知識人や農業党青年部の執行委員会はこの人事を批判した。農業党青年部は、党の中央機関紙の編集部の代表は、党の執行委員会にも出席し、書記の役割をする重要なポストであり、政治的に信用できる人物で、農業党をイデオロギー的に支持して党に来た人物でなければならないと述べ、この変化によって、農業党青年層の意見が党機関紙に反映されなくなり、安っぽい扇情的な論調が持ち込まれたとベランを非難した。

農業党の動きにもっとも敏感だったのはカトリックの人民党であった。人民党は、『人民新聞』において一九三四年十一月には農業党が国民民主党の支持基盤であった、自由主義、国民主義的傾向を持つ都市の商工業者、勤労者、労働者にも手を広げようとしていると主張していた。[54]人民党によれば、社民党は限られた階級的支持基盤に閉じこもっていて、農業党にとって、イデオロギー上も権力的にも競合相手ではない。人民党の観測によれば、次の選挙に向けて、農業党は、普遍的にネイションを結集するというスローガンを掲げ、場合によってはチェコ・ファシズムのガイダと組んで、農村住民も都市住民も糾合しようとしている。一方、「国民主義野党」を名乗る国民民主党と国民連盟は「国民統一」を形成し、二つの「国民統一」が競合する形になるのではないかと予想していた。

しかし、ひと月後には人民党は「選挙スローガンを探す農業党の逡巡」との記事で、農業党は国民糾合政党を目指してきたが、「国民統一」の登場で、もともとの職能身分的な部分である農業者を守ろうとしているとも書き、農業党の選挙戦略の判断に迷いを見せていた。[55]

一方、人民党自身については、人民党は、カトリックに基づき、農村部のみならず、都市でも同様に支持されている中道政党であり、全国民的政党であると自己規定していた。

『田園』では人民党の機関紙『人民新聞』との論争が続き、『リドヴェー・ノヴィニ』の関心を引いた。[56]
農業党は労働者の支持獲得も考慮していると見られていた。ベランのカハーネクの登用は、今までの支持基盤である都市の被用者、労働者に対してもアピールする狙いと見られた。[57] 社会主義政党の指導者を批判し、「都市の勤労者も農村の勤労者も一つになって、共和党［農業党の正式名称］の旗のもとに集まり勝利しよう」といったスローガンで、農業党の組合と党に入るように呼びかけた。農業党が農業系の工業、製粉工業などを手がかりに、工業にも支持を広げようとしていることは、『新しい自由』も指摘していた。[58]

このように、農業党は、商工中産党やフリンカ・スロヴァキア人民党と結ぶほか、被用者、労働者、その他の職業に従事する人々からも支持を獲得し、「国民統一」に対抗して、自らが国民糾合政党になることも考慮していた。但し、労働者を現実に組織している社民党、国民社会党との関係をどうするかという点では、農業党の中でも意見が分かれていた。農業党内部には、労働者、労働者代表勢力である社会主義諸政党との協力か、それとも商工中産党やフリンカ・スロヴァキア人民党、さらに次に述べる郷土戦線との協力、あるいは、農業党自体の支持者拡大によって、社会主義諸政党、特に社民党の力に頼らない連合を目指すかという、複数の方向性の間の対立が存在した。

郷土戦線と農業者同盟の選挙協力問題

ドイツ陣営の農業党である農業者同盟の郷土戦線に対する態度はさらに複雑であった。ドイツ社民党とチェコスロヴァキア共産党は、郷土戦線はドイツ・ファシズムの完全な模倣だとして、最初から敵対姿勢を明確にしていた。しかし、その他のドイツ系政党は、郷土戦線の今後の動向を見極めるまで態度を保留し、当座は敵対を避けようとした。

既存政党にとってまず問題だったのは、郷土戦線が「戦線」という名称を用いていたように、当初政党ではないという立場をとっていたことであった。そのため、既存政党の党員も郷土戦線に参加していた。そのため農業者同盟は、一九三三年十二月三日に、農業者同盟の内部声明で、「我々は、……［我が党の］党員に、郷土戦線に参加することは我々の党からの脱退を意味するということをはっきり伝えなければならない。……ヘンラインの戦線は、狩猟協会や体操協会のような中立的なクラブではない。政治運動である。他の解釈は、言葉遊びに過ぎない(Smelser 1975, 83)。」と述べ、党員が郷土戦線に取り込まれるのを防がなくてはならなかった。

既存政党は、組織防衛のため、郷土戦線との間に共存の協定を結ぼうとした。ドイツキリスト教社会党のヒルゲンライナー(Karl Hilgenreiner)上院議員とヘンラインは話し合いの結果、当面、相互に敵対しない約束を交わした(Smelser 1975, 83)。ＤＡＷＧとドイツ民主自由党(Deutsche Demokratische Freiheitspartei)も同様であった。その中で、与党連合に参加している農業者同盟の対応が注目された。郷土戦線にとっては、活動禁止令を受けないためにも政府与党である農業者同盟の保護が重要であった。

ドイツ政党の中でも、農業者同盟とキリスト教社会党は、政治体制構想上も郷土戦線と近い立場にあった。農業者同盟の党首シュピナはシュパンの影響を受け、職能身分制を支持しており、そのため職能身分制の枠組みを通じて、郷土戦線と共存できると考えていた。ドイツキリスト教社会党もヘンラインの主張と同党の主張の間に共通性を見出していた。[59] 両党がオーストリアのドルフス体制にひきつけられていたことの影響も大きいと考えられる。社民党の『新しい自由』は、ドイツキリスト教社会党が、オーストリアのドルフス体制の展開に共感を示し、機関紙『ドイツ新聞 *Deutsche Presse*』は週に二度はオーストリアの記事を載せていると非難した。[60]

また、農業者同盟の青年組織を率いるハッカー(Gustav Hacker)とヘンラインは緊密な友好関係にあった。農業者同盟は上げ潮の郷土戦線との選挙協力によって、事実上の支持者数に見合う以上の議席数を獲得することを期待していた(Klepetář 1937, 362)。

結果、シュピナは厚生相として入閣する政府内で郷土戦線を保護し、その代わりに郷土戦線はドイツ人農民を組織することを控え、農民は今までどおり農業者同盟と密接な関係にあるズデーテンドイツ農業職能身分（Sudetendeutscher Landstand）による組織に任せるという協力関係が結ばれた（Smelser 1975, 83）。一九三四年六月九日、農業者同盟のケーラー（Anton Köhler）議員はブリュックス（Brüx）の集会で、農業者同盟と郷土戦線が選挙で共通候補者リストを出すことを伝え、シュピナとヘンラインはズデーテンドイツ人の身分制原理に基づく糾合という共通の目的を持っていると述べた（Klepetář 1937, 362）。但し、両者の選挙協力のために、農業者同盟は自党の組織のないところにのみ地区組織を作るよう、郷土戦線に要望していた。

農業者同盟の郷土戦線との協力に対しては、社民党を始めとする社会主義者や『リドヴェー・ノヴィニ』周辺のニュー・リベラリストたちから、現在の連合による民主主義と、郷土戦線のファシズムの両方を選ぶことはできないとの非難が浴びせられた。ドイツ社民党のヤクシュは一九三四年六月十四日、次のように議会で発言している。「農業者同盟は民主的方向性とファシスト的方向性との間に明白な分離線を引くべきである。われわれは農業者同盟に決定的な質問をしたい。あなた方は労働者と農民の協働、協調による民主的、社会的な危機の解決を望むのか、それともヘンラインとの反マルクス主義的孤立政治に与するのか。前者であるのなら、民主主義に対する誠実な信奉を示すことが要求される（Klepetář 1937, 363）。」『リドヴェー・ノヴィニ』も、農業者同盟は「これまでのアクティヴィズムか、鉤十字の仲間との新しい道かどちらを選ぶのか決断しなくてはならない」と非難した。[61]

シュピナは一九三四年の夏を通じて、ヘンラインに、郷土戦線の綱領を発表し、ファシスト批判を払拭するよう働きかけた。十月二十一日のベーミッシュ・ライパでの郷土戦線の綱領発表は、農業者同盟からは、郷土戦線の民主性を確認するものとして好意的に受け止められ、両党の協力は緊密になった。[62] 農業者同盟の『ドイツ農村新聞 *Deutsche Landpost*』は、綱領発表を受け、いまや国家に肯定的な態度を取るドイツ政党のブロックを郷土戦線にまで広げることも可能であり、それは国家にとってもズデーテンドイツネイションにとっても利益のあることであると述べた。[63]

特にハッカーの率いる農業者同盟の青年組織はさらに郷土戦線に接近した。[64] 十月二十三日、カールスバートで行われた農業者同盟の郡大会で、ハッカーはチェコの農業党の青年組織のムラディ・ヴェンコフ（Mladý Venkov）の質問に答え、公にヘンラインとの友好関係を認め、両者は共和国におけるドイツ人の繁栄と、共和国自体の繁栄の双方を考える点で一致していると述べた。ハッカーは、ズデーテンドイツ人は統一組織を作るべきであり、それは職能身分や階級に基づくものではなく、国家が頼りにできるような組織でなくてはならないと述べた。

また、農業者同盟の『ドイツ農村新聞』は、ヘンラインが、一つの政党がズデーテンドイツ人全体の代表を名乗ることは不可能であるから、ズデーテンドイツ人の「国民統一」の政策は他の政党との民主主義的合意に基づいて進めなくてはならないと述べているのを紹介した。[65] その上で、『ドイツ農村新聞』はヘンラインの若いナショナリスト運動はこれまでのナショナリスト勢力と異なり、選挙後は政権に参加するだろうと期待をこめて述べた。同じ号で、経済政策専門家のロスマニス（Alfred Rossmanith）はヘンラインに対する公開書簡を寄せ、共和国を確固として支持することの必要性と、「国民統一」の概念を農民、労働者、商工業者の組織された協力と限定的に定義することを提案した。そしてこの際自由主義的、資本主義的経済機構は、秩序ある計画的経済機構に代わると述べた。ロスマニスは、ヘンラインにこのような「行動の民主主義」実現への参加を呼びかけた。[66]

以上に見てきたように、農業者同盟は農業者を一つの職能身分として捉えており、その立場からは、郷土戦線はかならずしも対立相手ではなかった。農民は「ズデーテンドイツ農業職能身分」を通じて農業者同盟が組織し、郷土戦線がその他の職能集団を組織するという形で共存することができると考えていた。これは、階級対立の考えに立つ社民党とは明白に異なる捉え方であった。

郷土戦線がズデーテンドイツ人の糾合と職能身分制の両方を主張していたことが、農業者同盟が共存可能性を考える原因であった。ロスマニスの発言にもあるように、ネイション統合を、組織された農民、労働者、商工業者の間の協力関係と見るのであれば、農業者同盟の目標とは一致しており、おそらくネイションと職能身分のどちらに重点を置くかという差異でしかなかった。

農業党による郷土戦線の容認

社民党の眼からは、チェコスロヴァキアとドイツ人の両陣営内が、ナショナリズムによるネイション結集政党と現連合側の議会制民主主義擁護勢力に二分されていることは明白であった。

それに対し、農業党はチェコスロヴァキア陣営内では「国民統一」と対抗していたが、連携している農業者同盟はドイツ陣営内で郷土戦線を擁護していたため、情勢は複雑であった。

社民党は、農業党が郷土戦線に対して宥和的な態度を示していると批判した。『新しい自由』でグトヴィルトは、チェコスロヴァキアの農業党が、農業者同盟の影響で郷土戦線に対して肯定的な姿勢を見せていると批判した。グトヴィルトは郷土戦線をドイツ工業と金融業の利益代表とみなし、農業党がこれを擁護するのは理解できないと批判した[67]。別の記事でも、農業党は内務省を押さえており、郷土戦線の政治的雰囲気やメンタリティをよく知っているはずであり、ナイーブに信頼しているはずではないと述べ、農業党は郷土戦線が獲得するであろう議席を当てにして、好意的に扱っていると批判していた[68]。

農業党が郷土戦線を保護していたのは、第一に農業者同盟の議席確保、第二に郷土戦線自体がアクティヴィスト政党化して入閣し、農業党の連合選択肢を広げる可能性への期待の二つの理由によるものと見られていた。第一の要因は、農業党全体で支持されており、第二の理由の支持者は、社民党以外の連合選択肢へ期待する農業党内の右派グループと一致していた。

但し、第一の農業者同盟と郷土戦線の共存という点に関しても、農業党の中には疑問視する立場もあった。農業党の理論誌『畝』では、農業者同盟の「農業職能身分」運動を分析するなかで、職能身分思想では個別の利益がネイション全体において調和するという点に特に注目し、職能身分自治の枠組みのなかでいかにしてネイション全体の要求を実現するかが不明確であるとし、ズデーテンドイツ農業職能身分の会誌には農業者同盟青年層と郷土戦線の青年層の友情関係のことばかり書かれているが、これは意識的に問題を避けていると指摘した。[69] また、チェコスロヴァキアでは、ネイション自治の枠組みが必要となるはずだが、この問題が触れられていないことにも疑問を投げかけた。ここで指摘されているように、農業利益とネイション全体の利益の間の調整、多ネイション国家におけるネイション間の利害調整の両方の問題が農業者同盟と郷土戦線の共存を困難にすることは明らかであった。

第3節　一九三五年選挙――「農民と労働者の民主主義」の「勝利」と「敗北」

一　農業党の新経済政策構想

農業党の新経済政策構想

前節までに見たように、一九三四年秋には郷土戦線の伸張と「国民統一」の成立に対して、農業党と社民党の連合戦略は異なっていた。農業党とのこれまでの連合を求める社民党に対し、農業党は党内に多様な意見があり、ドイツ農業者同盟の郷土戦線との協力関係も配慮しつつ、複数の連合可能性を探っていた。

この状況を大きく変えたのが、農業党の新経済政策構想である。構想の中心となったのは、ホジャ農相とホジャが議長を務める農業アカデミーの専門家たちであり、一九三四年十月二十日から二十一日にかけてブルノで開催された農業アカデミー中央連盟第四回全国大会において、計画経済の支持、経済的自由主義への反対、民主主義体制の支持を打ち出した。[70]

この時期に新たな構想が提示されたのは、直接的には穀物専売制の実現を受けて、さらに他の農作物の領域でも生産、販売の統制を実現する枠組みを提示するのが目的であった。選挙が近づく中、社民党が後述する『国家の経済再生のために（Za hospodárskou obnovu státu）』などの恐慌脱出策を準備していることを受け、農業党の恐慌脱出案、経済構想を打ち出す必要があったのも一因であろう。

農業アカデミーの決議は、農業者、農民は健全な国民国家の基礎であるから、第一に農業者の生存、繁栄を保障しなくてはならないとしつつ、しかし、「農業者は孤立して生きることはできない。農業運動のために、他の職能身分や生産部門にも、自らの社会的機能を適切に果たすのであれば、社会的公正と安定が保障されるよう努力すべきである。この方向に向けてアグラリズムの綱領を具体的に改良するよう求める。［農業党は］中道にあって、経済的社会的改革計画を実現することを求めるすべての政党とグループを集めるよう努力する。したがって、我々は積極的な農民とあらゆる種類の労働者の協力を要請する。彼らが知識人とともに社会の基本的な柱なのである。」と述べた。このように、農業利益のための個別的要求の枠を超えて、すべての勤労者に社会的公正と安定を保障するという原則を打ち出し、農業以外の工業や商工業にもこれを適用する考えを示したことは、農業党のこれまでの政策要求とは異なり、他政党に与えた影響も大きかった。さらに、経済改革計画の実現を求める他の政党、つまり、社会主義諸政党との協力を明確に強調した点も重要である。

この大会で農業党党首代理のベランも、農業民主主義は独裁、非民主主義体制に対する最大の防壁であり、農業党は常に協力と妥協による問題解決を目指すと述べた。この発言とあわせて、アカデミーの決議は農業党が民主主義の側に立つことを示したものとして、注目された。『民主中道』も、農業党が知識人たちのリードによって、孤立から脱却したと解釈した。(71)

アカデミーの決議はさらに、私的所有の制限と経済の管理の必要性について、以下のように主張した。「基本的に我々は私的所有を承認する。なぜならそれが生産的イニシアティヴや経営を可能にし、責任へと導き、労働の喜びを与えてくれるからである。しかし、私的所有は、法によって、社会的に損害を与えないよう、搾取の源にならないよう制限されなくてはならない。したがって、我々は鉱山、重工業、軍事産業、金融資本の問題を解決することが不可欠だと考える。なぜならこれらが統制されず、自己中心的に振舞うことは公共の利益に沿わないからである。」具体的な経済統制の方法としては、国家の介入と関連する職能身分組織の経済的自治による生産と配分の方向付けが提示された。

経済の計画化とすべての勤労者への社会的公正と安全の配慮という考えは、一九三四年十一月六日、秋季会期の始まりにあたり議会で行われた、マリペトル首相の施政方針演説の中にも盛り込まれた。その中でデフレ政策との決別と、国内外での需要の拡大を経済再建の基礎としなければならないという新しい方針が明確にされた。(72)

演説は、まず、一九三四年は輸出が前年比で二六％回復し、金平価の引き下げは経済に効果的であったとした。経済のさらなる回復が遅れている原因として、「最も数の多い住民階層、第一に農民、次に労働者の購買力が落ちてしまったことが需要を引き下げ、失業を増大させている」とした上で、住民の購買力の回復という観点から、公共部門における人件費の削減の中止、青年層の雇用の増大、金融市場の緩和による建設事業の促進などによる失業者の救済と共に、生産、販売の統制の必要性を主張した。自由主義経済のもとでは、合理化で失業者が増大するという事態を解決できないため、生産、販売の統制の必要があると主張するのである。この具体化の第一歩として、石炭鉱山において政府が参加し、需要と供給のバランス、完全雇用、石炭価格の引き下げを実現する統制を目指すという政策が表明された。

マリペトル首相は、まとめとして、「あらゆる種類の生産活動が報酬を与えられるようにすること、失業を減らすことによって、購買力を上昇させることが必要である」と述べて、政府の新しい経済方針を明確にした。

翌日の農業党のザヂナ議員の議会演説のなかでは、さらに明確に農業党の新しい方向性が示された。(73) ザヂナは、経済的自由主義は、経済の周期的危機を助長し、投機と資本に奉仕し、経済恐慌を解決できないとして非難した。そのために「国民の勤労階層」である農民は農作物価格の低下に、労働者は失業によって、大きな困難を味わったと述べられており、農民と労働者を共に勤労階層と規定し、自由主義経済の犠牲者としている点が重要である。

ザヂナは、その中で穀物専売制は農民大衆の政府と国、議会への信頼を回復する重要な役割を果たしたとし、「我が国の農業と工業が安定するように生産と市場を再組織化するよう求める。我々は組織された経済の綱領を支持する。」と述べ、マリペトル首相と同様に、経済社会生活の組織化、統制を求めた。ここでは、具体的には農業の分野で、穀物専売に続いて、畜産、ホップ、亜麻、蒸留酒の生産販売の統制組織化が求められた。

さらに一九三五年一月十一日、マリペトル首相はプラハの日刊紙の政治編集者を招き、議会の春季会期中の政府の政策の計画を伝えた。(74) 経済再生のための直近の課題として挙げられたのは、自治体の清算、金融市場の緩和による投資活動の活発化、重車両対応の道路工事計画などによる雇用創出、週四十八時間を四十二時間ないし四十時間労働に削減する労働時間削減、農業、商工業、工業のすべての分野における生産と分配の統制、特に炭鉱の石炭生産の再組織化であった。

一月末には農業党執行委員会において、この一連の農業党の経済政策の転換の中心人物と見られていたホジャ農相がさらに踏み込んだ提案を行った。(75) 執行委員会では、まずマリペトル首相が「我が国の国民における経済的平等、つまり経済民主主義が必要であると述べ、農業党は「金融資本の支配からの経済的独立」のために努力するとし、「国民の自由とは経済的社会的自由なしには考えられない」と明言した。

ホジャはこれに続き、「利益至上主義の資本からの我が国の経済の開放」が必要であると述べた。ホジャはここで「新経済政策」という言葉を使い、穀物専売制は新経済政策全体の第一のものに過ぎず、さらに生産者と消費者の無駄な障害を撤去する必要があると述べた。ホジャが提案した畜産専売制は、四十の消費センターを設置し、農民、商業者、消費者からなる消費センターが毎月その市場で必要な消費量を話し合い、需要と供給を一致させるというものであった。

ホジャの提案は「政治的民主主義は経済民主主義によって補完されなければ空っぽの響きしか持たない。国民と政治の再生は経済の再生によって補完されなければならない。」という言葉で締めくくられ、以後、「新経済政策によって経済民主主義を目指す」という言葉が農業党の政治家や機関紙によってスローガンとして用いられるようになった。

また、この農業党執行委員会で、マリペトル首相は、労働者を始め労働に誠実な国民のすべての要素を排除することなく、現在のような各社会階層集団の議会、政府における協力関係を維持することの重要性を改めて強調した。(76)

農業党の新経済政策構想への反応

農業党内の新しい動きは、社民党によって歓迎された。

これを受けて、穀物専売制についても、導入時とは異なり、計画経済の第一歩としての役割を積極的に認める発言が相次いだ。

農業党の転換の直前、社民党のベヒニェは、『現在』の「労働者と農民」と題する記事で農業関連措置について述べた。(77) 社会主義政党と農業党の連合への批判についてペロウトカが質問したのに対し、ベヒニェは、労働者と農民の協力は民主主義にとってのみならず、国家にとっても不可欠であると強調した。そして、「もしなすがままに任せたならば、我が国の穀物、家畜はバルカンやポーランドの価格になるでしょう。しかし、それと同時にファッショ化し、借金に苦しみ、絶望し、憎悪し、何でも受け入れてしまうような農村も我々のものとなるのです。……私たちは合意のほうを選びます。」このように、ベヒニェは農業者の状況を理解する必要があると述べたうえで、社会主義は農業問題の解決を支持したと強調し、今度はアグラリズムが工業、商業政策問題の解決を支持するかどうかという問題を提起していた。

穀物専売制は国家の介入によって社会的弱者を援助するという原則に立つものであるとの考えは、前述のように既に社民党から示されるようになっていた。農業党の転換は、このような社民党の穀物専売制の評価の転換と合致するものであり、さらに、社民党が希望していた労働者の経済的安定の保障への配慮も含むものであった。

一九三四年十二月十二日のプラハのルツェルナにおける社民党の公開集会において、ベヒニェは、農業者も勤労民衆の収入と農業者の繁栄の関係を認めていると語り、農業党の側に勤労者との協力の姿勢が見えてきたことを評価した。(78)

『新しい自由』も、経済統制と適正価格保障の二点から穀物専売制を評価し、アメリカのニューディールのように、農業者のみならず、労働者の購買力も安定させ、経済危機を脱するべきだとした。(79) そしてさらにホップなど他の農業分野にも価格の変動を防ぐために専売制を導入すべきだとしていた。(80)

農業党の新経済政策に対して、社民党は計画経済の点での一致を重視した。一月十一日のマリペトル首相の声明に対しても、計画経済の推進が約束されたとして歓迎した。(81) 穀物専売制は農業者の利益にやや偏っており、国民経済の観点から問題なしとはいえないが、農業要素が率先して計画経済の推進役を果たしていることは、長期的に望ましいとしていた。また、大規模な公共投資案にも期待を示した。(82)

社民党からも労働者アカデミーを中心にした『社会主義者は何を望むか（Co chtějí socialisté）』に続き、『国家の経済再生のために』が同時期に発表され、さらに計画経済の主導者の一人であるヴェルナーチが『計画経済』という月刊誌を一月末から発行していた。一方ホジャ農相の下で農業省は八百頁に及ぶ『チェコスロヴァキア共和国における農業生産の基礎（Základy zemědělské výroby ČSR）』という文書を作成し、農業の計画化の推進方法を提案していた。このように農業党と社民党は競うように計画経済化による経済再生策を発表していったのである。

特にホジャの新経済政策発言には大きな注目が注がれた。『人民の権利』のクシーシュは「我が国の農業党のNEP」と題する記事で、農業党が「新経済政策」つまりネップを始めたと注目をうながした。(83) クシーシュは、「ホジャのすばらしい点は、この場合『農民の解放』だけを唱えるのではだめで、これは全勤労人民の解放によってしか実現できないことを理解している点である」とホジャを高く評価した。クシーシュは、社会主義者たちは、農業党が勤労農民のために目指す目標と、社会主義政党が労働者、ホワイトカラーのために目指す目標が同じであることに農業党が気づくことを期待していたが、ホジャの目標はその先を行き、農業者がすべての勤労者の利益のために経済体制の改革に乗り出したとし、そのことに注目した。

そして、ホジャの「資本主義に終止符をうつのは農業者の歴史的な任務である」という発言を取り上げ、「これは社会主義者の歴史的任務でもある」と述べ、「社会主義思想は農業党の指導者層の陣営にも浸透し、いまやついに本当に労働者と農民が、共和国の国民経済の改革のために同意した。働きたいと思い、また働ける人が生活に不自由せず、農民や勤労人民の生活水準を引き上げることのできない資本主義体制が徐々に段階的に社会主義に取って代われるように改革する。これは実際的な行動綱領であり、社会主義者は農業党と共にすべての勤労人民の利益のために共に働くことができる。」と記事を結んだ。

このように、社民党は、第一に、農業党が計画経済化の実現に向けて具体的な提案をしている点、第二に計画経済化という目標の一致によって社会主義政党と農業党の間の協力の可能性が大幅に拡大したと考えられる点で、農業党の新経済政策を高く評価した。第一の点については、農業党の積極性に対し、工業の側が計画経済を推進する機構も持たず、この方向に向けたイニシアティヴも取っていないことを残念に思うと述べている。[84] 実際、この時期は工業の産業家の側からは、経済の統制や計画化についての意見は表明されていなかった。工業側のイニシアティヴをだれが取るべきかという点は、後に問題になっていく。

国民社会党のベネシュ外相もこの時期から経済民主主義を主張している。[85] ベネシュ外相は一九三五年三月十六日、ターボルで開かれたチェコスロヴァキア国民社会党の集会で、国際的平和維持の可能性について述べた後、国内状況については、政治的民主主義と同様、経済民主主義を維持することの重要性を強調し、政府が恐慌対策として行っている政策を説明した。ベネシュはさらに一歩進んで、国家経済の数カ年計画の必要性も主張し、専門知識に基づいて計画を作成し、これを精力的に実現することによって、経済危機と失業問題の出口が見えてくると述べた。ベネシュは後に政治経済五カ年計画を示し、社民党もこれを支持することになる。[86]

このように、農業党の新経済政策は、経済政策と連合政策の両面で社民党との協力を選んだものと評価された。

農業党と社民党の経済政策の進展

農業党の「新経済政策」の表明によって、農業党と社民党は協力を強化し、新たな政策課題の実現に向けて取り組むことができた。

一九三五年初頭には、畜産専売制の導入と労働時間の短縮、大規模な公共事業による投資が重要な政策課題であった。

畜産専売制に対し、社民党の『人民の権利』は社民党の党首ハンプルが『国家の経済再生のために』の中で計画経済に向けて世論をひきつけることの重要性について述べていると指摘した後、畜産専売制が計画経済に向けて世論を喚起する役割を果たすことを期待すると共に、構想上、思想上も基本的には正しい方向性であると十分理解を示した。[87] 穀物専売制の導入が農業生産における計画の物質的基礎を築いたことから、畜産専売制にも広げることが望ましいという立場がとられた。[88]

また、労働時間の短縮には経営側の根強い反対があったが、労働時間短縮や公共投資に対しても農業党の歩み寄りは大きかった。[89] また、農業党が積極的だったのは、炭鉱の社会化である。[90] 社会化とは、ここでは生産と販売の統制を国家の協力と監督の下、自治によって統制を行うこととされ、社会の安定に寄与し、軍事的なメリットもあると考えられた。

但し具体的な実現方法についてはまだ対立点も存在した。畜産専売制については、農業党が示した案では、いくつかの大消費地における牛肉と豚肉の専売という計画であったが、畜産物の輸入品に関してはすべてを専売の対象とすることになっていた[91]。そのため、社民党は通商関係にマイナスになるのではという懸念を示していた。また、具体的な専売制の組織についても機構内の生産者の割合が高すぎ、まだ検討の余地があるとしていた[92]。

また、相互の政策を経済構想上支持するようになった点で大きく異なるものの、農業党と社民党のそれぞれが自党の推す政策の実現を相手党の政策の実現の条件にする、抱き合わせの手法は従来通りとられていた。労働時間短縮についての政令案は三月下旬に完成したが、畜産専売制の合意がならず、選挙前には実現しなかった[93]。

このように、新経済政策への転換によって、両党の経済政策は接近し、連合内の対立を乗り越える手がかりが生まれた。さらにこの経済についての新しい構想は、新たな民主主義観をもたらし、選挙を前に、民主主義観の点でも農業党と社民党の接近が生じることになる。一九三五年の選挙における両党の協力の前提がここに生まれたのである。選挙戦における両党の協力を検討する前に、選挙前にドイツ陣営で生じた政党間関係の変化を見ておきたい。

二　農業者同盟と郷土戦線の対立

農業者同盟と郷土戦線の対立

郷土戦線をめぐる状況は、一九三五年一月のザール地方における住民投票で大きくその状況が変化した。ヴェルサイユ条約によって国際連盟管理地域とされていた同地方で実施された住民投票には、九八％の有権者が参加し、ドイツへの帰属に九〇％以上の賛成票が投じられた[94]。郷土戦線はこの住民投票の後、ズデーテンドイツ人の票を同様に最大限結集する方向を明確化した。

チェコの政党各紙も郷土戦線の脅威を改めて認識した。『リドヴェー・ノヴィニ』では、郷土戦線は、自らと、ザール地方でのドイツ戦線（Deutsche Front）を同一視し、今度の議会選挙でドイツ人の過半数が郷土戦線に投票すれば「ズデーテン地方」もザール地方同様ドイツに合併されるという プロパガンダを行っているとの報道がなされた。[95]

郷土戦線が、ズデーテンドイツ人の支持を単独で結集する政治組織となることを目指す際、焦点となったのが農業者同盟との関係であった。郷土戦線は農業者同盟の勢力圏である農村地方にもプロパガンダの手を伸ばし、農業者同盟と対立してでも最大の得票を得ることを目指し始めた。

郷土戦線にとって農業者同盟は、郷土戦線が政党活動停止解散法の対象とならないよう、政府与党として後見人の役割を果たす政党であったが、もはや農業者同盟の保護は不要とみなした。その理由は、ザール地方の住民投票を見て、イギリスの宥和政策が郷土戦線に有利に働くと判断したこと、また、郷土戦線の運動が大きく成長したため、チェコ人が郷土戦線を停止、解散することは難しくなったことが挙げられる。[96]

農業者同盟の側は、一九三四年末ごろから郷土戦線の成長に脅威を感じていた。十二月には農業者同盟のカーラー（Josef Kahler）も「もし育てた子にがっかりさせられたくなければ」、郷土戦線に注意しなくてはならないと、あからさまに発言した。[97]

実際、郷土戦線が農業者同盟の組織がある地区にも地区組織をつくるようになったため、両者の関係は緊迫した。農業者同盟は郷土戦線に議席を相当奪われることが予想された。そこで農業者同盟は郷土戦線と協定を結ぶことによって、選挙での中立、非攻撃と議会におけるアクティヴィズムを約束させようとした。[98]

一九三五年二月十九日、農業者同盟は郷土戦線に対して以下の協定の申し出を手渡した。その内容は郷土戦線に農村部で宣伝活動を行わないこと、農業者同盟の宣伝活動を妨害しようとしないことを約束させるとともに、地区ごとに農業者同盟と郷土戦線の勢力圏を決定するための調停委員会を設置するというものであった（Klepetář 1937, 365）。

しかし、この申し出に対して、郷土戦線のヘンラインは二月二十日、郷土戦線と農業者同盟の合併を提案した。

これは、各党は自治を守りつつ、ズデーテンドイツ人すべてに開かれた共通の統一組織を作る提案であった。農業者同盟の指導部は即日、合併提案を拒否し、三月十二日の『ドイツ農村新聞』では、「農民は賃借人にはならず、自分自身の党を必要とする」と述べた。[99]

けれども農業者同盟の選挙における危機感は強く、郷土戦線との協力がやはり必要と考えられ、再交渉を望んだ。その一方で、農業者同盟のピルゼン／プルゼニュ選挙区で、ナショナリスト政治家が地区指導部に選出されると、彼らを党から追放したため、彼らを始め、農業者同盟内部のナショナリスト派は郷土戦線に移った。その中の一部は五月の選挙で郷土戦線から議員となった。

農業者同盟は郷土戦線に対し共通候補者名簿の提案を行い、農業者同盟から十三議席、商工中産党に二議席、郷土戦線に十五議席配分するという案を示した。[100] 郷土戦線は共通候補者名簿を受け入れず、逆に農業者同盟に対して再度合併を提案したが、農業者同盟はこれを拒否した。[101] 郷土戦線は三月二十四日に、農業者同盟に対し、共通候補者リストの交渉を続けることはできないと伝えることを決め、農業者同盟の党幹部会は二十七日にその通知を受け取り、両者の協力関係は終焉した。

農業者同盟と郷土戦線との話し合いにはチェコスロヴァキアの農業党も参加した。農業党は、郷土戦線と農業者同盟の共通候補者名簿作成には積極的であったが、農業者同盟が郷土戦線と合併することには拒否の姿勢を示した。『田園』は、「チェコの農業者の政治組織は他国の模範であった。このモデルが行き渡るのが遅かった国では農民たちは非農民の寡頭制や独裁によって一掃されてしまった。こうしてチェコスロヴァキアは農民が決定的な政治的重みを持つ民主主義の島になった。農民と非農民の利益は一つの帽子の中に突っ込むことはできない。農民の一部がこの新しい帽子の中で盲目にされるのは悲しいことである。……農民の独立した政治組織は唯一の保証である。」と述べて、農民の政治組織の独立性を維持することの重要性を強調した。[102]

ドイツ社会においては、郷土戦線と農業者同盟は職能身分制の考え方を共有してきた。それゆえにズデーテンドイツ人の統一組織としての郷土戦線と、農民職能身分を組織する農業者同盟は共存可能であった。しかし、郷土戦線が農業者同盟の保護を不要と考えるようになり、またズデーテンドイツ人の支持を最大限結集することを目指すようになると、農業者同盟を郷土戦線の内部の農業身分団体として吸収するか、あるいは農業者も自ら組織せざるをえない。合併を農業者同盟が拒否したため、郷土戦線は農村からの支持獲得を目指し、農業者同盟と競合していくことになる。こうして、ドイツ社会における政党間競合は、全ズデーテンドイツ人の糾合を目指す郷土戦線と、部分利益を代表する既存政党の間で争われることになった。

郷土戦線の解散問題

農業者同盟と郷土戦線の協力関係の変化と並行し、選挙を目前にして、郷土戦線を政党活動停止解散法に基づき解散すべきかどうかが議論された。チェコの諸政党は、郷土戦線の解散をめぐって立場が分かれた。解散に反対の立場をとったのは農業党である。農業党内には、郷土戦線擁護の強い意見が存在した。郷土戦線が農業者同盟との協力関係を解消した背後には、チェコ農業党の右派議員から保護を約束されたことが原因であるともいわれていた（Klepetář 1937, 367）。

社民党のベヒニェは郷土戦線を「マスクをかぶった鉤十字」とよび、解散を求めていた。『人民の権利』も、郷土戦線は、ドイツ人地域ではザール地方と同様、住民の意思表示で帰属が決まるというプロパガンダを行い、プラハでは共和国支持の姿勢を示すという二枚舌を使っていると指摘した。[103] そして、農業党のチェルニー内相が統括する内務省が、郷土戦線のプロパガンダに対し、何の行動も起こさないことに憂慮を示し、チェコの政党の中で農業党だけが迷っていると批判した。[104] おなじく『人民の権利』の中でクシーシュは農業党右派のストウパルが農業者同盟と郷土戦線の話し合いに参加していると、名前を挙げて非難した。[105]『リドヴェー・ノヴィニ』も、郷土戦線とナチスの関係を示す証拠も見つかっており、一刻も早く決断が必要であると述べ、農業党の右派へ再考を促した。[106]

一九三五年四月、選挙公示の直前に再度郷土戦線の解散が議論された。内閣でこの問題を審議し、首相が個々の政党の見解を尋ねた結果、農業党を除く全政党が郷土戦線の解散に賛成していた (Klepetář 1937, 369)。マリペトル首相とベネシュ外相はラーニにマサリク大統領を訪ね、意見を聞いた。マサリク大統領はヘンラインに議会の場で活躍する機会を与えるべきであるとして、郷土戦線の解散に反対した。マサリク大統領は、郷土戦線が国家にとって危険になったときに政党活動停止解散法で解散すればよいという意見であった。決定の権限は政府にあったが、このような重大な決定は全員一致で行うべきであり、農業党の反対を多数決で覆せば、内閣危機を引き起こす危険があった。また、マサリク大統領の見解は道徳的に大きな影響力があり、解散しない方に秤を傾かせた (Klepetář 1937, 369)。

このような過程を経て、郷土戦線は解散させられないことになった。但し、「戦線」という名称は不可とされたため、ズデーテンドイツ党 (SdP : Sudetendeutsche Partei) と名称を変更し、選挙に臨むことになった。

三　一九三五年五月選挙

郷土戦線をめぐる対応が混乱する中、一九三五年三月中旬には、五月に選挙が行われることが確実となった。[107]与党連合側は、選挙を任期満了の十月まで引き延ばしたいと考えていた (Klímek 1998, 397)。社民党は選挙には最も消極的であった。クシーシュは、一九三四年秋に連合政党の間で一九三五年の秋まで選挙はしないという合意をし、マリペトル首相も三月上旬にはまだその期限を守ると話しているにもかかわらず、「国民統一」の選挙キャンペーンの影響で、与党のなかでも選挙キャンペーンを始めるところが出てきていると述べている。[108]人民党のシュラーメクも選挙は九月にとの約束はまだ維持されているはずだと発言し、選挙には消極的であった。[109]

しかし、政党の圧力や全体的な不安な空気のため、選挙は任期切れ前の五月中ごろに行われることになった。[110]

チェコスロヴァキア共和国において、選挙民はネイションごとに分かれているため、チェコ人選挙民をめぐってはチェコ諸政党の間で競合が行われ、ドイツ人選挙民に対しては、ドイツ系既存諸政党とズデーテンドイツ党が競った。このように政党システムの分節化ゆえにチェコ系の主要諸政党とズデーテンドイツ党の間には直接の競合はなかった点に注意をする必要がある。

本小節では、農業党、社民党の選挙における主張を分析し、チェコ人選挙民をめぐってどのような競合が、何を主題として行われたのかを明らかにする。

社民党の選挙での主張——労働者の政党と農業者の政党の協力

社民党の選挙に向けての主張には、社民党の民主主義観が表れており、社民党の主張の特徴と論点の変化が確認できる。

（a）「国民統一」に対抗して

社民党の選挙上の対立相手は「国民統一」であった。社民党は、「国民統一」の主張するチェコ・ネイション結集の必要性に対して、二つの論点に基づいて対抗した。

第一の論点は、抽象的な「ネイション」を強調することより、ネイションを構成している社会階層の多様な利益に配慮することが重要であるというものである。『人民の権利』の「政党と国民統一」という記事では、「ネイションは複数の社会階層から成り立っており、これらの社会階層の各々の利益を代表するために政党が生まれたのである」とし、その代表が労働者の政党と農業者の政党であると述べている。(11) このように、ネイションを複数の社会階層に分解して理解し、それを代表する政党として社会主義政党と農業党を位置づけている。

社民党がこのように明白に農業者の政党を労働者の政党と対等に評価している点は注目に値する。これは、一九三四年後半から初めて現れた社民党の新しい見解であり、農業党の新経済政策を受けて農業党を評価したことと、ナショナリズム主義への抵抗の中で、両党が接近したことの証であった。

第二に、社民党は、「国民統一」の実体がネイションの多数派を反映していない点を非難した。まず、国民民主党は、社会階層代表政党の台頭の結果、凋落したリベラリズム政党であり、「国民統一」では「ただネイションのみ!」というスローガンを掲げているが、ネイションを構成している社会階層は労働者の政党と農業者の政党を支持しており、このようなスローガンには内実が伴わないと非難し、「国民統一」は結局各社会階層の不満分子の寄せ集めでしかなく、実際には資本家の利益を代表していると結論付けた。

そして、多数者を背景にしていない以上、「国民統一」は「ヒットラーやドルフスの手段、つまり強制力を使うしかない」が、これに対して「チェコスロヴァキア・ネイションのデモクラティズムはそれを許さない。労働者と農民は普通選挙権によって得た今の地位を渡しはしない。」と主張して、「国民統一」の主張するネイション結集の必要性に対して、労働者と農民が多数者として民主主義を守るとした。[112]

以上のように、社民党の見解の特徴は、「ネイション」概念自体を社会階層に分解した点、多数の人民が属する社会階層として農業者を認め、その代表として農業党を評価した点、全体としての「ネイション」は代表されえない以上、ネイション結集を名乗る「国民統一」は資本家の代表であるとみなしている点であった。

ズデーテンドイツ党に対しては、社民党にとってズデーテンドイツ党は選挙戦の直接の対立相手ではないため、ズデーテンドイツ党はチェコの「国民統一」を批判するための文脈で言及された。「国民統一」は「真のチェコ・ナショナリズム」を主張しつつ、ヒットラーのドイツやドルフスのオーストリアを模範にしていると非難した。[113] ズデーテンドイツ党と「国民統一」には、民主主義ではあるが、新しい形の民主主義を支持すると主張していること、ネイションの団結、統一が必要であることを強調していることの共通点があることを、クラマーシュとヘンラインの発言を並べて示したうえで、共に実際には資本家の党であると批判した。[114] これは、ドイツ社民党も同様であった。[115] 特に、工業家中央連盟会長で商工銀行頭取のプライスは「国民統一」の事実上の指導者の一人として非難された。

(b) 社会経済利益の代弁者としての党

社民党の選挙キャンペーンの中心は、社会経済利益の代表者としての社民党の活動の成果を訴えることであった。

世界恐慌による労働者の失業問題を抱えながらの選挙戦は不利であったが、例えば『人民の権利』は、社民党は「恐慌時に失業者のために戦い、三十億コルナの支援を勝ち取った」と題する記事を掲載し、困難な状況の下で、社民党が政権に残ることで労働者の権利擁護に成果を上げたことを強調した。[116]

また、第六章で見たように社民党は経済政策の転換において積極的な役割を果たしたわけではなかったが、『人民の権利』は「デフレ政策は工場閉鎖、外国市場の喪失、ホワイトカラーの給与や労働者の賃金や農作物価格を引き下げる役割を果たしていた」が、「我々の決断によって放棄された」と述べ、デフレ政策の放棄を自党の成果として大きく取り上げた。[117]

さらに、社民党の経済再生構想を取り上げ、恐慌からの脱出の道として強調すると共に、農業との方向性の共通性を主張した。例えば、「農業に関しては我々は穀物専売と畜産シンジケートの導入を助けた」と述べ、農業生産のさらなる再編を求め、「国家と消費者の利益も考慮するものであれば、社民党は喜んで支援する」と述べている。[118]

社民党は特に小農、零細農に配慮するとし、農業労働は大変な仕事でありリスクも大きいことを認め、「工業の勤労人民は農業の勤労人民と率直で建設的な政治的連帯を作ることに寄与したいと思う」という一方で、農民にも、「労働者の賃金や勤労者の給与が支払われなければ農作物の消費が進まない」ことへの理解を求めた。

(c) 連合の維持

以上のように、多数者である労働者と農業者のそれぞれの政党が、相互の労働の対価を確保する国家による計画経済構想で一致し、協力していく必要性を、社民党は主張していた。チェコスロヴァキア社民党、ドイツ社民党、国民社会党の三つの社会主義政党の協力はその前提としても欠くべからざるものであるとする一方、共産党に対しては、扇動に終始し連合政治を危うくするとして、現時点での協力は拒否した。[119]

農業党の選挙での主張——勤労人民の経済民主主義

次に農業党の選挙に向けての主張を検討し、農業党の主張の特徴と論点の変化を確認する。

(a) すべての勤労人民への平等な所得保障

まず、農業党の選挙綱領のなかでは、経済民主主義の推進が大きな比重を占めた。

農業党の機関紙『田園』は一九三五年五月五日、「全共和国市民へ」と呼びかけ、農業党の選挙に向けたプログラムを明らかにした。[120]

その中で、農業党はまず明確に民主主義の側に立つことを表明した。続けて、経済民主主義、経済における新秩序を目指すとし、次のように述べた。「経済民主主義によって我々は共和国を人民の国にする。そこでは特権はなく、すべての人への平等と公正が支配する。すべての勤労が対価を受け取る。［ゴシックで］農民が得られなければ勤労者も受け取らず、労働者が受け取らなければ農民も受け取らない。したがってすべての職能身分と階級、国民諸階層の連帯が必要である。公正な勤労の評価と重荷の分配を！」。

そして農業党のこれまでの最大の成果として土地改革を挙げ、穀物専売制、準備中の畜産専売制はこれに続く成果であるとしたうえで、農業労働だけでなく、すべての勤労に収益を保証するための努力を約束した。具体的には、デフレ政策との決別を成果として示すと共に、道路や鉄道建設、国境地帯での公共事業による失業者の救済や、鉱山の社会化を約束した。

このように、農業党は農業者の労働に報いる経済政策の実現である穀物専売制を土地改革に次ぐ業績として訴え、その枠組みを経済民主主義として他の勤労人民階層にも広げていくことを強く訴えた。

(b)「国民統一」、ズデーテンドイツ党への批判

その一方で、農業党は「国民統一」を経済民主主義への敵、農民と労働者の協力を阻む存在と位置づけた。国民民主党が平価切り下げに反対し連合を離脱するともに、デフレ政策からの脱却や、穀物専売制や畜産専売制をはじめとする農業党の経済計画化政策を攻撃したことが批判の的となった。(121) 両党とも大資本から資金提供を受けているとの攻撃もめだった。

選挙戦の終盤には、『田園』を舞台に、ズデーテンドイツ党と「国民統一」は、共にヒットラー思想の影響を受け、民主主義を淘汰し権威主義的な支配体制、独裁を打ちたてようとしているとの攻撃も行われた。(122)

この二つの特徴から、一九三四年秋までの農業党の曖昧な態度とは異なり、農業党がはっきりと労働者政党との協力の側に立って選挙戦を戦ったことが見て取れる。農業党に対しては、国民民主党の側から、左傾化し、もはや私有財産制度を擁護していないという批判も浴びせられたが、農業党は、「勤勉な労働の成果としての私有財産は守りつつ、投機や不正な手段による私有財産は認めない」とし、農業党はボルシェビズムと完全な個人主義、リベラリズムの間の中道の道を行き、さらに改革を進めると反論した。(123)

農業党の中には、ズデーテンドイツ党を解散から守り、連合の可能性を残すことを求める勢力も存在した。その点で、農業党が原則的にネイション結集の政治傾向に反対していたとはいえない。しかし、マリペトル首相とホジャの新経済政策が大々的に表明され、選挙もネイション結集のスローガンを退け、明確に部分利益の政治、各社会階層の利益、勤労人民である農業者、労働者、商工業者の利益を国家が積極的介入で保証していくという主張で戦われたことは重要な意味を持つ。

ネイション全体の利益というスローガンがますます影響力を強める中、農業党と社民党がネイション全体の利益ではなく、農業者、労働者という個々の社会階層の利益を保証するという、ある種むき出しの利益政治で対抗した

点は重要である。しかも新経済政策という農業党の経済政策上のブレイクスルーによって、農業党と社会主義政党が、これまでのような単なる争点の抱き合わせや妥協ではなく、共通の社会経済構想の上に立って協力することが可能となったのである。しかも、農民と労働者はそれぞれ、ネイションの中の多数を占める勤労者集団であり、彼らの代表による彼らの経済的擁護が経済民主主義として掲げられることになる。

第六章の2節で見たように、社民党と農業党は経済議会構想のような新しい政治体制の構想を支持せず、これまでの政党中心の議会制民主主義を維持することを目指した。これを党派主義と批判しネイション結集の政治を訴える新しい政治構想に対して、農業党と社民党はこれと対抗しうる社会、経済の共通の新秩序構想を提示し、選挙民の判断を仰いだのである。

四　一九三五年選挙――「農民と労働者の民主主義」の「勝利」と「敗北」

選挙の結果と政党システムへの影響

一九三五年五月十九日に行われた共和国下院議会選挙の結果は両義的であった（選挙結果は表9参照）。チェコ陣営において、「国民統一」は国民民主党の前議席数十五に対し十七議席という結果に終わった。党首ホダーチは党勢の躍進を信じて候補者リストの下位に自分の名前を載せたため、議席を獲得できなかった。農業党と社民党は、一議席ずつ減らしたものの、それぞれ四十五議席と三十八議席を獲得した。商工中産党は旧中間層を吸収し十二議席から十七議席に増やした。スロヴァキアの自治勢力であるフリンカ・スロヴァキア人民党は自治ブロックを形成して選挙に臨んだが、十九議席から二十二議席とそれほどの伸びは見せなかった。

しかし、ドイツ人選挙民の間ではズデーテンドイツ党が大勝利を収めた。議席数こそ農業党に及ばなかったものの、ドイツ人選挙民の六〇％の支持を得て、選挙に参加した全政党中、最多の得票を獲得した。解散されたドイツ

表9　1935年下院議会選挙結果

政党	議席	有効投票数 ボヘミア	(%)	モラヴィア・シレジア	(%)	スロヴァキア	(%)	ポトカルパツカー・ルス	(%)	共和国全体	(%)
総議席数・有効投票数	300	4270863	(%)	2024969	(%)	1625558	(%)	309990	(%)	8231380	(%)
国民ファシスト共同体	6	87387	2.0	47438	2.3	32609	2.0			167434	2.0
国民統一	17	325916	7.6	77995	3.9	25490	1.6	28950	9.3	458351	5.6
チェコスロヴァキア人民党	22	255395	6.0	315567	15.6	37515	2.3	7327	2.4	615804	7.5
農業者と小農の共和党（農業党）	45	541578	12.7	287567	14.2	286739	17.6	60744	19.6	1176628	14.3
チェコスロヴァキア商工中産党	17	274673	6.4	122703	6.1	41996	2.6	8677	2.8	448049	5.4
チェコスロヴァキア国民社会党	28	494478	11.6	198197	9.8	51924	3.2	11273	3.6	755872	9.2
チェコスロヴァキア社会民主労働者党	38	549578	12.9	269089	13.3	184389	11.3	29717	9.6	1032773	12.5
チェコスロヴァキア政党合計	*173*	*2529005*	*59.2*	*1318556*	*65.1*	*660662*	*40.6*	*146688*	*47.3*	*4654911*	*56.6*
自治ブロック	22			28588	1.4	489641	30.1	46044	14.9	564273	6.9
ズデーテンドイツ党	44	918434	21.5	302006	14.9	27561	1.7	1533	0.5	1249534	15.2
ドイツキリスト教社会人民党	6	90303	2.1	72478	3.6					162781	2.0
ドイツ農業者同盟	5	105333	2.5	36814	1.8	255	0.0			142402	1.7
ドイツ社会民主労働者党	11	217570	5.1	75791	3.7	5409	0.3	1175	0.4	299945	3.6
ドイツ政党合計	*66*	*1331640*	*31.2*	*487089*	*24.1*	*33225*	*2.0*	*2708*	*0.9*	*1854662*	*22.5*
ハンガリーキリスト教社会国民党	9	14255	0.3	12616	0.6	230719	14.2	34247	11.0	291837	3.5
チェコスロヴァキア共産党	30	384756	9.0	174574	8.6	210765	13.0	79400	25.6	849495	10.3
農業政党	*50*	*646911*	*15*	*324381*	*16.0*	*286994*	*17.7*	*60744*	*19.6*	*1319030*	*16.0*
社会主義政党	*107*	*1646382*	*39*	*717651*	*35.5*	*452487*	*27.8*	*121565*	*39.2*	*2938085*	*35.7*
社会主義政党（共産党を除く）	*77*	*1261626*	*30*	*543077*	*26.8*	*241722*	*14.9*	*42165*	*13.6*	*2088590*	*25.4*

Volby do poslanecké sněmovny v květnu 1935, Československá statistika, sv.134, Praha 1936, 34–35.

ナショナリスト二政党の議席が十五であったのに対し、ズデーテンドイツ党の獲得した議席数は四十四であった。

一方、アクティヴィスト政党として与党連合に参加してきたドイツ社民党は二十一議席から十一議席に、農業者同盟も十二議席から五議席に半減し、アクティヴィスト政党だが野党であったキリスト教社会党の議席は十四から六に激減した。

この結果、チェコスロヴァキアの政党システムはこれまでどおりの作動方法では同様の統合効果をあげえないことになった。ネイションごとに分裂した政党システムは、社会経済利益を共にする政党同士の協力によって横に繋がり、共和国全体としての求心力を保っていた。この軸となっていたアクティヴィスト政党、つまり政権連合に参加する可能性のあるドイツ系政党の議席が、五十一から二十二に縮小してしまった。さらに、これまでの政党システムの作動原理では統合が不可能な、社会経済利益ではなくネイション糾合を組織原理とする政党であるズデーテンドイツ党が四十四議席の大政党として姿を現したのである。

社民党の選挙評価

選挙の結果について、社民党は社会主義と民主主義の勝利であると結論付けた。(124)『人民の権利』は、世界恐慌の六年目に失業者が八十万にも及んだ中で選挙が行われたことを考慮すべきであるとし、それにもかかわらず、失業者たちが「国民統一」や国民ファシスト共同体支持に回らず、社民党が恐慌前の一九二九年選挙での議席数をほぼ維持し、連合与党が勝利したこと、「国民統一」が票を伸ばせなかったことを大きな成果であると述べた。(125)このように「チェコ人が［ナショナリズムに惹かれる］ロマンチストではないところを見せた」おかげで、共和国全体では民主主義が勝利したことを評価した。

一方、ズデーテンドイツ党の躍進については、ヒットラーのインフレ政策によってドイツで雇用機会が増えていることに影響されたという経済的要因と、ドイツ人がヒットラーのロマン主義、デマゴギーを支持したという要因を共に挙げ、重大な問題だが、ズデーテンドイツ党がすべてのドイツ政党を吸収できたわけではなく、アクティヴィスト政党がそれぞれ議席を確保したことを重視した。

このような選挙評価に基づいて、政権連合については、これまでの連合を維持すべきであるとの見解が支配的であった。党首のハンプルも、社民党の勝利集会で、選挙は与党連合の勝利であり、ズデーテンドイツ党とは決して政府参加について話し合うことはない、と主張した。(126)ズデーテンドイツ党や「国民統一」との連合交渉には、ドイツ人アクティヴィスト政党と共に反対するというのが、選挙直後からの社民党の一貫した立場だった。(127)また、勝利集会でハンプルが主張したように、ズデーテンドイツ党の伸張の結果、ズデーテンドイツ党を含めない場合、社民党なしでは多数派連合の形成は不可能となる。[128] これも社民党が重視する点であった。

農業党の選挙評価

一方、農業党の『田園』も、農業党が七万票以上得票を増やし、議会第一党の地位を守ったことに満足を示した。[129] 選挙全体に関しても、社民党と同様に、世界恐慌や周辺諸国の政治体制の変化という困難な状況にもかかわらず、チェコスロヴァキア陣営ではほぼ政党の議席状況が変わらなかったことを評価し、「民主主義はチェコスロヴァキアの政党政治にしっかり根付いている」と評価した。

しかし、農業党は多数派形成については、社民党よりも慎重に発言していた。ズデーテンドイツ党の大勝を前に、農業党は、「国民統一」との連携によるチェコ・ネイションの団結か、あるいはズデーテンドイツ党の入閣を連合選択肢として考慮していた。『田園』にはチェコスロヴァキア諸政党の協力が必要という記述と、ズデーテンドイツ党の勝利を認め、ズデーテンドイツ党の停止、解散は解決にならないとし、協力の可能性を探る記事が見られた。[130]

連合形成と組閣

選挙で旧与党連合が百四十九議席、旧野党は合計百五十一議席となり、旧与党連合は少数派に転落した。一九三五年五月二十八日、一度辞任したマリペトルは再び最大政党の代表として組閣を任じられ、新たな状況の中で連合形成に臨むことになった。

選挙の翌日、ヘンラインはマリペトル首相に対し、四十四議員を擁するズデーテンドイツ党の入閣のみがドイツ人の政権参加とみなしうるとし、他のドイツ人政党の内閣への参加は「選挙結果をねじまげるもの」であると示唆した。

しかし、マリペトルはこれまでの与党連合に加え、チェコの商工中産党、フリンカ・スロヴァキア人民党、ドイツキリスト教社会党との入閣交渉を明らかにした。(131) 農業党はズデーテンドイツ党との交渉というオプションを明示的につぶさなかったことで、他の連合パートナーに対する連合交渉の梃子として用いようとしていると批判されたが、結局この時点では、マリペトルはチェコの「国民統一」ともズデーテンドイツ党とも連合交渉をしなかった。

ズデーテンドイツ党では、六月二日にヘンラインが党の議員をエーガー／ヘプに集め、服従と忠誠を誓わせた(Klepetář 1937, 383)。共和国の議員であるにもかかわらず、共和国に宣誓する前にヘンラインに宣誓をしたとして、この行動はチェコの世論に違和感を持って迎えられた。マリペトルはヘンラインの会談要請に対して、選出された代表としか会見しないとして、ヘンラインが議員でないことを理由に断り、六月七日にズデーテンドイツ党の議員フランク(Karl Hermann Frank)、ロッシェ、ゼベコフスキー(Wilhelm Sebekovsky)と会談した(Klepetář 1937, 383)。彼らはマリペトル首相に対し、建設的野党として、ズデーテンドイツ人にとって受け入れ可能な法案には賛成するという立場を表明し、マリペトル首相もそれを了承した。ズデーテンドイツ党は、農業党のブラダーチの下院議長選出には賛成票を投じたが、社民党のソウクップの上院議長選出時には棄権した(Klepetář 1937, 384)。ここに示されているように、ズデーテンドイツ党の側も農業党との協力可能性は維持した。

入閣交渉が行われた政党の中で、商工中産党は商務相ポストを条件にし、全連合政党の賛成を得て入閣した(Klepetář 1937, 380)。

フリンカ・スロヴァキア人民党は五月二十四日、ルジョムベロクで会議を開き、スロヴァキア自治の即時実現を入閣の条件と決定した(Klepetář 1937, 381)。そのため、同党のティソとチェコスロヴァキア人民党のシュラーメクの努力にもかかわらず、入閣交渉は失敗した。しかし、与党連合は上院議員の幹部会にフリンカ・スロヴァキア人民党の議員を選ぶことで、同党に好意を示した。

ドイツキリスト教社会党に関しては、ヒルゲンライナー党首はマリペトルと交渉する一方で、ヘンラインとも接触し一貫性がなかったことと、ドイツ人公務員の割合やドイツ語教育学校の配置に関する要求について合意ができなかったことが原因で、連合各党が皆、同党の入閣を希望していたのにもかかわらず、入閣は実現しなかった。[132] その後、ヒルゲンライナーが党首を追われ、シュトルベルク（Friedrich Stolberg）新党首の下で、ようやく一九三六年七月に入閣が実現することになる。

この連合交渉の結果、一九三五年六月三日に任命された第三次マリペトル政権は、選挙前の連合に商工中産党のみを加えて発足した。議席数の上では下院の三百議席中百六十六議席をおさえる多数派政権であった。[133] しかし与党連合はチェコとスロヴァキアの議員百五十名に対し、ドイツ人議員はわずか十六名と偏っていた。閣僚ポストも、十四人のチェコ人、スロヴァキア人閣僚に対して二人のドイツ人閣僚という配分となった。ドイツ系諸政党は公共事業相ポストを失い、チェヒは厚生相、シュピナは無任所大臣となり、後退が目立った（Klepetář 1937, 382）。

社会経済構造上は、農業政党は五十議席、商工中産党十七議席、カトリック政党二十二議席、社会主義政党七十七議席で、バランスのよい連合といえた。農業党の『田園』は新政権を、広い連合基盤からなる経済再生の内閣と位置づけた。[134] 前政権を構成した連合諸政党が、計画経済化という共通のプログラムで選挙戦を戦い、そのプログラムが選挙民から承認を受けたことが強調され、新内閣には、農業と工業の両方の生産を管理し、失業を中心とする経済危機の解決を目指すという前政権から受け継いだプログラムを実施する、行動力のある内閣となることが期待された。

チェコスロヴァキア社民党からはマイスナーに代わりネチャスが社会保障相に就任した。ネチャスは社民党で社会経済改革構想の作成に携わった経験があり、専門知識も豊富で、政府で最も人気のある閣僚となった（Klepetář 1937, 382）。

マリペトル首相は六月十八日、議会での施政方針演説において、選挙と連合形成を振り返った。まず、ズデーテンドイツ党やフリンカ・スロヴァキア人民党に関し、野党は政府に対する野党であり、国家に反対する野党ではないと指摘した。[135] そして、国家への反対は容認できないが、多数派連合や政府への反対が認められているのは、チェコスロヴァキア共和国において議会制民主主義が維持されていることの証拠であると述べ、チェコスロヴァキアの議会制民主主義の強さを強調した。同時に、ドイツ社民党と農業者同盟が与党連合に残ったことに対しては、現実的で思慮深い政策の現れであると高い評価を表明した。

また、連合与党については、これまでの連合与党が今後の経済社会政策と連合政策の方針を示して選挙に臨み、チェコスロヴァキア陣営では明確な支持を受けたと結論付けた。金平価切り下げによる経済状況の改善、失業の改善、穀物専売制の成功を前政権の成果とし、これに続けて、さらに時短や公共事業によって失業問題を計画的に緩和すること、国内の需要喚起のために、工業、農業、商工業従事者の収益性を保証すること、そのために生産を管理調整することを課題として示した。畜産専売制と共に、やや慎重な言い回しながら石炭産業についても、価格の引き下げ、所有形態の修正、重要な天然資源を国家全体の観点から利用することを検討していると述べ、経済の新しい方向性を確認した。

「農民と労働者の民主主義」の「勝利」と「敗北」

選挙前の一九三五年二月、雑誌『現在』はホジャ農相へのインタヴュー記事を掲載した。[136]『現在』の編集者は「民主主義者はみな、農業党がこの国における民主主義体制の側に立つと決めたことを喜びを持って注目しています。政治的民主主義は経済民主主義によって支えられなければ不安定であることに気がついている民主主義者はみな、農業党の新しい経済進路、大臣、あなたご自身が『新経済政策』と呼ばれたものですが、それを小さからぬ喜びを持って注視しています。」と述べ、農業党の民主主義支持の立場表明とそれを支える「新経済政策」を歓迎した。

ホジャは、農業党のいかなる性格がこの役割を担うことに影響したのかという問いに答えて、農民は中間層として私的財産と個人主義的労働を生活の基盤とするため、社会主義者ではありえないが、野放しの個人主義的資本主義や自由競争も農民の経済的利益の障害であり拒絶する、とした上で、農民は労働者と同様、社会的公正のための国家の介入を必要としていると述べた。そして、諸外国の例に見るように、民主主義体制が農民に国家の保護を与えなければ、農民は独裁体制を選ぶことになるだろうとし、だからこそ、農民と労働者からなる広い基礎を持つ民主主義体制、経済的弱者が多数者である民主主義体制が、統制経済を導入していかなくてはならないと主張した。そして、社会主義政党と農業党の連合は偶然の政党の集まりではなく、共通の経済思想に結ばれた連合であり、選挙後も継続すると述べた。

世界恐慌による経済危機への対応を迫られ、議会制民主主義体制への懐疑が拡大する中で、一九三五年の選挙はチェコスロヴァキアの議会制民主主義にとって決定的な選挙であった。この選挙で、ネイション結集の政治のチャレンジに対し、農業党と社会主義政党が、双方の連合による議会制民主主義維持を掲げて選挙に臨み、選挙民から選ばれたことの意義は大きい。農民はネイション糾合の「国民統一」やファシズム政党に走らず、労働者も共産党ではなく、恐慌下にも連合に参加しつづけた国民社会党と社民党を支持した。両翼政党に対する連合与党の勝利によって、チェコスロヴァキアの議会制民主主義は生き延びることに成功したといえよう。

選挙後形成された政権連合は、チェコ（スロヴァキア）とドイツの農業政党、社会主義政党、カトリック政党の部分利益代表政党間の大連合であり、これまでの連合と連続している。

しかし、重要なのは、連合の中心政党である農業党と社会主義政党がここで相互の連合と議会制民主主義を維持する理由として挙げたものがこれまでとは異なったことである。

農民と労働者という、二つの部分利益を代表する大衆組織政党間の関係は、第一共和国の建国当初からの課題であった。両者の連合は議会制民主主義の機能、安定化のために不可欠であったが、両者の利害はしばしば相反し、プラグマティックな利益妥協によってようやく連合が維持されてきた。

しかも、一九三〇年代の危機の中で、政治の経済統制の役割への期待が強まる一方、部分利益間の対立が激化し、多元主義的な部分利益代表政党への批判、さらには、それに基づくチェコスロヴァキアの議会制民主主義への批判が広がり、ネイション全体の利益の観点からの政治、ネイション結集の政治の主張も見られるようになっていた。

しかし、この選挙を前に、農業党と社会主義政党は、経済の計画化、経済の民主化という経済新体制構想を共有し、その中で相互の利害を承認し、新しい形で連合を確認した。この構想では、国家による経済への介入と統制を前提としたうえで、その統制の目的として、勤労大衆である農民と労働者に労働の対価を保証することを掲げ、民主主義に新しい要素を加える経済民主主義として容認している。さらに、農民と労働者の大衆組織政党が連合して経済統制の担い手となることによって、議会制民主主義体制と経済統制の共存が可能な枠組みが提示された。ここでは、農業党と社会主義政党の連合は、単なる部分利益妥協ではなく、勤労大衆のための経済統制政策を実現し、かつ、議会制民主主義体制を維持するために必要で必然的な連合とされるのである。

ホジャがここで掲げた「農民と労働者の民主主義」は、第一共和国の政治の中心テーマであった、農民と労働者の大衆組織政党による議会制民主主義の安定化に新しい答えを提示するものであり、同時に、一九三〇年代の危機の中で生じた政治の役割の転換の要請に対し、チェコスロヴァキアの議会制民主主義が一つの解を示しえたことを意味していた。

しかし、このような「農民と労働者の民主主義」構想はドイツ人社会で支持されることはなかった。農業者同盟は、選挙戦の途中まで、郷土戦線の唱道する有機的ネイション観とズデーテンドイツ・ネイションの糾合の思想に共鳴し、農業職能身分としてそこに参加する可能性を追求していた。ドイツ人社会においては、「農民と労働者の民主主義」構想のような形で、部分利益代表政党であることの正統性が正面から主張されることはなく、ネイション結集構想を掲げたズデーテンドイツ党が、一挙に支持を伸ばす結果となった。チェコの農業党は部分利益妥協のなかにズデーテンドイツ党やフリンカ・スロヴァキア人民党をも組み込むことも模索したが、ズデーテンドイツ党の一九三五年選挙での大勝は、そのような形での統合を困難にした。

チェコスロヴァキアの議会制民主主義は、部分利益が政党を通じて表出されるという政治社会構造を前提条件として必要としており、一九三五年の選挙で、ドイツ系住民の間でその前提条件が失われたことは、農業党と社会主義政党を軸とした体制の統合機能がドイツ系住民には十分及ばなくなるという重要な帰結をもたらした。

新しい大政党として登場したズデーテンドイツ党は、チェコスロヴァキアの議会制民主主義の動態において異質な要素であった。このズデーテンドイツ党と結ぼうとする動きと、これまでの連合を維持しようとする動きは、工業の位置づけ、議会制民主主義の在り方、外交路線を含む大きな対立軸となってチェコスロヴァキアの政党間にも亀裂をもたらしていく。

チェコスロヴァキア第一共和国の終焉は、周知のように、ナチス・ドイツの圧力と列強の宥和政策によってもたらされるが、チェコスロヴァキアの議会制民主主義体制の内部には、それ以前から深い亀裂が生じていたのである。

一九三五年の選挙はチェコスロヴァキアにおける議会制民主主義体制の再均衡の画期となると同時に、その限界を決定付け、崩壊の内在的原因につながったといえよう。

次章では、一九三五年の選挙以降の連合と議会制民主主義をめぐる状況の変化を概観し、第一共和国の終焉までの道筋をたどってみたい。

第八章　「第一共和国」の終焉

一九三五年選挙で農業党と社会主義政党は「農民と労働者の民主主義」を掲げて勝利した。国家による経済への介入と統制が広く容認され、農民と労働者の大衆組織政党が連合して経済統制の担い手となることによって、議会制民主主義体制と経済統制の共存が可能な枠組みが提示された。「農民と労働者の民主主義」の勝利は、農民と労働者の大衆組織政党による議会制民主主義の安定化に新しい答えを提示するものであり、同時に、一九三〇年代の危機の中で生じた政治の役割の転換の要請に対し、チェコスロヴァキアの議会制民主主義が一つの解答を示しえたことを意味していた。

しかし、ドイツ系住民の間でズデーテンドイツ党が勝利したことで、共和国の政党システムの構造は決定的な変化をこうむっていた。新しい大政党として登場したズデーテンドイツ党は、チェコスロヴァキアの議会制民主主義の動態において異質な要素であり、共和国の政党政治の正統性は挑戦を受けざるをえなかった。与党に集まった連合諸党は、新首相ホジャを中心に連合政治を続けるが、ズデーテンドイツ党との関係や外交方針をめぐり、連合政党の間でも対立が生じることになる。連合政権は結局状況を打開できないまま、一九三八年のミュンヘン協定受諾による第一共和国の破綻を迎えることになる。

第1節　ズデーテンドイツ党の登場と政党システムの変化

一九三五年選挙後、チェコスロヴァキアの政党にドイツアクティヴィスト政党を加えて連合政治が再開された。

しかし、最大の得票を得たズデーテンドイツ党が連合政権から排除されていることは、政権の正統性に影を落とすことになった。

ドイツ系住民は、これまで、チェコ系住民と同様に部分利益政党を支持していたが、この選挙で、国民の一体性を主張する政党に支持が移った。ドイツ系の政党は一九二〇年代の半ば以降部分利益政党として共和国の政治に参加してきたが、これらの政党がドイツ系住民の支持を減らし、それにもかかわらず政権に残ったことは、連合政権のドイツ社会における正統性を減少させた。

さらに、ズデーテンドイツ党は、政党間合意のメカニズムの中で動くことが困難な異質な政党であった。ヘンライン党首が、議員にならなかったことに象徴されるように、ズデーテンドイツ党は議会を政党活動の中心とは見ておらず、運動として、ドイツ人社会で影響力を拡大することに重点を置いていた。

また、ズデーテンドイツ党は共和国の枠組みを尊重すると述べていたものの、党の主張を考慮すると、どのような形で共和国の政治に参加できるのか明らかではなかった。ズデーテンドイツ党は「ズデーテンドイツ人の一体性」を政治的意思決定の基礎に置いており、部分利益間の妥協と合意を基礎とする共和国の政治とは相いれなかった。公に要求として示されることはなかったが、一体であるズデーテンドイツ人の意思決定のための枠組みとして、自治を必要とするのが論理的帰結であった。部分利益ごとに分裂して共和国の中央集権的政治に参加したアクティヴィスト政党とは性格を異にしていたのである。

ドイツ人への求心力を回復するためには、共和国政府にはズデーテンドイツ党と交渉する道以外なかったが、共和国の政党政治の仕組みを前提とした場合、交渉には原理的な障害が予想された。

第2節　ホジャ連合政権

一　ホジャ首相と経済民主主義

文脈は変化したものの、連合諸政党は当面これまでの連合政治を継続した。さらに、一九三五年の選挙で見られた方向性、つまり、農業党と社民党が担い手となる統制経済の促進という方向性にも進展が見られた。選挙から五ヶ月後、一九三五年の十月末に、マリペトルからホジャに首相が交代したのである。[1]

下院議長だった農業党のブラダーチの死去を受け、マリペトル首相が下院議長に立候補することになったことが理由であったが、農業党から連合他党へ事前の相談もなく新首相が通告された点は、農業党の専横として批判された。しかし、ホジャの政治的力量は他党からも高く評価されていた。[2] ホジャは、チェコスロヴァキアの政党政治家には珍しく国際的視野を持ち、政治的構想力のある政治家とみなされていた。例えば国民社会党のストランスキーは、マリペトルは政治的に真摯で思慮深くあったが、政策は連合諸政党の利益の和以上のものではなかったのに対し、ホジャはより建設的な考えや目的を持った行動ができる上に、文筆活動や演説を通じてそれを他者にも伝える能力を持つとしてホジャの首相就任を歓迎した。[3] 激しい気質も指導者として政治の場では魅力的でもあり、ホジャの活動力が裏目に出たこともあったが、今日の時代の要請に適合的であろうとも述べている。

また、何よりも、ホジャは新しい経済構想の提唱者であり、その方向への発展が期待された。[4] ホジャは農業民主主義概念の提唱者であり、ホジャの経済社会化構想は、選挙のためのにわか作りのものではなく、一九二〇年代からの彼の構想の延長線上にあった。さらに、首相就任演説の中でホジャは、農業のみならず、工業に関わる部分についても「統制経済」を進める意思を表明した。[5]

ホジャは一九三六年十一月の予算委員会でも、目指す政治の形を、統制経済と結びついた「統制された民主主義(ukázněná demokracie)」とよび、連合はこの新しい型の民主主義を実現するという共通のイデオロギーによって結びついていると述べている。(6)

このように、ホジャの首相就任は、新構想の実現に向けて、望ましい要素であるように思われた。ホジャ自身も大きな構想をもって政権についたのである。しかし、いくつかの要因によってその実現は困難なものとなり、事態への対応に追われることになる(Kvaček 1994)。困難の最大の要因は、ホジャ政権の基盤である農業党と社民党を中心とする連合そのものが、再び軋み始めたことであった。これは農業党の右派と他の連合政党の関係の悪化が原因であり、議会制民主主義についての見解や外交政策についての対立と関係していた。

二　連合内の亀裂

農業党内の対立

農業党内の右派が、独自の動きをし、ホジャ首相を全面的に支えなかったこと、連合政党との関係を悪化させたことは、連合にとって大きな問題だった。

社会主義政党との政権を好まない右派は農業党内に恒常的に存在する政治勢力であったが、一九三五年選挙時には「国民統一」との対抗に党が集中する中で抑えこまれていた。しかし、選挙後はこれらの勢力が力を増す状況の変化が生じた。選挙前は、チェコスロヴァキアの農業党とドイツ農業者同盟、チェコスロヴァキア社民党とドイツ社民党が横に国民横断的に連帯し、その上で連合が組まれていた(図1参照)。前章でも見たように、チェコの農業党と社民党の議席数は、この選挙でそれぞれ一議席減のみであり、ほとんど変化がなかったが、ズデーテンドイツ党の成長でドイツ社民党の議席数が半減したため、社会主義勢力の議席数が九十二から七十七に減少し(表8、

表9）、国民を横断した農業党と社民党の政党グループ間の比率は社民党に不利に動いた。また、「国民統一」の選挙での失敗によって、農業党と社会主義政党の共通の敵が力を失った。そのため農業党の内部で、社会主義政党への譲歩を厭う動きが再燃したのである。これも、ドイツ陣営内部でのズデーテンドイツ党の勝利がもたらした影響の一つといえよう。

右派は、ストウパルらモラヴィアの農業党員を中心とし、大土地所有層や精糖業、製粉業など農村工業の経営層なども含まれる勢力であった。前述の通り、右派はカハーネク、ヴラニー（一九三七年死去）ら編集委員を通じて機関紙『田園』に強い影響力を持っていた。

彼ら右派と、農業党選出の首相ホジャの関係は、常に緊張をはらむものであった。ホジャは、スロヴァキアの農業党組織を基盤とし、党内の現連合支持派の支援も受けていた。農業党の中では、困難な時局ゆえに、首相は有能なホジャに任せたいという合意も存在し、右派もホジャを直接攻撃することは避けていた(7)。

両者の中間にいたのが、農業党の党首に選ばれたベランである。彼は、若くして党書記となった有能な党官僚であり、シュヴェフラ死後党首ポストが空席とされる間、党首代理をつとめ、一九三五年十一月十九日、正式に党首に選出された（Klimek 2002, 337）。庶民的で演説がうまく、一般党員に人気がある一方で、外国語を話さず、広い視野に欠けるという批判的な見方もあった（Rataj 1997, 25）。ベランは、右派とホジャの間でバランスをとっていたが、次第に右派に接近していくことになる。

農業党内の対立は、次の「工業の代表」をめぐる問題とも連動し、農業党と社会主義政党の経済政策をめぐる協力に影を投げかけていくことになる。

「工業の代表」問題

(a) 農業における経済統制の突出

一九三五年選挙では、農民と労働者の双方に勤労の対価を保証する統制経済の実現が目標として掲げられていた。しかし、一九三五年選挙後の経済運営に関して、社会主義政党は、畜産専売制、農業者の借金救済、農作物価格の引き上げなど、農業者に利益を保証する政策の議論は進んだが、労働者への政策が十分ではないと見ていた。[8]

農業者保護を優先する農業党に対し、社民党のベヒニェは、農業危機はチェコスロヴァキアでは既に解消し、今は失業や賃金不足の問題に対処すべきときであると訴えた。[9] 社民党は、公約に掲げていた国営職業安定所制度や週四十時間労働制が推進できないことを特に問題視していた。[10] 九月の社民党と国民社会党の共同声明では、投資基金で十七万五千人の雇用が実現した成果を誇りつつ、さらに工業への資金を供給し、雇用を確保することが要求された。[11] 同時に、消費者としての労働者の利益と農業者の利益が、農作物価格をめぐって対立するという、従来からの問題も解決されてはおらず、経済統制の導入によって、麦粉やパンの価格が高止まりすることや、安価なマーガリンの生産が制限されることへの批判も繰り返された。[12]

こうした状況の中で、農業に対応する形で、工業における経済統制をいかに進めるべきかという問題が浮上してくる。ホジャ首相は、「農業民主主義と工業民主主義」を共に進めるべきであるという発言を行い、社民党、国民社会党からも、工業における経済統制の発展が国家にとって必要であるという意見が出された。[13]

但し、このような工業統制案には弱点があった。社民党のベヒニェは、工業生産は経営者の私的な問題ではなく、公共の事柄であり、計画的に推進する必要があるとし、そのためにも雇用者と被用者の統一工業戦線が必要であり、両者が協力して工業政策の問題の解を求めるべきだと述べている。[14] 社民党は、工業を含めた経済統制の担い手に単独ではなれないという矛盾を抱えていたのである。

（b）工業における経済統制

工業の側もこの時期、変化しつつあった。国民民主党は、工業利益の代表と、国民全体の党という二面性を持っていた。そのため一九三四年初頭の国民民主党の下野以降、工業利益が与党連合に代表されなくなったことになる。一九三五年選挙の「国民統一」は、ナショナリズム、ファシズムの力を借りて、国家の主導権を得ようとする試みであったが、選挙での敗北によって、失敗に終わった。工業勢力は、国家の主導権を得られないどころか、農業党と社民党が主導する経済の統制化に工業利益の意見を反映することもできないことに焦りを見せ始める。

従来、輸出指向のチェコ工業界は、保護貿易指向の農業党と対立していた。前述のように、工業利益の代弁者であった商工銀行のプライスは、工業への国家介入を望まず、金融財政政策ではエングリシュと対立し、均衡財政とコルナの通貨価値の維持を求めていた（Kosatík 2010a, 134–139）。

しかし、国家の直接統制は否定するものの、国家が企業家たちが構成するシンジケートに保証を与えるような形態での経済統制は、工業にとっても望ましいものであった。一九三五年の春には、チェコスロヴァキア工業家中央連盟の声明で、プライスが工業のさまざまな部門におけるシンジケート化の推進を提唱した。[15]

一九三五年の夏には、大統領府副長官のシースルが、工業家に近い『経済政策 *Hospodářská Politika*』誌に「工業と政治」という記事を寄稿し、工業の職能代表の政治参加の必要性を訴えた。[16] シースルは、チェコスロヴァキアの政党は、政治的主義主張によって組織されているのではなく、農業党は農業者、社会主義政党は労働者・被用者、商工中産党は商工業者の職能団体を基礎とし、彼らを組織化して容易に有権者を集め、議席を得ているという認識を示した。その上で、工業家は、数が少なく大衆基盤を持ちえないため、ナショナリズムで補おうとしファシズムに接近したが、これを防ぐには、工業家にも職能代表として十分な代表を議会に送り出す仕組みを作り、職能間の平等を実現することが重要だと主張した。

また、ホジャ首相は、施政方針演説の中で「統制された経済」の実現に重点を割いたが、その中でこれまでになく詳細に、工業を含めた経済の組織化について構想を語った。[17] ホジャの構想では、カルテルに加え、いくつかの生産部門にシンジケート化も加えることにより組織化を進めることとされており、これを梃子とする生産と販売の統制によって、経営の採算性を保証することが中心に据えられていた。

このような流れの中で、十一月には、工業家中央連盟が、政府に提出した覚書の中で、選挙前の態度を転換し、工業の代弁者を政府に招いてくれるよう要望している。[18] このころには、チョコレート、セメント、ガラス、ゴム、紙、陶器など、多くの農村工業系以外の工業製造部門でも一気にシンジケート化の提案が出され、『経済政策』のような工業家系の新聞でも、今までなかったシンジケート化のメリットについての記事が見られるようになった。[19]

このように工業における経済統制をめぐって、急に議論が高まる中、誰がどのように工業の代表としての政治に参加すべきなのかという論点が浮上した。さらに、工業における労使の関係という問題も依然残されていた。これは、チェコスロヴァキアにおける議会制民主主義の在り方とも関わることになる。

(c)「工業の代表」と議会制民主主義との距離

一九三五年選挙時に農業党と社会主義政党が共に構想として掲げた「農民と労働者の民主主義」は、農民と労働者ら勤労者への生活保障のための経済統制の必要性という観点で、それぞれ大衆勢力を背景に持つ農業党と社会主義政党が合意するという構成であった。ここでは、経済統制という経済政策と、それを実現する政治手法としてのチェコスロヴァキア独特の議会制民主主義が一致していた。社民党は、これを、計画化、国有化、経済指導への労働者の参加からなる「経済民主主義」への道と解釈し、農業党との協力を是認していた。

しかし、シンジケートやカルテルの形成の動きに対しては、社民党系の理論誌『新しい自由』が、シンジケートについて、製造者の採算性を重視し、組織形態においても製造者の自治に任せるようなものなのか、それとも、国民経済、消費者、被用者の立場を考え、国家の監督のもとに作られるものなのか、見解の相違があると指摘した。[20] カルテルについても、例えば精糖業カルテルは私企業の利益を中心に作られているのではないかと指摘し、このようなカルテル化には疑問を呈した[21]。

工業の代表が政府へ代表を送り、経済統制に参加する場合、社民党や国民社会党の工業労働者と協調し、大衆基盤を持った形で、実行するというのが一つの理論上の選択肢としてありえた。

工業が政府へ代表を送ることを求めてきたことに対し、『民主中道』の後継誌である『プログラム *Program*』で、ヒチルは、工業家中央連盟の立場は、選挙前の政党政府に対する批判的姿勢から大きな転換を見せているが、単に政府に代弁者を送りたいというのではなく、政党との関係を工業が明確にする必要があると述べている[22]。また、ヒチルは、工業利益推進に関して、工業家と社会主義者は協働できないのかとも指摘し、階級的な偏見を超えれば可能なはずであるとした。社民党のベヒニェ自身も、経営者と被用者の統一工業戦線が農業に対抗するためにも必要と主張している。

しかし、実際には、このような統一工業戦線は実現しなかった。他方、シースルの指摘のように、工業という職能を労働者と分離して工業家のみと捉えると、工業は十分な大衆基盤を持たない部分利益になる。このような部分利益が政治的決定に加わり、経済統制に参加することは、チェコスロヴァキアの議会制民主主義の枠組みとは齟齬を来しかねない問題であった。

(d) 農業党と「工業」の関係

その中で、農業党の中には、「工業」との接近を試みる動きが見られるようになった。

国民民主党が国民統合の政党を目指して「国民統一」へと転換したため、当時工業には自明な代表政党が不在であった。その間隙をついて、農業党では、農業と工業の両方を代表する「中間層党」の構想が議論された[23]。また、「国民統一」は選挙での失敗を機に、比重をナショナリズムから工業利益の代表へと徐々に戻し、工業の代表としての政権復帰を考慮するようになる。実際「国民統一」は一九三七年六月二十日の大会で政府への参加希望を表明する（*Národní shromáždění* 1938, 292–294）。しかし、それ以前から農業党と国民民主党の交渉が進んでいるという推測が流れていた[24]。

このように「農業」を代表する農業党が「工業」に接近を試みることは、「農民と労働者の民主主義」から離れていく可能性を含んでいた。「農業と工業」も「農民と労働者」も統制経済の促進という点では同じ方向性を持っていたが、前者は経営者の私的所有権を尊重したうえでの、シンジケート化による統制であるのに対し、後者は公有化も視野に入れていた。また、前者は後者のように大衆基盤や議会制民主主義との関係を重視するものではない。

農業党の中でも、工業との接近に積極的だったのは右派グループに属する政治家たちであった。この右派勢力が「工業」の姿勢転換をとらえ、工業との接近を試みた。このことは、社会主義政党にとって農業党の連合政党への背反と捉えられた。ホジャを始め農業党内には、労働者との関係を重視し、従来からの連合を支持する勢力もあるが、彼らも右派の圧力の中、労働者への譲歩が連合内で思うように行えなくなり、農業党と社会主義政党の協力は期待されたほど進展しなかったのである。

農業党右派と連合他党の対立

(a)　大統領選挙

さらに、農業党右派が連合他党と明示的に対立し、連合内で孤立するきっかけとなったのは、一九三五年十二月に行われた、マサリクの後任大統領選挙であった[25]。マサリクは建国直後の時期から自分の後継大統領にベネシュを推していた。上院議員の被選挙権が四十歳以上であるのに対し、マサリクが、大統領の被選挙権を三十五歳以上と希望し、入れられたのは、ベネシュの年齢を考慮してのことであった。連合諸政党がマサリクの推挙を受け入れ、ベネシュ候補支持にまわったのに対し、農業党の右派はベネシュを「国民社会党の副党首」であり自党の大統領候補として望ましくないとして、他の候補の可能性を探った。ベランを含む右派はホジャにも立候補を促すが、ベネシュ大統領選出への協力を約束していたホジャは断り、右派は、国際的に知られた植物学者で国民協議会議長のネメツ[26] (Bohmil Němec) をベネシュの対抗候補として立候補させた。

しかし、ホジャに指導された農業党のスロヴァキア翼は同調を拒み、社会主義政党、人民党と連携してベネシュを推し、共産党、フリンカ・スロヴァキア人民党がベネシュ支持に回ったことで、結局、農業党の右派も最後にはベネシュ支持に戻らざるをえなくなった。結果は、ベネシュが三百四十票で大統領に選出され、大統領選挙の前日に立候補を取り下げたネメツに二十四票が投じられ、七十六票が白票であった。

農業党がベネシュ以外の立候補者を立てようとしたことは、ベネシュ外交への批判、社会主義者への批判と捉えられ、連合他党の機関紙から厳しく批判された。[27] それに対し、農業党は、対抗候補を立てようとしたことは、民主主義の原則に忠実な行動であったとし、党大会でも指導部の行動が支持された。確かに、対立候補を立てようとすること自体が間違いであるという他党の批判は行き過ぎであろう。しかし、大統領選挙において、連合政権を組む諸政党と共同歩調をとらず、自党出身の首相ホジャとも異なる行動を取ろうとしたことは、農業党内の不統一を示すことであり、現在の連合への挑戦でもあった。

(b) 連合内の対立

この大統領選挙後、農業党右派と他の連合諸政党の対立が継続した。農業党右派の主導する機関紙『田園』は、社会主義政党と人民党は「赤黒連合」を作って農業党を追い落とそうとしていると主張した。[28] さらに、別の連合を組むことも可能であるとし、社会主義政党、人民党を裏切り者とまで呼んで批判した。[29] 社会主義政党、人民党の側の機関紙も対抗し、機関紙を通じた批判の応酬が一九三六年、一九三七年と続いた。

しかし、農業党の『田園』が、連合の改編もありうるという姿勢をとったのに対し、社会主義政党、人民党側が、現連合の維持を不可欠とし、農業党が連合の結束に戻ることを要望し続けていたように、双方の対立は非対称なものだった。社会主義政党、人民党側から見た場合、農業党全体が連合に対して敵対的なのではなく、問題は、農業党の右派であった。ホジャ首相は連合維持の努力を続けていると評価され、ホジャ首相を連合で支えなければならないという発言も見られた[30]。

ホジャ首相自身も、連合の求心力、統治力の低下を危ぶむ声に対し、「この連合が現在統治しているし、今後も統治する」と述べ、ファシズムであれヘンラインであれ反民主主義勢力とは結ばないと明言している[31]。農業党内からも、理論誌『畝』のようなホジャに近い筋では、現状の連合しかありえず、これを維持しなければならないという発言も見られる[32]。農業党の中にも、連合を維持しようとするグループが存在し、ホジャを支えていた。

ホジャは、現連合を強化しようと、ドイツキリスト教社会党、フリンカ・スロヴァキア人民党と連合交渉も行い、一九三六年七月には前者の入閣実現に成功し、わずかながら閣内のドイツ系代表の増加に成功した。しかし、スロヴァキア人民党とは条件が折り合わず、断続的に行われ続けた交渉は最後まで実を結ばなかった（*Národní shromáždění* 1938, 242）。

この状況のもとで、経済政策のかじ取りは容易ではなく、新しい経済統制の構想の実現にも困難が伴った。また、内外の情勢からも、喫緊の課題は外交問題や、ドイツ人問題であり、ホジャ内閣の仕事の焦点もそこに移っていく。しかし、これらの問題でも、連合は一致した姿勢をとることができなかった。

三　外交政策の対立

ベネシュ外交

第一共和国では、外交と内政の担い手が分かれており、相互のリンケージが乏しいのが特徴であった。外交は、独立時に国際交渉を担った大統領マサリクの分野とみなされ、実質的にはマサリクの片腕で建国以来大統領となる一九三五年まで外相を務め続けたベネシュが担っていた。政党政治家は内政に集中し、代々の首相も外交方針についてはベネシュ外相に任せてきた。ホジャが一九二〇年代の終わりに旧ハプスブルク諸国との関係改善を試みたのが、政党政治家が外交方針にも介入した唯一の例であるが、ホジャの試みは失敗したばかりか、この件でベネシュと対立したために失脚しかける結果となった。

ベネシュの外交方針は、ハンガリー、オーストリアの失地回復の試みを警戒してユーゴスラヴィア、ルーマニア、チェコスロヴァキアの間で結ばれた小協商諸国の連携と、一九二五年ロカルノ条約の一環として結ばれたフランスとの相互援助条約に、チェコスロヴァキア共和国の安全保障の基礎を置くものであった。一九三五年に結ばれるソ連との相互援助条約はその延長上にさらなる保険をかけたものである。

一九三五年五月の議会選挙時と時を同じくして、チェコスロヴァキアを取り巻くヨーロッパの国際情勢も大きく変化し始めていた。一九三五年一月のザール地方における国民投票の成功に続き、三月十六日、ヒットラーはヴェルサイユ条約の軍備制限条項を破棄し、再軍備を宣言した。それに対し、五月には、仏ソ相互援助条約（二日）とチェコスロヴァキア・ソ連相互援助条約（十六日）が結ばれたが、[33] 翌一九三六年三月七日、ドイツは、仏ソ相互援助条約の締結を理由としてロカルノ条約破棄を宣言し、ラインラントへ進駐した。ヴェルサイユ、ロカルノ両条約を主軸とする安全保障体制は、こうして崩れていくことになる。

一九三三年のドイツにおけるヒットラーの政権掌握、一九三四年一月のドイツ＝ポーランド不可侵条約と、チェコスロヴァキアの置かれた国際情勢は変化していった。さらに、一九三五年の選挙で、ズデーテンドイツ党がドイツ系住民の圧倒的多数の支持を得たことも、安全保障の見直しの一因となった。しかし、ベネシュはこれまでの路線による安全保障維持を目指し、社民党、人民党もベネシュ外交を支持していた。[34]

ホジャの中欧構想

このベネシュ外交に対して、例外的に代替案を提起した政党政治家がホジャであった。一九二〇年代末のベネシュとの衝突以降、表だって主張することは少なかったが、ホジャは、小協商諸国にハンガリー、オーストリアを含めた旧オーストリア＝ハンガリー二重君主国の継承諸国との関係改善を常に求めてきた。

彼の構想は、中欧諸国における、農民を基礎とした民主主義体制の構築と、それに基づく国家間の連帯を目指すものであった。しかし実際には、チェコスロヴァキアの強力な農業党の国内農業者保護のための農作物高関税政策は、周辺農業諸国との関係を悪化させ、さらには国内のドイツ系輸出工業から市場を奪う結果をもたらしていた。このように、農業党の農業利益優先の政策自体が、ホジャの中欧諸国の連帯構想の障害であった。

ホジャは統制経済によって、その障害を克服できるという展望は持っていた。一九三五年選挙の前、当時農相であったホジャは、経済の計画化による連帯の枠組みを、チェコ人の労働者、農業者だけではなく、国内のドイツ人にも広げ、連帯のための所得移転を考える必要があると指摘していた。[35] さらに、国内の経済の組織化と統制が進み、チェコスロヴァキアの農業者の採算性を保証する制度が進展すれば、小協商諸国との経済関係の強化に乗り出すことも可能だと述べている。[36]

ここには確かに一つの出口の展望はあるが、彼の構想は短期間に、しかも国際的危機の時期に実現することは難しかった。また、ホジャは首相就任後、ベネシュの外交方針と対立してまで自分の構想を実現する道は選ばなかった。

ホジャの首相就任時には、ベネシュとの衝突が懸念された。実際、ホジャの首相就任演説の中には、中欧諸国との関係改善という新しい外交方針が提示されていた。[37] また、ホジャ首相がベネシュ大統領就任後の外相ポストに後任を選ばず、自ら兼任したことで、その懸念は高まった。[38]

ホジャ自身はフランスの『ル・タン *Le Temps*』紙のインタヴューの中で、このような懸念に対し、これまでの外交路線を堅持する意思を示し、ドナウ諸国への接近は、これまでの外交路線の拡張、補完であると述べ、ベネシュの外交路線に対して自分の構想が対立せず、その延長線上にあるとの認識を示している（Klimek 2002, 335）。ホジャの首相就任時に既に大統領になる予定のベネシュとの間に話し合いがあったのではないかとの推測もある。また、ホジャは、農業党内の反対派を抑えてベネシュの大統領就任を支持したことから、自分の構想に対しベネシュの理解を得られるのではないかと期待した（Klímek 2002, 392）。しかし、ベネシュは大統領選におけるホジャの役割を高く評価しておらず、一九三六年二月には自分の政策を忠実に実行するクロフタを専門家閣僚として外相に就任させた。[39] それでもホジャは近隣諸国に赴き、構想への感触をうかがったが、ホジャの構想はオーストリアの興味を引いたものの、ハンガリーからは拒否された。また自党内の支持も得ることはできなかった。

ドイツへの接近

これとは別の方向で、もう一つの外交政策の見直し案は、工業家プライスらによるものであり、ナチス・ドイツとの関係改善と、その手掛かりとして国内のズデーテンドイツ党との和解、連合参加を求めていた（Kosatík 2010a, 147–151 ; Klímek 2002, 432）。農業党の右派も、ナチス・ドイツとの接近を模索するようになる（Kosatík 2010a, 159–161）。一九三六年以降は、農業党右派が『田園』の記事を通じ、ドイツ寄りの姿勢を示していることがしばしば他党から批判された。[40] 農業党右派は、議会の外務委員会を舞台に、一九三七年秋には、外交政策の見直しキャンペーンを行うが、その試みは失敗に終わった。農業党右派は、大統領選に重ねて連合内で孤立し、今回も敗北を喫することになった。

第3節　国内マイノリティ問題と外交政策の隘路

一　可能性の模索

アクティヴィスト与党との合意

ベネシュ大統領とホジャ首相は、現行の安全保障路線を維持しつつ、国内のドイツ人問題を解決するために、ドイツ系アクティヴィスト政党との協力による「ナショナリティ（národnost）問題」の解決案の制定に取り組んだ。「ナショナリティ」とはここでは国家内のエスニック・グループを指す。アクティヴィスト政党三党から党選出閣僚ともう一名が代表となり話し合い、一九三七年一月二十七日に政策提案を提出し、それに基づいて、二月十八日、ホジャ政府は「ナショナリティ」に関する覚書を発表し、政府の新指針を示した。(41) 内容は、公務員へのドイツ系住民の登用、公文書の無料翻訳による言語的権利の保護強化などを定めたもので、ドイツ人居住地域の経済問題の存在も承認された。鉄道や郵便局など公務員へのドイツ系住民の任用も進み、覚書は一定の効果を上げ、アクティヴィスト政党はこの成果を高く評価した。(42) しかし、ヘンラインやその支持者はこの妥協を受け入れず、評価もしなかった。

この「ナショナリティ」に関する覚書は、アクティヴィスト政党が初めてドイツ系住民の代表として、政策立案に関わった合意である。一九二六年以来、常に政権連合にはドイツ系アクティヴィスト政党が属していた。しかし、この参加は、農業者同盟はドイツ系農業者の代表として、ドイツ社民党はドイツ系労働者の代表としてであり、社会、経済的部分利益の表出に重点が置かれていた。ネイションに関わる問題を争点化しないことで、アクティヴィスト政党の連合参加が維持されてきたのである。部分利益間の交渉と妥協はチェコスロヴァキアの議会制民主主義の中核であったが、ここで取引された部分利益は、社会、経済的部分利益であって、ネイションに基づくものではなかった。ここにも第一共和国の議会制民主主義の限界があった。その中で、この合意は特筆に値する。しかし、この試みはすでに時機を逸していた。

一九三五年選挙以前に、アクティヴィスト政党がドイツ系住民の過半の支持を得ている間に、この合意のように、ドイツ系アクティヴィスト政党がネイションを代表して交渉する機会を設けられていたならば、状況は変わっていたかもしれない。一九三七年の「ナショナリティ」に関する覚書は、ドイツ系住民の小さな部分のみを代表するアクティヴィスト政党の要求が入れられたにすぎず、正統性にも効果にも限界があった。

ズデーテンドイツ党との交渉

二月の覚書を受け、ズデーテンドイツ党は、三月のアウシッヒ／ウースチー・ナド・ラベムの集会で対案となる提案を示した(43)。これは、国土をネイションごとに分割し、個々のネイションが自治体を作り、文化、社会保障、就労機会についての権限を持つという要望であった。ズデーテンドイツ党は、このような国家構造の転換のための交渉方法としては、ネイションを代表する主体が交渉にあたるべきであり、ズデーテンドイツ人の交渉主体としてはズデーテンドイツ党が存在するが、チェコ人は政党に分かれているため、交渉主体がないとして非難した。

この要望に対して、『現在』では、ネイションごとに領域自治を認めては、国境地域はズデーテンドイツ党が支配することになり、形式的にしかチェコスロヴァキアの一部ではなくなるとして、実現可能性はないとしている。地域自治を認めない理由としては、これまでチェコ政党側は、混住地域があること、ネイションの区切りと歴史的経済的地理区分が一致しておらず、前者で切った場合、後者を分断することになることを挙げてきた。この時期には、それに加えて、自治体でのズデーテンドイツ党の圧勝が予測できるがゆえに、連合政権にとって領域自治の容認はますます困難になっていった。ズデーテンドイツ党は自治体を民主的に運営せず、かつナチス・ドイツへの接近を目指すと予測されたことと、連合政権に所属するアクティヴィスト政党がそのような自治体の成立を恐れたことが原因である。

さらにズデーテンドイツ党はネイションとネイションの交渉を求め、多様な部分利益政党から構成される連合政府を交渉相手としては認めていないことも重要な点である。実際、八月、ホジャはヘンラインと初会合を行ったが、ヘンラインは議員ではないため、公式な会合ができず、ホジャの私邸で会うことになったと述べている（Hodža 1942, 150）。ホジャは、後に回顧して、その席でヘンラインは、ナショナリティに関する覚書にも、近づく地方選挙にも関心を見せず、政治的要求を明らかにしなかったと述べ、ナチス・ドイツの動向を待つ待機戦術をとっていたのではないかとしている。

一九三八年一月一日、農業党の機関紙『田園』は新年のアンケートの特集を組み、党首ベランとズデーテンドイツ党のヘンラインの発言を載せた（Rataj 1997, 27; Klimek 2002, 502-503）。ベランは、ズデーテンドイツ党がチェコスロヴァキアのドイツ系住民のうち百二十五万人以上の信頼を勝ちえている以上、同党との交渉、合意は不可欠であると述べ、ズデーテンドイツ党との連合を含めた話し合いを提案した。

また、ナチス・ドイツに関しては、国内体制にかかわらず、国家と国家として外交上の友好協定の締結は可能であると述べ、隣国として同国との友好関係の締結が必要であり、その際、相互の国内体制への不干渉が重要であると述べた。チェコスロヴァキア共和国内でナチ体制に対抗する活動をしていた亡命ドイツ社民党に対しては、活動の抑制を主張した。このような提案は、工業を代表するプライスの意見とも近いものであった。

この提案に対して、社会主義政党は、一斉に反発し、農業党に対して激しい非難を浴びせた。[44] ナチ体制のドイツとの友好関係の締結は間違っており、フランスとイギリスの保護を得た現在の安全保障体制の下では、不必要であるというのが、彼らの主張であった。社民党にとっては、友党である亡命ドイツ社民党の保護も重要であった。

農業党は、チェコスロヴァキアはヨーロッパの中でそれほどの価値はなく、フランスやイギリスの保護に頼ることはできないと述べて反論した[45]。この見方は、ミュンヘン協定後から振り返れば現実的な判断であった。但し、この時点でズデーテンドイツ党やドイツと合意できる解が見つけられたかどうかは疑わしい。農業党右派やプライスらは、チェコスロヴァキアの一体性を維持することを前提とした譲歩を考えており、その範囲の譲歩では、合意は不可能だったと思われる。

二　独墺合邦からミュンヘンへ

独墺合邦（アンシュルス）

事態を根本的に変化させたのは、一九三八年二月から三月にかけての独墺合邦であった。三月十一日にドイツ軍がオーストリアに入り、十二日にはヒトラーの合邦宣言が行われ、十三日には合邦の法律が交付された。オーストリアの合邦は、チェコスロヴァキアのドイツ系アクティヴィスト政党を動揺させた。農業者同盟、キリスト教社会党は、次々に政権を離れ、ズデーテンドイツ党に合流した。農業者同盟から入閣していたシュピナは閣僚を辞任すると同時に政界も退いた。『新しい自由』は農業党に対し、今こそ部分利益で農業者同盟を説得し、これをつなぎとめるべきだと説得したが、その記事が印刷されようとしている間に、すでに農業者同盟の青年指導者のハッカー副党首が、ズデーテンドイツ党のヘンラインに、党の合流を申し出ていた[46]。キリスト教社会党もこれに続き、ドイツ社民党は独立を保ち、アクティヴィズムを堅持したが、閣僚を務めるチェヒは辞任せざるをえなかった。ズデーテンドイツ党は、五十五議席となり、ドイツ系議席の八三％を押さえた。

一九三五年の選挙で弱体化しながらも、農業者同盟、キリスト教社会党、社民党は、それぞれチェコスロヴァキアの農業党、人民党、社民党と連携しながらドイツ系住民の一部を連合に結びつけていた。これらの政党が前二者は消滅し、社民党も連合を去ったことで、ドイツ系住民の連合政権への代表が失われた。

加えて、チェコスロヴァキアの、ネイションごとの政党システムが、部分利益政党ごとに横に連携する政党システムそのものが完全に崩壊した。ネイションごとに一つの政党にまとまるのではなく、それぞれのネイション内に複数の部分利益代表政党が存在することと、これらの政党がネイション横断的に同種の部分利益代表政党と連携して政治に参加することが、チェコスロヴァキアの政党システムの鍵であった。特にドイツ系とチェコ系の政党は相互にほぼ同じ種類の政党を発達させ、パラレルな構造を持っていた。これが失われたことによって、部分利益妥協の手法でドイツ系住民をチェコスロヴァキア政治に結びつける方法は不可能となった。名実ともに国民糾合の政党となり、ネイション全体の利益を代表するズデーテンドイツ党との交渉しかもはや残されていなかった。

一九三八年三月十九日、アクティヴィスト政党の閣僚が内閣を去るのと入れ違いの形で「国民統一」のイェシュカ（František Ježka）が入閣し（*Národní shromáždění* 1938, 292-294）、政府連合の占有議席は下院で百六十七議席となった。この入閣は、独墺合邦とアクティヴィスト政党の連合離脱で急に決まったわけではない。連合政党は共和国建国二十周年に向けて連合の拡大を目指し、「国民統一」やスロヴァキア人民党と交渉を続けてきた。アクティヴィスト政党の連合離脱と「国民統一」の連合参加で、図らずも、政権連合は、建国時と同じチェコ系主要政党の大連合である全国民連合に戻ることになった。「国民統一」、人民党、農業党、国民社会党、社民党に、商工中産党が加わった六党の連合である。

連合内では、新しい連合メンバーの入閣時に提供するポストの交渉の前提として、各政党が自党の専有ポストとしている閣僚ポストを手放し、政党間で交換するポスト交換が議論されてきた。[47] ドイツ系アクティヴィスト政党の連合離脱と同時に、ポスト交換についての妥協が成立し、「国民統一」の連合参加が実現した。政党のポスト専有は、特定政党と行政官庁の癒着を招くとして、批判されてきた問題であり、この問題に初めてメスが入ったことになる。これはチェコスロヴァキアの議会制民主主義の特徴を考える上でも重要な変化であるが、その効果が現れる時間はなかった。この連合が十月二十八日の建国二十周年を迎えることはなかったのである。

「ナショナリティ法」

二月二十日のヒットラーの演説は、国外のドイツ人への保護の意思を明確に語り、チェコスロヴァキアのズデーテンドイツ人問題はもはや国内問題ではないことを明らかにした。[48] 四月二十四日、ヘンラインはカールスバート／カルロヴィ・ヴァリの演説で、改めて明白に自治の要求を公にした（Hodža 1942, 150）。内政に関しては、独立の立法、行政機構を持った民族自治地域の制定と、その内部におけるナチ宣伝の自由化を要求し、外交に関しては、共和国の外交方針をナチス・ドイツに友好的な方向へ転換させることを求めた。フリンカ・スロヴァキア人民党、ハンガリーやポーランド系政党もズデーテンドイツ党の要求に追従し、共和国を諸ネイションの自治を可能にする形に再編することを求めた。

この要求に先立ち、独墺合邦後、ホジャ内閣では、「ナショナリティ法（Národnostní statut）」の制定を始めていた（Hodža 1942 ; *Národní shromáždění* 1938, 316）。そのために、連合六党の代表からなる委員会が形成された。[49]「ナショナリティ法」では、公務員ポストと予算の比例配分と地方分権化が規定された。地方分権は、地域区分を小さくするほど「ナショナリティ」の割合が大きい自治体が形成されるので、どの大きさの自治体を形成するかが焦点となった。結局、「県」など小さい地方自治体の制定はなされず、ボヘミア、モラヴィア、スロヴァキア、ポトカルパツカー・ルスの四つの自治州に分け、それぞれの州に、社会保障、経済、文化領域に関する権限が移譲されることになった。州議会は「ナショナリティ」ごとに選挙区をつくるクーリエ制の選挙制度をとることが定められた（Krajčovičová, 2011, 155–156）。しかし、この法律も、その後の譲歩もズデーテンドイツ党の受け入れるところにはならなかった。

チェコの連合政党は、最後までネイションごとの地理的自治は受け入れなかった。地理的自治を認めたとしても、国際状況から考えて、共和国を維持することは困難だったかもしれない。しかし、このような共和国政府の姿勢は、ミュンヘン協定にいたる英仏の宥和政策を正当化する根拠になった。

第4節　第一共和国の終焉

九月、英仏の提案によってズデーテンドイツ地域の分割が決定された。この決定を受け入れたホジャ内閣は総辞職し、全国民連合政権は短い幕を閉じる。後継首相には専門家としてシロヴィー（Jan Syrový）が任命され、閣僚も主に官僚から選ばれた。さらに、ヒットラーは、ミュンヘンで九月二十九日から三十日にかけてイギリス、フランス、イタリアの代表と会談し、国境地域のドイツへの即時割譲を内容とするミュンヘン協定を結び、チェコスロヴァキア政府はこれを受諾した。

一九三五年選挙によるズデーテンドイツ党の登場とアクティヴィスト政党の弱体化によって、チェコスロヴァキアの政党システムの持つ、ドイツ系住民を連合政治に結びつける力は弱まった。アクティヴィスト政党との妥協は、もはや十分な説得力を内外に持たなかった。チェコスロヴァキアの議会制民主主義体制は、一九三五年の選挙まで、マイノリティ問題に関しても、部分利益政党間の連合政治に包括する形で対応することに成功していた。しかし、その条件が崩れ、国民の一体性を主張するズデーテンドイツ党の登場という、新しい文脈に置かれた後、チェコスロヴァキアの議会制民主主義はこれに十分対応することはできなかった。

「農民と労働者の民主主義」を掲げたホジャは首相に就任したものの、連合内の勢力配分の変化や、工業界の歩み寄りによって、農業党内の右派勢力の力が増したことで、農業党全体の支持を得ることはできず、連合内の対立も深まり、農業党と社民党の合意の鍵を握る経済の新体制への取組みも困難になり、期待された成果を上げることはできなかった。

さらに、焦点となった外交問題やマイノリティ問題に関しては、選択肢が政治体制の選好と結びついて、連合内の対立を深める結果となった。農業党の右派やプライスは、ナチス・ドイツの内政やズデーテンドイツ党の体制選好は交渉の障害とならないとしたが、そのような立場は、連合の他政党、特に社会主義政党からは非民主主義的と強く攻撃された。社会主義政党は、ナチス・ドイツや、それと通じていると思われるズデーテンドイツ党との交渉を、民主主義体制への裏切りとみなし、強く忌避したのである。英仏から見れば、ズデーテンドイツ党は民主的に行われた選挙でドイツ系有権者の六〇%の支持を集めたマイノリティを代表する政党であったが、社会主義政党にとっては決して受け入れられない非民主主義的指向性を持つ勢力であった。

国際状況から見て、共和国が長期的に生き延びうる選択肢の見通しは乏しかった。しかし、共和国の最後の数年間の政治的力の多くは、連合政党が一致して受け入れられる解決策の模索ではなく、連合政党間の相互批判に向けられてしまった。マイノリティ問題と外交政策上の隘路から脱する道がたとえなくとも、もう少し創造的に努力をすることができなかったかという非難はありうるだろう。

しかし、チェコスロヴァキアの議会制民主主義体制は、最後まで政治的自由を共産党からファシズム運動まで幅広い政治勢力に容認し、多党制による連合政治を維持した。そのことの価値を過小に評価することもまたできないだろう。

終章

一　第二共和国

ミュンヘン協定受諾に基づく国境地域のドイツへの割譲と、その後のポーランド、ハンガリーへの領土割譲によって、チェコスロヴァキアの三分の一の領土、三分の一以上の住民が失われた。そこには工業の総生産力の五分の二も含まれていた（Kárník 2003, 634）。さらに、スロヴァキアには自治政府がフリンカ・スロヴァキア人民党の一党支配体制の下に成立し、ポトカルパツカー・ルス（ザカルパチア）も自治領化する。

この激変の中、共和国から割譲地域、自治領を除いて残された地域（「残部チェコ」）における政治体制も大きな変化を遂げることになる。ミュンヘン協定から一九三九年三月にチェコの残部にドイツ軍が進駐するまでの半年足らずの短い期間であるが、これ以降の共和国は「第二共和国」とよばれる。その政治体制は第一共和国の議会制民主主義体制とは多くの点で異なっていた。

ミュンヘン協定後、残部チェコでは、西側列強に裏切られたという認識が広がった。これはベネシュ外交への批判、さらにはそれを受容した国内の政治構造への批判につながった。批判の対象とされたのは、第一共和国の政党システムそのものであった。多党からなる連合政府が、党派的利益を優先し、国民、国家の利害を顧みなかったことが、この敗北の原因とされたのである（Gebhart a Kuklík 2004, 39–41）。

農業党では、早くも十月三日に行われた幹部会、議員、地方代表の集会で、農業党右派で『田園』編集者のハリーク（Rudolf Halík）が、政党の数を削減し、政党システムを単純化することを呼びかけた。これは、政党だけではなく、政党ごとに組織化されている新聞、文化、体育、スポーツや他の機関も含めた合併の主張であり、チェコスロヴァキアの政治社会構造の根本的な改編を求めるものであった。ベランも『田園』を通して連日、多党制と議会制民主主義を「議会制民主主義の贅沢」として批判し、緩慢な議会制民主主義は全体主義のドイツ、スロヴァキアの間で生き延びることはできず、国民的危機の中で「国民擁護」のための結集が必要だと呼びかけた。

十一月二日、ベランは『チェコスロヴァキア共和国の新しいチャンス』として、国民統一党（Strana národní jednoty）設立の構想を発表した（Rataj 1997, 28-29）。ストゥシーブルニーの国民連盟、「国民統一」、商工中産党、人民党、国民社会党も加わり、十一月十七日に「チェコ国民よ！」という呼びかけがラジオで放送され、十八日には新聞にも掲載され、これらの政党の解散と、国民統一党の設立が伝えられた。(1)

この中で、国民統一党は、「村と町、畑、工場、工房、商店、学校、事務所、軍隊の人々」の国民的運動の政党とされ、これまでの部分利益ごとの分断を止揚し、ネイション勢力を結集することが目指された。責任や決定の速さに欠けたこれまでの連合統治システムに代わり、「統治する国家党」である国民統一党が議会の多数派を形成することによって、迅速的かつ効率的な「権威主義的民主主義」の創設が掲げられた。外交政策では、近隣諸国との平和的協力を優先する方針への転換が目指され、経済政策においては、私有財産制の原則を守りつつ、農業と工業、生産と消費、経営者と雇用者、国家の調和が目的とされた。さらに、残部チェコの国民国家としての性格が強調され、外来の要素は許容できないとし、移民やユダヤ人問題の「解決」が主張された。

イデオロギーからの脱却が一つの目的とされ、これ以上明確な綱領は示されず、統治主体となることそのものが目指された。「権威主義的民主主義」と公式に名付けられた体制についても特に概念的に詰められたわけではなかった。

党首はベラン、副党首は国民民主党のホダーチ、国民連盟のストゥシーブルニー、国民ファシスト共同体のガイダ、国民社会党のクラプカ（Otakar Klapka）、人民党のスタシェク、農業党のヨゼフ・チェルニーであり、チェルニーが実質的な党務を担った。十二月一日には、ベラン党首を首相とし、国民統一党を与党とする内閣が発足する。十二月十五日に議会は政府が二年間にわたり法的効力を持つ政令を出す授権法を採択し、その授権には、憲法改正の権限も含まれていた（Kárník 2003, 634）。これは、第一共和国時の授権法のように対象を限定したものではなく、連合内閣ではなく単独政党の政権に対する授権であり、執行権の強化に繋がるものであった。一九三八年末には、新党国民統一党への入会キャンペーンが行われ、いずれかの政党に所属しないものは市民権を失うとの情報が広まったこともあり、大規模な党員登録が行われた（Gebhart a Kuklík 2004, 60）。

こうして部分利益代表政党の連合政治を核とする第一共和国の議会制民主主義は消滅した。但し、政治的多元性は完全に失われたわけではない。共産党は十月二十日に活動を停止させられ、一九三八年十二月二十七日に解散させられた。しかし、社民党は国民統一党には参加せず、党を解散の上、新たに国民労働党（Národní strana práce）を形成した。国民社会党の党員の一部は国民労働党に参加する。ハンプルとベランの間の話し合いで、国民労働党は野党としての存在を保証され、複数政党による政治が維持されることになる。(2)

しかし、国民国家としての純粋性を追求するなかで、すでに第二共和国の国民統一党政権の下で、ユダヤ人やロマへの迫害が開始されていたことは、体制のもう一つの性格を示している。

第二共和国については、ミュンヘン協定の衝撃によって、権威主義体制が出現したものであり、第一共和国とは断絶していると見る見方もある（Kárník 2003, 634）。しかし、第一共和国にも、ネイションの一体性を求める政治勢力は存在していた。また、農業党の農業者を職能身分と捉える考え方は、部分利益政党による議会制民主主義体制の支持から職能身分制の支持へ移行できる要素を持っていた。ベネシュ外交と共に、これまでの部分利益政党の連合による議会制民主主義が信頼を失い、「ネイションの危機」が認識された時、ネイションの一体性を重視し、その構成部分として各職能身分を位置づける考えが一気に力を持ったのである。その意味で、二つの共和国の間には連続性も見て取れるのである。

二　チェコスロヴァキアの議会制民主主義体制

ここまで本書は、民主制の失敗に特徴付けられる戦間期の中欧において、なぜ、チェコスロヴァキアでは新しい民主制が安定化し、世界恐慌の下における一九三〇年代の危機をも乗り越えた唯一の例になりえたのかという問いに対し、政治史分析を通じて一つの答えを示そうとしてきた。本節では、本書前半の「安定化」についての議論をまとめ、次節において「革新」の位置づけと展望を示しておきたい。

第一共和国のような、ネイションや部分利益による社会の分断とそれを組織した大衆政党の存在は、いずれも中欧に共通する特徴であり、議会制民主主義体制にとって、二つの課題をもたらす要因であった。第一は、多数派形成の問題である。相対する利益を代表する多数の政党をまとめて多数派連合を形成し、政府を担う与党連合を作り出し、かつ、機能させることには、大きな困難が伴った。第二は、チェコスロヴァキアの現状に合った議会制民主主義体制の形をいかに見出し、かつ、それを議会制民主主義体制として正統化できるのかという問題である。極端な多党制のもとで形成される多数派連合は、選挙から必然的に生まれるものではなく、政党間の連合交渉の産物であり、議席の過半数を得ても、多数決モデルが想定する民主的正統性は持ちえなかった。本書では、この二つの課題に応じて、多数派連合の形成と機能、議会制民主主義体制をめぐる言説の二点を基軸に分析を行った。

多数派連合の形成と機能

第一の多数派連合の形成と機能に関しては、時期ごとの状況に応じて巧みに多数派連合が形成された過程を跡づけた。建国期には、ドイツ系代表を排除した革命国民議会を舞台に、チェコ主要政党がすべて団結して国家をスタートさせ、第一次大戦後の左傾化の波に対しては農業党と社民党の「赤緑連合」で応じ、必要に応じた多数派連合政策の切り替えによって対応した。議会選挙が行われ、共和国に原則的反対の姿勢を示す諸政党が議会に登場すると、多数派形成が困難になったが、官僚内閣の一時的な利用で混乱を避けたうえで、様々な利害を代表するチェコ主要五政党が、共和国擁護のために団結し、多数派連合に基づく政党内閣が再生された。さらにドイツ系諸政党も共和国を承認し、政権参加の意向を示し始めると、ドイツ系のブルジョア政党とフリンカ・スロヴァキア人民党を加え、社会主義政党を排除したブルジョワ連合が形成された。

このように、多数派形成が困難な場合には、議会における政治的意思決定と、内閣の選出問題を分離し、官僚内閣を立てたのちに、議会レヴェルで政党間の多数派連合を形成し、それを次の議院内閣の多数派連合としていく手法がとられた。大統領の首相任命権限を効果的に利用し、官僚内閣を挟むことが、多数派連合形成に望ましい影響をもたらした。議会の多数派が政権を掌握する議院内閣制に固執しないことが、議会レヴェルでの政党間協調を容易にし、結果的に議院内閣制をもたらすことになったのである。③

また、農業党が、チェコ政党システムのかなめ党として、チェコの諸政党を多数派連合に結び付けただけではなく、ドイツ人の農業者同盟との提携によって、ネイションの境を越えた連合の核になりえたことも重要である。ここに見られるように、多ネイション国家において、ネイションごとに一つの政党にまとまるのではなく、それぞれのネイションのなかで部分利益ごとに多党制の政党システムが作られ、それがパラレルな構造を持っていたことが、同じ部分利益を代表する政党どうしの連携を可能にした。

さらに、多様な利益を代表する政党連合の合意形成機構として、ピェトカや八党委員会が形成され、多様な部分利益間のプラグマティックな妥協、調整を担った。これらは多極共存型デモクラシーのエリート協調組織としての役割を果たした。かなめ党である農業党のリーダー、シュヴェフラやホジャらの卓越した交渉力も合意形成にとって重要であった。

チェコスロヴァキア独自の議会制民主主義体制の選択

しかし、このようにさまざまな工夫で作り上げられた多数派連合が政治的意思決定の中心となることの民主的正統性は、自明ではなかった。一九二〇年代前半までは、チェコ・ネイション以外のネイションが共和国の枠組みに敵対的であることが、チェコの五つの主要政党が、代表する部分利益の相違を越えて連合することの理由となっていた。一九二六年には、ドイツ系、スロヴァキア系政党の政権参加が実現し、ブルジョワ連合が成立する。この連合では、ネイション面で政権基盤が拡大したことが体制の正統性を強化する一方で、労働者の利益を代表する社会主義政党の野党化が問題となった。このブルジョワ連合の経験を通じて、社会が分節化され、部分利益ごとに組織化されているチェコスロヴァキアのような国では、各党の議席数の数を合わせて議会の過半数を押さえる多数派連合を作るだけでは不十分であり、共和国の多様な部分利益を代表する政党ができるだけ多く政治的意思決定過程に参加し、多数決ではなく交渉と協調による政治的意思決定を行うことを重視する、独自の議会制民主主義体制が必要と考えられるようになった。英仏の多数決モデルが議会制民主主義の先行モデルとして存在する中で、チェコスロヴァキアは、自国の議会政治の方法を、自国の条件に適合した独自のモデルとして位置づけ、肯定していった。

この認識を反映し、一九二九年の議会選挙後には、原理的野党以外のすべての政党が政権参加を望み、そのほぼすべての政党が政権に参加する拡大連合政権が形成されたのである。特に、一九二九年という早い段階に、他の幅広い社会層を代表する多様な政党と共に、社民党が政権に参加し、恐慌到来後も第一共和国の最後まで政権に参加し続けたことは、チェコスロヴァキアの議会制民主主義体制の特色となった。多数決原理に基づき、ブルジョワ連合を再生し、社民党を連合から排除しようとする動きがなかったわけではない。しかし社民党は、国民社会党、ドイツ社民党と共に連合に止まり、その理由を労働者を代表する政党が政権に代表されていることの重要性から根拠づけ、他の政党もこれを受け入れた。これがチェコスロヴァキアに安定した議会制民主主義体制をもたらしたのである。

大衆組織政党の妥協と均衡による議会制民主主義体制

このようなチェコスロヴァキア独自の議会制民主主義体制には、ベルギー、オランダ、オーストリアをケースとしたレイプハルトの多極共存型デモクラシーや、レームブルフが戦後のオーストリアやスイスなど西中欧諸国について主張したプロポルツ・デモクラシーと、対立の統御や合意形成手法の点で共通性が見られる。しかし、共に限定的なケースに基づくモデルであり、広範な国のデモクラシーの理解のために応用することは難しい。

レイプハルトは、「政治文化」の複数性が見られる国家においては、多数決ではなく、大連合、相互拒否権、比例配分、セグメント内の自治や連邦化といった手法によって安定的なデモクラシーを実現しうるとして、これを多極共存型デモクラシーとよんだ（Lijphart 1977）。レイプハルトは、オランダやベルギー、スイスのように言語や宗派によって分節化された複数のサブカルチャーが存在する社会（plural society）を多極共存型デモクラシーを必要とする社会としており、これら分節化されたサブカルチャーのエリートが多極共存型デモクラシーの政治主体である。第三世界への応用についても原初的コミュニティが存在する場合を前提としている。一方、北欧諸国は政治文化が同質的であるとして考慮対象とされていない。

レームブルフの場合、政治主体は、利害を異にする政治グループとして抽象的に定義されているが、政治ポストの比例配分や多数決ではなく争点抱き合わせによる妥協など、対立を制御、統制する手法や、エリートの政治文化に焦点が当てられ、そのような政治文化の存在する具体的なケースとしてはオーストリアとスイスが挙げられる（Lehmbruch 1967）。レームブルフのこの理論を発展させた団体交渉型デモクラシー論では、連邦制をこの視点から論じることでドイツも対象としている。

チェコスロヴァキアは、ネイションによって深く分節化されているが、各ネイションの内部の分節化は、サブカルチャーというほど強いものではなかった。宗派対立は弱く、階級対立も国民社会党の存在によって、先鋭なものではなかった。その一方で、農業党のような部分利益を代表する政党が政治主体として重要な役割を果たしている。

チェコスロヴァキアの事例を通じて見えてくるのは、政党間の競合と多数決による民主制ではなく、政党間の妥協と均衡の民主制が選ばれるのは、多極共存型デモクラシーの想定するようなサブカルチャー間の激しい対決という特殊な事情を原因とする事例に限られるわけではなく、より一般的に大衆組織政党の存在が果たした役割が大きい事例を含むということである。大衆組織政党は、部分利益ごとに政党組織や系列経済社会組織を通じて人々を組織し、綱領を通じて世界を解釈する枠組みを提供し、機関紙や理論誌を通じて日々の政治の見方を広めた。政党は選挙ごとに有権者に選ばれる存在ではなく、政党そのものが有権者を内に含む存在であり、比例代表制の選挙は、各党の勢力比を確認する作業であった。このような政党を前提としたとき、このうちいずれかの政党ないし政党連合の作る多数派に政治的意思決定を一任しないことが正統であり、できるだけ多くの政党が政治的意思決定に参加することが望ましい。政権レヴェルでの大連合が実現しなくとも、議会レヴェルでは、問題に応じて当事者性の高い政党が意思形成に参加するなどのかたちが定着していくことになる。

このように大衆組織政党の役割に着目し、新たな国制を分析する議論は、二十世紀前半の中欧の国法学の政党国家論で盛んであった。ケルゼンやライプホルツは、組織大衆政党を、社会の亀裂ごとに市民を統合する役割を果たすものと見なし、そういうものとして正統性を承認している。市民は政党に統合されることを通じて、政治に参加すると考えられた。選挙は政党ごとに組織化された有権者の比率を確認する作業であり、競合ではないとまで述べられている（Leibholz 1967, 18–21；76；ケルゼン 1966, 51–55）。政党の政治参加は、そこに組織化された市民の政治参加であり、このような意味での「直接」参加の回路として政党がデモクラシーを機能させているとされたのである。

このように考えると、チェコスロヴァキアの議会制民主主義体制は、決して特異なものではなく、大衆組織政党が議会の政党の大多数となった際、一つの選択肢として現われるものといえる。このような視角を設定することで、中欧諸国のみならず、「コンセンサス」というあいまいな概念で位置付けられがちなスウェーデンを始めとする北欧の事例もより適切に理解できるのではないだろうか (Rustow 1955 ; Elder, Alastair and Arter 1988)。チェコスロヴァキアの場合、自由主義政党はナショナル・リベラル政党として存在しており、独立によるナショナリズムの実現と共に力を失い、工業と官吏の党に性格を変えていったことで、大衆組織政党が中心となる段階を早く迎えた。そして一九二九年という早い時期に社民党を含む、大衆組織政党の妥協と均衡による議会制民主主義体制を作り上げたことは重要である。

三　一九三〇年代の危機への対応と革新

合意形成の制度化から授権法へ

しかし、世界恐慌の下、拡大連合を構成する政党、特に農業党と社民党の間の経済、社会的利害は大きく食い違うようになる。しかも、拡大連合にはピェトカのような非公式な合意形成機構は置かれず、農業党出身閣僚と議員団の対立もあり、政府の政策的対応が最も必要な時期に、七党からなる大連合は合意形成が困難となる。

そこからの脱却を目指して、まず、政策決定方法の改革が行われた。連合政党間の合意形成の場は、内閣や議会内に設けられた連合政党間交渉の場へと移され、有力政治家の個人的能力に依存しない制度化が図られた。

さらに、一九三三年以降は、ドイツとオーストリアでのデモクラシーの崩壊や、国内におけるファシズム運動の成長、議会制民主主義体制の批判を受けて、「デモクラシーの危機」が認識されるようになる。

その対応は二つの側面から行われた。一つは、「デモクラシーの敵」の自由を制限することによる、デモクラシーの擁護であり、共和国防衛法や政党活動停止解散法が立法されることになる。しかし、危機への対応は、このような防御的なものには限られず、ファシズム体制や権威主義体制と競合できるような実行力あるデモクラシーを求める、デモクラシーの革新も含まれていた。国家の経済介入の必要性が認識される中、国家の役割に対する現代的要請に対応できるデモクラシーの革新が求められた。

一九三三年には授権法の導入によって、経済問題に関し、政令に立法と同等の法的効力を与えることが可能となった。議会を政策決定への事前参与から排除する授権法は、議会での議論を重視する議会制民主主義体制観からは問題があるが、緊急時に連合政党の閣僚相互の合意に法的効力を持たせることで、連合の合意形成の困難を緩和する役割を果たすことになった。

さらに授権法の導入に際しては、ネイション別に、社会経済利益ごとに組織化された国では、可能な限り多くの部分利益集団が政府に代表され、合意形成に加わることが望ましいという、一九二〇年代に作られた議会制民主主義の型が改めて確認されることになった。政党が部分利益を代表し、連合政権を舞台に合意形成を行う議会制民主主義体制が、危機の中でも主要政党の間で正統性を持つ形として受け止められた点に、その成熟を見ることができよう。

連合政権に立法に準ずる権限を与えることの正統性もそこから導かれることになる。ここには、議会をバイパスする点で、議会制民主主義からの逸脱が見られるが、その点について、主要政党は、権威主義体制と競合できる「実効力」を民主主義体制に与えるための非常時の時限立法として許容した。このような逸脱を許容できる背景には、部分利益を代表する政党間の連合と合意形成を民主主義と考える、チェコスロヴァキア独特の議会制民主主義の理解がある。

もちろん、このような理解への異議、代案も存在した。経済危機と、権威主義体制との競合のなかで、一九三〇年代には、国民全体の利益を擁護する強い執行権の要請が広く見られた。チェコスロヴァキアにおいても、政党の党派対立による議会の混乱を批判し、専門家や職能身分制に基づく経済議会構想や、国民糾合の反政党的政治組織などが次々生まれていた。

しかし、農業党と社民党は、あくまで社会が部分利益によって分節化されていることを認める側に立ち、その代表としての政党を肯定した。この政党間の合意こそを民主主義と考え、合意の現場が議会であることにはこだわらず、連合政府や各種委員会での合意も肯定した。だからこそ両党は、授権法の制定、運用で合意できたのである。このような方法によって、執行権強化が可能であった点に、チェコスロヴァキアの政治体制の強さがあったといえる。授権法の導入は、チェコスロヴァキアの議会制民主主義が、最小限の議会制からの逸脱で、必要な実行力を手に入れる変容を遂げた、第一の革新といえるだろう。

「農民と労働者の民主主義」

さらに、政策合意の内容にも大きな変化が生じた。厳しい経済情勢の下、一九二〇年代のように争点を無原則に抱き合わせて妥協形成をすることは困難になった。拡大連合の主要政党である農業党と社民党の利害対立は明白で、特にデフレ政策の下では両者の利害はゼロサム的関係にあり、合意は難しかった。しかし、コルナ平価切り下げと国民民主党の連合離脱を期に、農業党と社民党は、国家による統制経済の是認という、共通項を見出していく。その画期となったのは一九三四年の穀物専売制の導入であった。

さらに、一九三五年の選挙において、農業党と社民党は、農民と労働者という二つの勤労大衆が、各々の政党を通じて国家の経済統制に参加し、両者の社会経済利益を実現する、経済民主主義の構想である「農民と労働者の民主主義」を掲げて、ネイション糾合運動に対抗する。選挙後生まれた連合は、これまで通り、可能な限り多くの国家形成政党を含む拡大連合であり、連合の作動方式の点でも連続しているが、「農民と労働者の民主主義」構想は、二つの点で、国家社会関係の革新に繋がる要素を含んでいた。

第一は、国家による経済統制が承認された点である。これは既に段階的に進んできた経済介入の容認をさらに一歩進めて、国家が計画的に生産を統制管理することを認めるものである。穀物専売制もその一環として位置付けられ、炭鉱の社会化も議論された。

第二は、経済統制の目的を、農民と労働者という勤労大衆の生活保障に置き、かつ、農民と労働者の二つの勤労大衆は、農業党と社民党を通して、国家の経済統制に参加するとされた点である。このため、この構想では、目的の点でも手法の点でも、「経済民主主義」が目指されることになった。

この構想によって、無原則な争点抱き合わせに陥りがちであった、部分利益妥協の議会制民主主義の政策決定内容に、勤労大衆の生活保障という要素を加え、正統性が付加されることになる。また、国家による経済統制の構想は、政治的多元性を抑圧した政治体制や、職能身分制を伴うことが多いなかで、ここでは、これまでの部分利益間妥協の議会制民主主義体制を基礎に、政治的多元性を維持したうえで、国家による経済統制が構想されている点が重要である。

しかし、一九三五年選挙後、「農民と労働者の民主主義」構想が実現することはなかった。ドイツ人社会では、一九三五年選挙でネイション糾合を掲げたズデーテンドイツ党が勝利することによって、チェコスロヴァキアの議会制民主主義体制が変質を余儀なくされる。

第一共和国では部分利益政党がネイション横断的に連携することによってドイツ政党の連合参加を確保し、議会政治の正統性を高めてきた。選挙後もアクティヴィスト政党は連合に残るが、ドイツ系住民の六割がズデーテンドイツ党を支持した事実によって、連合政権の正統性の低下は否めなかった。農業党右派は、ズデーテンドイツ党を部分利益政党の一つと見て交渉を試みるが、ネイション糾合の政治組織を自任するズデーテンドイツ党には、ネイション同士の交渉以外の交渉は受け入れられる見込みは実際にはなかった。さらに、ズデーテンドイツ党を、多元性を否定する「非民主主義勢力」と見る社民党にとって、ズデーテンドイツ党との接触そのものが容認できず、農業党と社民党の関係は悪化していくことになる。従来の部分利益妥協の枠組みにははまらない、ネイション糾合政党との関係を構築できず、ネイション問題の隘路にはまり込んだまま、第一共和国は一九三八年のミュンヘン協定による終焉を迎えることになる。一九三五年選挙は、「農民と労働者の民主主義」という革新的な構想をもたらすと同時に、共和国の議会制民主主義では解決できない問題も生み出したのである。

さらに、本章第一節で見たように、ミュンヘン協定後の第二共和国では、部分利益代表政党の解体とチェコのネイション糾合政党の誕生によって、これまでの議会制民主主義の基礎が失われることになる。チェコのネイション糾合を求める動きは一九三〇年代の危機の中で何度も表面にあらわれてきたが、部分利益妥協の議会制民主主義が革新を繰り返すことにより、抑え込まれてきた。ミュンヘン協定と共に、これまでの政治が否定されることによって、そして、残部チェコが純粋な「ネイション国家」に近づいたことによって、チェコの政治体制はネイション糾合の政治を目指す権威主義体制へと移行することになる。

実現されなかった「農民と労働者の民主主義」構想の一部は、しかし、変貌を遂げながら第二次大戦後の人民民主主義体制に引き継がれていく。

ミュンヘン協定後大統領を辞任したベネシュはイギリスに渡り、第二次大戦期にはそこで亡命政権を組織する。戦争と抵抗運動遂行の傍らで、亡命政権はチェコスロヴァキア解放後の政治経済体制の方向性を構想した。(4) 一九三九年に執筆した『今日と明日の民主主義』の中で、ベネシュは戦後社会の革命的変化を想定し、経済への国家介入、国有化、経済計画の大幅導入を不可欠とし、これに基づいて、議会制は維持しつつも、新しい、より高次の「社会化する民主主義」を構想した（Průcha a kol. 2009, 45；95-96；Kuklík 2010, 106）。国内の抵抗運動の構想のなかにも大規模な経済統制化計画が盛り込まれた。これらの計画に沿って、戦後チェコスロヴァキアでは早期に大規模な国有化が行われ、三千以上の企業が国有化された。これは、工業企業総数の十六％にあたり、一九四七年三月の時点で工業雇用者の六一％が国営企業で働くことになる（Průcha a kol. 2009, 85）。これを実現したのは、対独協力で禁止された政党を除くすべての政党からなる大連合の国民戦線内閣であった。

第二共和国と保護領化によって大きな社会変化を被り、国際的にも異なる文脈に置かれることになった戦後チェコスロヴァキアにおいて、どのような政治経済体制が目指されたのか、戦前の「農民と労働者の民主主義」の構想の何が引き継がれ、どこが決定的に異なるのか、これらの問題は次の研究課題とせざるをえない。ここでは、一九三〇年代までのチェコスロヴァキアの民主制とその革新の一定の達成を基礎として、戦後の人民民主主義体制が構築されているという、従来とは異なる連続性の視座を提示して、本書を締めくくりたい。

あとがき

観光客の行きかうプラハのカレル橋のすぐ傍らに、イエズス会の建物を改修したチェコの国立図書館がある。天井の高い一階の読書室がバロック調に飾られているのに対し、二階の定期刊行物読書室は殺風景な小部屋であった。一九九六年の冬、私はそこで一九三〇年代の農業党や社民党の日刊機関紙をめくっていた。一面の政治記事や論説を中心にチェックしていくのだが、作業に飽きると、新聞の他の部分に目がいく。地方の町での党の集会の報告や農作物の市況、労働者アカデミーのテーマ、さらには、展示会や催し物のお知らせから、小説や詩や漫画、アールヌーヴォー風に描かれたブーツの広告まで、拾い読みしながら考えたのは、この新聞はどのような「想像の共同体」を支えているのか、この新聞のなかで使われている一人称複数形「我々」は何を指すのかということだった。

チェコ・ネイションの想像の共同体のなかに、複数の大衆組織政党が小さな想像の共同体を作って並ぶ様子をイメージしつつ、このような大衆組織政党が織りなす政治は、どのような意味でデモクラシーなのか、なぜそれが中欧で唯一生き残ったデモクラシーとなりえたのかという問題に取り組んだ結果が本書である。

本書が「農民と労働者の民主主義」を書名としたのは、第七章で示した最後のデモクラシーの革新構想に焦点を当てるためであった。しかし、この言葉は戦間期チェコスロヴァキアの議会制民主主義全体の特徴を示していると も言える。カトリックの人民党も忘れてはならないが、強く団結し、高度に組織化された農民の政党と労働者の政党が、チェコスロヴァキアの議会制民主主義の主人公であった。これらの政党の指導者たちは、実利的で、プラグマティックであった。イデオロギーは二の次で、さして高い政治的理想は持たないが、自分の属する階層とネイションと国家に忠実な政党政治家たち、彼らが織りなす部分利益政党の連合と妥協の政治が、第一共和国の議会制民主主義である。

この議会制民主主義体制は、議会における討議を重視する十九世紀的、自由主義的な議会観からも、政党間の競合に民主主義の中心を見る今日的民主主義観からも距離がある。しかし、経済、社会利益が高度に組織化された中欧社会においては、このような形でこそ、議会制民主主義が安定化し、戦間期の危機をも乗り越えることができたのである。

この課題のために、本書では、動的な政治過程分析と政治体制についての言説分析を接合させるという、やや無謀な組み立てを試みている。これによって戦間期のダイナミズムを描くことが目的であった。書き終わって、どちらに関しても、まだ残された問題が多いことに気がつかざるをえないが、それでも今後の研究の踏み台としての役割は果たせたのではないかと思う。読者のご判断を仰ぎたい。

本書は、二〇〇八年三月に東京大学から博士号を授与された論文「『農民と労働者の民主主義』——世界恐慌下のチェコスロヴァキア議会制民主主義」を中心に、これまで発表した論文と書き下ろし部分を加え、まとめたものである。博士論文として提出した部分は、本書の第四章から第七章にあたる。その中でも第六章第2節は『東欧史研究』第二十号（一九九八）に「『秩序と行動の民主主義』——一九三〇年代チェコスロヴァキアにおける『新民主主義』構想」として、また、第四章は『スラヴ研究』第四十七号（二〇〇〇）に、「利益代表と議会制民主主義——世界恐慌下のチェコスロヴァキア赤緑連合」として発表した独立論文を、加筆修正のうえ、まず博士論文にそして本書に組み込んでいる。第二章から第三章は二〇〇八年から二〇一一年にかけて『名古屋大学法政論集』に「議会制民主主義への突破と固定化——経路、課題、結果」として連載した。第一章から第二章の途中までは、一九九二年十二月に修士論文として提出し、その後修正の上一九九五年に『国家学会雑誌』第一〇八巻第三・四号に掲載された論文「チェコスロヴァキア第一共和制の形成（一九一八―一九二〇）――議会制民主主義の安定化過程」を基礎としている。チェコスロヴァキア戦間期政治史の研究を始めて以来、本書をまとめるまでに二十年間という歳月がかかってしまったことは、あまり直視したくない現実である。

二十年といえば、本書が対象とする戦間期とほぼ同じ長さである。その過程には、研究が順調に進む安定化過程もあれば、何年も頓挫する危機も、急速に進展する革新の時期もあった。しかし、どの時期を振り返っても、研究を支えてくださった多くの方のお顔が浮かぶ。

東京大学法学政治学研究科で、勉強不足の私を大学院に受け入れてくださり、長年ご指導いただいた馬場康雄先生にはただ感謝の言葉があるのみである。ヨーロッパ政治史の講義と演習は、歴史と政治学の出会いの楽しみに満ちており、それが私が政治史研究を目指したきっかけであり、これまで研究を続けてきた原動力であった。不出来な修士論文を書き終わった後、「博士論文ではチェコスロヴァキア第一共和国の骨太の謎を解くことだね」と先生がおっしゃったことを、本書の執筆過程で何度も思い出した。その課題に答えられたかどうか心もとない限りである。博士論文の審査後、たとえ自分では不出来な点ばかりが意識されても、できるだけ早く出版するように背中を押してくださったのも先生であった。亀の歩みで先生にはご心配をおかけし続けであったが、本書が先生のご退職に何とか間に合うことで、大きな学恩に対しほんのわずかでもお応えすることができればと思っている。

博士論文の提出にあたっては、塩川伸明先生が審査委員長をお引き受けくださり、五十嵐武士先生と馬場先生が委員に加わってくださった。口述審査では、尊敬する先生方に自分の意図以上に深い意味を博士論文から掘り出していただき、研究を続けて何とか博論をまとめてよかったと心の底から思ったことが忘れられない。本書をまとめる際、頂いたご指摘になんとか応えられるよう試みたが、残された課題も多い。今後の研究の中で少しずつ答えていきたいと思う。

坂野潤治先生に、演習を通じて、政治体制構想の選択肢を経糸に歴史を紡ぐ様を目の前で見せていただいたことが、本書の発想に繋がった。出来上がったものは天駆ける坂野史学とは似ても似つかない、不肖の追従者であるが、感謝を捧げさせていただきたい。

三谷太一郎先生、故高橋進先生、平島健司先生にも政治史の多様なテーマやアプローチを教えていただいた。多くの素晴らしい師に出会えた恵まれた大学院生活に心から感謝したい。

また大学院の先輩、同輩、後輩から受けた学問的な刺激もかけがえのないものである。特に歴史政治学研究会のメンバー、小川有美氏、横田正顕氏、平田武氏、中山洋平氏、水島治郎氏、池田真紀氏、飯田芳弘氏、空井護氏、中北浩爾氏、網谷龍介氏をはじめとする諸氏には実に多くのことを教えていただいた。中でもハンガリー政治史がご専門の平田氏には博論を含む本書のもととなったほぼすべての論文に常に的確なコメントを頂き、東中欧政治史研究というマイナーな分野に優秀な先達を持つ幸せを享受させていただいた。博士論文の執筆が停滞した時期に、危機脱出のきっかけとなったセミ・ポリアーキーの共同研究に加えてくださった空井氏には、本書の基本概念に関しても多くのご示唆を頂いた。諸学兄のご指摘を本書でどれだけ生かすことができたか大変心もとないが、首を洗ってご批判を待ちたい。

また、日本のチェコ／スロヴァキア史研究の市民的共同体なしに、この研究は不可能であった。林忠行先生は、社会主義時代に苦心して集められた史料文献を惜しみなく貸与してくださり、研究上最も近い立場から、研究の節々で貴重なご助言を下さった。長與進氏は、長年にわたり隔週でサロンČ／Sを開催し、チェコとスロヴァキアの文学、言語、歴史、社会、政治を議論する公共圏を作り出してくださった。サロンの議論を通じて独学では学びえないチェコとスロヴァキアの多様な側面に触れることができたことは、政治史を研究するうえでも大事な体験であった。そこで出会い、多くを教わったメンバー全員のお名前を挙げることはできないが、歴史とともにチェコ語の手ほどきも頂いた薩摩秀登氏、チェコ史の魅力を教えてくださった篠原琢氏、留学時の苦楽を共にした石田裕子氏、平野清美氏、福田宏氏に感謝したい。メンバーの一部が重なる東欧史研究会での交流も、自分の研究を中距離から相対化する機会を与えてくれた。

一九九五年から一九九七年には、チェコ共和国の国費留学生として留学の機会を与えられた。チェコのカレル大学哲学部歴史学科留学時にお世話になった先生方にも感謝を捧げたい。指導教員を引き受けてくださったクヴァチェク先生 prof. PhDr. Robert Kvaček は第一共和国の生き字引であり、先生に教えていただいたことで、研究対象への距離がはるかに縮まった。私の政治学的な動機が先走った博論構想を受け入れてくださり、社会主義時代の政治的に微妙な表現をとる先行研究の扱い方を示していただいた。先生に外務省の切り抜きを紹介していただいたところから本書の土台作りがはじまった。ご指導の成果を、多くの言語を解する外交史家の先生といえども読んでいただくことのできない言語でまとめたことについては、お詫び申し上げるしかない。フロフ先生 prof. PhDr. Miroslav Hroch の比較ヨーロッパ史のゼミでは、ヨーロッパ各地域の近代史を比較しつつ見る視点を学んだ。故ズデンカ・ヴァシレオヴァー先生 PhDr. Zdeňka Vasiljevová は、チェコ語の語学力も乏しいまま留学した私に、博論の基礎文献読解やゼミ論文執筆を個人的に指導してくださった。

また、助手として勤めた立教大学法学部と現在勤務する名古屋大学法学研究科の、特に政治系の諸先生方にも、多くの刺激と、研究を続ける機会、環境を頂いたことに深く感謝したい。

本書の出版にあたってお世話になった方々にも感謝の言葉を述べさせていただきたい。遠藤乾氏には、名古屋大学出版会へのご紹介の労をとっていただいた。本書の草稿完成時に北大政治研究会で報告の機会を与えてくださり、本書の内容に重要なご指摘を頂いたことにも感謝したい。

名古屋大学出版会の橘宗吾氏には、学術出版の状況が厳しい中、突然持ち込まれた博士論文の出版をお引き受けいただいた。博士論文では一九三〇年代前半の時期のみを扱っていたが、その際橘氏から、建国期を扱った修士論文からつなげて戦間期の第一共和国全体の政治史としてまとめることをご提案いただいたことで、本書はこのような形をとることになった。一九二〇年代後半と一九三五年選挙からミュンヘン協定にいたる時期をまとめるのにまた長い時間がかかり、ご迷惑をおかけしてしまったが、結果として濃淡はあるものの戦間期全体に対する自分の見方をまとめることができたことで、博士論文部分の位置づけも多少明瞭になったと思う。このような機会を与えていただいたことに改めて感謝したい。また、神舘健司氏には実際の編集作業を担当していただき、私の詰めの甘い点を一つ一つつぶして本書を形にしてくださった。心からお礼を申し上げたい。

本書の研究には、一九九七／一九九八年度、一九九九～二〇〇一年度特別研究員奨励費、二〇〇五／二〇〇七年度の基盤研究B、及び二〇〇八～二〇一〇年度の基盤研究Cの科学研究費による助成を受けた。また、本書の出版には、日本学術振興会の平成二十三年度科学研究費補助金（研究成果公開促進費）の助成を受けた。小国の大部な政治史の出版に助成をいただいたことに改めてお礼を申し上げたい。

最後に本書を、著者をチェコスロヴァキアに導いてくれたベルタ・ロスニチェック Berta Rosnitschek 女史と、研究生活を支えてくれた家族に捧げたい。ボヘミアの国境に近いタッハウ／タホフ Tachau/Tachov 出身のドイツ人であるベルタさんとの出会いがなければ、この研究が始められることはなかった。本好きの父、故中田英策は、娘の仕事が書物にまとまったのを見ることができたならば、さぞ喜んでくれたであろう。母、中田和子は、研究者の道を選んだ娘を心身両面から絶えず支援し続けてくれた。夫、網谷龍介は研究と生活のパートナーであり、草稿の第一読者として、また、自身多忙のなか家事を一手に引き受けることで、本書の執筆を支えてくれた。机の前に座り込んだままの母親を許容してくれた史人と梓と共に、本書の完成を迎えられることをうれしく思う。

二〇一一年十一月

中田瑞穂

《著者略歴》

中《なか》田《だ》瑞《みず》穂《ほ》

1968年　埼玉県に生まれる
1999年　東京大学大学院法学政治学研究科博士課程単位取得退学
日本学術振興会特別研究員，立教大学法学部助手などを経て
現　在　名古屋大学法学部教授，博士（法学）
著　書　『ヨーロッパの東方拡大』（共著，岩波書店，2006年）
『ポスト代表制の比較政治――熟議と参加のデモクラシー』（共著，早稲田大学出版部，2007年）
『ヨーロッパのデモクラシー』（共著，ナカニシヤ出版，2009年）
『ヨーロッパ政治ハンドブック［第2版］』（共著，東京大学出版会，2010年）ほか

農民と労働者の民主主義

2012年2月20日　初版第1刷発行

定価はカバーに
表示しています

著者　中　田　瑞　穂
発行者　石　井　三　記

発行所　財団法人　名古屋大学出版会
〒464-0814　名古屋市千種区不老町1名古屋大学構内
電話(052)781-5027/FAX(052)781-0697

印刷・製本 ㈱クイックス　ISBN978-4-8158-0693-4
乱丁・落丁はお取替えいたします。

索　引

ア　行

カ　行

サ　行

タ　行

ナ　行

ハ　行

ブラント，ヴァルター　Brand, Walter　294
フリンカ，アンドレイ　Hlinka, Andrej　41, 57, 105, 120, 225, 307
フリンカ・スロヴァキア人民党　17, 29, 41, 57, 60, 69, 71, 75–78, 81, 83, 86, 89, 92, 96, 103, 105, 107, 109–111, 118, 120, 121, 124, 155, 158, 202, 225, 307, 309, 332, 336–338, 341, 354, 355, 364, 367, 371
ブルジョワ連合　104–110, 112–118, 121–127, 132, 201, 230, 371
ブルドリーク，ヴラヂスラフ　Brdlík, Vladislav　149, 241
プロポルツ・デモクラシー　11, 214, 230, 373
ベネシュ，エドヴァルド　Beneš, Edvard　9, 10, 14, 17, 22, 35, 63, 70–73, 75, 92, 179, 199, 202, 235, 242, 320, 321, 326, 353–359, 367, 379
ベヒニェ，ルドルフ　Bechyně, Rudolf　69, 79, 82, 85, 86, 150, 151, 158, 173, 174, 205, 272, 304, 306, 318, 319, 325, 349, 352
ベラン，ルドルフ　Beran, Rudolf　161, 242, 308, 309, 315, 348, 361, 368, 369
ペルグレル，カレル　Pergler, Karel　187
ヘルベン，ヤン　Herben, Jan　160
ベルマン，ゲオルク　Böllmann, Georg　174
ペロウトカ，フェルディナンド　Peroutka, Ferdinand　17, 39, 69, 97, 100, 101, 113, 160, 211, 212, 246, 260, 261, 318
ヘント・システム　65, 119, 172, 207, 208, 219–222, 224, 306
ヘンライン，コンラート　Henlein, Konrad　294–296, 310–312, 323, 326, 328, 335–337, 345, 361, 362, 364
ホジャ，ミラン　Hodža, Milan　97, 102–104, 107, 151, 158, 179, 219, 224, 225, 236, 271, 277, 314, 317, 319, 320, 331, 338, 339, 344, 348–351, 353–359, 361, 364, 365, 371
ポスピーシル，ヴィレーム　Pospíšil, Vilém　166, 243
ホダーチ，フランチシェク　Hodáč, František　171, 241, 246, 276, 298, 299, 307, 369
ホヂナ，フランツ　Hodina, Frantz　174
ホラーク，フランチシェク　Horák, František　246

マ・ヤ行

マイスナー，アルフレート　Meissner, Alfréd　79, 99, 112, 116, 149, 208, 247, 272, 287, 305, 337
マイヤー＝ハルティング，ロベルト　Mayr-Harting, Robert　101, 104
マサリク，トマーシュ・G.　Masaryk, Tomáš Garrigue　9, 10, 14, 17, 22, 35–39, 52, 59, 62, 66, 70, 71, 73, 82, 87, 104, 110, 121, 132, 153, 154, 198, 203, 205, 206, 216, 240, 255–257, 272, 302, 326, 353, 355
マチェク，ヨゼフ　Maček, Josef　202, 203
マトウシェク，ヨゼフ　Matoušek, Josef　219, 224, 246
マリペトル，ヤン　Malypetr, Jan　83, 150–156, 158–166, 168, 170–172, 176–178, 180, 181, 194, 198, 199, 206, 207, 209–211, 213, 214, 218, 219, 225–228, 230, 234–236, 238, 240, 242, 243, 246, 248, 288, 316–319, 326, 331, 335–337
マレシュ，フランチシェク　Mareš, František　185
ミュンヘン協定　1, 2, 9, 19, 344, 362, 364, 365, 367, 369, 379
ヤクシュ，ヴェンツェル　Jaksch, Wenzel　303, 311
ユング，ルドルフ　Jung, Rudolf　183–185, 226, 228

ラ　行

ラーズス，マルチン　Rázus, Martin　225
ラシーン，アロイス　Rašín, Alois　42, 51, 69, 75, 191
ラシーン，ラヂスラフ　Rašín, Ladislav　298, 307
リプカ，フーベルト　Ripka, Hubert　17, 251
僚友団　294–296
臨時憲法　34
ルスチク，エミル　Lustig, Emil　275, 276
ルタ，ハインツ　Rutha, Heinz　294–296
レーヴェンシュタイン，カレル　Loevenstein, Karel　240
レメシュ，アントニーン　Remeš, Antonín　165, 202
労働組合共同センター　171, 221
労働組合連合（チェコスロヴァキア労働組合連合）　25, 65, 221, 273, 276, 285
労働国債　165–167, 170, 223, 224, 235
労働者疾病保険　283–286

文献・史料目録

未公刊文書館史料

Národní archiv, Praha :

Ministerstvo zahraniční věcí-výstřižkový archiv (NA, MZV-VA).

Archiv ústavu T. G. Masarzka, Praha (AÚTGM) :

Fond : Benešův archív, Vnitro politické věci (AÚTGM, BA-VV).

Archiv české strany sociálně demokratické, Praha (AČSSD) :

Fond č.78, Krajké organisace Podmokly a Teplice-Žatec Německé sociálně demokratické dělnické strany v Československu 1900-1935. Sign.č.32, Letáky k volbám 1935.

日刊紙・雑誌及び略号

Brázda（『畝』）

České Slovo（『チェコの言葉』）

Demokratický Střed（*DS*, 『民主中道』）

Deutsche Landpost（『ドイツ農村新聞』）

Lidové Listy（*LL*, 『人民新聞』）

Lidové Noviny（*LN*, 『リドヴェー・ノヴィニ（人民新聞の意）』）

Modrá Revue（*MR*, 『青の評論』）

Národní Listy（*NL*, 『国民新聞』）

Národní Myšlenka (*NM*, 『国民思想』）

Národní Osvobození（*Nár. Osvobození*, 『国民解放』）

Nová Svoboda（*NS*, 『新しい自由』）

Právo Lidu（*PL*, 『人民の権利』）

Přítomnost（『現在』）

Večer（『夕べ』）

Večerník Práva Lidu（*Več. PL*, 『夕刊　人民の権利』）

Venkov（『田園』）

（現在のチェコ語の正書法では雑誌名は最初の単語のみ先頭を大文字にするが，ここでは当時の正書法に従った.）

文献

An Economic Review of the Year 1932 in Czechoslovakia. 1933. Prague.（略称：An Economic Review).

Anderson, Benedict. 1991. *Imagined Communities : Reflections on the Origin and Spread of Nationalism*. London and New York : Verso（初版は 1983 年)（ベネディクト・アンダーソン『想像の共同体――ナショナリズムの起源と流行』白石隆・白石さや訳，リブロポート，1987 年)

Armingeon, Klaus. 2002. "The Effects of Negotiation Democracy : A Comparative Analysis," *European Journal of Political Research*, 40(1), 81–105.

Bachstein, Martin K. 1974. *Wenzel Jaksch und die sudetendeutsche Sozialdemokratie*. München : Oldenbourg.

Bartiš, J., S. Kovářová a M. Trapl. 1995. *Osobnosti českých dějin*. Olomouc.

Bath, Boris, Jozef Faltus, Jan Křen, a Eduard Kubů. 1999. *Konkurence i partnertví : Německé a československé hospodářství v letech 1918–1945*. Praha : Karolinum.

Bechyně, R. 1947. *Pero mi zůstalo 1938–1945*. Dělnické nakladatelství. Praha.

Beneš, Václav L. 1973. "Czechoslovak Democracy and Its Problems, 1918–1920," in Mamatey and Luža 1973, 39–98.

Beranková, Milena, Alena Křivanková a Fraňo Ruttkay. 1988. *Československé dějiny žurnalistiky*, III díl, Praha.

Berend, Ivan T. 1986. *The Crisis Zone of Europe : An Interpretation of East-Central European History in the First Half of the Twentieth Century*. New York : Cambridge University Press.

Berend, Ivan T. 1998. *Decades of Crisis : Central and Eastern Europe before World War II*. University of California Press.

Berman, Sheri. 2006. *The Primacy of Politics : Social Democracy and the Making of Europe's Twentieth Century*. Cambridge : Cambridge University Press.

Bernanke, Ben S. 2000. *Essays on the Great Depression*. Princeton : Princeton University Press.

Blackwood, William Lee. 1999. "Socialism, Czeskoslovakism, and the Munich Complex, 1918–1948," *International History Review*, 21(4), 875–899.

Boj o směr v vývoje Československého státu I–II. 1965. Praha. (略称：*Boj o směr*).

Bosl, Karl (hrsg.). 1969. *Aktuelle Forschungsprobleme um die Erste Tschechoslowakische Republik*. München : Oldenbourg.

Bosl, Karl (hrsg.). 1973. *Die Burg : Einflussreiche politische Kräfte um Masaryk und Beneš*. München : Ordenbourg.

Bosl, Karl (hrsg.). 1975. *Die demokratisch-parlamentarische Struktur der Ersten Tschechoslowakischen Republik*. München : Oldenbourg.

Bosl, Karl. 1976. *Gleichgewicht—Revision—Restauration : Die Aussenpolitik der Ersten Tschechoslowakischen Republik im Europasystem der Pariser Vororteverträge*. München : Oldenbourg.

Bosl, Karl (hrsg.). 1979. *Die Erste Tschechoslowakische Republik als multinationaler Parteienstaat*. München : Oldenbourg.

Bosl, Karl, und Ferdinand Seibt (hrsg.). 1982. *Kultur und Gesellschaft in der Ersten Tschechoslowakischen Republik*. München : Oldenbourg.

Brokl, Lubomír, kolektiv. 1997. *Reprezentace zájmů v politickém systému České republiky*. Praha : Sociologické nakladatelství (SLON).

Broklová, Eva. 1992. *Československá demokracie Politický systém : ČSR 1918–1938*. Praha.

Broklová, Eva. 1999. *Politická kultura německých aktivistických stran v Československu 1918–1938*. Praha : Karolinum.

Broklová, Eva. 2001. *Prezident Republiky československé : Instituce a osobnost T. G. Masaryka*.

Praha : Masarykův ústav AV.

Brügel, J. Wolfgang. 1967. *Tschechen und Deutsche 1918–1938*. München : Nymphenbürger Verlagshandlung.

Bruegel, J. W. 1973. *Czechoslovakia before Munich : The German minority problem and british appesement policy*. London : Cambridge University Press.

Čada, Václav. 1974. "Politika republikánské strany na počátku velké hospodářské krize," *Československý časopis historicky*, r.XXII, č.3, 329–360.

Čapek, Karel. 1946. *Hovory s T. G. Masarykem*. Praha（カレル・チャペック著，石川達夫訳『マサリクとの対話――哲人大統領の生涯と思想』成文社，2004 年）.

Capoccia, Giovanni. 2005. *Defending Democracy : Reactions to Extremism in Interwar Europe*. Baltimore and London : Johns Hopkins University Press.

Čelovský, Boris. 1995. *So oder so : Řešení české otázky podle německých dokumentů 1933–1945*. Ostrava : Sfinga.

Černý, Bohumíl. 1967. "Die Rolle der Agrarpartei in der tschechoslowakischen Wirtschaftspolitik zwischen den beiden Weltkriegen," *Jahrbuch für Wirtschaftsgeschichte*, Bd. 1.

Černý, Bohumíl, Jan Křen, Václav Kural, a Milan Otáhal（eds.）. 1990. *Češi Němci odsun*. Praha : Academia.

César, Jaroslav, a Bohumíl Černý. 1962. *Politika německých buržoazních stran v československu v letech 1918–1938, I–II*. Praha : Academia.

Československá společnost pro studium národnostních otázek. 1937. *Němci v československé republice o sobě*. Praha : Orbis.

Československá vlastivěda Praha, 1931.

Československá zahraniční politika v roce 1938 Sv.I (1. leden–30. červen 1938) (Dokumenty Československé zahraniční politiky). 2000. Praha : Ústav mezinárodních vztahů.

Coakley, John. 1984. "Political Succession and Regime Change in New States in Interwar Europe : Ireland, Finland, Czechoslovakia and the Baltic Republics," *European Journal of Political Research*, 14, 187–206.

Co chtějí socialisté. 1934. Praha.

Dejiny štátu a práva : na území Československa v období kapitalistu 1848–1945. Bratislava, 1973（略称：*Dejiny štátu a práva*）.

De Man, Hendrik. 1935. *Cesta z krise*. Praha.

Deutsche Gesandtschaftsberichte aus Prag : Teil IV Vom Vorabend der Machtergreifung in Deutschland bis zum Rücktritt von Masaryk 1933–1935. 1991. München : Oldenbourg.

Deutsch, Karl W. 1987. "Toward the Scientific Understanding of Nationalism and National Development : the Crucial Contribution of Stein Rokkan," *European Journal of Political Research*, Vol. 15, No. 6.

Deyl, Zdeněk. 1985. *Sociální vývoy Československá 1918–1938*. Praha : Academia.

Dobrý, Anatol. 1959. *Hospodářská krize československého průmyslu ve vztahu k Munichovu*. Praha : Nakladatelství Československé akademie věd.

Doležalová, Antonie. 2010. "Nebylo úniku? Kontinuita a diskontinuita v ekonomickém vývoji ve 30. a 40. Letech XX. století," in Němeček, Jan a kol. 2010. *1938 : České křižovatky*

evropských dějin, Praha : Historický ústav, 461-477.

Dostál, Vradimír. 1998a. *Antonín Švehla : Profil Československého státníka*. New York : Výkonný výbor Republikánské strany v exilu.

Dostál, Vladimír V. 1998b. *Agrární strana : Její rozmach a zánik*. Brno : Atlantis.

Dundr, V., a A. Hampl. 1923. *Kolektivní smlouvy pracovní*.

デュヴェルジェ，モーリス．1995．『フランス憲法史』（時本義昭訳）みすず書房．

Eichengreen, Barry. 1992. *The Golden Fetters*. Oxford : Oxford University Press.

Ekiert, Grzegorz. 1996. *The State Against Society : Political Crises and Their Aftermath in East Central Europe*. Princeton : Princeton University Press.

Elder, Neil, Thomas H. Alastair and David Arter. 1988. *The Consensual Democracies? : The Government and Politics of the Scandinavian States*. B. Blackwell.

Engliš, Karel. 1938a. *Německý socialismus jako program Sudetoněmecké strany*. Praha : Borový.

Engliš, Karel. 1938b. *"German Socialism" as programme of the Sudeten German Party : A critical Analysis*. Prague : Orbis Publishing.

Engliš, Karel. 1994. *Národní hospodářství*, Albert, atd, Boskovice, atd.

Felak, James Ramon. 1994. *At the Price of the Republic" : Hlinka's Slovak People's Party, 1929-1938*. Pittsburgh and London : University of Pittsburgh Press.

Fererabend, Ladislav K. 1964. *Czechoslovak Grain Monopoly System*, in Rechcigl (ed.) 1964, 350-358.

Fiala, Petr, Jiří Foral, Karel Konečný, Pavel Marek, Michal Pehr a Miloš Trapl. 2008. *Český politický katolicismus 1848-2005*. Brno : Centrum pro Studium Demokracie a Kultury.

Fischer, Josef Ludvik. 1933. *Krise demokracie*. Brno.

Fischer, Josef Ludvik. 2005. *Krize demokracie*. Praha : Karolinum.

Fischer, Josef, Václav Patzak, und Vincenc Perth. 1937. *Ihr Kampf : Die wahren Ziele der Sudetendeutschen Partei*. Karlsbad.

藤嶋亮．2011．「戦間期ルーマニア議会政治の隘路」『国際学研究（明治学院大学）』第 39 号，63-86．

福田宏．2002．「『我が祖国』への想像力：ドイツ系多数地域におけるチェコ・ソコルの活動」『スラヴ研究』第 49 号，29-50．

Gajanová, Alena. 1962. *Dvojí tvář : Z historie předmnichovského fašismu*. Praha : nase vojsko.

Gebhart, Jan, a Jan Kuklík. 1992. "Pomnichovská krize a vznik stran národní jednoty," *Český časopis historicky*, r.90, č.3, 365-393.

Gebhart, Jan, a Jan Kuklík. 2004. *Druhá republika 1938-1939 : Svár demokracie a totality v politickém, společenském a kulturním životě*. Praha : Paseka.

Gollwitzer, Heinz (ed.). 1977. *Europäische Bauernparteien im 20. Jahrhhundert*. Stuttgart : Gustav Fischer.

Gourevitch, Peter A. 1986. *Politics in Hard Times : Comparative Responses to International Economic Crises*. Ithaca : Cornel University Press.

Gregorovič, Miroslav. 1995. *Kapitoly o českém fašismu : Fašismus jako měřítko politické dezorientace*. Praha : Lidové noviny.

Gronský, Ján, a Jiří Hřebejk. 1999. *Dokumenty k ústavnímu vývoji Československa I. (1918-1945)*. Praha : Karolinum.

羽場久美子編. 1990.『ロシア革命と東欧』彩流社.

Halada, Jaroslav. 1990. *Pokus o nový pohled na politické agrární hnutí*. Diplomová práce, Filozofická Fakulta Univerzity Karlovy v Praze, Katedra československých dějin.

Hampl, Antonín. 1937. *Boj za hospodářskou demokracii*. Praha.

Hampl, Antonín a Josef Bělina. 1935. *Z krize ven*. Praha.

Hansen, Erik. 1981. "Depression Decade Crisis : Social Democracy and Planisme in Belgium and the Netherlands, 1929-1939," *Journal of Contemporary History*, 16(2), 293-322.

Hansen, Erik, and Peter A. Prosper. 1994. "Political Economy and Political Action : The Programmatic Response of Dutch Social Democracy to the Depression Crisis, 1929-39," *Journal of Contemporary History*, 29(1), 129-154.

Hapala, Milan E. 1968. "Political Parties in Czechoslovakia, 1918-1938," in Rechcigl (ed.) 1968, 124-140.

Harna, Josef. 1978. *Kritika ideologie a programu českého národního socialismu*. Praha : Academia.

Harna, Josef. 1990a. *Československá republika - První pokus o demokracii ve střední Evropě*. Praha.

Harna, Josef. 1990b. "Politické strany a formování politického systému v Československu po roce 1918," in : *Politické systém a státní politika v prvních letech existence Československé republiky (1918-1923)*. Praha, 8-62.

Harna, Josef. 1998. *Politické programy českého národního socialismu*. Praha : Historický ústav AV ČR.

Harna, Josef a Vlastislav Lacina (eds.). 2007. *Politické programy českého a slovenského agrárního hnutí 1899-1938*. Praha : Historický ústav AV ČR.

Harre, Angela. 2010. "Demokratische Alternativen und autoritäre Verführungen. Der ostmitteleuropäische Agrarismus im Wechselspiel zwischen Ideologie und Politik," in Schultz und Harre (hrsg.) 2010, 25-40.

Havránek, Jan. 1971. "Fascism in Czechoslovakia," in Sugar (ed.) 1971, 47-55.

林忠行. 1978.「チェコスロヴァキアの独立運動——エドヴァルト・ベネシュの活動をめぐって」『東欧史研究』第1号, 136-150.

林忠行. 1981.『チェコスロヴァキアの対ソ政策　1919-1922』一橋大学博士課程単位取得論文（未公刊).

林忠行. 1982a.「チェコスロヴァキア第一共和国の内政システムの形成とその特質(1918～1921年)」『歴史学研究　別冊特集』134-144.

林忠行. 1982b.「パリ平和会議の期間におけるチェコスロヴァキアと『ロシア問題』」『スラヴ研究』第30号, 71-94.

林忠行. 1990.「チェコ人『帝国内改革派』の行動と挫折——ズデニェク・トボルカを中心にして」羽場編 1990, 23-42.

林忠行. 1993.『中欧の分裂と統合　マサリクとチェコスロヴァキア建国』中央公論社.

Heumos, Peter. 1979a. *Agrarische Interessen und nationale Politik in Böhmen 1848-1889 :*

Sozialökonomische und organisatorische Entstehungsbedingungen der tschechischen Bauernbewegung. Wiesbaden : Steiner.

Heumos, Peter. 1979b. "Die Entwicklung organisierter agrarischer Interessen in den böhmischen Laendern und in der ČSR. Zur Entstehung und Machtstellung der Agrarpartei 1873-1938," in Bosl (hrsg.) 1979, 323-376.

Heumos, Peter. 1990. "Die Struktur der Ersten Tschechoslowakischen Republik im Verhältnis zur Grundidee der westlichen Demokratie," in Peter Glotz, Karl-Heinz Pollok, Karl von Schwarzenberg und John van Nes Zieg (hrsg.), *München 1938 : Das Ende des alten Europa*. Essen, 1-26.

Heumos, Peter. 1994. "Thesen zur sozialgeschichtlichen Dimension eines Systemzusammenbruchs : Das Beispiel der Ersten Tschechoslowakischen Republik 1938/1939," *Archiv für Sozialgeschichte*, 34, 55-61.

樋口陽一. 1973.『議会制の構造と動態』木鐸社.

平島健司. 1991.『ワイマール共和国の崩壊』東京大学出版会.

平田武. 1992.「戦間期ハンガリー政府党体制の成立過程 (1919-1922)」『社会科学研究』第 44 巻第 3 号, 1-63.

平田武. 2007.「オーストリア＝ハンガリー君主国における政治発展の隘路 (1)」『法学 (東北法学会)』71 巻 2 号, 193-236.

廣田功. 1994.『現代フランスの史的形成——両大戦間期の経済と社会』東京大学出版会.

Hodža, Milan. 1931a. *Články, reči, študie : sv. IV, Cesty stredo-evropskej agrárnej demokracie 1921-1931*. Praha.

Hodža, Milan. 1931b. *Světvá krise zemědělská*. Praha.

Hodža, Milan. 1936. *Agrární problém střední Evropy*.

Hodža, Milan. 1938. *Vládní prohlášení*.

Hodža, Milan. 1942. *Federation in Central Europe : Reflections and Reminiscences*. London : Jarrolds Publischer.

Hoensch, Jörg K. 1992. *Geschichte der Tschechoslowakei Dritte, verbesserte und erweiterte Auflage*. Stuttgart/Berlin/Köln : W. Kohlhammer.

Hoensch, Jörg K. 2001. *Slovensko a Hitlerova Východná politika*. Bratislava : Veda Vydavateľstvo Slovenskej Akadémie vied.

Hoensch, Jörg K. und Dušan Kováč (hrsg.). 1994. *Das Scheitern der Verständigung : Tschechen, Deutsche und Slowaken in der Ersten Republik 1918-1938. Für die deutsch - tschechische und slowakische Historikerkommission*. Essen : Klartext.

Holec, Roman. 2010. "Agrardemokratie als Versuch eines Dritten Weges mitteleuropäischer Transformation," in Schultz und Harre 2010, 41-54.

Hradilák, Zdeněk. 1967. "Československá sociální demokracie a zmocňovací zákon v roce 1933," *Přispěvky k dějinám KSČ*, 1, 29-51.

Hroch, Miroslav. 1985. *Social Preconditions of National Revival in Europe*. Cambridge, Cambridge University Press.

Hroch, Miroslav. 1993. "From National Movement to the Fully-Formed Nation : the Nation-Building Process in Europe," *New Left Review*, No. 198, 3-20.

Hyršlová, Květa. 1985. *Česká inteligence a protifašistická fronta*. Praha : Merantrich.

Chmelář, Josef. 1926. *Political Parties in Czechoslovakia*. Prague.

Chmelář, Josef. 1936. *The German Problem in Czechoslovakia*. Prague : Orbis.

飯田芳弘. 1999.『指導者なきドイツ帝国——ヴィルヘルム期ライヒ政治の変容と隘路』東京大学出版会.

ジェラヴィッチ，バーバラ. 1994.『近代オーストリアの歴史と文化——ハプスブルク帝国とオーストリア共和国』山川出版社.

Kárník, Zdeněk. 2000. *České země v éře první republiky (1918-1938), díl první, Vznik, budování a zlatá léta republiky (1918-1929)*. Praha : Libri.

Kárník, Zdeněk. 2002. *České země v éře první republiky (1918-1938), díl druhý, Československo a české mené v krizi a v ohrožení (1930-1935)*. Praha : Libri.

Kárník, Zdeněk. 2003. *České země v éře první republiky (1918-1938), díl třetí, O Přežití a o život (1936-1938)*. Praha : Libri.

Kárník, Zdeněk (ed.). 1998. *K novověkým sociálním dějinám českých zemí III, Od války k válce 1914-1939*. Praha : Karolinum.

Kelly, David. 1995. *The Czech Fascist Movement 1922-1942*. New York : Columbia University Press.

ケルゼン，ハンス. 1966.『デモクラシーの本質と価値』岩波書店.

キンドルバーガー，C. P. 1982.『大不況下の世界 1929-1939』（石崎昭彦・木村一朗訳）東京大学出版会.

桐生裕子. 2003.「世紀転換期ボヘミアにおける農村社会の再編——ボヘミア王国農業審議会の農業雇用関係への対応を中心に」『東欧史研究』第 25 号，2-27.

桐生裕子. 2007.「1850-60 年代ボヘミアにおける農業協会と地域社会——農民・国民・「公共圏」」『西洋史学』第 226 号，1-21.

桐生裕子. 2010.「農業運動の時代におけるボヘミアの農村住民と結社活動—— 1870-90 年代の農業・読書サークルを中心に」『東欧史研究』第 32 号，3-24.

Kitschelt, H. P., Zdenka Mansfeldova, Radoslav Markowski and Gabor Toka. 1999. *Post-Communist Party Systems, Competition, Representation, and Inter-Party Cooperation*. Cambridge : Cambridge University Press.

Klausen, Jytte. 1998. *War and Welfare : Europe and the United States, 1945 to the Present*. New York : St Martin's Press.

Klepetář, Hurry. 1937. *Seit 1918... : Eine Geschichte der tschechoslowakishen Republik*. M. Ostrau.

Klímek, Antonín. 1996. *Boj o hrad/1 : Hrad a pětka : Vnitropolitický vývoj Československa 1918-1926 na půdorysu zápasu o prezidentské nástupnictví*. Praha : Pan evropa.

Klímek, Antonín. 1998. *Boj o hrad/2 : Kdo po Masarykovi? Vnitropolitický vývoj Československa 1926-1935 na půdorysu zápasu o prezidentské nástupnictví*. Praha.

Klímek, Antonín. 2000. *Velké dějiny zemí Koruny české XIII*. Praha : Paseka.

Klímek, Antonín. 2002. *Velké dějiny zemí Koruny české XIV*. Praha : Paseka.

Klímek, Antonín. 2003. *Vítejte v první republice*. Praha : Havran.

Klímek, Antonín a Eduard Kubů. 1995. *Československá zahraniční politika 1918-1938 :*

Kapitoly z dějin mezinárodních vztahů, Institut pro středevropskou kulturu a politiku. Praha.

Klímek, Antonín a Petr Hofman. 1995. *Vítěz, který prohrál : Generál Radola Gajda*. Praha : Paseka.

香坂直樹. 2006. 「1920 年代初めのスロヴァキアの地位に関する諸構想——自治論と県制度擁護論に見るスロヴァキアの定義」『東欧史研究』第 28 号, 2-23.

Kosatík, Pavel. 2010a. *Bankéř první republiky : život dr. Jaroslava Preisse*. Praha : Mladá fronta.

Kosatík, Pavel. 2010b. *Čeští demokraté : 50 nejvýznamnějšícj osobností veřejného života*. Praha : Mladá fronta.

Kováč, Dušan. 1997. *Slováci - Česi - Dejiny*. Bratislava : Academic Electronic Press.

Kováč, Dušan. 1998. *Dejiny Slovenska, Nakladatelství Lidové noviny*. Praha.

Kracik, Jörg. 1999. *Die Politik des deutschen Aktivismus in der Tschechoslowakei 1920-1938*. Frankfurt am Main : Peter Lang.

Krajčovičová, Natália. 2011. "Slovakia in Czechoslovakia, 1918-1938," in Mikuláš Teich, Dušan Kováč, and Martin D. Brown, *Slovakia in History*. Cambridge : Cambridge University Press, 2011.

Krejčí, Jaroslav. 1935. *Problém právního postavení hlavy státu v demokracii*. Praha : Právnické knihkupectví a nakladatelství.

Krejčí, Jaroslav. 1978. *Sozialdemokratie und Systemwandel : Hundert Jahre tschechoslowakische Erfahrung*. Berlin/Bonn : J. H. W. Dietz Nachf.

Krejčí, Jaroslav, and Pavel Machonin. 1996. *Czechoslovakia 1918-92 : A Laboratory for Social Change*. Basingstoke : Macmillan.

Křen, Jan. 1990. *Konfliktní společenství Češí a Němci 1780-1918*. Praha : Academia.

Křen, Jan. 1994. *Die Konfliktgemeinschaft : Tschechen und Deutsche in den böhmischen Ländern, 1780-1918*. München : Oldenbourg.

Křen, Jan a Eva Broklová (eds.). 1998. *Obraz Němců, Rakouska a Německa v české společnosti 19. a 20. století*. Praha : Karolinum.

Kubů, Eduard a Jaroslav Pátek (eds.). 2000. *Mýtus a realita hospodářské výspělosti Československa mezi světovými válkami*. Praha : Karolinum.

Kuklík, Jan. 1967. Poznámky k činnosti "skupiny dělnické akademie" v druhé polovině třicátých let, *Odboj a revoluce*, zprávy (Příloha), r.V, č.2, 50-68.

Kuklík, Jan. 1969. "Das programmatische Streben der linksgerichteten Sozialdemokratischen Intellektuellen in der ersten Hälfte der dreissiger Jahre," *Acta Universitatis Carolinae Philosophica et Historica*, 4, 93-121.

Kuklík, Jan. 1992. "Sociální demokraté ve druhé republice," *Acta Universitatis Carolinae Philosophica et Histotorica Monographia*, CXLIÍ1. Praha, Karolinum.

Kuklík, Jan. 1998. Hledání cesty k demokratickému socialismu (K programovému výboji Československé spciálně demokratické strany dělnické v první polovině 30. let), in Kárník (ed.) 1998, 59-91.

Kuklík, Jan. 2010. *Znárodněné Československo : Od znárodnění k privatizaci - státní zásahy do vlastnických a dalších majetkových práv v Československu a jinde v Evropě*. Praha : Au-

ditorium.

Kuklík, Jan a Jan Němeček. 1999. *Hodža versus Beneš : Milan Hodža a slovenská otázka v zahraničním odboji za druhé světové války*. Praha : Karolinum.

Kuklík, Jan a Jan Němeček. 2004. *Proti Benešovi! : Česká a slovenská protibenešovská opozice v Londýně 1939-1945*. Praha : Karolinum.

Kural, Václav. 1993. *Konflikt místo společenství? : Češi a Němci v Československém státě (1918-1938)*. Praha : Ústav mezinárodních vztahů.

Kural, Václav. 1994. *Místo společenství Konflikt! : Češi a Němci ve Velkoněmecké říši a cesta k odsunu (1938-1945)*. Praha : Ústav mezinárodních vztahů.

Kural, Václav. 2002. *Češi, Němci a mnichovská křižovatka*. Praha : Karolinum.

Kutnar, František. 1938. "Milan Hodžas Weg und Ziel," *Slawische Rundschau (Slovanský přehled?)*, r.10, 77-87.

Kvaček, Robert. 1994. "Milan Hodža jako premiér (Grosy k prvnímu vládnímu období 1935-1937)," in *Milan Hodža* 1994, 114-121.

Kvaček, Robert. 1998. "Kniha, která je i výzvou," *Dějiny a současnost*, 20 : 6.

Kvaček, Robert. 2000. Stále neklidné dějiny. K obrazu první republiky, Předneseno na 2. Historickém dikusním forum dne 18.4.2000.

Kvaček, Robert a Věra Olivová. 1967. *Dějiny Československa od roku 1918-1945 Učebnice pro pedagogické fakulty* IV. díl. Praha : Státní pedagogické nakladatelství.

京極俊明. 2006. 「「ブルノ学校協会 (Matice skolska v Brne)」による「少数民族学校」建設運動 (1877-1889)」『東欧史研究』第 28 号, 45-64.

Lacina, Vlatislav. 1984. *Velká hospodářská krize v 1929-1934*. Praha.

Laver, Michael and Norman Schofield. 1990. *Multiparty Government : The Politics of Coalition in Europe*. Oxford, Oxford University Press.

Leff, Carol Skalnik. 1988. *National Conflict in Czechoslovakia : The Making and Remaking of a State, 1918-1987*. Princeton : Princeton University Press.

Leff, Carol Skalnik. 1997. *The Czech and Slovak Republics : Nation versus State*. Boulder : Westview Press.

Lehmbruch, Gerhard. 1967. *Proporzdemokratie : Politisches System und politische Kultur in der Schweiz und in Österreich*. Tübingen.

Lehmbruch, Gerhard. 1996. "Die korporative Verhandlungsdemokratie in Westmitteleuropa," *Swiss Political Science Review*, 2(4), 1-41.

レームブルッフ, ゲルハルト. 2004. 『ヨーロッパ比較政治発展論』(平島健司編訳) 東京大学出版会.

Lemberg, Eugen und Gotthold Rhode (hrsg.). 1969. *Das deutsch-tschechische Verhältsnis seit 1918*. Stuttgart/Berlin/Köln/Mainz : W. Kohlhammer.

Lemberg, Hans. 1990. "Československo v přelomovém roce 1933," *Český časopis historicky*, r.88, s.881-897.

Lemberg, Hans. 1993. "Die Tschechoslowakein im Jar 1. Der Staatsaufbau, die Liquidierung der Revolution und Alternativen 1919," in Lemberg und Heumos (hrsg.) 1993, 225-248.

Lemberg, Hans. 1998. "Die Tschechoslowakei im Epochenjahr 1933," in Seibt et al. (hrsg.)

1998.（初出：*Bohemia*, 25, 1984, Nr. 2, S. 313-332）

Lemberg, Hans. 1999. *Porozumění Češí - Němci - Východní Evropa 1948-1948*. Praha : Nakladatelství lidové noviny.

Lemberg, Hans und Peter Heumos（hrsg.）. 1993. *Das jahr 1919 in der Tschechoslowakei und in Ostmitteleuropa*. München.

Lijphart, Arend. 1977. *Democracy in Plural Societies : A Comparative Exploration*. New Haven and London : Yale University Press.

Lipscher, Ladislav. 1979. *Verfassung und politische Verwaltung in der Tschechoslowakei 1918-1939*. München : Oldenbourg.

Leibholz, Gerhard. 1967. *Struktureprobleme der Modernen Demokratie, 3., Erweiterete Auflage*. Karlsruhe : C. F. Müller.（抄訳：ライプホルツ，G. 1974.『現代民主主義の構造問題』（阿部／初宿／平松／百地訳）木鐸社）

Linz, Juan J. and Alfred Stepan （eds.）. 1978. *The Breakdown of Democratic Regimes*. Baltimore : Johns Hopkins University Press.

Lipset, Seymour Martin and Stein Rokkan. 1967. *Party Systems and Voter Alignments : Cross-national Perspectives*. New York : The Free Press.

Luebbert, Gregory. 1987. “Social Foundations of Political Order in Interwar Europe,” *World Politics*, 33, 450-478.

Luebbert, Gregory. 1991. *Liberalism, Fascism or Social Democracy : Social Classes and the Political Origins of Regimes in Interwar Europe*. New York/Oxford, Oxford University Press.

Luh, Andreas. 1988. *Der deutsche Turnverband in der Ersten Tschechoslowakischen Republik : Vom völkischen Vereinsbetrieb zur volkspolitischen Bewegung*. München : Oldenbourg.

Luža, Radmír. 1978. “Die Tschechoslowakische Sozialdemokratische Arbeiterpartei in der Tschechoslowakischen Republik 1918-1938,” in Krejčí（ed.）1978, 25-38.

Macartney, C. A. 1967（First published 1937）. *Hungary and her Successors : The Treaty of Trianon and Its Consequences 1919-1937*. London et al.: Oxford University Press.

Maier, Charles S. 1975. *Recasting Bourgeois Europe : Stabilization in France, Germany, and Italy in the Decade after World War I*. Princeton : Princeton University Press.

Maier, Charles S. 1987. “The Two Postwar Eras and the Conditions for Stability in Twentieth-Century Western Europe,” in *In Search of Stability*. Cambridge, New York, and Melbourne : Cambridge University Press.

Malíř, Jiří, Pavel Marek a kolektiv. 2005. *Politické strany : Vývoj politických stran a hnutí v českých zemích a Československu 1861-2004, I. díl, obdoví 1861-1938*. Brno : Nakladatelství Doplněk.

Malý, Karel, a kolektiv autorů. 1997. *Dějiny českého a československého práva do roku 1945*. Praha : Linde praha.

Mamatey, Victor S. 1973a. “The Establishment of the Republic,” in Mamatey and Luža（eds.）1973, 3-38.

Mamatey, Victor S. 1973b. “The Development of Czechoslovak Democracy, 1920-1938,” in Mamatey and Luža（eds.）1973, 99-166.

Mamatey, Victor S. and Radomír Luža (eds.). 1973. *A History of the Czechoslovak Republic 1918-1948*. Princeton : Princeton University Press.

Marek, Pavel. 2004a. Sudetoněmecká strana, in Malíř et al., 2005.

Marek, Pavel. 2004b. Politické strany maďarské menšiny, in Malíř et al., 2005.

Masaryk, T. G. 1994. "Democracy and Humanity," in Masaryk, T. G., Alan Woolfolk, and Jonathan B. Imber (eds.), *Constructive Sociological Theory : the Forgotten Legacy of Thomas G. Masaryk*. New Brunswick and London, 1994.

Masarykův slovník naučný. 1932. *Lidová encyklopedie všeobeckých vědomostí*. Československý kompas. Praha.

Matějka, J. 1932. "O t. zv. parlamentní a úřednické vládě," *Sborník věd právních a státních*, r. XXXII, 726-738.

Mazáč, L. 1937. *Edvard Beneš : Filosof a státník*. Praha.

Mazower, Mark. 1998. *Dark Continent : Europe's 20th Century*. London : Penguin.

McDermott, Kevin. 1988. *The Czech Red Unions, 1918-1929 : A Study of Their Relations with the Communist Party and the Moscow Internationals*. New York.

Milan Hodža štátnik a politik : Materiály z vedeckej konferencie, Bratislava, 15.-17. septembra 1992., Bratislava : VEDA vydavateľstvo Slovenskej akadémie vied, 1994 (略称：*Milan Hodža* 1994).

Mildschuh, V. 1933. "Inflace nebo deflace?" *Sborník věd právních a státních*, r.XXXIII, 38-49.

Miller, Daniel E. 1989. Antonín Švehla and the Czechoslovak Republican Party (1918-1933), Ph. D. dissertation, University of Pittsburgh, 1989.

Miller, Daniel E. 1992. "Antonín Švehla : Master of Compromise," in Morison, John (ed.), *The Czech and Slovak Experience*. London, 1992.

Miller, Daniel E. 1999. *Forging Political Compromise : Antonín Švehla and the Czechoslovak Republican Party 1918-1933*. Pittsburgh : University of Pittsburgh Press.

南塚信吾（編）. 1999.『ドナウ・ヨーロッパ史』山川出版社.

村松惠二. 2006.『カトリック政治思想とファシズム』創文社.

村田尚紀. 1986.「両大戦間期フランスにおける授権法―― 1924 年 3 月 22 日法を素材に」『一橋論叢』第 96 巻第 3 号, 111-128.

Musil, J. (ed.). 1995. *The End of Czechoslovakia*. Budapest : Central European University Press.

長與進. 1990.「シロバール博士の多忙な日々――スロヴァキア 1918-1919 年」羽場編 1990, 61-80.

中田瑞穂. 1995.「チェコスロヴァキア第一共和制の形成（1918-1920）――議会制民主主義の安定化過程」『国家学会雑誌』第 108 巻第 3・4 号, 161-205.

中田瑞穂. 2008.「『農民と労働者の民主主義』――世界恐慌下のチェコスロヴァキア議会制民主主義」博士論文, 東京大学大学院, 法学政治学研究科.

中田瑞穂. 2008a.「議会制民主主義への突破と固定化――経路, 課題, 結果（1）」『名古屋大学法政論集』第 226 号, 1-45.

中田瑞穂. 2008b.「議会制民主主義への突破と固定化――経路, 課題, 結果（2）」『名古屋大学法政論集』第 228 号, 157-207.

中田瑞穂．2010．「議会制民主主義への突破と固定化——経路，課題，結果（3）」『名古屋大学法政論集』第 237 号，153-190.

中田瑞穂．2011．「議会制民主主義への突破と固定化——経路，課題，結果（4・完）」『名古屋大学法政論集』第 238 号，147-207.

中根一貫．2002．「一次大戦期チェコにおける政党間協調の始まり」『法学』（東北大学）第 65 巻第 6 号，89-132.

Nakonečný, Milan. 2001. *Vlajka : K historii a ideologii českého nacionalisumu*. Praha : Chvojkovo nakladatelství.

Národní shromáždění republiky československé v první desetiletí. 1928. Praha.（略称：*Národní shromáždění* 1928）

Národní shromáždění republiky československé v druhém desetiletí 1928-1938. 1938. Praha.（略称：*Národní shromáždění* 1938）

Nečas, Jaromír. 1934. *Za práce statisíců*. Praha.

糠塚康江．2007．「議会中心主義のパラドックス（1）——第三共和制におけるデクレ＝ロワ」『関東学院法学』第 16 巻第 3・4 合併号，95-136.

小川有美．1992．「デンマークにおける議院内閣制問題と『体制変革』——スカンディナヴィア比較政治の視座から」『国家学会雑誌』第 105 巻第 7・8 号，43-83.

Olivová, Věra. 1972. *The Doomed Democracy : Czechoslovakia in a disrupted Europe, 1914-38*. London : Sidgwick & Jackson.

Olivová, Věra. 1993. *Československé dějiny 1914-1939*. II. Praha.

Olivová, Věra. 2000. *Dějiny první republiky*. Praha : Karolinum.

Olivová, Věra and Robert Kvaček. 1967. *Dějiny Československa od roku 1918 do roku 1945*. Praha.

Olšovský, R. et al. 1961. *Přehled Hospodářského vývoje československa v letech 1918-1945*. Praha.

大津留厚．1984．「ターボル運動 1868-1871 ——チェコ民族運動の展開」『歴史学研究』第 526 号，35-46.

Ottova slovník naučného nové doby z let 1930-1943, Ottova encyklopedie nové doby na CD-ROM AION CS, 1998.

小沢弘明．1987．「オーストリア社会民主党における民族問題——『小インターナショナル』解体と労働組合」『歴史学研究』第 572 号，19-38.

小沢弘明．1999．「二重制の時代」南塚編 1999，218-257.

Paleček, Antonín. 1968. "Formative Years of the First Republik of Czechoslovakia : The Statemanship of Antonín Švehla," in Rechcigl (ed.) 1968.

Pasák, Tomáš. 1963. "K politickému pozadí krize vlády Františka Udržala roku 1932," *Československý časopis historicky*, 11 : 2, 165-192.

Pasák, Tomáš. 1965. "K Problematice NOF v letech hospodářské krize na počátku třicatých let," *Sborník historický*, 13, 93-132.

Pasák, Tomáš. 1999. *Česky fasismus 1922-1945 a kolaborace 1939-1945*. Praha : Práh.

Pels, Dick. 1987. "Hendrik de Man and the Ideology of Planism," *International Review of Social History*, 32(3), 206-229.

Peroutka, Ferdinand. 1936. *Budování státu : Československá politika v letech popřevratovéch*. Praha.

Peroutka, Ferdinand. 1991. *Budování státu, IV, 1921-1922*. Praha : Nakladatelství Lidových novin. (reprint)

Politická elita meziválečného československa 1918-1938 (Kdo byl kdo za první republiky). 1998. Praha : Pražská edice (略称 : *Politická elita*).

Politický systém a státní politika v prvních letech existence československé republiky (1918-1923). 1990. Praha (略称 : *Politický systém* 1990).

Polonsky, Antony. 1975. *Little Dictators*. London and Boston : Routledge & Kegan Paul.

Protokol XVII, sjezdu československé sociálně demokratické strany dělnické, Praha 1933.

Průcha, Václav a kolektiv. 2004. *Hospodářské a sociální dějiny Československa 1918-1992, 1. díl, období 1918-1945*. Brno : Nakladatelství doplněk.

Průcha, Václav a kolektiv. 2009. *Hospodářské a sociální dějiny Československa 1918-1992, 2. díl, období 1945-1992*. Brno : Nakladatelství doplněk.

Přehled Československých Dějin : Díl III 1918-1945. 1960. Praha. (略称 : *Přehled* 1960).

Rataj, Jan. 1997. *O autoritativní národní stát : Ideologické proměny české politiky v druhé repubice 1938-1939*. Praha : Kalolinum.

Rechcigl, Miloslav, Jr. (ed.). 1964. *The Czechoslovak Contribution to World Culture*. The Hague : Mouton & Co.

Rechcigl, Miloslav (ed.). 1968. *Czechoslovakia Past and Present*. The Hague.

Rees, H. Louis. 1992. *The Czechs during World War I : The Path to Independence*. New York.

Rokkan, Stein. 1981. "Territories, Nations, Parties ; Toward a Geoeconomic-Geopolitical Model for the Explanation of Variations within Western Europe," in R. L. Merritt and B. M. Russett (eds.), *From National Development to Global Community : Essays in Honor of Karl W. Deutsch*, London.

Rokkan, Stein. 1983. *Economy, Territory, Identity : Politics of West European Peripheries*. London and Beverly Hills : Sage Publications.

Rothschild, Joseph. 1974. *East Central Europe between the Two World Wars*. Seattle : University of Washington Press.

Rothschild, Joseph. 1989. *Return to Diversity : A Political History of East Central Europe since World War II*. New York and Oxford : Oxford University Press.

Rustow, Dankwart A. 1955. *The Politics of Compromise : A Study of Parties and Cabinet Government in Sweden*. Princeton : Princeton University Press.

佐伯哲朗. 1984. 「社会民主主義からプラニスムへ——大恐慌期におけるド・マンの政策思想」『法政大学大原社会問題研究所，社会労働問題研究センター研究資料月報』309 号，1-17.

佐伯哲朗. 1985. 「『新社会主義者』の路線と運動—— 1930 年代前半期フランスの事例」『法政大学大原社会問題研究所，社会労働問題研究センター研究資料月報』322 号，44-53.

佐伯哲朗. 1988. 「フランス社会党におけるプラニスムとプラン論争—— 1933-1934 年」『大原社会問題研究所雑誌』353 号，22-32.

Samal, Mary Hrabik. 1973. *The Czechoslovak Republican Party of Smallholders and Farmers, 1918-1938*. PhD diss., Pennsylvania State University.

佐藤勝則. 1992.『オーストリア農民解放史研究——東中欧地域社会史研究序説』多賀出版.

Schmidt, Vivien A. 2002. *The Futures of European Capitalism*. Oxford : Oxford University Press.

Schmidt, Vivien A. 2006. *Democracy in Europe : The EU and National Polities*. Oxford : Oxford University Press.

Schultz, Helga und Angela Harre (hrsg.). 2010. *Bauerngesellschaften auf dem Weg in die Moderne : Agrarismus in Ostmitteleuropa 1880 bis 1960*. Wiesbaden : Harrassowitz Verlag.

Seibt, Ferdinand, Jörg K. Hoensch, Horst Förster, Machilek Franz, und Marek Michaela (hrsg.). 1998. *Mit unbestechlichem Blick... : Studie von Hans Lemberg zur Geschichte der böhmischen Laender und der Tschechoslowakei*. München : Oldenbourg.

芝健介. 1997.「第三帝国の編成」成瀬治, 山田欣吾, 木村靖二編『ドイツ史 3』山川出版社, 201-272.

篠原一. 1984.「連合政治の理論的諸問題」篠原一編『連合政治 I』岩波書店.

篠原琢. 1999.「『長い 19 世紀』の分水嶺」南塚編 1999, 176-217.

篠原琢. 2006.「中央ヨーロッパの歴史とは何か——異端派サークルにおける現代史論争」, 高橋秀寿 / 西成彦編『東欧の 20 世紀』人文書院.

Simmons, Beth A. 1997. *Who Adjust? Domestic Sources of Foreign Economic Policy during the Interwar Years*. Princeton : Princeton University Press.

Smelser, Ronald M. 1975. *The Sudeten Problem 1933-1938*. Middletown, Connecticut : Wesleyan University Press.

Smelser, Ronald M. 1980. *Das Sudetenproblem 1933-1938. Von der Volkstumspolitik zur Nationalsozialistischen Aussenpolitik*. München : Oldenbourg.

空井護. 2008.「セミ・ポリアーキーとは何か」平成十七年度〜平成十九年度科学研究費補助金（基盤研究（B））研究成果報告書『戦間期セミ・ポリアーキー諸国における政治体制変動の研究』, 1-12.

Společná česko-německá komise historiků (ed.). 1996. *Konfliktní společenství, katastrofa, uvolnění : Náčrt výkladu německo-českých dějin od 19. století*. München : Oldenbourg.

シュトゥルムタール, A. 1958.『ヨーロッパ労働運動の悲劇 I, II —— 1918〜1939 年』（神川信彦 / 神谷不二訳）岩波書店.

Sugar, Peter F. (ed.). 1971. *Native Fascism in the Successor States 1918-1945*. Santa Barbara : ABC-Clio.

Szporluk, Roman. 1962. "Masaryk's Idea of Democracy," *The Slavonic and East European Review*, Vol. 41, No. 96, 31-49.

Szporluk, Roman. 1981. *The Political Thought of Thomas G. Masaryk*. New York : Columbia University Press.

Šikl, Zdeněk. 1967. K programovému úsilí sociální demokracie ve třicátých letech, *Odboj a revoluce*, zprávy (Příloha), r.V, č.2, 38-49.

Táborský, Edward. 1945. *Czechoslovak Democracy at Work*. London.

高橋和. 1989.「チェコスロヴァキア共産党結成時における民族問題とボフミール・シュメラル（1918-21年）――最近の研究を中心に」『東欧史研究』第12号, 2-22.

高橋和. 1990.「社会主義者のジレンマ――ボフミール・シュメラルとチェコスロヴァキア独立運動」羽場編 1990, 43-60.

高橋和. 1993.「チェコスロヴァキア共産党と『民族問題』」『東欧史研究』第16号, 2-20.

タロシュ, エンマリヒ, ヴォルフガング・ノイゲバウアー編. 1996.『オーストリア・ファシズム――一九三四年から一九三八年までの支配体制』（田中宏, 村松惠二訳）未来社.

Teichova, Alice. 1988. *The Czechoslovak Economy 1918-1980*. London and New York : Routledge.

Telo, Mario. 1988. *Le New Deal européen : La pensée et la politique sociales-démocrates face á la crise des années trente (Histoire, économie, société)*. Bruxelles : Editions de l'Université de Bruxelles.

テミン, ピーター. 1994.『大恐慌の教訓』（猪木武徳, 山本貴之, 判澤歩訳）東洋経済新報社.

Textor, Lucy E. 1923. *Land Reform in Czechoslovakia*. London.

Therborn, Göran. 1977. "The Rule of Capital and the Rise of Democracy," *New Left Review*, 103, 3-41.

Tomeš, Josef (ed.). 1994. *Slovník k politickým dějinám Československa 1918-1992*. Praha.

Trapl, Miloš. 1995. *Political Catholicism and the Czechoslovak People's Party in Czechoslovakia, 1918-1938*. New York : Columbia University Press.

Trapl, Miloš, and J. Bartoš 1994. *Československo 1918-1938. Fakta, materiáry, reálie*. Olomouc : Univerzita palackého FF.

綱川政則. 1997.『ヨーロッパ第二次大戦前史の研究――イギリス・ドイツ関係を中心に』刀水書房.

Uhlíř, Dušan. 1971. "Dva směry v Československém agrárním hnutí a rozchod Karla Práška s republikánskou stranou," *Sborník historický*, 18.

Uhlíř, Dušan. 1988. *Republikánská strana venkovského a malorolnického lidu 1918-1938 : Charakreristika agrárního hnutí v Československu*. Praha.

Uhlíř, Dušan. 1990. *Politický systém a státní politika v prvnich letech existence ćeskoslovenské republiky (1918-1923)*. Praha.

Urban, Otto. 1982. *Česká společnost 1848-1918*. Praha.

Urwin, Derek W. 1980. *From Ploughshare to Ballotbox : The Politics of Agrarian Defence in Europe*. Oslo : Universitetsforlaget.

Valenzuela, Arturo. 1994. "Party Politics and the Crisis of Presidentialism in Chile : A Proposal for a Parliamentary Form of Government," in Linz, Juan J. and Arturo Valenzuela (eds.), *The Failure of Presidential Democracy*. Baltimore and London, 211-217.

Vašek, Richard (ed.). 2008. *Prezident Beneš v letech 1935-1938*. Praha : Masarykův ústav a Archiv AV ČR.

Verunáč, Václav. 1933. *O hospodařský plán*. Praha.

Verunáč, Václav. 1935. *Na cestě k plánovitému hospodářství.*

Volby do poslanecké sněmovny v říjnu 1929. 1930. Praha : Státní úrad statistický.

Wandycz, Piotr S. 1971. "Fascism in Poland : 1918-1939," in Sugar (ed.) 1971, 92-98.

Weir, Margaret and Theda Skocpol. 1985. "State Structures and the Possibilities for "Keynesian" Responses to the Great Depression in Sweden, Britain, and the United States," in Peter B. Evans, Dietrich Rueschemeyer and Theda Skocpol (eds.), *Bringing the State Back in*, Cambridge : Cambridge University Press, 107-164.

Weiser, Thomas. 1993. "Die Gemeindewahlen in der Tschechoslowakei 1919," in Lemberg und Heumos (hrsg.) 1993, 215-223.

Weiser, Thomas. 1998. *Arbeiterführer in der Tschechoslowakei*. München : Oldenbourg.

Wereszycki, Henryk. 1971. "Fascism in Poland," in Sugar (ed.) 1971, 85-91.

Weyr, František. 1932. "Mltvý obsah moderních demokratických ústav," *Sborník věd právních a státních*, r.XXXII, 819-832.

Weyr, František. 1934. "Nový zákon o zastavování činnosti a roupouštění politických stran," *Časopis pro právní a státní vědu*, r.XVII, 1-16.

Weyr, František. 1937. *Československé právo ústavní*. Praha.

Wingfield, Nancy, M. 1989. *Minority Politics in a Multinational State : The German Social Democrats in Czechoslovakia 1918-1938*. New York.

Wiskemann, Elizabeth. 1967. *Czechs and Germans*, 2nd. ed. London and New York : Macmillan.

山本栄治. 1997. 『国際通貨システム』岩波書店.

Young, Edgar P. 1938. *Czechoslovakia : Keystone of Peace and Democracy*. London.

Za nové hospodářství, r.1935.

Zacek, Joseph. 1971. "Czechoslovak Fascisms," in Sugar (ed.) 1971, 56-62.

Zeman, Zbynek A. B. 1961. *The Break-up of the Habsburg Empire 1914-1918 : A Study in National and Social Revolution*. London.

Zeman, Zbyněk, and A. Klimek 1997. *The Life of Edvard Beneš 1884-1948*. Oxford : Oxford University Press.

Zorach, Jonathan. 1976. "The Enigma of the Gajda Affair in Czechoslovak Politics in 1926," *Slavic Review*, 35, 683-698.

Zuberec, Vladimír. 1967. "Príspevok k dejinám vzniku agrárnej strany na slovensku (1918-1921)," *Historický časopis*, r.XV, č.4. 573-598.

注

序　章　課題と分析視角

（1）ミュンヘン協定以降，国境地域がナチス・ドイツに割譲され，チェコスロヴァキアの領土は縮小した。また，スロヴァキアに自治が承認され，同国は連邦国家となった。さらに，チェコでも政治体制に大きな変更が生じた。このため，ミュンヘン協定以降，1939年3月にドイツによってチェコが保護領化され，スロヴァキアが独立国となるまでの短期間ではあるが，この時期のチェコスロヴァキアは第二共和国とよばれるようになった。その影響で，それ以前の，1918年の独立からミュンヘン協定までの共和国は，第一共和国とよばれる。

（2）例えば，*Přehled* 1960や，資料集である *Boj o směr* が典型的である。社会主義体制下のチェコスロヴァキアにおける歴史研究では，共産党の評価が歴史解釈にも強い影響を与えていた。1920年代前半に関しては社会主義革命の可能性とその抑圧に焦点が当てられ，1920年代後半については社会主義政党の政権からの排除が，1930年代については政治体制の右傾化が指弾された。1960年代には共産党の解釈から離れて戦間期の政治体制が検討されるようになったが，1968年のプラハの春以後の正常化体制期に入ると，チャダが農業党研究のなかで「ブルジョワ・チェコスロヴァキアの政治システムの問題は，1960年代末に党と社会に危機を引き起こした歴史学の領域に属する」と述べ，慎重に評価を避けているように，政治体制を論じること自体がタブー化してしまった（Čada 1974, 329）。多くの歴史家が研究を離れることを余儀なくされ，研究を続けた場合も成果の発表は1980年代の終わりになってからであった（Uhlíř 1988；*Politický systém* 1990）。

（3）第一共和制に関する唯一の通史的研究であるママティとルジャ編の論文集（Mamatey and Luža 1973）も基本的にはこの立場に立っている。ポロンスキー（Polonsky 1975）やコークリー（Coakley 1984）は憲法上の大統領の権限に着目するアプローチをとり，戦間期「東欧」諸国の政治的不安定の原因は小党乱立の議会中心体制にあるとし，強力な執行権，とりわけ政党対立から超然とした大統領権の存在を体制安定の鍵とみなした。

　この点では社会主義体制下の公式史観も欧米の研究と同様の立場をとっていることが興味深い。チェコスロヴァキア史研究においてはつまり，マサリクが反ボルシェヴィズムの立場から革命的労働運動の成功を妨げ，ブルジョワ民主主義の確立へのリーダーシップをとったとされているのである（例えば，*Přehred* 1960, 119-120. 公式史観からは離れるが同様の見解をとるものとして，Olivová 1972, 128）。この公式史観の反マサリクの記述が，裏返って欧米におけるマサリクの民主主義への貢献の記述となっている側面も否定できないだろう。

（4）マサリクの主要な伝記はチェコスロヴァキア建国までの時期を対象としている。カレル・チャペックの手によるマサリクの口述自伝（Čapek 1946）も同様である。

（5）代表的なものとして，Olivová a Kvaček 1967（共著だが該当個所はオリヴォヴァーが

記述), 200-221 ; Olivová 1972, 190-197)。1935 年 12 月の大統領選挙では，農業党右派がナショナリスト勢力と共にベネシュの対抗候補を立てようとしたのに対し，社会主義諸政党と共産党がベネシュ支持に回り，結局農業党もベネシュを支持することになった。

（6）1989 年以降自由に行えるようになった第一共和国政治史研究の最大の成果としては，クリーメクによる一連の叙述があげられる。『城をめぐる闘い――マサリクの後継者はだれか。大統領後継者をめぐる策謀の中のチェコスロヴァキア内政 1926-1935』において，クリーメクは，ベネシュを後継大統領にしようとするマサリク，ベネシュらフラト・グループと政党政治家の対立関係を軸に 30 年代の叙述を行っている (Klímek 1998)。史料の使用という点では実証的な研究の試みではあるが，解釈枠組みとしてはオリヴォヴァーと一致しており，史料を利用できることによるメリットが生かされているとはいえない（Kvaček 1998)。しかもオリヴォヴァーと異なり，経済政策上の転換への注目は含まれていない。二巻の大部の通史（Klímek 2000 ; 2002）も同様の問題を含んでいる。

（7）レームブルフがオーストリアとスイスをケースとして抽出したデモクラシーの類型。主要な政治グループ間の対立を，政治ポストの比例配分によって制御，統制するシステムと，多数決ではなく争点抱き合わせによる妥協（Junktim）を指向するエリートの政治文化を要素とする（Lehmbruch 1967)。

（8）ホイモスはさらに，第一共和国の政治社会構造がミュンヘン協定後脆く崩れたとし，内在的弱さを強調している（Heumos 1994)。

（9）社会主義期の歴史研究においては，1930 年代の内政の特徴として，右翼勢力，ファシズム勢力の成長が指摘されてきた。第二次大戦後の国民戦線政権とその後継者としての共産党政権の民主性を強調するためにも，ナチス・ドイツの外からの圧力のみならず，チェコスロヴァキア内部におけるドイツ系住民のナショナリズムや，チェコ系のファシズム運動，農業党や国民民主党の親ファシズム傾向に焦点が当てられた。

特に，農業党はヘンライン党との共謀，ナチス・ドイツの共和国破壊に道を開く裏切り，ファシズム的傾向を理由に，1945 年 4 月 5 日のコシチェ綱領で禁止され，党指導者は人民民主主義政府によって人民裁判にかけられた。そのため農業党に関わる歴史研究もこの解釈の枠内で行われていた。

1960 年代前半までの研究では，世界恐慌期にはチェコスロヴァキア政府そのもののファシズム化が進んだとされた（例えば Pasák 1963 ; Gajanová 1962, 212)。農業党右派がファシズム化しつつ勢力を拡大し，1933 年のマリペトル政権が政府の「右傾化」の画期をなすと解釈されていた。パサークは，1932 年のウドゥルジャル政権の倒壊後，マリペトル政権の下で政治体制がブルジョワ民主主義から逸脱し，革命勢力への強硬姿勢に見られるような反動化が進んだ時期とした。1933 年の非常事態諸立法，授権法，政党活動停止解散法の制定がその表れであるとされた。これは，1933 年当時の共産党の解釈を反映している。

社会主義時代のなかでもっとも歴史研究の自由化が進んだ 60 年代後半には，同じ論者も政権そのものがファシズム化したとは主張しなくなったが，プラハの春以降の正常化体制期には第一共和国の政治体制の評価自体が行われなくなった（Pasák 1965)。

戦後西ドイツで追放ドイツ人を中心に始まった戦間期チェコスロヴァキア史の研究は，この点で興味深い視角を示している。国制史家のリプシャーは 1930 年代に立憲体制変更の試みが存在していたことを指摘している（Lipscher 1979）。また，既に体制転換前の 1984 年にレンベルクは「画期をなす年，1933 年のチェコスロヴァキア」という試論を発表し，経済問題のみならず，ネイションの問題を含め 1933 年はチェコスロヴァキアにとって，転換点をなす年であり，「民主主義の防衛」から「権威主義的民主主義」にも届く方向転換がなされたが，個人と集団に自由の空間が保たれ，民主的国家体制が維持されたとした（Lemberg 1998 ; 1990）。

一方，チェコスロヴァキアでも，ブロクロヴァーが，社会主義時代に行った研究を基礎に，「強い民主主義」による第一共和国のファシズム化という解釈を否定し，経済政策に限らず，非常事態諸立法と授権法を合わせて評価しながら民主主義を擁護するための「執行力のある政府」とみなすべきであるとし，社会主義体制下の右傾化，あるいはブルジョワ民主主義からの逸脱という解釈を正面から批判した（Broklová 1992, 110–111）。また，そのための政党指導者の努力を強調するべきであると指摘した。

(10) オリヴォヴァーは通史のなかで，チェコスロヴァキア政府による授権法の導入を国家独占資本主義的政策への転換による恐慌対策として積極的に評価した（Olivová a Kvaček 1967, 188–192）。1972 年にイギリスで出版された著書においては，チェコスロヴァキアのニューディールと呼んでいる（Olivová 1972, 182–189）。授権法を導入したマリペトル首相もフラト・グループに属する政治家とみなし，その業績を評価している。

ラチナとデイルは同様の解釈に立ち，経済史，社会経済史の立場から恐慌期を含めた研究を行った。ラチナの世界恐慌期の経済史研究では，1932 年以降のマリペトル内閣はブルジョワ民主主義の政府形態からは右に逸脱している「強い手の政府」であるが，なお議会主義を維持し，経済的には工業や農業の領域における国家独占資本主義的政策への転換をおこなったとしている（Lacina 1984, 167 ; 170）。デイルは，社会政策上の国家介入の強化を指摘した（Deyl 1985）。1930 年代については，研究に復帰したオリヴォヴァーは 70 年代の研究を受け継いだ通史のなかで，マリペトル政府の積極的な経済介入政策に着目し，授権法を含め肯定的に評価し，「強い民主主義」（Olivová 1993），「堅固な民主主義」（Olivová 2000）と呼んだ。オリヴォヴァーとブロクロヴァーは 1933 年の体制を民主主義の枠内であるとし，マリペトルの政策をその強化，擁護とみなしている点で一致しているが，オリヴォヴァーが経済的な側面を強調しているのに対し，ブロクロヴァーは政治的な民主主義の防衛にも焦点を当てている。

(11) リュッバートは，戦間期のヨーロッパを広く視野にいれることによって，統一的かつ優位なリベラル政党の欠如と労働者階級の包括的かつ強固な組織化という点でのスペイン，イタリア，ドイツ，オーストリア，北欧，チェコスロヴァキアの共通性を指摘したうえで，「赤緑連合」による 1930 年代の社会民主主義的体制という帰結で後二者を括っている（Luebbert 1987）。彼の議論は社会勢力間の連合に注目した政治経済体制論であり，民主主義体制論として読みかえるには，社会諸勢力と政党の結合関係や政党システムなど幾つかの中間項をいれてもなお課題が残ると思われるが，ここには

チェコスロヴァキアを見る新しい視角が示唆されている。

(12) 1930 年に発行されたカタログ（Seznam 3933 novin a časopisů v ČSR, Argus (Praha, 1930)）によると 3933 の定期刊行物が発行されており，そのうち日刊紙は 115 紙，隔日紙は 88 紙，週刊誌が 423 誌，政治的指向性を持ったものが 914 誌であった（Beranková et al. 1988, 58）。

(13) 第一共和国では政党は法人格を持たなかったので，機関紙の直接の所有者にはなれなかった。そのため，党指導者からなる有限責任組合や，党指導者が決定的な地位を占める株式会社組織が印刷所を所有していた。

(14) ペロウトカ（Ferdinand Peroutka）は第一共和国の指導的ジャーナリストの一人であり，フラト・グループにも近かった。マサリクの親しい友人の一人である社民党のベヒニェ（R. Bechyně）からの内部情報に基づき，建国の数年間について大部の『建国：革命後のチェコスロヴァキア政治』(Peroutka 1936, reprint 1991）を著している。『現在』は彼が設立し，編集者を務めた雑誌である。

第一章　共和国の建国

(1) 二重君主国の非ハンガリー部分は，公式には「帝国議会に代表される諸王国と諸邦」とよばれていた。本書では慣例に従い，ライタ河以西の地を意味する非公式な呼称であるシスライタニアを用いる。なお，本書では地名が日本において英語名で通用している場合には，それを採用する。

(2) 農民解放以降のチェコの農村社会の展開と国民運動に関しては，佐藤 1992, 410-442；大津留 1984；Heumos 1979a；桐生 2003；2010 を参照。

(3) 農業党は，1899 年にチェコ農業党 Česká strana agrární の名称で設立され，1905 年より，チェコスラヴ農業党 Československá strana agrární を名乗る。共和国独立後の 1922 年の党大会で，農業者と小農の共和党 Republikánská strana zemědělského a malorolnického lidu と名称を変更しているが，本書では「農業党」の名称に統一する。

農業党の存在は戦間期の東中欧諸国に共通する現象であるが，チェコの農業党は，ポピュリズムに立脚する農民政党とは異なり，商品経済に編入された農業者の経済的利益を組織，表出することを主眼とした。大農層は農村工業を通じて都市，工業階層と社会的に近接しており，1880 年代まではともにチェコ人の国民的リベラリズムの担い手であった。そこから分離して農業党が成立する過程，および農業利益の表出という機能は，むしろ北欧の農業党と類似している（Urwin 1980, 169-178；189-191)。農業の道徳的賞揚や農村住民の連帯などのアグラリズム・イデオロギーは，20 世紀に入ってからの大衆政党への転換のなかで，多様な農村諸階層を統合する必要性に応えて主張され始めたというホイモスの指摘は重要である（Heumos 1979b, 329)。

(4) 国民社会党は，1897 年にチェコ国民社会党 Česká strana národně sociální の名称で設立され，1919 年 3 月の大会からチェコスロヴァキア社会党 Československá strana socialistická と党名を変更した。1926 年の大会からは，チェコスロヴァキア国民社会党 Československá strana národně socialistická と名乗っている。本書では，国民社会党の名称で統一する。

(5) 社民党と国民社会党の指導者の背景にも相違が見られる。社民党のハンプル（A. Hampl）は金属労組の書記出身，ベヒニェは金属労働者出身であるのに対し，国民社

会党のクロファーチ（V. Klofáč）は，『国民新聞』の副編集者から活動を始め，ストゥシーブルニー（J. Stříbrný）はジャーナリスト出身であった（Chmelář 1926, 42；50-51）。

（6）人民党のイデオロギー，組織については，Fiala et al. 2008 が詳細に分析を行っている。

（7）ナショナル・リベラル系の諸政党：青年チェコ党，老チェコ党，国権進歩党，モラヴィア人民進歩党，進歩党が 1918 年 2 月合同してチェコ国権民主党を形成した。1919 年 3 月から国民民主党を名乗る。

（8）ネイション（národ）とは，多義的な概念であり，論者により使い方は異なるが，本書では，政治的，社会的近代化と共に，構築，形成される「想像の政治的共同体」として用いる（Anderson 1991）。政治発展の過程の中で，市民は政治的意思決定に参与し，主権者となることを指向する。その際，平等な市民の間の共同体として構想されたのが，ネイションである（Deutsch 1987）。国家形成（state-formation）が進み，確固とした中心を持つ領域国家が確立している場合，これがネイション構想に核を提供する（Rokkan 1981）。政治的共同決定を行うためには，公共圏，公論の成立が不可欠であり，それを可能にする言語的文化的な絆も重要な役割を果たした（篠原 1999）。歴史的に共通の政治的意思決定を行ってきたという過去の「記憶」としての「歴史」も，ネイション構想の正当化のために引証された（Hroch 1993）。

ネイション形成（nation-building）は，近代市民社会の形成と共に，ネイション構想を共有する人々を拡大していく過程であり，社会的コミュニケーション・ネットワークの整備，拡大，すなわち，書き言葉の標準化，その言語を用いた初等から高等教育までの教育施設の整備，出版ネットワーク，多様な協会・団体の組織化を通じて推進された。

ネイション形成は，既存国家が主体となって，その領域内の住民全体を対象に，社会的コミュニケーション・ネットワークを発達させることによって進められる場合（領域的ネイション形成）と，既存の国家の枠組みとは独立に，属人的な社会的コミュニケーション・ネットワークに沿って進められる場合（属人的ネイション形成）に分けられよう。属人的ネイション形成は，国家の枠組みより，ネイションの核として想定される社会的ネットワークが広い場合（ドイツ，イタリア）や，中央集権的な国家形成が進んでいない帝国の内部で，複数の社会的コミュニケーション・ネットワークが形成される場合（ハプスブルクにおけるチェコ，ドイツ，スロヴェニアなど）に，見られる。これらの場合，ネイション構想においては，ネイションが何らかの形で政治的意思決定の主体性を獲得すること，つまり，ネイションに合わせて政治的意思決定の単位，国家ないし自治体を作ることが目指される。

どのようなネイションの構想が歴史の中で選択されるかは，一定の法則性は観察されるが（Hroch 1985），状況依存的な要素が強い。特に中央集権的国家形成が進行しないまま政治的経済的近代化を迎えた地域では，複数のネイション構想が同地域，同時期に競合することも歴史上観察されてきた。

ボヘミア，モラヴィアでは，19 世紀前半に市民によるチェコ語を使った公論の場としてネイションが構想され，1848 年革命期にそのアイディアが拡大した（篠原 1999）。1860 年代以降，自由主義と市場経済の発展に支えられ，チェコ語の公共圏

が，ドイツ語の公共圏に対抗しつつ，文化的，経済的，社会的ネットワークを作って拡大し，チェコ・ネイションの市民社会（Česká společnost）が形成される（Urban 1982；小沢 1987；1999；桐生 2003；2007）。このようにして，ボヘミア，モラヴィアの領域内には，ドイツ・ネイションの社会とチェコ・ネイションの社会の両方が形成されていた。言語境界は複雑に入り組みかつ変化し，混住地域，二言語話者も多く，そのような地域では両ネイションは構成員を拡大すべく相互に競い合っていた（福田 2002；京極 2006）。

（9）ただし，DNSAP はナショナリズム色が強く，殊に 30 年代以降は社会主義よりナショナリズムの側面が顕著になり，マルクス主義の社民党とは対立した。その点で，チェコの社民党と協調関係にあるチェコの国民社会党とは性格を異にした。

（10）農業党の比較研究としては，Urwin 1980 および Gollwitzer 1977 を参照。チェコスロヴァキアの農業党に関してはまず Miller 1999 が，農業党のリーダー，シュヴェフラを中心にその政党間調整能力の発揮された 1926 年までを主に扱っている。また Uhlíř 1990 は通史的叙述ではなく，党のイデオロギー，政策，組織構成について書かれている。Uhlíř には同書のほかに 1920 年代の農業党についてのモノグラフがあり（Uhlíř 1971; 1988）農業党内の二つの潮流の対立に焦点を当てている。

（11）農業党がアグラリズムをイデオロギーとして強調し始めたのは，第一共和国成立後スロヴァキアと合併してからのことである。

（12）北欧の農業政党に比しチェコスロヴァキアの農業党が強力であったもう一つの理由は，チェコスロヴァキアではナショナリズムから独立の自由主義政党が存在しなかったことである。これと性格の類似した農業政党はバルト諸国に見られる。中・東欧では，ポーランドの農業政党は旧領土別に分裂していたこと，ハンガリーでは政府党に小農業者党が合併したことによって（平田 1992），ルーマニアでは国民農民党がルーマニア民族党との合同によって農民の利益代表としての性格を弱めたことによって（藤嶋 2011），チェコスロヴァキアの農業党のような存在にはなりえなかった。

（13）社民党については本国でも，欧米でも 1921 年の共産党との分裂以降のモノグラフはほとんど存在しない。短い概観として Luža 1978 がある。

（14）ベルギーやオランダ，スイスの社会主義政党が方針を転換するのは，1933 年ナチスの政権掌握に伴うドイツ社民党の敗北の衝撃の影響による。

（15）独立への過程について国内の活動に関しては，林 1990；高橋 1990；長與 1990；中根 2002。

（16）Soukup, František, 28. říjen 1918, Praha, 1928, vol.1, 355. Rees 1992, 25 による。

（17）チェコ国民委員会は一時休止状態にあったが，1918 年 7 月 13 日改組，名称変更のうえ再生された。委員会はチェコ人のみから構成されたが，「チェコスロヴァキア」という名称を掲げたことは，国内のチェコ人政党リーダーがこの時点でスロヴァキアとの統一を目標として掲げたことを明示している（林 1981, 193；Rees 1992, 116）。

（18）Rees 1992, 123. 社会主義者評議会の活動については，高橋 1990, 54-58。

（19）このことに関しては Peroutka 1936, I, 253-255；Harna 1990a, 18. 臨時憲法制定の時には，唯一の大統領候補であるマサリクが国外にいたため，実際，内閣を任命することはできないという事情もあった。

（20）テルボーンはブルジョワ体制をネイションを代表するものと定義した後に，そのタイ

ポロジーの次元としてネイションの範囲（参政権の範囲）と代表のモード（非選出，選出，並存）の二つを提示している。代表のモードへの着目により非選出的執行権と議会とが並存する二元的な非議会主義立憲君主制が類型化された（Therborn 1977, 9-10）。デモクラシーへの発展経路の視点から，ロッカンの「閾」の概念を用いて，このような「立憲的―二元的君主体制」からの民主化を「執行権の閾」の問題として扱ったものとして，小川 1992。民主化における非選出勢力の政治的決定権の問題については，空井 2008；中田 2008a, 4-5。

(21) 樋口 1973, 7-9. 君主的正統性を持つ立憲君主という執行権が民主的正統性を持つ議会と対峙し，大臣はその中間に立つという，いわゆるオルレアン型議会制を二元的議院制，元首が名目上はどうであれ実際上は行政府の長たることをやめ，行政権が内閣だけによって担当され，内閣が議会だけに依存している場合を一元的議院制と呼び，区別している。二重君主国における政治発展の問題点については，平田 2007。

(22) 独立への過程における国外の活動に関しては次の邦語文献がある。林 1981；1993。

(23) Beneš 1973, 54. マサリク自身が大統領職就任とその役割についての考えを語ったものとして，Čapek 1946, 109-113.

(24) 1920 年憲法の大統領権限については Táborský 1945, 17-24.

(25) 議会へ差し戻した後，両院の過半数，ないし下院の 5 分の 3 以上の賛成で成立（48 条)。

(26) 樋口 1973, 8-12 では，立憲君主に代わって民主的正統性を議会と分割的に援用する直接公選の大統領が議会と対峙し，その間に内閣が介在する議会制を「二元的議院制の現代的変種」と位置付けている。現在，政治学において semi-presidential ないし semi-parliamentalry とよばれる体制を論ずる際にはフランス第五共和制などを引照することが多いが，この体制が，19 世紀ヨーロッパに広く存在した立憲君主制の下での「二元的議院制」とも類似する側面を持つことが，樋口の議論から理解できよう。特に戦間期のこのチェコスロヴァキア共和国やワイマール共和国の国制，あるいはポーランドにおける大統領制の議論を考えるには，この視点が重要である。

(27) マサリク，ベネシュへの距離は，各党，政党政治家間に差異がある。例えば，農業党党首のシュヴェフラは中立的な立場をとっていた。マサリクとシュヴェフラの協力関係については，Miller 1989, 101. シュヴェフラとベネシュに関しては，Miller 1989, 114.

(28) マサリクの民主主義観に関しては，Masaryk 1994, 335-336；350-351；Čapek 1946；Szporluk 1962.

(29) パリ講和会議で合意され，その後の諸条約で確定することになる共和国の領土は，チェコ人が「ボヘミア王冠の地」として歴史的権利を主張する，ボヘミア，モラヴィア，シレジアの三地方と，スロヴァキア，ポトカルパツカー・ルスの諸地域に大別される。「ボヘミア王冠の地」全体を指す地理的名称はなく，český という形容詞は，「ボヘミア王冠の地」全体を受けることもボヘミアのみを受けることもある。本書では日本での慣習に従い，「チェコ」をこの地域の名称として用いる。またスロヴァキアは政治的に独立した領邦を構成したことはなく，ハンガリー北部の「上ハンガリー」とよばれる地域であり，行政機構である複数の県に分かれていた。スロヴァキアが一つのまとまった行政単位となるのは正式には，共和国建国後 1927 年の行政組

織法改革後であるが（香坂 2006），本書では地域の名称として「スロヴァキア」を用いる。

(30) スロヴァキア人は政治潮流にかかわらず，「スロヴァキア会派」という単一の院内会派を構成していた。この会派には農民の代表は含まれず，スロヴァキア人口の 16.8% にすぎないプロテスタントが過半数を占めていた。また，チェコ人も 7 人含まれていた。

(31) チェコ人とスロヴァキア人は二つの枝に分岐した一つの「チェコスロヴァキア・ネイション」であるとする考えはチェコスロヴァキア主義といわれ，共和国の公式の立場となった。共和国が国民国家であるか否かについては，チェコ諸政党間にも対立があった。1920 年の憲法的諸法の制定の際には妥協の結果として，前文では，「我々チェコスロヴァキア国民」が憲法を採択するという形がとられ，また，言語法では「チェコスロヴァキア語」は「国家公用語」とされる一方，憲法本文では「チェコスロヴァキア国民」の国民国家であるとは明記されなかった。その結果，後年の解釈も分かれることになる。

(32) Leo Epstein (hrsg.), *Studienausgabe der Verfassungsgesetze der Tschechoslowakischen Republik*, Reichenberg, 1923, 53. Brügel 1967, 48 による。

(33) このことについては，Peroutka 1936, II, 185–203 ; Brügel 1967, 62–65 ; Bruegel 1973, 28–30.

(34) 内閣の構成は国民民主党（当時は国権民主党）3 名，農業党 4 名，社民党 3 名，国民社会党 3 名，人民党 1 名，スロヴァキア会派 1 名，無党派 2 名。

(35) ボヘミアでは土地所有者の 42.9% は所有地 0.5 ha 以下の零細農，1.42% は 200 ha 以上の大地主であり，後者が全土の 27.6% を占めていた。モラヴィアではそれぞれ，49.6% と 0.86%，32.6%，スロヴァキアでは，21.5% と 0.31%，40.5% であった (Oesterreichische Statistik, LVI, 1896, 4–5. Textor 1923, 15–17 による)。チェコには 1000 ha 以上の面積を持つ大所領が 401 存在し，スロヴァキアとルテニアには 400 ha 以上の所領が 935 存在していた（Young 1938, 137）。

(36) 土地改革問題に関しては，Peroutka 1936, II, 781–792 ; Textor 1923, 20–35.

(37) *Več. PL*, 12.III.1919 ; *PL*, 13.III.1919 ; *Več. PL*, 13.III.1919 ; Peroutka 1936, II, 794.

(38) *PL*, 13.III.1919.

(39) *Več. PL*, 14.III.1919 ; 17.III.1919.

(40) *Več. PL*, 14.III.1919.

(41) *PL*, 19.III.1919.

(42) 1919 年 4 月 16 日成立。妥協案については Peroutka 1936, II, 798. 集会の自由の問題については *PL*, 19.III.1919.

(43) 食糧暴動から国民民主党の政権離脱までに関しては Klepetář 1937, 70–73 ; *Přehled* 1960, 87–89. 食糧暴動については Lemberg 1993, 237.

(44) *PL*, 29.V.1919.

(45) *NL*, 29.V.1919 ; *Boj o směr*, I, 220 も参照。

(46) その構想は選挙後新内閣が決まるまでの『国民新聞』にも展開されている。*NL*, 19.VI.1919 ; 21.VI.1919.

(47) 選挙結果は，*Dejiny štátu a práva*, 752. 選挙については，Peroutka 1936, II,

1022-1026；*Přehled* 1960, 90；Weiser 1993.

(48) Peroutka 1936, II, 1140；*Přehled* 1960, 91；Klepetář 1937, 80-81. 国民社会党の 4 名中 2 名は党の正式な代表ではなかった。

(49) *NL*, 6.VII.1919；8.VII.1919；Klepetář 1937, 83.

(50) チェコ人社会においては複数の交差する社会的亀裂（都市—農村，教権—反教権，階級）が存在している。そのため，チェコ諸政党の連合を政策を中心として考えるとき，政策空間は多次元構造を持ち，一次元構造の場合のように政党を一列に配列させて考えることはできない。しかし，この時期には社民党が左派としての主張を明確に打ち出したために，左右のイデオロギー軸の重要性が高まり，左に社民党，右に社民党の動きに反発する国民民主党という一次元政党配列に近似した状態となったと考えられる。多次元的政策空間における連合形成に関しては，Laver and Schofield 1990, 119-143. かなめ党とは，「その党が支持し，あるいは支持を撤回することによって，多数派形成に変化を与える力を持った政党」であり，「議会の中道的地位を持つ」ものである（篠原 1984, 31)。

(51) 社民勢力と中農勢力の連合の重要性を指摘した研究として，前述のリュッバートの研究がある。1930 年代の危機が中心であるが，継承諸国の第一次大戦直後の危機を比較政治的に研究する際にも示唆を得ることができよう。Luebbert 1987, 460-469；1991, 277-295.

(52) 社会主義諸政党を少数派政権に追い込むことも，この前提から不可であった。『田園』はそのような考えに対し，「社会主義政党を孤立させることはどんな結果を招くだろうか。国民議会の崩壊，労働者と農民の評議会——ボルシェヴィズムの始まりでしかない。」と述べている。*Venkov*, 9.VII.1919.

(53)

農業経営規模 (ha)	経営数	
	1921	1930
0.1-0.5	301,464	232,497
0.5-1	212,137	190,219
1-2	266,454	265,675
2-5	407,158	438,384
5-10	220,835	258,076
10-20	135,939	147,317
20-30	39,465	40,758
30-50	16,453	18,113
50-100	5,967	7,302
100-200	4,073	4,217
200-500	2,923	2,848
500〜	620	1,768
	1,613,488	1,607,138

Československá statistika, Bd. 92, Praha 1935, 10, Černý 1967, 173 による。

(54) 食糧問題をめぐる対立については Klepetář 1937, 70；*Přehled* 1960, 87. 食糧徴用価格の引き上げは最終的には国庫負担で決着した。Peroutka 1936, II, 1176-1179.
(55) *LN*, 9.VII.1919 に掲載された *PL* の記事の紹介。
(56) 社民党左派の離反に関しては Peroutka 1936, II, 1167-1169；Klepetář 1937, 83-84.
(57) "T. G. Masaryk, interviewed by Karel Čapek", *LN*, 8.IV.1928；Paleček 1968, 39 による。
(58) この事件については，*Národní shromáždění* 1928, 69-70；Peroutka 1936, II, 1187；Klepetář 1937, 117 を参照。

第二章　全国民連合とピェトカ

(1) チェコスロヴァキア共和国は単一国家（unitary state）であるにもかかわらず，議会は二院制とされた。各党に，ウィーンの帝国議会で活動していた議員とボヘミア，モラヴィアの邦議会（Zemský sněm）で活動していた議員がおり，両方を処遇するために二院制が望ましかったからである。両院の選挙制度は共に男女普選，拘束名簿式の比例代表制であるが，下院は選挙権が 21 歳以上，被選挙権が 30 歳以上，上院はそれぞれ 26 歳以上，45 歳以上であった。法案の議決については下院が優越すると規定されている（上院が否決しても下院の定数の過半数による再議決で成立)。任期は下院 6 年，上院 8 年と異なったが，両院とも大統領による解散が可能であり，第一共和国期の選挙はすべて任期満了前の解散によって行われ，その際両院とも解散されたので，両院選挙は同時に行われた。そのため，両院の政党の勢力配分に有意な差は生じなかった。そこで本書では，議会選挙の結果については，下院選挙結果のみを取り上げる。
(2) 本章の対象時期について日本では次の諸研究がある。高橋 1989；1993；林 1982a；1982b。1920 年代に関しては，重要な先行研究としてシュヴェフラに焦点を当てた Miller 1999 がある（本文 p. 10 参照)。本章と第三章は政党システム全体の動きを明らかにすることに力点を置いている。
(3) この問題に関しては，Peroutka 1936, III, 1744-1745；Klepetář 1938, 119-120；Brügel 1967, 147.
(4) *Venkov*, 22.V.1925；Peroutka 1936, III, 1743；Klepetář 1938, 119.
(5) *NL*, 22.V.1920；Peroutka 1936, III, 1741.
(6) *Venkov*, 23.V.1925；26.V.1925.
(7) 内閣の構成については，*Dejiny štátu a práva*, 680-681；Klepetář 1938, 120-122.
(8) チェコとポーランドの国境地帯のチェシーン（Těšín，ポーランド語ではチェシン Cieszyn）は，ネイションごとの人口比率はポーランド人が人口の 65%，チェコ人が 18.2% であった。炭鉱地帯であり，チェコとスロヴァキアを結ぶ鉄道が通っていたため，第一次大戦後，歴史的理由を援用してチェコスロヴァキアが領有を主張し，両国間の係争地域となった。1919 年 7 月にチェコスロヴァキアはソ連と戦争中のポーランドから譲歩を引き出し，一部を領有した。この決着はポーランドとチェコスロヴァキアの外交関係に禍根を残したが，国民民主党はこれでも不十分と考えていた。Mamatey 1973a, 33；Rothschild 1974, 84-86.
(9) 常置委員会については Peroutka 1936, III, 1759-1761；Klepetář 1938, 115；128. 国民民主党は国境に関するチェシーン問題など重要な議案を残して議会を停会にした連合

政府を立憲的議会活動を抑圧するものとして非難している（*NL*, 16.7.1920）。常置委員会は，チェルニー内閣期も含め，7 月から 10 月にかけて 20 回開催された。*Národní shromáždění* 1928 付録。

（10）党執行部はこの時同時に党大会の延期を決めたが，マルクス主義左派は予定通り 9 月 25 日から 28 日にかけて党大会を開いた。左派は，選出された党大会代議員の 64%（527 名中 338 名）の出席があったとして，これを正式な第 13 回党大会としている（Olivová 1972, 131；Wingfield 1989, 21. 但し，*Přehled* 1960, 122 では執行委員会によって決定された代議員の 67% としている）。

（11）1925 年の選挙の社民党の得票率は 8.6%（1920 年は 25.7%），議席は 29（同 74）。

（12）ヘント・システムとよばれるのは，このような失業保険が 1901 年にベルギーのヘントで始められたためである。

（13）NA [MZV-VA], 1159/2344 : *Národní Politika* odp., 15.XII.1925, Dobrovolný rozchod pětky.

（14）第一共和国では，選挙民の授権は議員にではなく政党に与えられたものと考えられた。憲法に定められた，選挙裁判所の本来の目的は，選挙結果を検証することにあった。しかし，裁判委員の多数が下院から選出されるように選挙裁判所法で定められ，同裁判所は，政党が政党規律を議員に課すための道具となった。議員が「選出リストの党を不正な理由でやめた場合」，選挙裁判所はその議員から議席を取り上げることができると解釈されたのである。議会の政党会派への所属も法律上の義務的なものであった（Táborský 1945, 78；*Československá vlastivěda*, V, 128；Beneš 1973, 98 による）。

（15）ピェトカによる合意形成は，多極共存型デモクラシーの機能的特性として挙げられている諸特徴——大連合，全会一致の決定，比例原則，複数の争点をセットで妥協の対象とする方法——と多くの共通点を持っており，レイプハルトもピェトカを大連合や比例原則の例に挙げている（Lijphart 1977, 33；40）。

（16）ドイツ民主自由党（Deutsche Demokratische Freiheitspartei）は，リベラル政党の流れを汲む小党で，1920 年から 1925 年の間上下院に 2 名ずつ議員を擁した。大衆基盤は持たず，プラハとブルノの知識人層の支持を受けていた。党首ブルーノ・カフカはプラハ大学の法学教授で，作家のフランツ・カフカのいとこにあたる（Malíř, Marek a kol. 2005, 887–889）。

（17）NA [MZV-VA], 1159/2344 : *LN*, 13.V.1925, Koaliční krise : Porada sociálních demokratů.

（18）NA [MZV-VA], 1159/2344 : *LN*, 13.V.1925, Koaliční krise : Porada sociálních demokratů.

（19）NA [MZV-VA], 1159/2344 : *LN*, 17.VI.1925, Demise dra meissnera v Pětce : Kdo bude nástupcem?

（20）NA [MZV-VA], 1159/2344 : *LN*, 7.X.1925, Koalice před rozchodem.: Pracovní program rozpočtem vyčerpán. – Co bude s volební opravou?

（21）NA [MZV-VA], 1159/2344 : *Večer*, 20.XI.1925, Koalice se osvědčila! Politický systém vzájemné dohody státotvorných stran byl volbami potvrzen；NA [MZV-VA], 1159/2344 : *Národní Politika* odp., 15.XII.1925, Dobrovolný rozchod pětky.

(22) NA [MZV-VA], 1159/2344 : *Národní Politika* odp., 16.XII.1925, Musíme si zvýkat na demokracii! ; *LN*, r.34, č.30, 18.I.1926, ráno, Poznámky z týdne ; r.34, č.87, 17.II.1926, odpoledne, Co se děje ; r.34, č.95, 22.II.1926, ráno, Poznámky z týdně.
(23) *LN*, r.34, č.30, 18.I.1926, ráno, Poznámky z týdne ; r.34, č.54, 30.I.1926, odpoledne, Co se děje ; Klepetář 1937, 222.
(24) *LN*, r.34, č.220, 30.IV.1926, ráno, První přělom ; Klepetář 1937, 227.
(25) *LN*, 4.X.1925, Všenárodní koalice.
(26) NA [MZV-VA], 1159/2344 : *Večer*, 20.XI.1925, Koalice se osvědčila! Politický systém vzájemné dohody státotvorných stran byl volbami potvrzen.
(27) NA [MZV-VA], 1159/2344 : *Českosl. Republika*, 10.XI.1925, Koalice tradicí našeho parlamentu.
(28)『夕べ』による引用。NA [MZV-VA], 1159/2344 : *Večer*, 28.XI.1925, Koaliční systém velkých stran — všude.

第三章　ブルジョワ連合政権

(1) *LN*, r.34, č.145, 20.III.1926, ráno, Nová vláda nastupuje v úřad ; r.34, č.151, 23.III.1926, odpoledne, Co se děje ; r.34, č.153, 24.III.1926, odpoledne, Úřednická vláda a strany, Samostatný postup sociálních demokratů, Stříbrného výklad koaliční krize ; Klepetář 1937, 232.
(2) *LN*, r.34, č.156, 26.III.1926, ráno, Neschválené vládní prohlášení.
(3) *LN*, r.34, č.145, 20.III.1926, ráno, Nová vláda nastupuje v úřad.
(4) *LN*, r.34, č.153, 24.III.1926, odpoledne, Úřednická vláda a strany, Samostatný postup sociálních demokratů, Stříbrného výklad koaliční krize.
(5) *LN*, r.34, č.155, 25.III.1926, odpoledne, Co se děje.
(6) *LN*, r.34, č.156, 26.III.1926, ráno, Neschválené vládní prohlášení.
(7) *LN*, r.34, č.155, 25.III.1926, odpoledne, Co se děje.
(8) *LN*, r.34, č.155, 25.III.1926, odpoledne, Co se děje.
(9) *LN*, r.34, č.145, 20.III.1926, ráno, Nová vláda nastupuje v úřad ; r.34, č.152, 24.III.1926, ráno, Jak to bylo? ; r.34, č.153, 24.III.1926, odpoledne, Úřednická vláda a strany, Samostatný postup sociálních demokratů, Stříbrného výklad koaliční krize.
(10) *LN*, r.34, č.161, 29.III.1926, ráno, Poznámky z týdne.
(11) *LN*, r.34, č.147, 21.III.1926, ráno, Nad mrtvou koalicí ; r.34, č.185, 11.IV.1926, ráno, Demokracie v nebezpečí?
(12) *LN*, r.34, č.160, 28.III.1926, ráno, Jarní úklid.
(13) *LN*, r.34, č.220, 30.IV.1926, ráno, První přělom ; Klepetář 1937, 233-234.
(14) *LN*, r.34, č.232, 7.V.1926, odpoledne, Co se děje.
(15) ホジャ（1878-1944）は，二重君主国のハンガリーの，現在のスロヴァキア中北部にあたる町 Sučany で，福音派牧師の家に生まれた。バンスカー・ビストリツァ，ショプロン，シビウのギムナジウムで学び，ブダペシュトとクルージュ・ナポカの大学で法学，ウィーンで哲学を学び博士号を得た。1921 年にはブラチスラヴァの大学で近代史の教授になっている。早くからスロヴァキア・ナショナリズム運動に参加し，国民

運動の協会やジャーナリズムで活躍し，1905 年にはスロヴァキア国民党からハンガリー議会議員となった。アグラリズムの立場から，二重君主国の民主化を目指し，フェルディナント大公とも接近するが，大公の暗殺でその構想が失敗に終わると，大戦中はチェコの農業党に接近し，スロヴァキアでの農民組織活動に戻り，共和国成立後はスロヴァキア農業党を設立し，チェコ農業党との合併後，農業党の指導的政治家として活躍した。1929 年にはベネシュと外交政策をめぐり対立し，閣僚辞任を余儀なくされたが，1933 年農業相で復活，1935 年から 1938 年まで首相を務めた。ミュンヘン協定後亡命し，戦後の中欧連邦構想への支持を求めアメリカに渡るが，終戦を待たず 1944 年客死した（*Politická elita*, 93-97 ; Kosatík 2010b, 177-181）。

（16）*LN*, r.34, č.302, 16.VI.1926, ráno, Ferdinand Peroutka, Je to práce pro národní většinu? ; Klepetář 1937, p. 235.

（17）*LN*, r.34, č.269, 28.V.1926, odpoledne, Co se děje ; r.34, č.271, 29.V.1926, odpoledne, Co se děje.

（18）*LN*, r.34, č.281, 4.VI.1926, odpoledne, Co se děje ; r.34, č.290, 9.VI.1926, odpoledne, Co se děje.

（19）*LN*, r.34, č.279, 3.VI.1926, ráno, Celní většina.

（20）*LN*, r.34, č.298, 14.VI.1926, odpoledne, Poznámky z týdne.

（21）*LN*, r.34, č.290, 9.VI.1926, odpoledne, Co se děje.

（22）*LN*, r.34, č.296, 12.VI.1926, odpoledne, Co se děje ; Klepetář 1937, p. 237.

（23）Tesnopisecka zprava o 30. schuzi poslanecke snemovny Narodniho shromazdeni republiky Ceskoslovenske v Praze v patek dne 11. cervna 1926, http://www.psp.cz/cgi-bin/ascii/eknih/1925ns/ps/stenprot/030schuz/.

（24）*LN*, r.34, č.296, 12.VI.1926, odpoledne, Ohromné výtržnosti v parlamentě - Cla neodhlasována.

（25）Tesnopisecka zprava o 31. schuzi poslanecke snemovny Narodniho shromazdeni republiky Ceskoslovenske v Praze v sobotu dne 12. cervna 1926, http://www.psp.cz/cgi-bin/ascii/eknih/1925ns/ps/stenprot/031schuz/ ; *Národní shromáždění* 1928, 372.

（26）AÚTGM, BA, krabice（以下 k. と略）8, Národní sociální strana, sl 2, Výkonný výbor čs. soc., Klub posl, Klub senát, 15.VI.1926. マサリク研究所文書館内のベネシュ文書集には，第一共和国で建国から 1935 年まで外相，1935 年から第二代大統領を務めたベネシュの文書が未整理のまま，収められている。ベネシュが国内外の提供者から集めた情報がその中心である。内政については，ベネシュは国内各政党に情報提供者を持っており，その報告が保存されている。また，ベネシュは国民社会党の幹部の一人であり，国民社会党の文書も含まれている。

（27）*LN*, r.34, č.297, 12.VI.1926, ráno, Noc a den.

（28）*LN*, r.34, č.303, 16.VI.1926, odpoledne, Co se děje ; r.34, č.312, 21.VI.1926, odpoledne pondeli, Co se děje ; *Národní shromáždění* 1928, 372.

（29）*LN*, r.34, č.279, 3.VI.1926, ráno, Celní většina.

（30）*LN*, r.34, č.294, 11.VI.1926, odpoledne, Co se děje.

（31）*LN*, r.34, č.279, 3.VI.1926, ráno, Celní většina.

（32）*LN*, r.34, č.285, 7.VI.1926, ráno, Poznámky z týdne.

（33） *LN*, r.34, č.302, 16.VI.1926, ráno, Je to práce pro národní většinu? Ferdinand Peroutka.
（34） *LN*, r.34, č.324, 28.VI.1926, ráno, Poznámky z týdne, K. Z. Klíma.
（35） *LN*, r.34, č.302, 16.VI.1926, ráno, Je to práce pro národní většinu? Ferdinand Peroutka.
（36） *LN*, r.34, č.297, 12.VI.1926, ráno, Noc a den.
（37） *LN*, r.34, č.145, 20.III.1926, ráno, Nová vláda nastupuje v u-řad.
（38） Tesnopisecka zprava o 34. schuzi poslanecke snemovny Narodniho shromazdeni republiky Ceskoslovenske v Praze ve ctvrtek dne 17. cervna 1926, http://www.psp.cz/cgi-bin/ascii/eknih/1925ns/ps/stenprot/034schuz/ ; *LN*, r.34, č.307, 18.VI.1926, odpoledne, Státnězaměstnanecké osnovy schváleny.
（39） *LN*, r.34, č.324, 28.VI.1926, ráno, Poznámky z týdne.
（40） NA［MZV-VA］, 1159/2344 : *Českoslvenská Republika*, 18.IX.1926, K vnitropolitické situaci. Parlamentní většina a vláda na obzoru? ; NA［MZV-VA］, 1159/2344 : *Večer*, 23.IX.1926, Mezi většinou a oposici ; NA［MZV-VA］, 1159/2344 : *Českosl. Republika*, 26.IX.1926, Většina a oposice v přístím zasedání parlamentu.
（41） NA［MZV-VA］, 1159/2344 : *Národní Politika*, 23.IX.1926 ; NA［MZV-VA］, 1159/2344 : *Pražský večerník*, 25.IX.1926, Vyjasňování.
（42） NA［MZV-VA］, 1159/2344 : *Tribuna*, 26.IX.1926, Nová větsina.
（43） NA［MZV-VA］, 1159/2344 : *LN* več., 27.IX.1926, Proč se spojují čeští a němečtí agrárníci ; NA［MZV-VA］, 1159/2344 : *NL*, 28.IX.1926, Nejístota.
（44） NA［MZV-VA］, 1159/2344 : *Národní Politika*, 29.IX.1926, Porady v Topolčiankách.
（45） NA［MZV-VA］, 1159/2344 : *NL*, 2.X.1926, Vyjasnětní se blíží? ; NA［MZV-VA］, 1159/2344 : *Večer*, 4.X.1926, Druhé období politických porad. ブルジョワ連合は共産党からは揶揄を込めて「旦那衆の連合 panská koalice」とよばれ，社会主義時代の歴史研究上もそのよび方が踏襲されていたが，これは当時の一般的なよび方ではなかった。
（46） NA［MZV-VA］, 1159/2344 : *Národní Politika*, 5.X.1926, Vnitropolitická situace.
（47） ベネシュ外相，ヤン・チェルニー内相兼食糧供給相，エングリシュ蔵相，F・ペロウトカ（F. Peroutka）工業，通産，商務相，カーライスロヴァキア全権無任所相。ベネシュは野党となった国民社会党所属であるが，専門家枠として入閣した。
（48） NA［MZV-VA］, 1159/2344 : *Českosl. Republika*, 5.X.1926, K vnitropolitické situaci. První období skončeno, nastává druhé.
（49） NA［MZV-VA］, 1159/2344 : *České Slovo*, 1.X.1926, Příští režím politický.
（50） NA［MZV-VA］, 1159/2344 : *Večer*, 4.X.1926, Druhé období politických porad.
（51） NA［MZV-VA］, 1159/2344 : *Národní Politika*, 30.IX.1926, Výhody dvou většin.
（52） *Národní Politika*, 23.IX.1926 ; *Národní Politika*, 8.X.1926, O novou většinu.
（53） 但し，この法案については農業者同盟の議員が 2 名反対の票を投じ，党から除名，議席をはく奪された。
（54） 内閣に閣僚を送り出した政党は，本文にある 7 党であるが，連合構成政党はハンガリー国民党も加えて 8 党であった。同党はアクティヴィスト路線を打ち出して，1925 年選挙でドイツ農業者同盟、ドイツ商工中産党，ジプドイツ党と共に選挙連合を組み、選挙後も 1927 年 12 月まで議会内で統一会派を作っていた。同党の政権支持の条

件が実現しなかったことから，途中で連合を脱退したが，その後も「八党委員会」の名称は維持された。Miller 1999, 159 ; Marek 2004b, 935-936.

(55) *PL*, r.36, č.290, 8.XII.1927, 1, Dr. Alfréd Meissner, Proleářský sjezd v republice.

(56) *PL*, r.36, č.302, 22.XII.1927, 1, Rudolf Illový, Vyplněný sen.

(57) *LL*, r.6, č.284, 10.XII.1927, 2, Socialisti nejsou schopni vésti stát ; r.6, č.287, 14.XII.1927, 1, Sjednocení v negaci ; *NL*, r.67, č.335, 5.XII.1927, Návrat do služeb německých soudruhů ; r.67, č.334, 4.XII.1927, Snahy o vytvoření jednoty soc. demo. stran v ČSR.

(58) *Venkov*, r.22, č.291, 9.XII.1927, 1, Jste tak proletáři, jako my reakcionáři.

(59) *NL*, r.67, č.337, 7.XII.1927, h, Oznamený sjezd soc. dem stran druhé Internacionaly v naší republice ; r.67, č.340, 10.XII.1927, Článek dr. Meissner k pokus o sjednocení II. Internacioály v Československé republice.

(60) *PL*, r.37, č.31, 5.II.1928, Josef Stivín, Program společného kongresu.

(61) *PL*, r.37, č.26, 31.I.1928, Jar. Koudelka, Rozšířené šiky.

(62) NA [MZV-VA], *Přítomnost*, 13.X.1927, F. Peroutka, Revise jednoho útoku.

(63) NA [MZV-VA], *České Slovo*, 25.X.1927, Emil Svoboda, K otázce koalice s lidovci.

(64) NA [MZV-VA], *Nár. Osvobození*, 13.XI.1927, O revísi poměru mezi socialisty a klerikály.

(65) *PL*, 6.XII.1927, Agrární ministr už vyhroužuje rudočerné koalici.

(66) *LL*, 20.IV.1928, Koalice pevně.

(67) NA [MZV-VA], 1159/2344 : *Nár. Osvobození*, 22.IV.1928, Vyrovnání nebo boj?

(68) NA [MZV-VA], 1159/2344 : *NL* več., 12.IV.1928, Dohoda oposice s koalicí? ; NA [MZV-VA], 1159/2344 : *Tribuna*, 17.IV.1928, Před schůzi koaliční Osmy.

(69) NA [MZV-VA], 1159/2344 : *České Slovo*, 21.VI.1928, Koalice zahájela jednání se stranami socialistickými.

(70) NA [MZV-VA], 1159/2344 : *PL*, 24.VI.1928, Politický týden ; NA [MZV-VA], 1159/2344 : *Nar. Osvobození*, 28.VI.1928, V úterý nová porada koalice s oposicí.

(71) NA [MZV-VA], 1159/2344 : *PL*, 28.VI.1928, Mezi koalicí a oposicí ; NA [MZV-VA], 1159/2344 : *Venkov*, 17.VII.1928, Která myšlenka vítězí? ; NA [MZV-VA], 1159/2344 : *LN*, 30.VII.1928, Jáchymovské koaliční komuniké ; NA [MZV-VA], 1159/2344 : *Venkov*, 2.VIII.1928, Sociálně-politická osmička koalovaných stran ; NA [MZV-VA], 1159/2344 : *PL*, 2.VIII.1928, Schůze koaliční osmičky ; NA [MZV-VA], 1159/2344 : *Národní Politika*, 1.IX.1928, Z parlamentu.

(72) *Venkov*, 17.VII.1928, Která myšlenka vítězí? ; *NL*, 22.VII.1928, Poměr vládních stran k oposici.

(73) *Přítomnost*, r.V, č.48, 6.XII.1928, Po volbách I ; r.V, č.49, 13.XII.1928, Po volbách II ; Klepetář 1937, 266-269.

(74) *LN*, r.37, č.36, 20.I.1929, 2, Koaliční být čí nebýt.

(75) *LN*, r.37, č.56, 30.I.1929, 1, Obstrukce agrárníků v koalici ; r.37, č.58, 1.II.1929, 1, Politická Osma o přestárlých a stavebním ruchu ; r.37, č.61, 2.II.1929, 1, Ministr Udržal nástupcem Švehlový.

(76) *LN*, r.37, č.69, 7.II.1929, 1, Koalice připravuje pracovní program ; r.37, č.101, 24.II.1929,

1, Není dohody v koalici.

(77) この時期の住宅八党委員会については，構成など詳細が不明であるが，第四章2節で述べる課題別連合委員会のさきがけである可能性がある。*LN*, r.37, č.190, 13.IV.1929, Koalice před Rubikonem ; r.37, č.235, 9.V.1929, 2, Bytová Osma ; r.37, č.458, 2.IX.1929, 3, První porady koalice.

(78) *LN*, r.37, č.290, 9.VI.1929, Ferdinand Peroutka, Koalice se rozhodla žít.

(79) *PL*, r.38, č.189, 14.XIII.1929, 1, Koalice a Tuka ; *LN*, r.37, č.440, 1.IX.1929, 1, Ferdinand Peroutka, Lidovci a agrárníci ; Klepetář 1937, 276.

(80) トゥカは1928年1月，「法の空白」と題する論文を発表し，1918年12月31日に発表されたスロヴァキアのチェコスロヴァキア国家参加を決めたマルチンのスロヴァキア国民宣言には，国民宣言の効力を10年とする秘密付帯条項があり，その期限が切れた今，チェコスロヴァキアの法規はスロヴァキアでは効力を失ったと主張した。これに対し，チェコスロヴァキア政府はトゥカをハンガリー政府のために情報工作をしたとして告訴した。*PL*, r.38, č.215, 13.IX.1929, 1, Impotentní koalice ; *LN*, r.37, č.473, 19.IX.1929, 2, Před novou kampaní o zemědělská cla.

(81) *PL*, r.38, č.215, 13.IX.1929, 1, Impotentní koalice ; *LN*, r.37, č.473, 19.IX.1929, 2, Před novou kampaní o zemědělská cla.

(82) *PL*, r.38, č.221, 20.IX.1929, 2, Politický přehled ; *Venkov*, r.24, č.222, 21.IX.1929, 1, K politické situaci ; r.24, č.223, 22.IX.1929, K politické situaci ; *LN*, r.37, č.477, 21.IX.1929, 1, Nejkritičtější okamžik koalice.

(83) *Venkov*, r.24, č.225, 25.IX.1929, 1, Přípravy k volbám 27. října ; *PL*, r.38, č.226, 26.IX.1929, 1, Národní shromáždění rozpuštěno.

(84) *LN*, r.37, č.547, 31.X.1929, 3, Hračky koalice po volbách ; r.37, č.556, 5.XI.1929, odpoledne, Co se děje.

(85) *Venkov*, r.24, č.225, 13.X.1929, 1, Náhlá starost o zemědělce ; 5, Socialisté přijdou k vám do vesnic pro hlasy v masce přátel zemědělců.

(86) *Venkov*, r.24, č.254, 30.X.1929, 1, Význam voleb ; r.24, č.257, 2.XI.1929, 1, O vládu republiky.

(87) *Venkov*, r.24, č.261, 7.XI.1929, 1, Všenárodní koalice?

(88) *LN*, r.37, č.545, 30.X.1929, ráno, Státotvorné volby.

(89) *PL*, r.38, č.226, 26.IX.1929, 3, Vývoj cen za občanské koalice ; r.38, č.227, 27.IX.1929, 3, Poměr občanské koalice k domácímu trhu.

(90) *LN*, r.37, č.574, 15.XI.1929, 1, O novou koalici.

(91) *LN*, r.37, č.558, 6.XI.1929, odpoledne, Co se děje ; r.37, č.565, 10.XI.1929, ráno, Proč ještě nemáme vládu.

(92) *LN*, r.37, č.604, 1.XII.1929, Sjezd německých sociálních demokratů ; r.37, č.607, 3.XII.1929, Němečtí sociální demokraté pro vstup do vlády.

(93) *Venkov*, r.24, č.270, 17.XI.1929, 1, Nejbližší cíl sociální demokracie : porazit agrárníky a státi se první stranou v republice ; Dvě soc. dem. želízka ; *LN*, r.37, č.583, 20.XI.1929, ráno, Tento týden rozhodnutí o nové vládě.

(94) *Venkov*, r.24, č.263, 9.XI.1929, 1, Všichni chtějí do vlády ; Klepetář 1937, 285-286.

(95) *LN*, r.37, č.591, 24.XI.1929, ráno, Udržalovo : Rozbito! ; r.37, č.593, 26.XI.1929, odpoledne, Před dohodou? ; r.37, č.604, 1.XII.1929, Sjezd německých sociálních demokratů.
(96) AÚTGM, BA-VV, K.10, Šafárnek, 28.XI.1929.
(97) 議会会派の議席数が選挙結果と異なるのは国民民主党 14 議席と社民党 43 議席。ドイツ人の工業家利益の小会派 DAWG は農業者同盟の議員会派に属し，1931 年 10 月まで連合に参加していた。商工中産党は 1932 年 4 月まで連合に参加し，鉄道相ポストを占めていた（Klepetář 1937, 303)。
(98) *LN*, r.37, č.593, 25.XI.1929, odpoledne, Agrární zkouška státníková.
(99) *Přítomnost*, r.VI, č.23, 13.VI.1929, Rodolf Procházka, Demokracie naše a demokracie anglická.
(100) AÚTGM, BA-VV, k.10, Červinka, 26.XI.1929 ; Rajlich, 27.XI.1929.

第四章　ウドゥルジャル拡大連合政権

(1) *LN*, r.37, č.604, 1.XII.1929, ráno, Ještě nemáme vládu ; r.37, č.617, 8.XII.1929, ráno, Silná nebo slabá vláda?
(2) *Venkov*, r.24, č.288, 8.XII.1929, 1, Dohodli jsme se, že se dohodneme, jak čeliti hospodářské krizi.
(3) *LN*, r.37, č.593, 25.XI.1929, odpoledne, Agrární zkouška státníková.
(4) *Národní shromáždění* 1938, 89-90 ; Klepetář 1937, 289-290.
(5) NA [MZV-VA], 1159/2345 : *LL*, 14.II.1930, Tedy přece osma ; *České Slovo*, 27. III.1930, Osmička straší.
(6) Masarykův slovník naučný, díl IV, 703 ; Bartiš, Kovářová and Trapl 1995, 385-386 ; Tomeš 1994, 209. ウドゥルジャルは 1866 年生まれ。1897 年から 1918 年までハプスブルク帝国議会の議員であり経歴からも伺えるように，戦前の世代に属する政治家であった。
(7) *Národní shromáždění* 1938, 93 ; Lacina 1984, 153 ; Klepetář 1937, 274, 317.
(8) *Národní shromáždění* 1938, 91-94 ; *LN*, r.37, č.628, 14.XII.1929, ráno, Vládní prohlážení a komunistické fiasko.
(9) *Národní shromáždění* 1938, 769 ; Lacina 1984, 153 ; *Venkov*, 17.I.1930 ; 23.I.1930 ; Čada 1974, 334 ; Těsnopisecká zpráva o schůzi Poslanecké sněmovny, III. období, 1. zasedání, 9. schůze 16.I.1930, Tisk. 127. Návrh posl. Mašaty, dr. Staňka, Berana, dr. Zadiny, Petrovice, Ščereckého, Bölmanna, Windirsche, Böhma a druhu na vydání zákona o změně celního sazebníku.
(10) *PL*, 17.I.30 ; *Venkov*, 18.I.1930 ; Čada 1974, 335.
(11) NA [MZV-VA], 1159/2345 : *LL*, 14.II.1930.
(12) 政治閣僚委員会の設置に関しては，Dostál 1998b, 129 ; Klepetář 1937, 219 ; Čada 1974, 335-336 を参照。
(13) NA [MZV-VA], 1159/2345 : *LL*, 11.III.1930 ; *České Slovo*, 27.III.1930 ; *Venkov*, 18. V.1930 ; *České Slovo*, 27.VI.1930.
(14) チャダは，政治閣僚委員会はピェトカや八党委員会の機能をほぼ代行し，決定機関と

なったとしているが（Čada 1974），それではなぜ政治閣僚委員会の設置後もピェトカや八党委員会が要求されたのかが説明できない。ハルナはピェトカ的な機関は 20 年代の終わりに徐々に意義を失い，直接政府に基礎を置いた新たな合意の形態が結晶化し始めると指摘している（Harna 1990a, 35）。

(15) いわゆるヘント・システムが変更され，労働組合に組織化されている労働者の失業手当が引き上げられた（Lacina 1984, 94）。農作物関税に関しては穀物，小麦粉，その他の製粉産品の関税を引き上げる法律が成立した（Vládní návrh, Zákon jímž se mění celní sazebník pro československé celní území, http://www.psp.cz-NS RČS 1929-1935, PS. tisk 487. *Národní shromáždění* 1938, 769-770 ; Lacina 1984, 153 ; Čada 1974, 344）。

(16) *NS*, č.17, 4.IV.1931, 199-200 ; č.19, 18.IV.1931, 223-224 ; č.22, 8.V.1931, 261 ; č.25, 29.V.1931, 301-303.

(17) *NS*, č.37, 16.X.1931, 445-446.

(18) *Venkov*, 24.I.1932, 1, Výkonný výbor : Usnesení.

(19) 農業党の日刊機関紙『田園』はスタニェク，ヴラニー（Vraný）に近く右派支持，週刊理論誌『畝』はウドゥルジャル擁護といわれていた（*NS*, č.7, 29.I.1932, 73 ; č.32, 9.IX.1932, 373, Staněk - Udržal ; *Venkov*, 26.I.1932）。

(20) *NS*, č.6, 22.I.1932, 61, Socialisté z vlády? ; č.7, 29.I.1932, 79, Radikální agrárníci ; č.8, 5.II.1932, 85, O kontrolu ; *Venkov*, 31.I.1932.

(21) *NS*, č.7, 29.I.1932, 73, Co zvítězilo? ; č.6, 22.I.1932, 61, Socialisté z vlády?

(22) *Venkov*, 4.II.1932, 1, Rudočerná koalice.

(23) 当時のチェコスロヴァキアの財政規模は 95 億コルナ前後である（An Economic Review, 25）。

(24) NA [MZV-VA], 1159/2346 : *LN*, 24.I.1932, Koaliční práce váznou.

(25) NA [MZV-VA], 1159/2346 : *LN*, 26.VII.1931, Politická Osma nebo pracovní komise?

(26) NA [MZV-VA], 1159/2346 : *LN*, 21.II.1932, Přiostření poměrů v koalici.

(27) *Venkov*, 10.VI.1932.

(28) NA [MZV-VA], 1159/2346 : *LN*, 20.IV.1932, Koaliční politické porady.

(29) *Venkov*, 16.VI.1932.

(30) NA [MZV-VA], 1202/2402 : *Nár. Osvobození*, 14.VII.1932.

(31) NA [MZV-VA], 1159/2346 : *Nár. Osvobození*, 24.VI.1932, Sblížení v koalící postupuje ; NA [MZV-VA], 1159/2346 : *NL*, 15.VII.1932, Napětí v koalici povolilo.

(32) NA [MZV-VA], 1159/2346 : *Národní Politika*, 16.VII.1932, Rušné chvíle v koaliční domácnosti.

(33) *Venkov*, 16.VII.1932, 1 ; 16.VII.1932, 2, Miliony zemědělského lidu jsou připraveny na vývoj příštích věci ; NA [MZV-VA], 1202/2402 : *LN*, 16.VII.1932, Agrárníci proti vládě ; *NL*, 16.VII.1932, K politické situaci.

(34) NA [MZV-VA], 1202/2402 : *PL*, 16.VII.1932, Rozbitý nos páně Donátův.

(35) *Venkov*, č.171, 21.VII.1932, 1 ; NA [MZV-VA], 1202/2402 : *LN*, 21.VII.1932, nová demonstrace proti agrární ministrům.

(36) NA [MZV-VA], 1202/2402 : *LN*, 22.VII.1932, Náhlé ukončení parlamentního zasedání ;

PL, 22.VII.1932, V tomto bláznovství je metoda ; *České Slovo*, 22.VII.1932.

(37) NA [MZV-VA], 1202/2402 : *České Slovo*, 6.IX.1932, Před rozhodnutím o podzimním programu - Rozhodné porady v AP - Dnes užší, zítra širší předsednictvo strany ; NA [MZV-VA], 1202/2402 : *Nár. Osvobození*, 7.IX.1932, Porady republikánů ; NA [MZV-VA], 1202/2402 : *České Slovo*, 7.IX.1932, Porady republikánů ; NA [MZV-VA], 1202/2402 : *LN*, 7.XI.1932, Porady agrarníků v Praze.

(38) 最高幹部会は，事務担当副党首（úřadující místopředseda）のスタニェク下院議員が議長。メンバーは，ウドゥルジャル首相と，二人の閣僚（ヴィシュコフスキ，スラーヴィク Slávik），ホジャ，ベラン，ザデナ，マシャタ Mašata，ヴラニー上院議員。

(39) *LN*, 12.IX.1932, F. Peroutka, Po neděli ; NA [MZV-VA], 1202/2402 : *Nár. Osvobození*, 9.IX.1932, Výsledký republikánských porad.

(40) *Venkov*, 24.IX.1932, 1, Zemědělství znovu vytyčuje podrobně své požadavky a očekává rozhodnutí ostatních politických stran v nejblížší době.

(41) NA [MZV-VA], 1202/2402 : *PL*, 6.X.1932, Politicko-agrární rozprava v zemědělském výboru.

(42) NA [MZV-VA], 1164/2352 : *Venkov*, 23.IX.1932 ; *LN*, 23.IX.1932. マニフェストの内容は，NA [MZV-VA], 1164/2352 : *PL*, 24.IX.1932, Co žádáme pro nadcházející krutou zimu! - Společný projev československé a německé sociálně demokratické strany dělnické k současným politickým a hospodářským otázkám ; NA [MZV-VA], 1164/2352 : *LN*, 24.IX.1932, Provolání čs a něm.soc.dem.; *NS*, č.35, 30.IX.1932, 413.

(43) NA [MZV-VA], 1164/2352 : *Venkov*, 24.IX.1932.

(44) NA [MZV-VA], 1164/2352 : *PL*, 25.IX.1932, Manifest sociální demokracie.

(45) NA [MZV-VA], 1159/2346 : *PL*, 5.X.1932, Koaliční porady.

(46) NA [MZV-VA], 1202/2402 : *PL*, 4.X.1932, Agrární strana se připravuje na sjezd.

(47) *NS*, č.4, 8.I.1932, Englišův recept.

(48) *NS*, č.34, 23.IX.1932, sp402.

(49) 公務員給与削減問題についての各陣営の立場については，*Přítomnost*, č.39, 28.IX.1932, 609 ; NA [MZV-VA], 1164/2352 : *PL*, 2.X.1932, Sjezd zastupitestva strany.

(50) NA [MZV-VA], 1164/2352 : *LN*, 23.IX.1932.

(51) NA [MZV-VA], 1164/2352 : *PL*, 2.X.1932, Sjezd zastupitelstva strany ; NA [MZV-VA], 1164/2352 : *PL*, 2.X.1932, Jednomyslné usnesení zastupitelstva strany o postupu sociální demokracie ; NA [MZV-VA], 1159/2346, *Nár. Osvobošení*, 2.X.1932, Snahy o osnovení občanské koalice.

(52) NA [MZV-VA], 1159/2346 : *PL*, 5.X.1932, Koalicní porady ; *Venkov*, 7.X.1932, 3, porady politických ministrů ; 8.X.1932, 1, Vláda neskončila ještě politický vyjednání ; *NS*, č.36, 9.X.1932, Krise z rozpaků?. パサークは，社会主義諸政党の閣僚はウドゥルジャルが議長となる閣議への出席を拒否し，9 月，10 月と政権危機が進行したと述べている（Pasák 1963, 185-186）。この記述に基づいて，社会主義諸政党が連合を見捨てたと指摘する研究があるが（Dostál 1998b, 138 ; Mamatey and Luža 1973, 146），社民党の日刊機関紙からは実際に閣議への出席を拒否した事実は確認できなかった。

(53) *Venkov*, 9.X.1932, 1-2.

(54) *Venkov*, 19.X.1932, 1, Nová politická situace ; *LN*, 19.X.1932, Udržal ohlásil svou demisi.

(55) フラト・グループからは，社民党党首のハンプル（A. Hampl）が推されたが，ハンプルは「現在の政治情勢の下で社民党員が首相になることは国家の利益にとって適切ではない」として断った（AKPR（Archiv Kanceláře prezident republiky）T 1492/32. Záznam P. Šámala ze dne, 13.X.1932, Pasák 1963, 188 による）。農業党の中では，病床のシュヴェフラは考慮の外であり，国防相のヴィシュコフスキも数週間後に亡くなるほどの重病であった。ウドゥルジャル攻撃の先頭にたったスタニェクは 65 歳と年をとりすぎている上に，社会主義政党への反感が知られており不適切とされた。ベラン（R. Beran）は後景から影響を与えるほうを好み，ホジャは自ら名乗り出たものの何年もの政治的蟄居状態からようやく復帰したばかりで，今のところ閣僚ポストが精一杯と考えられた。残った農業相ブラダーチとマリペトルのうち，一歳年上のマリペトルが選ばれた（Klepetář 1937, 318）。

(56) マリペトル（1873-1947）. クラドノ地方 Kladensko の Klobouky u Slaného の生まれ。Kadaň の高等経済（農業）学校を卒業した後，Klobouky の家族の農場に戻り，そこで農業自助会や農業党の活動を始める。自治体から政治活動を始め，Klobouky の市長（starosta）を務めた後，1914 年から 1918 年まで Slaný の郡長（okr. starosta）。1918 年から革命国民議会議員，1920 年より下院議員となり，1922 年から 25 年シュヴェフラ内閣の内相を務める。その後 1925 年より下院議長を経て，1932 年に首相に。1935 年には再び下院議長に戻り 1939 年の占領まで同職にあった。戦後敵国協力の罪で国民裁判にかけられるが，無罪とされた。しかし，その後まもなく Slaný で死亡した（Masarykův slovník naučný, díl IV, 703 ; Bartiš, Kovářová a Trapl 1995, 215-216 ; Tomeš 1994, 116）。

(57) 同時代のドイツ人ジャーナリスト，クレペターシュ（Hurry Klepetář）はマリペトルを評して，「鉄の神経の持ち主であり，下院議長として議場に猛烈な嵐が吹き荒れていても決して平常心を失わなかった」と語っている（Klepetář 1937, 320 ; *Přítomnost*, 18.I.1933, 33-34）。

(58) AKPR T 1453/32. Jednání P. Šámala se sen. Soukupem, 11.X.1932, Pasák 1963, 188 による。

(59) *Venkov*, 6.X.1932, 3, Lidovci proti plánu ústřednické vlády a pro zahování nynějisí koalice ; *LN*, 22.X.1932, Demise celé vlády ; NA［MZV-VA］, 1164/2352 : *Nár. Osvobození*, 19.X.1932, Čs. soc. dem. po dnešní koaliční sestavu ; *NS*, č.38, 21.X.1932, 445, Vyměňují se osoby.

(60) *LN*, 22.X.1932, Demise celé vlády ; *LN*, 23.X.1932, jednání o úsporný program.

(61) *Venkov*, 18.XI.1932, 1 ; *Přítomnost*, č.45, 9.XI.1932, 707, 160 hasů, 47 prázdných lístků.

(62) *LN*, 22.X.1932, Demise celé vlády.

(63) *Venkov*, 21.X.1932, 1, Zahajovací sněmoven Národního shromáždění.

(64) *LN*, 22.X.1932, Demise celé vlády ; *Venkov*, 22.X.1932, 1 ; *LN*, 23.X.1932, Jednání o úsporný program.

(65) *LN*, 23.X.1932, Jednání o úsporný program ; *Národní shromáždění* 1938, 116 ; Klepetář 1937, 318-319.

(66) *LN*, 20.X.1932, Udržalův odchod.
(67) *Venkov*, 23.X.1932, 1, Malypetr ještě vyjednává ; *LN*, 24.X.1932, Malypetr Varuje.
(68) *LN*, 25.X.1932, Malypetr energicky pokracuje.
(69) *Venkov*, 27.X.1932, Dnešek rozhodne ; 28.X.1932, Poslanec Jan Malypetr ve čtvrtek dvakrát u Presidenta Republiky.
(70) *LN*, 29.X.1932, odpoledne, Rozhodnutí o vládě odoženo do pondělka.
(71) *LN*, 30.X.1932, Sociální demokraté pro setrvání ve vládě ; Nová vláda jmenovana.
(72) 参加者はマリペトル，ベラン，シュピナ，ベヒニェ，マイスナー，シュラーメク，フランケ，タウブ（Taub），ホダーチ（Hodáč），イエジェク（Ježek）(*LN*, 30.X.1932).
(73) 年金基礎給与 12600 コルナまで 5%削減，15000 コルナまで 8%，それ以上 10%。それ以外に全国家公務員は年金拠出金を 2%増額することが決められた。トラプル案では一律 15%削減が最初提言されていた。それによって可能となった財政緊縮額は 6 億コルナであり，予想される財政赤字額 12 億コルナのほぼ半分に相当した（*LN*, 30. X.1932)。

第五章　マリペトル新政権の模索

(1) *LN*, 31.X.1932, Malypetr varuje ; Klepetář 1937, 320.
(2) 農業党からは，マリペトル首相，ブラダーチ国防相，ヤン・チェルニー内相，ホジャ農相，国民社会党からは，ベネシュ外相，フランケ郵政相，トラプル蔵相，チェコスロヴァキア社民党からは，マイスナー司法相，デーレル教育国民啓蒙相，ベヒニェ鉄道相，人民党からはシュラーメク法制・行政統一相，ドスターレク（Jan Dostálek）公共事業相，農業者同盟からはシュピナ厚生相，ドイツ社民党からはチェヒ社会保障相，国民民主党からはマトウシェク（Josef Matoušek）商務相（*Národní shromáždění* 1938, 116)。
(3) 前内閣においても蔵相が内閣発足時にはエングリシュ，後にトラプルであったのを除き全員が下院議員であった。
(4) 農業党大会に関しては，*Venkov*, 30.X.1932 ; 1.XI.1932 ; 2.XI.1932 ; 3.XI.1932 ; NA [MZV-VA], 1202/2402 : *LN*, 30.X.1932, Sjezd agrární strany ; NA [MZV-VA], 1202/2402 : *LN*, 31.X.1932, Zakončení agrárního sjezdu ; *PL*, 1.XI.1932, Sjezd agrární strany ; *České Slovo*, 1.XI.1932, Agrární strana pro koalici a pro demokracii. Švehlův duch ovládl sjezd ; *LL*, 1.XI.1932, Sjezd československé republikánské strany ; *Nár. Osvobození*, 1.XI.1932, Zakončení sjezdu republikánské strany ; *České Slovo*, 2.XI.1932, Pro obilní a dobytčí monopol, pro povinnosti státu, ale proti právům státu.
(5) *Přítomnost*, č.3, 18.I.1933, 33-34, Ivan Herben, Muž, který ví, co chce ; č.4, 24.I.1933, 60-61, Proč jsme chválili Malypetra.
(6) *Venkov*, č.70, 23.III.1933, 1, Projev min. předsedy J. Malypetra do rozhlasu.
(7) ベラン（1887-1954）は農業の傍ら酒場兼宿屋を営む家に生まれ，普通中等学校と農業実業学校で学んだ後，プラハの農業協同組合を経て，1906 年に 19 歳で農業党の書記となった。組織力で頭角を現し，シュヴェフラの補佐として働き，青年部書記を経て，第一次大戦後は農業党の組織網の整備に努めた。シュヴェフラが病気で公務から退いた 1927 年ごろから党幹部の一員となり，1933 年からは党首代理，1935 年には党

首に選ばれた。イデオロギーより実際的な農業階層の利益に基づいて政治を行い，1935年以降，ズデーテンドイツ党，ドイツとの協調の必要性を説いたが，ドイツとの外交上の協調とチェコスロヴァキアにおける民主主義維持とは，両立可能と考えていたと思われる。ミュンヘン協定後は，農業党を解散し国民統一党の党首として首相となり，ナチス・ドイツのチェコ占領から約一か月後に退いた。1942年には抵抗運動への資金提供の罪でナチス・ドイツによって拘留され，1945年5月に米軍に解放されたが，同月，第二共和国におけるユダヤ人差別処置とチェコ占領後の対独協力を理由に勾留，1947年国民裁判で20年の刑を受け，農業労働に従事，レオポルド収容所で死亡した（Klímek 2002, 337 ; *Politická elita*, 17–19 ; Kosatík 2010b, 241–245）。

(8) NA [MZV-VA], 1164/2352 : *Nár. Osvobození*, 1.XI.1932, Velká schůze ; NA [MZV-VA], 1164/2352 : *Prager Presse*, I.XI.1932, Sozialidemokraten für Mitarbeit.

(9) *Venkov*, 2.XI.1932, 2, Koaliční strany slibuji nové vládě plnou podporu.

(10) *Národní shromáždění* 1938, 121–127 ; *PL*, č.12, 14.I.1933, 1, Předseda vlády o odpovědnosti v demokracii ; *NS*, č.7, 20.I.1933, 80.

(11) *Venkov*, 3.XI.1932, 5, Zasedání ministerské rady.

(12) *PL*, č.12, 14.I.1933, 1.

(13) *Venkov*, 26.XI.1932, 1, Rozpočtová komise koaliční navruhuje snížení stát. výdajů o více než 900 mil. Kč ; NA [MZV-VA], 1164/2352 : *PL*, 30.XI.1932, Aktuální otázky státní a parlamentní činnosti.

(14) *Venkov*, č.25, 29.I.1933, 1, Státní rozpočet včera ve sněmovním rozpočtovém výboru schválen.

(15) *NS*, č.2, 15.XII.1932, 13, Dobrý příklad.

(16) *NS*, č.7, 20.I.1933, 73–74, Evropa se přebudováná.

(17) *Venkov*, č.36, 11.II.1933, 1, Vláda neochabuje v činnosti ; *NS*, č.7, 20.I.1933, 80, Vládní prohlášení, - x-.

(18) *PL*, č.8, 10.I.1933, 1 ; *NS*, č.3, 23.XII.1932, 25, Ke státnímu rozpočtu.

(19) *PL*, č.28, 2.II.1933, 1, Soudruh Ant. Hampl o těškostech doby v níž žijeme.

(20) NA [MZV-VA], 1164/2352 : *Nár. Osvobození*, 1.XI.1932, Velká schůze ; NA [MZV-VA], 1164/2352 : *Prager Presse*, I.XI.1932, Sozialidemokraten für Mitarbeit.

(21) *Venkov*, 20.I.1933, 2, Republikánská strana zakročuje pro zastavení exekucí, pro snížení úrokové míry a moratorium pro zemědělce.

(22) *Venkov*, č.34, 9.II.1933, 1, Krise, dluhy a měna.

(23) *NS*, č.10, 10.II.1933, 111, Snížení úrokové míry.

(24) *Venkov*, 20.I.1933, 2, Republikanská.

(25) 後述する国民スポーツ団事件に関連し，DNSAPの議員も訴追された。

(26) NA [MZV-VA], Koalice : *Deutsche Presse*, 18.II.1933, Spannung in der Koalition ; *Venkov*, č.47, 24.II.1933, 1, Klub republikánských poslanců ; *NS*, č.14, 10.III.1933, 164, Investiční program.

(27) *Venkov*, 24.III.1933, Vnitřní politika ; Rolník musí slvit, druzí nechtějí.

(28) *NS*, č.20, 21.VI.1933, 234–235, Snížení cen a další vládní práce.

(29) *NS*, č.3, 23.XII.1932, 25, Ke státnímu rozpočtu ; č.3, 23.XII.1932, 31, Význam prácí

rozpočtové sedmy.
(30) *PL*, č.12, 14.I.1933, 1, Předseda vlády o odpovědnosti v demokracii.
(31) *PL*, 15.I.1933, 1, Mimořádná doba vyžaduje mimořádných opatření ; 19.I.1933, 1, Sociální demokracie pro pořádek v berní správě : Rozprava v našem poslaneckém klubu o finančně politických aktualitách ; *NS*, č.3, 23.XII.1932, 25, Ke státnímu rozpočtu.
(32) NA [MZV-VA], SD 1933 : *LN*, 11.I.1933, Sociální demokraté pro svolání parlament.
(33) *PL*, č.57, 8.III.1933, 1, Půjička práce.
(34) *Venkov*, 1.I.1933, Rovnováha rozpočtu a jeijí důsledky.
(35) NA [MZV-VA], koalice 33 : *Nár. Osvobození*, 2.III.1933, Napětí v koalici.
(36) *Venkov*, c.63, 15.III.1933, 1, Vládní návrh zákona o půjčce práce ; *PL*, 26.III.1933, č.73, 1, Parlament a vláda promluvili...
(37) *NS*, č.19, 14.IV.1933, 223, Půjčka práce a investice.
(38) *Venkov*, č.53, 3.III.1933, 1, Čs. zemědělství a pakt Malé dohody.
(39) *NS*, č.15, 17.III.1933, 174, Půjčka práce.
(40) *PL*, č.73, 26.III.1933, 1, Parlament a vláda promluvili...
(41) *PL*, č.12, 14.I.1933, 1, Předseda vlády o odpovědnosti v demokracii.
(42) *NS*, č.20, 21.VI.1933, 234-235, Snížení cen a další vládní práce.
(43) *NS*, č.3, 23.XII.1932, 25, Ke státnímu rozpočtu.
(44) *NS*, č.4, 30.XII.1932, 44, Projev hospodářských vůdců ; 45 ; č.5, 6.I.1933, 57, Do nového roku ; ČSR a světový trh.
(45) *NS*, č.5, 6.I.1933, 57, ČSR. a světový trh - s- ; č.4, 30.XII.1932, 44, Projev hospodářských vůdců.
(46) *NS*, č.22, 5.V.1933, 259, Cenová otázka.
(47) *PL*, č.128, 1.VI.1933, 2, Politický přehled.
(48) カルテル法については，*Národní shromáždění* 1938, 565-566 ; *Dejiny štátu a práva*, 312-313 ; Lacina 1984, 163 ; Teichova 1988, 44-45 を参照。
(49) *PL*, č.157, 8.VII.1933, 1 & 3, Co lze čekat od kartelové zákona?
(50) *Venkov*, č.23, 27.I.1933, 1, O likvidaci ministerstva zásobování.
(51) *PL*, 1.II.1933, 1, Malypetrovo národohospodářské oddělení (úvodník) ; 15.I.1933, 1, Mimořádná doba vyžaduje mimořádných opatření.
(52) *Venkov*, č.25, 29.I.1933, 1, Slibný krok.
(53) *Venkov*, č.18, 21.I.1933, 1, Vnitřní politika.
(54) *NS*, č.9, 3.II.1933, 99, Poslanci v poradním sboru hospodářském.
(55) *NS*, č.14, 10.III.1933, 164, Podpory v nezaměstnanosti.
(56) *Venkov*, 26.I.1933, Nekterá data ze sociální péče. チェヒ社会保障相の予算委員会での発言によると，失業者の救済費用は 1932 年で，813,334,036 コルナ，ヘント・システムにもとづく手当は，493,270,256 コルナ，国家の食糧支給活動は 225,036,655 コルナ，牛乳給付活動は 21,165,059 コルナ，生産的扶助は 40,794,735 コルナ，労働組合のヘント基金の清算は 9,592,593 コルナ，クリスマス活動は 5,249,000 コルナ，その他の補助活動は 7,750,000 コルナ。
(57) *PL*, 26.I.1933, 1, Nezaměstnanost-národní katastrofa.

(58) *NS*, č.8, 27.I.1933, 86, Sociální politika v roce 1932.
(59) *PL*, č.28, 2.II.1933, 1, Soudruh Ant. Hampl o těškostech doby v níž žijeme.
(60) *Več. PL*, 26.I.1933, 1, Těšká krise železnic.
(61) NA [MZV-VA], koalice 33 : *Nár. Osvobození*, 2.III.1933, Napětí v koalici.
(62) *NS*, č.8, 27.I.1933, 86, Sociální politika v roce 1932.
(63) *NS*, č.14, 10.III.1933, 164, Podpory v nezaměstnanosti.
(64) NA [MZV-VA], koalice 33 : *Nár. Osvobození*, 9.III.1933, Poměry v koalici.
(65) NA [MZV-VA], koalice 33 : *Nár. Osvobození*, 2.III.1933, Napětí v koalici.
(66) *PL*, 19.I.1933, 1, Sociální demokracie pro pořádek v berní správě : Rozprava v našem poslaneckém klubu o finančně politických aktualitách.
(67) NA [MZV-VA], koalice 33 : *LN*, 2.III.1933, Nejasná situace v koalici.
(68) *NS*, č.18, 7.IV.1933, 213, Odborové sdružení proti snížení podpor v nezaměstnanosti.
(69) *PL*, 15.I.1933, 1, Mimořádná doba vyžaduje mimořádných opatření.
(70) *PL*, 26.I.1933, 1, Nezaměstnanost-národní katastrofa ; č.28, 2.II.1933, 1, Soudruh Ant. Hampl o těškostech doby v níž žijeme.
(71) *Venkov*, č.40, 16.II.1933, 1, Vnitrní Politika.
(72) *Venkov*, č.34, 9.II.1933, 1, Krise, dluhy a měna.
(73) NA [MZV-VA], AP 1933 : *Nár. Osvobození*, 10.III.1933 ; *Venkov*, č.34, 9.II.1933, 1, Krise, dluhy a měna ; č.64, 16.III.1933, 1, Je třeba zjistiti zadluženost našeho zemědělství.
(74) *Venkov*, č.71, 24.III.1933, 1, Pro snížení sociálních břemen.
(75) *PL*, 19.I.1933, 1, Sociální demokracie pro pořádek v berní správě : Rozprava v našem poslaneckém klubu o finančně politických aktualitách.
(76) *NS*, č.14, 10.III.1933, 165, Zemědělské moratorium v Německu.
(77) *PL*, 15.I.1933, 1, Mimořádná doba vyžaduje mimořádných opatření ; *NS*, č.20, 21. VI.1933, 234-235, Snížení cen a další vládní práce.
(78) *Venkov*, č.20, 24.I.1933, 1, Milan Hodža o směrnicích naší zemědělské politiky.
(79) *PL*, č.28, 2.II.1933, 1, Soudruh Ant. Hampl o těškostech doby v níž žijeme.
(80) *PL*, 15.I.1933, 1, Mimořádná doba vyžaduje mimořádných opatření ; *NS*, č.3, 23. XII.1932, 25, Ke státnímu rozpočtu ; *PL*, 19.I.1933, 1, Sociální demokracie pro pořádek v berní správě : Rozprava v našem poslaneckém klubu o finančně politických aktualitách.
(81) *NS*, č.9, 3.II.1933, 105, Zrušení ministerstva zásobování ; č.23, 12.V.1933, Likvidace ministerstva pro zásobování.
(82) *Venkov*, č.49, 26.II.1933, 1, Organisační pakt Malé dohody.
(83) *NS*, č.12, 24.II.1933, 140-141, Malá dohoda hospodářská.
(84) *Venkov*, č.53, 3.III.1933, 1, Čs. zemědělství a pakt Malé dohody.
(85) *NS*, č.13, 3.III.1933, 152, Průmysl a zemědělství.
(86) プライス（1870-1946）は，戦前からすぐれた組織力で商工銀行と青年チェコ党で頭角を現した。第一共和国では，大規模なコンツェルンを作り上げた商工銀行の頭取として，チェコスロヴァキア工業家中央連盟の副議長代理にも選ばれ，金融，工業界の第一人者として政治的にも大きな発言力を持った。マサリク大統領とも親交を結び，経済問題に関して助言する立場であった。しかし，1934 年にコルナ切り下げに反対

し，国民民主党が政権を離脱すると，国家の経済政策への影響力も失われた。1935 年には「国民統一」の設立を支援した。ドイツの変容を間近に観察し，ナチス・ドイツとの友好的関係が不可欠と考え，その実現に努力した。第二次大戦後対独協力の罪で 1946 年 4 月まで留置所に拘留され，釈放の二日後死亡した（Kosátík 2010a ; *Politická elita*, 201-203）。

(87) *NS*, č.4, 30.XII.32, 44, Projevy hospodářských vůdců - X-.

(88) *PL*, č.93, 20.IV.1933, 2, Dr. Beneš o dnešní světové krisi.

(89) *NS*, č.6, 13.I.1933, 69, Exportní úvěr.

(90) *Venkov*, č.20, 24.I.1933, 1, Milan Hodža o směrnicích naší zemědělské politiky. ホジャは，農業党が通商政策に反対しているわけではなく，建設的に取り組んでいると述べ，農業危機の解決のためには，新しい中欧，ドイツ，フランス，イタリアで，ヨーロッパブロックを作り，大英帝国，アメリカ，ソビエトと並ぶアクターにする必要があるとし，世界経済会議が中欧の通商政策に介入する前に，関税率を決めておく必要性を主張した（*Venkov*, č.20, 24.I.1933, 1, Milan Hodža o směrnicích naší zemědělské politiky）。ホジャの通商政策は彼のドナウ連合構想と関連している。

(91) *PL*, 19.I.1933, 1, Sociální demokracie pro pořádek v berní správě : Rozprava v našem poslaneckém klubu o finančně politických aktualitách.

(92) *PL*, č.123, 26.V.1933, 1, Co je možno, neníli ministerstovo spořeby.

(93) J. Kisslinger による統計（*Němci v Československo o sobě*, Praha, 1937, 52 & 197, Kural 1993, 104 による）。ドイツ系住民の割合の高い地域ほど失業者数が多く，1935 年のチェコ人の人口統計学者ウェイリフによれば，ドイツ系住民の割合が 0〜20%の地域では，1000 人あたり 91.6 人の失業者，20〜50%では 108.5 人，50〜80%では 174.6 人，80〜100%では 192.2 人であった（Weirich, M., *Staré a nové Československo*, Praha 1958, 162-163, Kural 1993, 104 による）。

(94) チェコ系住民のファシズム運動については，英語やドイツ語によるチェコスロヴァキア歴史研究ではほとんど注目されてこなかったが，チェコスロヴァキア国内では，マルクス主義的な歴史解釈のなかで，戦間期チェコスロヴァキアの重要な一側面として注目されてきた。1960 年代初頭までの研究は，ガヤノヴァーに典型的に見られるように，国民民主党や農業党の政治家もファシズムにシンパシーを抱き，ファシズム運動と協力して共産党や社会主義政党を排撃し，ファシスト独裁を打ちたてようとしていたと主張し，主流政党の政治家とファシズム運動の指導者の協力関係に特に注目してきた（Gajanová 1962, 26-27 ; 183-188）。現在でもチェコのファシズム運動の支持層などの社会史的側面などはまだ十分解明されておらず，戦間期にチェコ・ファシズム運動が実際に持った社会的，政治的インパクトを十分評価することは困難である。

(95) シスは国民民主党の機関紙の一つである *Národní Politika* の編集長であり，党の執行委員会の副委員長も務めていた。

(96) NA Praha, dokumentace NOF, leták československý fašismus a jeho cíle, Gregorovič 1995, 49 による。

(97) 翌年の最高裁判決では，犯罪の計画を当局に通報しなかった罪に問われ，六ヶ月の重労働懲役，国家陰謀罪に関しては無罪（Kelly 1995, 106）。

(98) *NS*, č.20, 21.IV.1933, 229, Tři sjezdy.

(99) *PL*, č.42, 18.II.1933, 1, Socialistický tisk v Německu má býti zničen.

(100) *PL*, č.57, 8.III.1933, 1, Sociální demokracie na obranu demokracie a ústavy u nás ; NA [MZV-VA], Koalice : *Nár. Osvobození*, 9.III.1933, Poměry v koalici.

(101) *PL*, č.93, 20.IV.1933, 1, Pro silnou demokracii a cílevědomou obnovu výroby.

(102) *PL*, č.28, 2.II.1933, 1, Soudruh Ant. Hampl o těškostech doby v níž žijeme.

(103) *Sbírka zákonů a nařízení,* r.1933, č.125 ; *PL*, č.127, 31.V.1933, 3, Mimořádná opatření pro klid ve státě.

(104) NA [MZV-VA], Koalice : *Nár. Osvobození*, 19.V.1933, Koalice se dohodla ; Kárník 2002, 139.

(105) *Národní shromáždění* 1938, 464. 1934 年 6 月には，政府はさらに共和国防衛法の改正を行い，1933 年の改正に本質的な追加を行う。民主的，共和的思想ゆえに住民の団体，個人に対する暴力や憎悪を煽動することを含む，民主的秩序，民主的，共和的国家形態への間接的攻撃に対する保護を与えることを目的とした。

(106) *Národní shromáždění* 1938, 465, Zákon o stíhání protistátní činnosti státních zaměstnanců.

(107) *LN*, 10.VI.1933, Novelisace zákona na ochranu republiky ; Capoccia 2005, 14–16 ; *Sbírka zákonů a nařízení*, r.1933, č.124 ; *Národní shromáždění* 1938, 464.

(108) *Národní shromáždění* 1938, 468–470. チェコスロヴァキアにおける新聞法の推移に関しては，Malý 1997, 302–305 を参照。

(109) NA [MZV-VA], Koalice : *Nár. Osvobození*, 19.V.1933, Koalice se dohodla.

(110) *Venkov*, č.22, 26.I.1933, Vnitřní politika Pálamentní připrava nového zákona o tisku.

(111) *NS*, č.23, 12.V.1933, 274–275, Výjimečná opatření proti tisku.

(112) *LN*, 10.VI.1933, 2, Poslanecká sněmovna : Rozprava o malé tiskové osnově. ストランスキーは『リドヴェー・ノヴィニ』,『現在』などを擁する出版コンツェルン，メラントリフ（Melantrich）の所有者であり，新新聞法案の作成にも関わっていた。既に 1933 年 4 月のはじめには 334 のドイツとハンガリーの新聞，雑誌が非道徳的，あるいは領土回復的意図を持つとして，現行新聞法に基づき輸入禁止にされていた（*NS*, č.23, 12.V.1933, 274–275, Výjimečná opatření proti tisku）。

(113) *Sbírka zákonů a nařízení*, r.1933, č.126 : Zákon ze dne 10. července 1933, který se mění a doplňují tiskové zákony ; *LN*, 9.VI.1933, Novelisace tiskového zákona.

(114) *NS*, č.23, 12.V.1933, 274–275, Výjimečná opatření proti tisku.

(115) *LN*, 10.VI.1933, 2, Poslanecká sněmovna : Rozprava o malé tiskové osnově.

(116) 一方，共産党は，これら一連の非常事態法案に対して，断固として反対の立場を取った。そして，これらの措置をファシズム的であるとし，社民党を含む連合与党を激しく批判した。共産党は，これらの措置の導入をもって，チェコスロヴァキアの政治体制がファシズム化したと主張した。この主張が後の歴史学にも影響を与え，この時期をもって，チェコスロヴァキアの体制がファシズム化したという見方がされてきた。この問題に関しては Lemberg 1998 ; 1990 を参照せよ。ファシズム化とはいえないとされてからも，反共産主義の強い手の民主主義という見方はそのまま存続している。また，同時期行われたジデニツェ事件の裁判に関し，第一審で軽い判決が下され，ガイダは無罪とされたことを，農業党の一部右翼議員と国民ファシスト共同体，ガイダの結びつきの結果であり，この事件の判決は，チェコスロヴァキアの政権連合が，

チェコ系のファシスト勢力を完全に排除する意思はなかったことの現れであると評価する見方がある。ケリーが依拠している（Kelly 1995, 115），クチェラ（Kučera）やパサーク（Pasák），スラヴァタ（Slavata）などの主張である。これらの 50 年代，70 年代のマルクス主義的公式史学の研究は，30 年代当時の共産党の主張や，*Fronta* という極右の週刊誌の主張に基づいて，農業党や国民民主党とファシスト勢力に結びつきがあり，左派，特に共産党を攻撃するために利用していたとしている。しかし，「今日の国内外の非常事態を考慮して」という立法理由や，立法内容から判断すると，非常事態法案が対象としていたのは，主に，ファシズム勢力や，国境地域のドイツ人民族主義政党の動きであった。その後の検閲状況から判断すると，チェコのナショナリストも共産主義勢力も共に検閲の対象となっている。これらの法案が共産党の活動の制限をも目的にしていたことや，農業党の議員の一部がファシストを利用しようとしていたことは確かであったとしても，ケリーも主張しているように，農業党の閣僚たちは，連合維持を考え，ファシスト勢力は制圧しようと考えていたことを重視するほうがよいのではないだろうか。

(117) フランスでは戦時中の 1914 年から 1939 年まで 13 回授権法が制定された。世界恐慌後の 10 年間では 1 年 3 か月に 1 回と頻繁に授権されている（村田 1986, 316；デュヴェルジェ 1995）。

(118) *PL*, č.124, 27.V.1933, 1, Senát : Švehlovy vzkazy Malypetrovi? ; Hradilák 1967, 38.

(119) *Venkov*, 28.V.1933, Do závažného týdne. Nastávající týden bude politicky i hospodářsky mimořádně závažný.

(120) *Venkov*, 28.V.1933, Do závažného týdne. Nastávající týden bude politicky i hospodářsky mimořádně závažný.

(121) Hradilák 1967, 39 ; *PL*, č.136, 3.VI.1933, 2, Československá delegace na londýnskou konferenci.

(122) 農業党の要求内容に関する間接的な報道としては，*LN*, č.277, 2.VI.1933, 2, Jednání o zmocňovacím zákoně : Agrární požadavky ztěžují situaci ; č.279, 3.VI.1933, 2, Jednání o zmocňovacím zákonu pokračuje. V úterý se rozhodne? ; *PL*, č.131, 4.VI.1933, 1, Boj o zmocňovací zákon ; Hradilák 1967, 39–40 を参照。Klímek 1998, 355 では，農業党の提出した案を，農業党の総書記ジルカと，農業党議員のヨゼフ・チェルニーのベネシュへの情報提供に基づいて示している。

(123) *Venkov*, 1.VI.1933, Jednání o zmocňovacím zákoně ; *PL*, č.128, 1.VI.1933, 2, Politický přehled.

(124) *LN*, 31.V.1933, 4, O zmocňovací zákon : Má býti kratkodobý a týkati se především úpravy cel a politiky cenové ; *NL*, č.149, 31.V.1933, Jednání o zmocňovací zákonu zahájeno ; *LN*, č.275, 1.VI.1933, 3, Jednání o zmocňovací zákon.

(125) *PL*, č.128, 1.VI.1933, 2, Politický přehled ; č.129, 2.VI.1933, 2, O zmocňovací zákon ; *LN*, č.281, 4.VI.1933, Kritické chvíle.

(126) *NL*, č.153, 4.VI.1933, 1, Před vážným rozhodnutím.

(127) *LN*, č.281, 4.VI.1933, Kritické chvíle : Jednání o zmocňovacím zákoně. – Stanovisko stran. – Ohrožená koalice.

(128) *NL*, č.153, 4.VI.1933, 1, Před vážným rozhodnutím ; č.155, 7.VI.1922, 1, Bude dnes

předložen zmocňovací zákon? ; č.156, 8.VI.1933, 1, Vláda přejala odpovědnost, V.V.

(129) *NL*, č.155, 7.VI.1933, 1, Antonín Pimper, K aktuelním otázkám hospodářským.

(130) *NL*, č.156, 8.VI.1933, 1, Vláda přejala odpovědnost, V.V.

(131) *LN*, č.277, 2.VI.1933, 2, Jednání o zmocňovacím zákoně. Agrární požadavky ztěžují situaci.

(132) *LN*, č.281, 4.VI.1933, Kritické chvíle : Jednání o zmocňovacím zákoně. - Stanovisko stran. - Ohrožená koalice.

(133) *PL*, č.131, 4.VI.1933, 1, Boj o zmocňovací zákon.

(134) *Več. PL*, 2.VI.1933, 1, Týden, který rozhodne o vnitřní politice.

(135) *PL*, č.131, 4.VI.1933, 1, Boj o zmocňovací zákon.

(136) *Več. PL*, 31.V.1933, 1, Zmocňovací zákon.

(137) ヨゼフ・シースル（1876–1970）。法律家，政治活動家，著述家。1900 年よりマサリクのリアリスト党に参加し，第一次大戦中は国内の抵抗運動に加わった。1918 年には国民委員会のメンバーとなり，1918 年から 1920 年は革命国民議会で国民民主党の議員を務めた。1920 年から 1938 年まで，大統領府の政治・立法部門の長を務め，フラト・グループの主要メンバーの一人であった。1926 年 3 月から 10 月の官僚内閣には社会保障相として参加している（http://leccos.com/index.php/clanky/schieszl-josef）。

(138) *LN*, 7.VI.1933, Vážná situace ; *Venkov*, č.132, 7.VI.1933, 1, Ve vážné chvíli.

(139) *LN*, 8.VI.1933, Poslanecká sněmovna : Zmocňovací zákon podán ; *NL*, č.156, 8.VI.1933, 1, Zmocňovací zákon předložen sněmovně ; *PL*, č.133, 8.VI.1933, 1, Zmocňovací zákon předložen sněmovně ; Hradilák 1967, 45.

(140) *České Slovo*, 9.VI.1933, Pro zvíšení koaliční loyality a odpovědnosti. Vzájemné zavazky všech koalicních stran.

(141) *PL*, 8.VI.1933, č.133, 1, Zmocňovací zákon předložen sněmovně.

(142) 農業党 Beran（補欠　農業党 dr. Stefánek），農業党 Mašata（補欠　農業党 dr. Černý），農業党 Staněk（補欠　人民党 Myslivec），人民党 dr. Dolanský（補欠　人民党 Košek），ドイツ社民党 Taub（補欠　ドイツ社民党 Hackenberg），チェコスロヴァキア社民党 Hampl（補欠　チェコスロヴァキア社民党 Tomášek），チェコスロヴァキア社民党 Remeš（補欠　チェコスロヴァキア社民党 Markovič），商工中産党 Najman（補欠　チェコスロヴァキア社民党 Chalupa），国民社会党 Zeminová（補欠　国民社会党 dr. Patejdl），国民民主党 Tučný（補欠　国民社会党 Langer），国民民主党 dr. Kramář（補欠　国民民主党 dr. Hodáč），ドイツ農業者同盟 dr. Hodina（補欠　ドイツ農業者同盟 Glašel），共産党 Gottwald（補欠　共産党 Zápotocký），フリンカ・スロヴァキア人民党 dr. Tiso（補欠　フリンカ・スロヴァキア人民党 dr. Fric），ドイツキリスト教社会党 dr. Luschka（補欠　ドイツキリスト教社会党 dr. Bobek），ドイツ国民社会主義労働者党 DNSAP inž. Jung（補欠　ドイツ国民党 dr. Schollich）. *LN*, 8.VI.1933, Poslanecká sněmovna : Zmovňovací zákon podán, - Volba Stálého výbora. R - Praha 7.VI.

(143) *PL*, č.134, 9.VI.1933, 2, Poslanecká sněmovna.

(144) Sbírka zákonů a nařízení státu československého, Častka 35, 473, č.95.

(145) *PL*, č.134, 9.VI.1933, 1, Schválený postup strany.

(146) *PL*, č.133, 8.VI.1933, 1, Zmocňovací zákon předložen sněmovně ; *Več. PL*, 9.VI.1933, 1,

Zákon zmocňuje vládu.

(147) *PL*, č.133, 8.VI.1933, 1, Zmocňovací zákon předložen sněmovně.

(148) *PL*, č.12, 14.I.1933, 1 ; č.117, 19.V.1933, 1, Opevněný parlament ; *Venkov*, č.36, 11.II.1933, 1, Vnitřní politika ; *NS*, č.23, 12.V.1933, 275, Změna jednacích řádů sněmovních. 議会審議規則の改定では第一読会を本会議で行うことや，出席しない議員の扱いが議論された。

(149) *Venkov*, č.53, 3.III.1933, 2, Zmocňovací zákon v Německu má se vzatahovati na změnu ústavy ; 21.III.1933, Německá vláda žádá plnomoc.

(150) *Venkov*, č.132, 7.VI.1933, 1, Ve vážné chvíli.

(151) *Venkov*, č.133, 8.VI.1933, 1, Bude lepší hra než byla předehra?

(152) *Přítomnost*, č.23, 7.VI.1933, 354, F. Peroutka, Zmocňovací zákon a proč?

(153) フランスのように議会に自由主義的性格が強い国家で，「国家の高度の必要による議会の譲歩」として，1920 年代から主に財政問題の解決のために授権法がしばしば制定されなくてはならなかったことは，経済問題のように迅速な対応を迫られる課題に自由主義的な議会制が十分対応できなかったことを示している（糠塚 2007，111）。

(154) *Venkov*, č.133, 8.VI.1933, 1, Předseda vlády o zmocňovacím zákonu.

(155) *Venkov*, 9.VI.1933, 1, Sněmovna schválila zmocňovací zákon. Významný projev posl. Dra Černého.

(156) *LN*, č.281, 4.VI.1933, František Weyr, Zmocňovací zákony.

(157) *Přítomnost*, č.23, 7.VI.1933, 353-354, F. Peroutka, Zmocňovací zákon a proč?

(158) *PL*, č.133, 8.VI.1933, 1, Zmocňovací zákon předložen sněmovně.

(159) *PL*, č.133, 8.VI.1933, 1, Zmocňovací zákon předložen sněmovně.

(160) *Venkov*, č.133, 8.VI.1933, 1, Bude lepší hra než byla předehra?

(161) *LN*, 31.V.1933, 3, O zmocňovací zákon, Má býti krátkodobý a týkati se především úpravy cel a politiky cenové ; *NL*, č.153, 4.VI.1933, 1, Před vážným rozhodnutim.

(162) *PL*, č.136, 11.VI.1933, Světorá hospodářská konference zítra zahájena.

(163) *LN*, 9.VI.1933, Ministerské Porady.

(164) *LN*, č.292, 11.VI.1933, Do nové práce!

(165) *Venkov*, č.138, 14.VI.1933, 1, Vláda včera dojednala celní sazebník ; 15.VI.1934, 2, Vnitřní politika. Širší předsednictvo Republikánské strany zemědělského malorolnického lidu.

(166) *PL*, č.135, 10.VI.1933, 3, Poslanecká sněmovna, Kř.

(167) NA [MZV-VA], Koalice : *Deutsche Landpost*, 27.VI.1933, Kleine Differenzen in der Koalition.

(168) *LN*, 9.VI.1933, Ministerské Porady ; *PL*, č.146, 23.VI.1933, 3.

(169) *PL*, č.147, 24.VI.1933, 3, Politický týden.

(170) *PL*, 29.VI.1933, 1, Právo nezaměstnaných n podporu.

(171) *PL*, č.173, 27.VII.1933, 4, Agrárníkům ještě nedstačují změny v péči o nezaměstnané.

(172) *Več. PL*, 8.VII.1933, 4, Zemědělské dělnictvo si udrží podpory v nezaměstanosti.

(173) *PL*, 29.VI.1933, 1, Právo nezaměstnaných na podporu.

(174) *PL*, 29.VI.1933, 1, Právo nezaměstnaných na podporu.

(175) *PL*, č.147, 24.VI.1933, 3, Politický týden.

(176) *PL*, č.146, 23.VI.1933, 3, Knihtiskářské dělnictvo proti snížování podpor v nezaměstnání ; č.148, 27.VI.1933, 4, Proti úsilí o snížení státního příspěvku k podporám v nezaměstnanosti.

(177) *PL*, č.147, 24.VI.1933, 1, Proti jednostrannému řešení péče o nezaměstnané.

(178) *PL*, 29.VI.1933, 1, Právo nezaměstnaných na podporu.

(179) *Več. PL*, 28.VII.1933, 1, Generární stávka proti zdravému rozumu.

(180) *PL*, č.143, 2.VII.1933, 4, Návrhy na změnu péče o nezaměstnané ; č.143, 2.VII.1933, 3, Politický týden, Kř ; č.164, 16.VII.1933, 1, Politický týden, Kř ; č.165, 18.VII.1933, 4, Sociální politika. O učinnějiší opatření proti nezaměstnanosti.

(181) *PL*, č.143, 2.VII.1933, 4, Návrhy na změnu péče o nezaměstnané ; *Venkov*, 2.VII.1933, Vnitřní politika, Přehled týdne.

(182) *PL*, č.164, 16.VII.1933, 1, Politický týden, Kř ; 30.VII.1933, 1, Novelisace gentského systému schválena.

(183) *PL*, č.170, 23.VII.1933, 4, Politický týden, Kř ; č.172, 26.VII.1933, 1, Gentský systém ; *Venkov*, 23.VII.1933, 2, Podpory v nezaměstanosti ; *LN*, 21.VII.1933, Ministerské porady : Reforma gentského systém před dohodou. Agrární požadavky přijaty ; Deyl 1985, 154.

(184) *PL*, č.170, 23.VII.1933, 4, Politický týden, Kř.

(185) *PL*, č.172, 26.VII.1933, 1, Gentský systém.

(186) *LN*, 23.VII.1933, Zásadní dohoda o gentském systému.

(187) *Venkov*, 27.VII.1933, Gentský systém a republikánská strana.

(188) *PL*, č.173, 27.VII.1933, 4, Agrárníkům ještě nedstačují změny v péči o nezaměstnané.

(189) *PL*, č.173, 27.VII.1933, 4, Pro uchování dosavadní péče o nezaměstnané.

(190) *PL*, č.172, 26.VII.1933, 1, Gentský systém.

(191) *PL*, č.165, 18.VII.1933, 4, Sociální politika. O účinnějiší opatření proti nezaměstnanosti.

(192) *LN*, 19.VII.1933, Další zadání investeičních prací.

(193) *Venkov*, 27.VII.1933, 1, Vláda přpravila řadu nových nařízení. Většina nařísení se týká zemědělství ; *PL*, 30.VII.1933, 1, Novelisace gentského systému schválena ; *LN*, 19.VII.1933, Další zadání investeičních prací ; 23.VII.1933, Agrární požadavky.

(194) *LN*, 19.VII.1933, Další zadání investeičních prací ; 21.VII.1933, Ministerské porady : Reforma gentského systém před dohodou. Agrární požadavky přijaty ; 22.VII.1933, Dohoda o podporách v nezaměstnanosti.

(195) *PL*, č.170, 23.VII.1933, 4, Politický týden, Kř.

(196) *LN*, 22.VII.1933, Návrh úsporného vývoru hotov : Dnes bude oznáme veřejnosti.

(197) Deutsche Gesandtschaft an das Auswärtige Amt, 25.II.1933, Auslieferung der deutschen Nationalsozialistishen Abgeordneten, *Deutsche Gesandtschaftsberichte aus Prag*, 29–30.

(198) *PL*, č.236, 8.X.1933, 5, Politický týden.

(199) *PL*, č.233, 5.X.1933, 1, Vláda zastavila činnost hakenkrajclerske a německo-nationální strany ; Klepetář 1937, 345.

(200) Malíř, Marek a kol. 2005, 872 ; *PL*, č.233, 5.X.1933, 1, Nikoli proti Němcům!

(201) *PL*, č.235, 7.X.1933, 1, Politické věci v ministerské radě.
(202) *PL*, č.233, 5.X.1933, 1, Vláda zastavila činnost hakenkrajclerske a německo-nationální strany.
(203) *PL*, č.245, 19.X.1933, 1, Boj o demokracii nikoliv proti demokracii.
(204) Protokol XVII, řádného a jubilejního sjezdu Československé sociálně demokratické strany dělnické, 26.-29.X.1933, Praha 1933, 49-50, Kárník 2002, 140 による。
(205) *PL*, č.250, 25.X.1933, 1, Ministerský předseda o podrobnostech zákona o rozpouštění politických stran.
(206) Capoccia 2005 は民主主義を擁護するための非民主主義的政策の比較研究のひとつとしてチェコスロヴァキアの事例を扱っている。

第六章 「赤緑連合」への転換

(1) *NS*, č.40, 10.XI.1933, 474, J. Franta, Volání po planovitém hospodářství ; Lacina 1984, 159.
(2) Protokol XVII, řádného a jubilejního sjezdu Československé sociálně demokratické strany dělnické, 1933, 139-141.
(3) *PL*, č.271, 19.XI.1933, Jaromír Nečas, Náš akční program pro nejbližší dobu ; Lacina 1984, 158.
(4) *NS*, č.40, 10.XI.1933, 474, J. Franta, Volání po planovitém hospodářství ; Lacina 1984, 159.
(5) *NS*, č.39, 3.XI.1933, 463, Program hospodářského oživení.
(6) *PL*, č.271, 19.XI.1933, Jaromír Nečas, Náš akční program pro nejbližší dobu.
(7) *Venkov*, č.275, 24.XI.1933, 1, Usnesení pracovních komisí výkonnného výboru Republ. strany ; *PL*, č.276, 25.XI.1933, Karel Kříž, Poznámky k agrární resolucím.
(8) *NS*, č.4, 26.I.1934, 40, Václav Stočes, Agrární návrh planovitého hospodářství v zemědělské výrob.
(9) *Venkov*, č.287, 8.XII.1933, 1, Projev předsedy vlády Malypetra v rozpočtovém výboru senátu.
(10) 中・東欧の多くの国はチェコスロヴァキア同様，1931 年の段階では金本位制を停止せず，外国為替統制の導入という手段をとり，為替相場の切り下げは行わなかった (Bernanke 2000, 74)。具体的にはドイツ，ハンガリー，ラトヴィア，エストニア，ルーマニア（1932 年）である（オーストリアは例外であり，1931 年に外国為替統制とほぼ同時に切り下げを行っている)。中・東欧諸国を外国為替統制の導入ゆえに，英帝国，北欧，南米諸国とひとくくりに金本位制離脱国とする（キンドルバーガー 1982, 141 ; Simmons 1997, 113）のは，政策比較のためには問題であろう。
(11) 1933 年 3 月末の主要国為替相場の切り下げ率は，1929 年の金平価と比較した場合，日本が－57%，オーストリア－44%，ニュージーランド－45%，デンマーク－43%，アルゼンチン－40%，ブラジル－36%，ノルウェー－34%，スウェーデン－32%，イギリス－30%，カナダ－16% であった (League of nations, Economic Survey (1933-34), 271, Eichengreen 1992, 321 による)。
(12) *Přítomnost*, č.4, 24.I.1934, 49, Peroutka, Co chce Engliš a co chtějí jiní.

（13） *Přítomnost*, č.4, 24.I.1934, 49, Peroutka, Co chce Engliš a co chtějí jiní ; č.4, 24.I.1934, 52, Eduard Vyškovský, Beneš, Malypetr : Poslední deflační rozpočet ; Lacina 1984, 158.

（14） *NS*, č.43, 1.XII.1933, 512, Cesta z krise podle Englišovy teorie ; č.2, 12.I.1933, 18, Nedostatky Englišova navrhu ; č.6, 9.II.1934, 62, Václav Frídrich, Má Engliš pravdu? ; Lacina 1984, 158 ; Klímek 1998, 363.

（15） Kterou cestou z krize? Německou čí anglo-americkou?, *Venkov*, 28.II.1932, Lacina 1984, 155 による。

（16） トラプルは郵政省の官僚出身であり，郵便貯金局を郵便貯金銀行に改組した後，その初代頭取に任命されていた。アングロプラゴ銀行（Anglo-Prago banka）の執行委員会の政府代表でもあった。この経歴から，おそらく金融畑の出身ではあっても，商工銀行とは一線を画す立場にあったものと思われる（*Politická elita*, 272）。

（17） A SB, ŽB-S- VII/i. Dopis Preisse Tillemu z 3. ledna 1934, Lacina 1984, 172–173 による。

（18） ホダーチ František Xaver Hodáč（1883–1942）は，国民経済家，工業界の代表者として活躍。チェコスロヴァキア工業家中央連盟の書記長となり，1919 年から 1934 年までは副議長を務めた。1918 年から国民民主党に属し，ラシーンの経済政策に協力，フラト・グループにも近かったが，エングリシュとは経済問題をめぐり対立関係にあった。1934 年の国民民主党の連合離脱後，ファシズム勢力と結んで「国民統一」を設立しその副党首となった。ミュンヘン協定後は国民統一党の党副党首（*Politická elita*, 91–93）。

（19） *Venkov*, 7.I.1934～17.II.1934 Základní příčina našich nesnází, Lacina 1984, 173 による。

（20） *LN*, č.23, 14.I.1934, 1, Hospodářské věci v popředí.

（21） *LN*, č.32, 19.I.1934, 1, V bojii o hospodářský plán ; *NL*, č.25, 26.I.1934, Englišův návrh není hospodářským plánem.

（22） *LN*, č.32, 19.I.1934, 1, V bojii o hospodářský plán ; *PL*, č.23, 28.I.1934, 1, Naše peněňně-politické úkoly.

（23） *PL*, 11.II.1934, Politická situace uzrála k roshodnutí ; NA［MZV-VA］, SD 1934 : *LN*, 9.II.1934, Před konečných rozhodnutím ; Usnesení sociálních demokratů ; Odchod národních demokuratů z koalice?

（24） *LN*, č.75, 11.II.1934, 1, Naše vnitoropolitická situace ; č.75, 11.II.1934, 1, Rozhodnuto! ; Klepetář 1937, 349.

（25） *Přítomnost*, č.10, 7.III.1934, 150, J. Kolářík, Bojobník o stabilisaci（Potret nového guvernera národní banky）; Klepetář 1937, 351.

（26） *Přítomnost*, č.16, 18.IV.1934, 241, Eduard Vyškovsky, Devalvace se podařila.

（27） A SB, ŽB-S-VII/i. Dopis Preisse Tillemu z 3. ledna 1934, Lacina 1984, 172–173 による。

（28） *LN*, 12.II.1934, Ferdinand Peroutka, Po neděli.

（29） 1934 年 1 月 20 日から 2 月 17 日までの *Venkov, NL, PL* 各紙。

（30） *NL*, 13.II.1934, 1, K situaci ; 14.II.1934, 1, Vláda podá dnes demisi.

（31） *LN*, 15.II.1934, 1, Nová vláda malypetrova ; *Národní shromáždění* 1938, 158. 首相マリペトル（農業党），鉄道相兼副首相べヒニェ（社民党），内相ヨゼフ・チェルニー（農業党），商務相ドスターレク（人民党），司法相デーレル（社民党），社会保障相マイスナー（社民党），公共事業相チェヒ（ドイツ社民党），教育相クルツマール（無所

属，大学教授），外相ベネシュ（国民社会党），郵政相フランケ（国民社会党），国防相ブラダーチ（農業党），農業相ホジャ（農業党），法制・行政統一相シュラーメク（人民党），厚生相シュピナ（農業者同盟），蔵相トラプル（専門家枠）。

(32) *NL*, č.48, 18.II.1934, 1, Karel Kramář, V oposici.

(33) NA [MZV-VA], koalice 1934 : *NL*, 17.III.1934, K rudozelené koalici.

(34) NA [MZV-VA], koalice 1934 : *NL*, 14.III.1934, Naše cesta k obrodě.

(35) *NL*, 29.III.1934, Starosti rudozelené koalice : nikoli o oborodu politického živoda, nýbrž o násilné udržení moci.

(36) *Venkov*, č.57, 9.III.1934, 1, Národní demokracie, rolnictvo a občanský blok.

(37) *NL*, č.65, 18.III.1934, 1, O naší vnitropolitické situaci : Větrné mlýny nár. demokracie.

(38) *Venkov*, č.58, 10.III.1934, 1, Československá vládnoucí demokracie - toťmusí být syntésa lidových hnutí, žvenkých velkými ideami.

(39) NA [MZV-VA], SD 1934 : *LN*, 23.II.1934, Po cizích zkušenostech ; NA [MZV-VA], SD 1934 : *NL*, 1.III.1934, Soc. demokratiské odborové ústředí proti měnovým opatřením vlády.

(40) NA [MZV-VA], koalice 1934 : *PL*, 18.III.1934, Snahy o hospodářské oživení. nesmí nikdo sabotovat ; Nesmyslné pověsti o »rudo-zelené« koalici.

(41) 外交政策上も，ソ連との関係改善に反対してきた国民民主党が去ったことで転換があった（Klepetář 1937, 351-354)。1934 年 6 月 9 日にはチェコスロヴァキアがソ連を法的に承認し，通常の外交交流関係が開始された。外相ベネシュはソ連の国際連盟参加を後押しし，1934 年 12 月にはフランスとソ連の間に相手国への通告なしに第 3 国と不可侵条約を締結しないという条約が結ばれ，1935 年 5 月には相互援助協定へと発展した。その締結の少し前の 1935 年 5 月 16 日にはチェコスロヴァキアとソ連の間に軍事的な相互援助協定が結ばれ，7 月にはベネシュがこの協定の確認のためモスクワを訪問した。

(42) *DS*, č.12-14, 23.III.1934, Do boje za demokracii řádu a činu. この『民主中道』の改革構想とそれへの反響に着目している研究として，Lipscher 1979, 161-169 がある。但しリプシャーは『民主中道』の構想を実質的に非民主主義的な身分制国家指向と解釈しており，その点で本書とは立場を異にする。

(43) プラニスムに関してはさしあたり，Hansen 1981 ; Hansen and Prosper 1994 ; Pels 1987 を参照。日本語では佐伯哲朗氏の諸論稿がある（佐伯 1984 ; 1985 ; 1988)。この時期のヨーロッパ社会民主主義勢力の対応を概観する上では，今なおシュトゥルムタール 1958 が有益である。

(44) Šikl 1967 は社会民主主義勢力の体制改革構想についての先駆的試論である。

(45) リプカ（1895-1958）は，カレル大学哲学部で歴史学を学び，1923 年から 1938 年まで『民主中道』の編集者，編集長を務めたほか，1925 年から 30 年には『国民解放』の編集長，1930 年から 38 年には『リドヴェー・ノヴィニ』の外交欄を担当したジャーナリストであり，国民社会党所属で，ベネシュに近い人物であった。ミュンヘン協定後亡命し，ベネシュの亡命政権に加わり，戦後は国民戦線内閣の通商相となったが，共産党支配体制成立後再び亡命し，英仏米で評論家，歴史家として文筆活動を続けた（*Politická elita*, 213 ; Kosatík 2010b, 265-269)。

（46）*DS*, č.1, 5.I.1934.
（47）*Přítomnost*, č.14, 4.IV.1934, 211, Hospodářství, politika a autorita.
（48）*DS*, č.15, 6.IV.1934 ; č.16–17, 13.IV.1934.
（49）*NS*, č.13, 30.III.1934, 148.
（50）20 世紀初頭から戦間期にかけて，自由主義的代表議会制から政党国家的民主制へと民主主義の構造変化が生じたこと，そしてそれに対しさまざまな立場から攻撃が行われたことは，憲法学の分野においてつとに指摘されてきたことである。例えば Leibholz 1967，特に第 IV 章「近代民主主義の構造変化」を参照。中田 2008a ではこの問題についてシュミットの政党議会批判とケルゼンの擁護を整理している（pp. 13–14)。
（51）*DS*, č.12–14, 23.III.1934.
（52）*MR*, č.6, 3.IV.1934.
（53）*DS*, č.15, 6.IV.1934 ; č.18–19, 20.IV.1934.
（54）『民主中道』に同様の指摘がある（*DS*, č.16–17, 13.IV.1934)。
（55）*Přítomnost*, č.18, 2.V.1934, 273.
（56）*NS*, č.15, 13.IV.1934, 171 ; č.13, 30.III.1934, 148 a 153.
（57）*NS*, č.13, 30.III.1934, 153, Mlha kolem hospodářského parlamentu.
（58）*NS*, č.15, 13.IV.1934, 171, Poslední móda : odpolitisovat hospodářství.
（59）*Přítomnost*, č.17, 25.IV.1934.
（60）*NS*, č.1, 5.I.1934, 4.
（61）*DS*, č.15, 6.IV.1934 ; č.16–17, 13.IV.1934.
（62）*NS*, č.15, 13.IV.1934, 171.
（63）*Brázda*, č.44–50.
（64）*Venkov*, 18.V.1934.
（65）政府党は例えば官僚機構を利用した選挙操作などによって単独で議会の多数派を握り，政権を長期にわたって維持しつづける政党である。詳細は平田 1992 参照。
（66）*Co chtějí socialisté.*
（67）ここでは，『現在』の提案とほぼ同様に，政党政治家が中心アクターであって，専門家が補助的な役割を果たしている（*NS*, č.4, 26.I.1934, 42)。デ・マンの労働プランも，すべての権力は普通秘密選挙権から生じ，執行権は普選で選ばれた議会からのみ生じるとし，専門家の役割は諮問的なものとしている（De Man 1935)。
（68）チャールズ・S・メイヤーは，戦後の民主制の安定が，経済成長の自動化による政治の領域の縮小と，政治的争点の植民地，宗教，民族問題への限定によって実現したと指摘している（Maier 1987, 179)。いわば，経済問題を回避したところに戦後の民主制の安定は成立している。これに対して『民主中道』の構想は，政治の領域を縮小する点では共通しているが，経済問題に関する原理をも明示的に組み込んだ，新たな正統性を持つ民主主義を構想したものである。
（69）中田 2008b では，部分利益代表政党によって構成される議会の正統性をめぐる問題を整理している（中田 2008b，15–16)。
（70）NA［MZV-VA］, obilí : *České Slovo*, 14.VII.1934, Špatná prakse nesmí zabít dobrou myšlenku.
（71）NA［MZV-VA］, obilí : *Nár. Osvobození*, 10.VII.1934, Obilní monopol.

(72) NA [MZV-VA], obilí : *České Slovo*, 21.VI.1934, Obilní monopol dohodnut.
(73) NA [MZV-VA], obilí : *LN*, 14.VII.1934, Monopol a žně.
(74) NA [MZV-VA], obilí : *LN*, 12.VII.1934, Před vyhlášením obilního monopolu.
(75) NA [MZV-VA], obilí : *LN*, 24.VI.1934, Nesnáze s obilním monopolem trvají.
(76) NA [MZV-VA], obilí : *České Slovo*, 24.VI.1934, Stálé spory o obilní monopol.
(77) NA [MZV-VA], obilí : *LN*, 28.VI.1934, O obilní monopol.
(78) NA [MZV-VA], obilí : *LN*, 24.VI.1934, Vládní práce.
(79) NA [MZV-VA], obilí : *České Slovo*, 24.VI.1934, Stálé spory o obilní monopol ; NA [MZV-VA], obilí : *Več. České Slovo*, 26.VI.1934, Rozhoduje se o chlebě : Obilní monopol.
(80) *Več. České Slovo*, 9.VII.1934, O cenách obií je rozhodnuto.
(81) NA [MZV-VA], obilí : *LN*, 24.VI.1934, Nesnáze s obilním monopolem trvají ; NA [MZV-VA], obilí : *LN*, 14.VII.1934, Hodžův monopol.
(82) NA [MZV-VA], obilí : *Národní Politika*, 15.VII.1934.
(83) *Venkov*, č.155, 5.VII.1934, 1, Byla to težká zkouška naší demokracie.
(84) *PL*, 15.VII.1934.
(85) *Venkov*, 5.VII.1934.
(86) *PL*, 17.VI.1934.
(87) *PL*, 17.VII.1934.
(88) *PL*, 18.VII.1934.
(89) *PL*, 22.VII.1934, Obilní monopol, zkrácní pracovní doby a novelisace sociálního pojištění.
(90) *Več. PL*, 12.VII.1934.
(91) *NS*, č.27-28, 12.VII.1934, 326, Obilní monopol.
(92) NA [MZV-VA], obilí : *České Slovo*, 14.VII.1934, Špatná prakse nesmí zabít dobrou myšlenku.
(93) NA [MZV-VA], obilí : *České Slovo*, 21.VI.1934, Obilní monopol dohodnut.
(94) NA [MZV-VA], obilí : *NL*, 27.VI.1934, Jednání o obilním monopolu přerušena.
(95) NA [MZV-VA], obilí : *České Slovo*, 24.VI.1934, Stálé spory o obilní monopol ; *Več. České Slovo*, 26.VI.1934, Rozhoduje se o chlebě : Obilní monopol ; 9.VII.1934, O cenách obií je rozhodnuto.
(96) NA [MZV-VA], obilí : *Več. České Slovo*, 10.VII.1934, Právo na práci a na mzdu.
(97) NA [MZV-VA], obilí : *České Slovo*, 14.VII.1934, Špatná prakse nesmí zabít dobrou myšlenku.
(98) NA [MZV-VA], obilí : *LN*, 1.VII.1934, Obilní monopol bude vyhlášen v nastávajícím týdnu.
(99) *Přítomnost*, č.49, 30.I.1935.
(100) *Přítomnost*, č.29, 18.VII.1934, 452-453, Nový monopol.
(101) NA [MZV-VA], obilí : *Nár. Osvobození*, 10.VII.1934, obilní monopol.
(102) NA [MZV-VA], obilí : *České Slovo*, 14.VII.1934, Špatná prakse nesmí zabít dobrou myšlenku.
(103) NA [MZV-VA], obilí : *NL*, 27.VI.1934, Obilní monopol - V čí prospěch?

(104) NA [MZV-VA], SD 1934 : *NL*, 8.IX.1934, Aby bylo jasno ; NA [MZV-VA], SD 1934 : *NL*, 2.XI.1934, Takoví jsou naší marxisté.
(105) NA [MZV-VA], pojištění : *LN*, 5.VII.1933, Krise sociálního pojistění.
(106) チェコスロヴァキアの社会保険は労働者を対象とした，労働者疾病保険（Nemocenské pojistění dělnické），労働者廃疾・老齢年金（Invalidní a starobní pojištění dělnické），職員を対象とした私企業上級職員年金保険（Pensijiní pojištění soukromých zaměstnanců ve vyšších službách，私企業上級職員疾病保険を含む），鉱山労働者のための疾病，廃疾，老齢保険である鉱山共済基金（Pojistění u báňských bratrských pokladen），最後に傷害保険（Úrazové pojistění）の各部門からなる（Masarykův slovník naučný, č.6, 774-776)。
(107) NA [MZV-VA], pojištění 1934 : *LN*, 26.VI.1934, Novelisace sociálního pojištění podle zmocňovací zákona.
(108) NA [MZV-VA], pojištění 1934 : *NL*, 21.I.1934, O novelisaci sociálního pojištění.
(109) NA [MZV-VA], pojištění 1934 : *LN*, 23.I.1934, K novelisac sociálního pojištění ; NA [MZV-VA], pojištění 1934 : *LN*, 17.VI.1934, Novela sociálního pojištění.
(110) *Národní shromáždění* 1938, 626-627 ; NA [MZV-VA] , pojištění 1934 : *LN*, 26.VI.1934, Novelisace... ; *PL*, 27.VI.1934, 4, Novelisace sociálního pojištění vyhlášena ; 13. VII.1934, 4, Nová ustanovení zákona o sociálním pojištění dělnickém.
(111) Aa 等級は週 0.70 コルナ，Ab 等級は 1.40 コルナ。
(112) *PL*, 27.VI.1934, 4, Novelisace socialního pojištění vyhlášena.
(113) *PL*, 8.VII.1934, O novelisace socialního pojištění a o zkrácení pracovní doby.
(114) *NS*, č.26, 29.VI.1934, 309, Novelisace sociálního pojištění vyhlášena.
(115) *PL*, 13.VII.1934, 4, Nová ustanovení zákona o sociálním pojištění dělnickém.
(116) NA [MZV-VA], pojištění 1934 : *NL*, 27.VI.1934, 記事の題名は検閲により削除。
(117) ラチナやデイルは，マリペトル政権における社会政策の欠如や社会政策の悪化を主張しているが（Lacina 1984 ; Deyl 1985），いくつかの社会政策は実施されており，社民党はデイルの評価とは異なり，社会政策の改正を肯定的に評価していた。農業党に農業関連の利益以外の問題に対して関心を示さない傾向があったのは確かであるが，積極的に社会政策上労働者に不利な政策のみ進めたとの解釈は当てはまらないだろう。
(118) *PL*, 21.IV.1934, 2, Proti hromadnému propouštění z práce.
(119) *PL*, 22.IV.1934, 1, Úspěsný týden vládních prací.
(120) *PL*, 18.V.1934, 4, Před uskutečněním novely zákona...
(121) *PL*, 13.VI.1934 ; 7.VII.1934, 6, Nový zlepšený zákon na ochranu pracovních poměrů soukromých zaměstnanců.
(122) *PL*, 20.VI.1934 ; 21.VI.1934 ; 15.VII.1934.
(123) *Venkov*, 7.VIII.1934, 1, Jedině možná politika.
(124) *PL*, 13.VII.1934 ; 18.V.1934 ; 26.V.1934 ; 27.V.1934.
(125) *PL*, 2.VI.1934, 1, Příprava osnov do parlamentu.
(126) *Več. PL*, 22.IV.1934, 1, Zříďme si dělnickou komoru!

第七章 「農民と労働者の民主主義」

（1）Malíř, Marek a kol 2005, 872 ; Kárník 2002, 140 ; *PL*, 19.IX.1933, 1, Politické napětí se zmírnilo ; 20.IX.1933, 1, Připravuje se zákrok v Římě.

（2）ズデーテン／スデティとはもともとボヘミアとモラヴィアの北方の国境の山脈地域を指す語であったが，ズデーテン地方（Sudetenland）という言葉は，次第にドイツ人によって，ドイツ人が住むチェコの国境地域全体を指す表現としても使われるようになった。この場合は，ボヘミアやモラヴィア南部も含むことになる。チェコ人は国境地域（pohraničí）という表現を用い，チェコ系住民も居住している混住地域であることに常に注意を促した。同時にズデーテンドイツ人という表現は，チェコに住むドイツ人を一つのまとまりを持った共同体として指し示す意味で使われるようになった。

（3）DAWG のロッシェ（Rosche）とペータースが加わり，後者は DNSAP にも受け入れられる人物として，議長になる予定とされた（*PL*, 20.IX.1933, 1, Připravuje se zákrok v Římě)。DAWG のなかでも，ドイツ民主自由党出身のバッハー（Bacher）とイェリネック（Jellinek）は民族戦線には加わらなかった。

（4）Kural 1993, 119. シュパンの身分制国家論については村松 2006, 105-156 を参照。

（5）Kural 1993, 120. 僚友団の正式名称は，フォルク・社会政治教育僚友団 Kameradschaftsbund für Volks- und socialpolitische Bildung.

（6）DNSAP のゼベコフスキー（Sebekowski）やドイツ国民党のレーム（Lehm）も僚友団のメンバーであった（Kural 1993, 122)。農村の大衆組織としては，ボヘミア農村運動（Böhmerlandbewegung)，ドイツ農村青年同盟（Bund der deutschen Landjugend)，ボヘミアワンダーフォーゲル同盟（Bund der böhmerländischen Wandervögel）などがあった（César-Černý 1962, 203 ; Smelser 1980, 44-47)。また，僚友団幹部のキュンツェル（Künzel）は農村身分青年団（Landständische Jungmannschaft）に，ブリューガー（Brüger）は重要な農民学校の指導的な位置にいた（Kural 1993, 121)。これらの組織は戦前からのドイツ青年運動の系譜に，第一次世界大戦の前線体験の影響が加わり，民族主義的な性格や指導者原理への親和性を持っていた（Kural 1993, 118)。

（7）ヘンライン（1898-1945）はマッファースドルフ Maffersdorf bei Reichenau にドイツ人の父とチェコ人の母のもとに生まれた（Smelser 1975, 82)。母方がチェコ人であることは隠していた。第一次世界大戦中の 1916 年から 1918 年には兵役についている。郷土戦線とズデーテンドイツ党の党首としてズデーテンドイツ人運動を率いた。ヘンラインは決して強い指導者ではなく，例えば同時代のフィッシャーは，「彼は，あまりにも平均的だ」と述べて，彼程度の能力の人がヒットラー運動に似た大衆運動を率いたことに対する驚きを表明している（Fischer 1933, 51-52 ; Smelser 1975, 67)。ヘンラインは典型的な単純な小士官タイプで，組織力もあり，士官としてはよい指揮官であったが，政治的な才能は乏しく，陰謀家でもなかった。演説も無味乾燥で，20 世紀の熱狂的デマゴーグとはほど遠かったと評される（Smelser 1975, 67)。フィッシャーは，ズデーテンの小市民ミリューの視野の狭い未経験さが，ヘンラインを人気者にしたといっている。普通のズデーテンドイツ人の経済的，社会的苦境を共有できる人物として，ヘンラインが強い支持を集めたのであろう。ヘンラインへの熱狂に見えたのは，ヒットラーへの人気の反射に過ぎないという意見もあった。また，党内のさまざまな分派の調停者としても重要な役割を果たした。ナチス・ドイツ占領期には

保護領の地区長官となり，1945 年自殺した。

（8）僚友団の政治思想は，シュパンの影響を受け，「精神的価値の低いものの高いものへの服従」，「開かれた貴族制」に基づく知識人や貴族のエリート主義の立場に立っていたが，社会ダーウィニズムの要素はなかった（村松 2006，141 & 156 ; Kárník 2002, 140)。それに対し，DNSAP は反インテリ，平民主義傾向を持ち，この点でも異なっていた。シュパンは，階級対立，社会経済的利害の対立を身分制による社会再編によって止揚しようという考えを持っていた。「職能身分」の原型として具体的に考えていたのは，労働組合や経営者団体など当時の利益団体であった（村松 2006，141)。それぞれの職能身分の自治と「全体」を体現する「国家身分」の支配の調和が目指されたのである。

（9）郷土戦線はスロヴァキアにも目を向けた。スロヴァキアに住むドイツ系住民（いわゆるカルパチアドイツ人 Karpathendeutsche）もドイツ東方植民以来の住民で，主にブラチスラヴァ／プレスブルク Bratislava（Pressburg)，コシツェ／カッサ Košice（Kaschau）などの都市に住むブルジョワジーと，カルパチアの山岳地帯に住む農民であった。カルパチアドイツ人は従来ハンガリー系住民と政治的に結びつきが強かったが，独自の組織化の動きを見せていた。郷土戦線はこれを利用して彼らとも結び，チェコスロヴァキアに住むドイツ系住民全体の広い戦線を作り出そうとした（Smelser 1975, 82)。

（10）*NS*, č.36, 26.X.1934, 425, Rozpaky z Henleina ; *LN*, 22.X.1934, Velká Henleinova manifestace ; *NS*, č.38, 9.XI.1934, V. Janda, Politická konfrontace.

（11）*NS*, č.36, 26.X.1934, 425, Rozpaky z Henleina.

（12）郷土戦線は最初からナチ党と通じており，長期的にはズデーテン地方のナチス・ドイツへの割譲を目指していたが，そのイレデンティズムを隠していたという解釈がある。郷土戦線の成立過程，DNSAP や，ドイツのナチ党との関係については，綱川 1997 が詳細に研究整理を行っている（綱川 1997，75-120)。1941 年 3 月 4 日にウィーンで，ヘンライン自身が，そのように述べており，この発言が上述の解釈の証拠とされた。しかし，歴史家クラルが指摘するように，これは 1941 年時点において過去の郷土戦線の活動のナチ党とのつながりを強調し，正当化するための意図的な発言であろう（Kural 1993, 121)。ナチ党との連絡はあったにせよ，当時の郷土戦線の構成や主張には，ナチ党とは一線を画する側面があったことは 1933 年から 1937 年までのチェコスロヴァキアの政治を理解する上で重要である。また，ナチ党と通じていたとする場合，二政党と異なり郷土戦線が解散させられなかった理由として，農業者同盟やチェコの「ファシズム勢力」が社会主義勢力への対抗勢力として郷土戦線に期待し，擁護したのが原因であるとされてきた。しかし，当時の郷土戦線は共和国支持の姿勢を示しており，解散は不可能であった。

（13）*NS*, č.35, 19.X.1934, 411, Hodáč a Stříbrný budují jednotnou národní frontu ; *LN*, 7.X.1934, Jednání mezi národní demokracií a ligou ; Klepetář 1937, 371.

（14）*LN*, 28.X.1934, Kramář v objetí Stříbrného.

（15）*NL*, č.304, 4.XI.1934, 1, Karel Kramář, Národní sjednocení.

（16）*NS*, č.37, 2.XI.1934, 429, Jiří Franta, Nástup politických bloků.

（17）*NS*, č.42, 7.XII.1934, 486, Politické a sociální poměry v menšinách.

(18) *NS*, č.42, 7.XII.1934, 486, Politické a sociální poměry v menšinách.
(19) *NL*, č.304, 4.XI.1934, 1, Karel Kramář, Národní sjednocení.
(20) NA [MZV-VA], koalice 1934 : *NL*, 26.V.1934, Včerejším dnem skončila jistota vládní koalice.
(21) NA [MZV-VA], koalice 1934 : *České Slovo*, 12.IX.1934, Hlinka a koalice ; Žádné předčasné volby ; Volby po uplynutí celého období ; AP 1934 : *Národní Politika*, 13. IX.1934, Širší předsednictvo republikánské strany ; koalice 1934 : *LN*, 16.IX.1934, Koalice zůstane nezměněna.
(22) NA [MZV-VA], koalice 1934 : *NL*, 3.X.1934, Lid pro jednotný národní režim. K neuspěchům rudozelené koalice ; NA [MZV-VA], koalice 1934 : *NL*, 6.X.1934, Proto tedy koalice nechce nových voleb!
(23) NA [MZV-VA], SD 1934 : *PL*, 24.X.1934, Opět u-spěch sociální demokracie.
(24) *NS*, č.42, 7.XII.1934, 486, Politické a sociální poměry v menšinách.
(25) *NS*, č.42, 7.XII.1934, 486, Politické a sociální poměry v menšinách ; 497, V. Gutwirth, Henlein odpovídá?
(26) *NS*, č.39, 16.XI.1934, 459, Jak si to představuje "národní fronta" česko-německého průmyslu?
(27) *NS*, č.42, 7.XII.1934, 486, Politické a sociální poměry v menšinách.
(28) *NS*, č.39, 16.XI.1934, 460, Stavovský stát v rakouského vydání ; Šestměsíců fašismu v Lotyšsku.
(29) NA [MZV-VA], SD 1934 : *České Slovo*, 19.VII.1934, Komunistická nabídka odmítnutá.
(30) NA [MZV-VA], SD 1934 : *Rudé Právo*, 8.X.1935.
(31) NA [MZV-VA], SD 1934 : *PL*, 1.XI.1934, Proč odmítá československá sociální demokracie jednotnou frontu.
(32) NA [MZV-VA], SD 1934 : *LN*, 14.XI.1934, Protifašistický projev v Brně.
(33) *NS*, č.40, 23.XI.1934, 465, Jednotná fronta.
(34) NA [MZV-VA], SD 1934 : *Nár. Osvobození*, 18.XII.1934, Manifestační projev soc.demokracie ; Pro další koaliční spolupráci a soustředění všech demokratů ; NA [MZV-VA], SD 1934 : *České Slovo*, 19.XII.1934, Sociální demokracie pro spolupráci kladných sil.
(35) *NS*, č.40, 23.XI.1934, 468, Josef Martínek, Pro Rooseveltův plán, a víc než Rooseveltův plán.
(36) *NS*, č.40, 23.XI.1934, 472, Tam, kde vládnou socialisté.
(37) *NS*, č.38, 9.XI.1934, 447, Parlament a krise.
(38) *NS*, č.39, 16.XI.1934, 459, Jak si to představuje "národní fronta" česko-německého průmyslu?
(39) NA [MZV-VA], SD 1934, *Nár. Osvobození*, 7.X.1934, Pro koaliční spolupráci a minimální pracovní mzdy ; Zastupitelstvo strany sociálně demokuratické.
(40) *NS*, č.40, 23.XI.1934, 470, Ministerstov sociální péče.
(41) NA [MZV-VA], koalice 1934 : *LN*, 16.IX.1934, Koalice zůstane nezměněna ; AP 1934 : *Národní Politika*, 13.IX.1934, Širší předsednictvo republikánské strany.
(42) *NS*, č.36, 26.X.1934, 418, Jaromír Nečas, O veřejiných investicích.

(43) *NS*, č.32, 28.IX.1934, 377, Agrárníci chtějí léčit...
(44) *NS*, č.40, 23.XI.1934, 466, Dezider Benau, Oddlženie zemedelstva.
(45) NA [MZV-VA], SD 1934 : *NL*, 25.VII.1934, Sociálně demokratičtí vůdcové. bachovštějiší než Bach ; NA [MZV-VA], SD 1934 : *NL*, 2.IX.1934, Starosti soc.demokratů v době krise a nezaměstnanosti.
(46) NA [MZV-VA], AP 1934 : *NL*, 4.XI.1934, Agrárníci hrozí socialistům volbami.
(47) NA [MZV-VA], AP 1934 : *Národní Politika*, 13.IX.1934, Širší předsednictvo republikánské strany.
(48) *Bulletin du Bureau international agraire*, 1934, 7, Estonsko, Kabinet a diktatura J. Toňissona ; 51, Estonsko, Obecní volby ; 80, Lotyšsko, Lotišští sedláci v boj za národní Lotyšsko ; 115, Estonsko, Reformy stařešiny státu k. paťse.
(49) NA [MZV-VA], koalice 1934 : *LN*, 16.IX.1934, Koalice zůstane nezměněna.
(50) NA [MZV-VA], koalice 1934 : *LN*, 16.IX.1934, Koalice zůstane nezměněna ; koalice 1934 : *České Slovo*, 12.IX.1934, Hlinka a koalice ; Žádné předčasné volby ; Volby po uplynutí celého období.
(51) *NS*, č.40, 23.XI.1934, 472, Praha pozdravuje národní sjednocení.
(52) NA [MZV-VA], AP 1934 : *LL*, 14.X.1934, Agrární strana si už připravuje hlavní volební heslo.
(53) NA [MZV-VA], AP 1934 : *Nár. Osvobození*, 13.X.1934, Předsednictvo říšské jednoty republikánské mládeže proti šejdristům ; NA [MZV-VA], AP 1934 : *Nár. Osvobození*, 18.X.1934, Šejdristé v agrárním tisku.
(54) NA [MZV-VA], AP 1934 : *LL*, 9.XI.1934, Mezi agrárníky a t.zv.národní opozicí začal boj o heslo příštích parlamentních voleb.
(55) NA [MZV-VA], AP 1934 : *LL*, 21.XII.1934, Nejistota a neurčitost v hledání volebního heslo agrární strany.
(56) NA [MZV-VA], AP 1934 : *LN*, 29.XII.1934, Venkov hájí katolické stavovství.
(57) NA [MZV-VA], AP 1934 : *LL*, 14.X.1934, Agrární strana si už připravuje hlavní volební heslo.
(58) *NS*, č.35, 19.X.1934, 411, Agrárníci se poprůmyslňují.
(59) *NS*, č.36, 26.X.1934, 425, Rozpaky z Henleina ; č.44, 21.XII.1934, 522, Němečtí křesťanští sociálové.
(60) *NS*, č.38, 9.XI.1934, V. Janda, Politická konfrontace.
(61) *LN*, 7.X.1934, 2, Zmatek v německém táboře.
(62) *NS*, č.36, 26.X.1934, 425, Rozpaky z Henleina ; Klepetář 1937, 365.
(63) *LN*, 24.X.1934, Pro Henleina a proti němu.
(64) *LN*, 25.X.1934, Němečtí agrárníci o Henleinovi.
(65) *LN*, 27.X.1934, 3, Zápas o Henleina.
(66) 興味深いことに，ロスマニスはここで，ホジャ農業相も同様の構想を持っているとし，ホジャはチェコ陣営でもっとも長期的な視野を持つブルジョワ改革者であると述べている。
(67) *NS*, č.38, 9.XI.1934, 447, V. Gutwirth, Německá Heimatfronta a čeští agrárníci.

(68) *NS*, č.40, 23.XI.1934, 471, Henlein a volby.
(69) *Brázda*, r.XV, č.15-16, 7.XI.1934, 207-208, Selské stavovství mladých německých agrárníků.
(70) NA [MZV-VA], AP 1934 : *LN*, 21.X.1934, Sjezd agrárních akademiků : Pro demokracií ; *Brázda*, r.XV, č.15-16, 7.XI.1934, 205-207, Usnesení sjezdeu agrárních akademiků ; *PL*, č.10, 12.I.1935, 1, Th. Pistorius, Náběhy k plánovanému hospodářství.
(71) NA [MZV-VA], AP 1934 : *LN*, 30.X.1934, Pro a Proti : Ven z isolace agrární strany.
(72) *Venkov*, č.261, 7.XI.1934, 1, Nás vývoz stoupl o čtvrtinu ; *Brázda*, r.XV, č.16-17, 28. XI.1934, 211-212, Ing. J. Kanta, Pro řízené hospodářství.
(73) *Venkov*, č.262, 8.XI.1934, 4, Zemědělství základním pilířem celého národního hospodářství.
(74) *Venkov*, č.10, 12.I.1935, 1, Vláda připravila koalici práci až do voleb ; *PL*, č.10, 12. I.1935, 1, Kř., Malypetr ohlašuje zestátnění dolů.
(75) *Venkov*, č.27, 1.II.1935, 2, Boj o novou hospodářskou politiku ; *PL*, č.28, 2.II.1935, 1, Dr. Karel Kříž, "NEP" naší agrární strany.
(76) *Venkov*, č.26, 31.I.1935, 1, Z idey národní půdy roste skutečné sjednovení všech vrstev k solidární práci pro silný stát.
(77) *Přítomnost*, č.19, 2.X.1935, 609-610.
(78) NA [MZV-VA], SD 1934 : *Nár. Osvobození*, 18.XII.1934, Manifestační projev soc. demokracie ; Pro další koaliční spolupráci a soustředění všech demokratů ; NA [MZV-VA], SD 1934 : *České Slovo*, 19.XII.1934, Sociální demokracie pro spolupráci kladných sil.
(79) *NS*, č.38, 9.XI.1934, V. Jankovec, Obilní monopol v činnosti.
(80) *NS*, č.42, 7.XII.1934, 495, J. Bilance pomoci chmelářům.
(81) *PL*, č.10, 12.I.1935, 1, Th. Pistorius, Náběhy k plánovanému hospodářství.
(82) *PL*, č.15, 18.I.1935, 1, Th. Pistorius, Pří prava velkých investičních prací.
(83) *PL*, č.28, 2.II.1935, 1, Dr. Karel Kříž, "NEP" naší agrární strany.
(84) *PL*, č.10, 12.I.1935, 1, Th. Pistorius, Náběhy k plánovanému hospodářství.
(85) *LN*, 17.III.1935, 2, Nutno energický provádět pevný plán.
(86) *PL*, č.68, 21.III.1935, 2, Optimismus německé soc. demokracie.
(87) *PL*, č.14, 17.I.1935, 1, František Veselý, Plánované hospodářství a jeho obtíže.
(88) *PL*, č.10, 12.I.1935, 1, Th. Pistorius, Náběhy k plánovanému hospodářství.
(89) Přípomínky k osnově vlád. nař. ..., AÚTGM, BA, vnitropolitické věci, k.3, 23.III.1935 ; *PL*, č.15, 18.I.1935, 1, Th. Pistorius, Pří prava velkých investičních prácí ; *Venkov*, 14. III.1935, Znárodněni dolů na říšský sjezd republikánského dorostu.
(90) *Venkov*, č.10, 12.I.1935, 1, Vláda připravila koalici práci až do voleb ; *PL*, č.10, 12. I.1935, 5, Malypetr.
(91) *LN*, 17.III.1935, 2, Před volbami.
(92) *PL*, č.14, 17.I.1935, 1, František Veselý, Plánované hospodářství a jeho obtíže ; č.15, 18.I.1935, 7, Co je se zemědělským plánem?
(93) *LN*, 17.III.1935, 2, Před volbami ; *PL*, č.67, 20.III.1935, 1, Dokončí vláda svůj program? ;

LN, 24.III.1935, 2, Osnova o zkrácení pravobní doby hotova ; 31.III.1935, 1, R., Parlamentní práce končí.

(94) *Venkov*, č.12, 15.I.1935, 3, Deutschland über alles i v Sársku.

(95) *PL*, č.52, 2.III.1935, 1, Henlein se připravuje na rozpuštění strany.

(96) *PL*, č.52, 2.III.1935, 1, Henlein se připravuje na rozpuštění strany ; *LN*, 31.III.1935, 1, R., Parlamentní práce končí.

(97) *NS*, č.42, 7.XII.1934, 497, V. Gutwirth, Henlein odpovídá?

(98) *NS*, č.40, 23.XI.1934, 471, Henlein a volby.

(99) *Venkov*, 21.II.1935, Němečtí agrárníci odmítli splynutí s Henleinem ; 13.III.1935, Min. Spina odmítá spojení s Henleinem ; Klepetář 1937, 368.

(100) *PL*, č.65, 17.III.1935, 3, Vztupujeme do předvolebního období.

(101) *PL*, č.67, 20.III.1935, 1, Neúspěšné porady SHF s německými agrárníky.

(102) *Venkov*, 13.III.1935, Min. Spina odmítá spojení s Henleinem.

(103) *PL*, č.68, 21.III.1935, 2, Optimismus německé soc. demokracie.

(104) *PL*, č.52, 2.III.1935, 1, Henlein se připravuje na rozpuštění strany.

(105) *PL*, č.59, 10.III.1935, 2, Vláda pokračuje v práci.

(106) *LN*, 31.III.1935, 1, R., Parlamentní práce končí.

(107) *LN*, 17.III.1935, 2, Před volbami ; *PL*, č.65, 17.III.1935, 3, Vztupujeme do předvolebního období.

(108) *PL*, č.59, 10.III.1935, 2, Vláda pokračuje v práci.

(109) *PL*, č.67, 20.III.1935, 1, Dokončí vláda svůj program?

(110) 4 月 24 日公示，5 月 19 日投票（*PL*, č.94, 20.IV.1935, 1, Volby rozepsány.）

(111) *PL*, č.67, 20.III.1935, 3, Politické strany a národní sjednocení.

(112) *PL*, č.67, 20.III.1935, 3, Politické strany a národní sjednocení.

(113) *PL*, č.67, 20.III.1935, 3, Politické strany a národní sjednocení ; č.107, 8.V.1935, 1, Tři politické strany s programem pustého žvanění.

(114) *PL*, č.92, 18.IV.1935, 3, "Národní sjednocení" rovná se "Heimatfronta" ; č.111, 12. V.1935, 1, Hampl, Národ, ktery si hraje ; Dr. Preiss.

(115) AČSSD, Fond č.78, sig.č.32, Letáky k volbám 1935, Henleinleite ; Fabrikanten geld rollt… !

(116) *PL*, č.99, 27.IV.1935, 1, Tři miliardy Kč nezaměstnaným za pět let krise.

(117) *PL*, č.100, 28.IV.1935, 1, Všemu lidu v Republice Československé!

(118) *PL*, č.100, 28.IV.1935, 1, Všemu lidu v Republice Československé!

(119) *PL*, č.100, 28.IV.1935, 1, Všemu lidu v Republice Československé!

(120) *Venkov*, č.105, 5.V.1935, 1, Všem občanům republiky! Mužové a ženy!

(121) *Venkov*, č.110, 11.V.1935, 1, Pláč nad zhroucenou ofensivou, která se neštítila žádných prostředků proti našemu lidu ; č.262, 8.XI.1934, 1, Nová maska procentového nacionalisumu : "Národní sjednovení".

(122) *Venkov*, č.116, 18.V.1935, Německé, "národní sjednovení" Henlein, české "národní sjednovení" Hodáč jsou finacováná z jedné a téže kasy.

(123) *Venkov*, 23.I.1935, 3, Jde republikánská strana nalevo? ; č.28, 2.II.1935, 1, Stát potřebuje

silný střed ; 19.II.1935, Rud. Halík, Do boje proti staré hospodářské politice.

(124) *Več. PL*, č.117, 20.V.1935, 1, Vítězství socialismu a demokracie.

(125) *PL*, č.118, 21.V.1935, 1, Dobře jsme bojovali ; č.119, 22.V.1935, 1, Jak se dívat na výsledky parlamentních voleb.

(126) *PL*, č.120, 23.V.1935, 1, Sociální demokracie zůstane verna své praci a odpovědnosti.

(127) *PL*, č.123, 26.V.1935, 1, Hospodářská politika a volby ; č.130, 4.VI.1935, 1, Kříž, Nová vláda se představuje.

(128) *PL*, č.120, 23.V.1935, 1, Sociální demokracie zůstane verna své praci a odpovědnosti.

(129) *Venkov*, č.119, 21.V.1935, 1, Volby prokázaly stabilitu Československé republiky ; č.119, 21.V.1935, 4, Jsme spokojeni.

(130) *Venkov*, č.119, 21.V.1935, 1, Volby prokázaly stabilitu Československé republiky ; Přihlásilo se k nám 70000 nových voliců.

(131) AÚTGM, BA, vnitropolitické věci, k.3, 25.V.1935, politická situace ; AÚTGM, BA, věci zahraniční, vnitropolitické, k.130, 1935, 25.V.1935, stav jednání o vládu ; Klepetář 1937, 380.

(132) AÚTGM, BA, věci zahraniční, vnitropolitické, k.130, 1935, 22.V.1935, vnitropolitické informace Nemectí krest. soc.; Klepetář 1937, 381.

(133) *Venkov*, 4.VI.1935, 1, 14. vláda republiky ; Klepetář 1937, 382.

(134) *Venkov*, 4.VI.1935, 1, 14. vláda republiky.

(135) *Venkov*, 19.VI.1935, 1, Ministerský předseda Malypetr předstoupil před nový parlament s přesnými směrnicemi vládního program ; č.143, 20.VI.1935, 1, Velmi opatrně a rozvážně, ale přece jen na nové cesty! ; Klepetář 1937, 384.

(136) *Přítomnost*, č.6, 18.II.1935, 81-83, Dr. Milan Hodža o nynější politice agrární strany.

第八章 「第一共和国」の終焉

(1) NA [MZV-VA], Agrárníci, k.2403 : *Nár. Osvobození*, 26.X.1935, O Bradáčova nástupce.

(2) NA [MZV-VA], Agrárníci, k.2403 : *LN*, 31.X.1935, Návrh agrárníků na změnu vlády nadaží na odpor ; NA [MZV-VA], Agrárníci, k.2403 : *České Slovo*, 31.X.1935, Návrhy agrární strany na osobní změny ve vládě ; *Národní shromáždění* 1938, 210.

(3) *Přítomnost*, r.XII, č.44, 6.XI.1935, Jaroslav Stránský, Hodžova vláda.

(4) NA [MZV-VA], Agrárníci, k.2403 : *České Slovo*, 31.X.1935, Návrhy agrární strany na osobní změny ve vládě ; *Přítomnost*, r.XII, č.44, 6.XI.1935, Jaroslav Stránský, Hodžova vláda ; Harre 2010, 29. ホジャの農業民主主義については Holec 2010, 47 ; Harre 2010, 29. ホジャは政治的バランス感覚に優れた政治家であり，ホジャの農業民主主義は，教条主義的なものではなく，状況に応じたプラグマティックな側面を持っていた。そのため時期ごとに表現や重点には変化がある。

(5) *NS*, č.36, 8.XI.1935, 421, V. Patzak, Nový předseda vlády - ne nová vláda?

(6) NA [MZV-VA], Koalice, k.2346 : *Program*, č.43, 13.XI.1936 (Pražské Noviny 再録), Koaliční ideová jednota ; *NS*, r.XIII, 31.I.1936, 57, Josef Fischer, Předseda vlády o demokracii.

(7) *Přítomnost*, r.XII, č.44, 6.XI.1935, Jaroslav Stránský, Hodžova vláda ; *Program*, r.I, č.38,

8.XI.1935, Poměry ve agrární straně.

(8) NA [MZV-VA], Koalice, k.2346, *Venkov*, 8.IX.1935, Úspěch každého státnického díla...; NA [MZV-VA], Koalice, k.2346, *NL*, 4.X.1935, Rozvrat v koalici pokračuje ; NA [MZV-VA], Koalice, k.2346 ; *NL*, 5.X.1935, Stupňující se rozvrat v koalici.

(9) *Přítomnost*, r.XII, č.39, 2.X.1935, Rudolf Bechyně, Kousek konfese aktivního politika, Delníci a sedláci II.

(10) NA [MZV-VA], SD, k.2353 : *Hospodářský Kritík*, č.31, 3.VIII.1935, K závěru vládních práci.

(11) NA [MZV-VA], SD, k.2353 : *PL*, 6.IX.1935, Pro socialní spravedlnost a větší aktivitu v hospodárské politice.

(12) NA [MZV-VA], SD, k.2353 : *LN*, 18.X.1935, SD o přípravách na zimu. Praha 177. X.

(13) *Program*, r.I, č.41-42, 29.XI.1935, Dr. Zdeněk Chytil, Průmysl k hospodářské situaci.

(14) *Přítomnost*, r.XII, č.42, 23.X.1935, Rudolf Bechyně, Socialisté a průmysl.

(15) *NS*, č.41, 13.XII.1935, 481-482, Hodža o řízeném hospodářství.

(16) *Přítomnost*, r.XII, č.30, 31.VII.1935, Ferdinand Peroutka, Co chce od nás průmysl? ; r.XII, č.32, 14.VIII.1935, Dr. J. Schieszl, Průmysl a politika ; *Program*, r.I, č.30, 30. VIII.1935, Zdeněk Chytil, Diskuse o průmyslu ; *Přítomnost*, r.XII, č.36, 11.IX.1935, Peroutka, Ještě o průmyslu a politice.

(17) *NS*, č.25, 21.VI.1935, 294, Jar. Hlaváček, K Malypetrovu hospodářskému programu.

(18) *Program*, r.I, č.41-42, 29.XI.1935, Dr. Zdeněk Chytil, Průmysl k hospodářské situaci.

(19) *NS*, č.41, 13.XII.1935, 481-482, Hodža o řízeném hospodářství.

(20) *NS*, č.41, 13.XII.1935, 481-482, Hodža o řízeném hospodářství.

(21) NA [MZV-VA], SD, k.2353 : *PL*, 6.IX.1935, Pro socialní spravedlnost a větší aktivitu v hospodárské politice ; *NS*, 15.XI.1935, č.37, 441, Kartely cukrovarnický a pivovarský jako vzory.

(22) *Program*, r.I, č.41-42, 29.XI.1935, Dr. Zdeněk Chytil, Průmysl k hospodářské situaci.

(23) *Program*, r.I, č.40, 22.XI.1935, Beran předsedou agrární strany ; NA [MZV-VA], Agrárníci, k.2403 : *LN*, 21.I.1936, O sbližování agrárníků se středním stavem ; NA [MZV-VA], Agrárníci, k.2403 : *LN*, 21.I.1936, O sbližování agrárníků se středním stavem ; Holec 2010, 49.

(24) NA [MZV-VA], Koalice, k.2346 : *LN*, 1.III.1936, Nedůvěra mezi koaličními stranami.

(25) この大統領選挙の詳細については，Halada 1990, 153-156 ; Dostál 1998b, 186-193 ; Klímek 1998, 419-476 ; 2002, 335-384。社会主義時代の歴史解釈では，この大統領選挙は，第一共和国の民主主義の成否の分かれ目とされ，ベネシュの大統領選出は，ファシズムに対する民主主義の勝利とされており，この見解は体制転換後も引き継がれている（Olivová 1972 ; Klímek 1996 ; 1998)。これに対し，これらの解釈は農業党が早い時期から「ファシズム勢力」と協力関係にあったとするための歪曲であるとの批判がなされている（Dostál 1998b ; Halada 1990)。第二共和国の下で，チェコ主要政党は，すべて国民統一党と国民労働党に統合され，その権威主義的体制を容認した。また，ナチス・ドイツ占領下では，「国民協同体（Národní souručenství)」に統合され，保護領政治の大衆基盤となった。その中で，国民民主党と農業党のみが，第二

次大戦後のチェコスロヴァキアで対独協力を理由に組織全体として復活が許されず，ベランら指導者は人民裁判にかけられることになる。共産党とベネシュの双方にとって，農業党をファシズムと共に葬り去ることが政治的に望ましかったことにその一因があるが，この政治的判断が，この時期の歴史解釈にも強い影響を及ぼしている。この目的のために，農業党が第一共和国の下でズデーテンドイツ党，ドイツと協力関係にあったことがその理由とされ，大統領選挙の行動や，1938 年 1 月のズデーテンドイツ党との交渉の提案がそのあらわれとされた。大統領選挙では，共産党がベネシュを支持したため，ここに焦点を当てるのは，戦後の人民民主主義体制を擁護する上でも望ましかった。しかし，農業党が「国民統一」やズデーテンドイツ党にネメツ支持を求めたかどうかなど，重要なポイントについて，相反する証言があり，事実関係が明らかではない。また，いずれにせよ農業党がネメツの選出に成功する可能性は乏しかった。ベネシュの選出によって，チェコスロヴァキアの民主主義が守られたという見解は問題があるであろう。この大統領選挙でベネシュを支持した勢力は，共通の民主主義観を持っていたわけではなく，共産党やスロヴァキア人民党は大統領選挙後，政府連合に参加することもなかった。1935 年議会選挙後の農業党と社会主義政党を核とする連合が，内部に亀裂を抱えたまま第一共和国の最後まで政権を担い続けたことを考えると，ベネシュ選出連合に過大な意味を持たせることはできないだろう。

(26) ボフミール・ネメツ（1873-1966）。チェコにおける植物解剖学と実験細胞学の創始者で，著名な植物学者であり，カレル大学の学長も務めた。一時国民民主党に属していたが，国民民主党が「国民統一」に改組した際，離党した党員の一人である。左派が批判するような右翼的な政治家ではなく，大統領候補としての適性を備えていた。

(27) *NS*, č.42, 20.XII.1935, 493-495, T.G.M. - Edvard Beneš.; NA [MZV-VA], SD, k.2353 : *PL*, 23.V.1937 ; *Přítomnost*, r.XII, č.51, 24.XII.1935, F. Peroutka, Po velké události.

(28) NA [MZV-VA], Koalice, k.2346 : *NL*, 3.I.1936, Boje v koalici pokračují ; *NS*, r.XIII, 21.II.1936, 73, Politický týden ; *LN*, 9.X.1936, Vraťte se ke koalici! Zdeněk Smetáček ; *Přítomnost*, r.XIII, č.41, 14.X.1936, Oč vlastně jde agrárníkům? ; *LN*, 4.XI.1936, Konsolidujeme vládni většinu! ; NA [MZV-VA], Koalice, k.2346 : *Venkov*, 18.XII.1936, Proti druhé koalici ; *LN*, 17.I.1937, Z čeho je udělán ten most? Ferdinand Peroutka ; NA [MZV-VA], Koalice, k.2346 : *Venkov*, 17.VII.1937, Vyživá se koalice? ; NA [MZV-VA], Koalice, k.2346 : *NL*, 31.VII.1937, Co zatěžuje koalici. 農業党の立場を明らかにするためにはより詳細な実証研究が必要であるが，この時期の農業党の機関紙『田園』は特に右派に近い意見を載せる一方で，表面的には党内の対立を隠し，ホジャへの支持の姿勢をとるため，農業党内の意見状況が見えにくくなっている。連合政党の機関紙も激しく論争を行い，連合政党間の実際の関係を機関紙からは明らかにすることが困難である。

(29) NA [MZV-VA], Koalice, k.2346 : *Venkov*, 26.III.1937, O koalici a pro koalici.

(30) NA [MZV-VA], Koalice, k.2346 : *Brážda*, č.19-20, 29.XII.1936, K situaci (Pražské Noviny 再録) ; NA [MZV-VA], Koalice, k.2346 : *Nár. Osvobození*, 12.I.1937, Hlavní problém naší vnitřní politiky ; NA [MZV-VA], Koalice, k.2346 : *LN*, 15.I.1937, Obtížná jednání v koalici ; NA [MZV-VA], Koalice, k.2346 : *České Slovo*, 10.X.1937, Koalice mezi sebou ; Praha 9. X ; NA [MZV-VA], Koalice, k.2346 : *LL*, 21.X.1937, Politická

lokálka.

(31) NA [MZV-VA], Koalice, k.2346 : *Program*, č.43, 13.XI.1936, Koaliční ideová jednota (Pražské Noviny 再録).

(32) NA [MZV-VA], Koalice, k.2346 : *Brážda*, č.4-5, 25.III.1937, Kolem sporu v koalici (Pražské Noviny 再録).

(33) チェコスロヴァキア・ソ連相互援助条約は，付属議定書において，両国のいずれかが侵略を受けた場合，他方の国による軍事支援は，まずフランスがその被侵略国に対して軍事支援を実行した場合にのみ実行されると定めていた。

(34) しかし，実際には，ベネシュも 1936 年から 1937 年にかけて密かにドイツとの不可侵条約可能性を探っている。が，チェコスロヴァキアは，ドイツ側が求めるように，これまでのフランス，ソ連，小協商との絆を捨てることはできなかったため，この交渉は失敗に終わった（Vašek 2008, 45)。

(35) *Přítomnost*, č.6, 18.II.1935, 81-83, Dr. Milan Hodža o nynější politice agrární strany.

(36) *PL*, č.182, 7.VIII.1935, 1, Kř, Změní agrární strana názor na obchodní politiku?

(37) *NS*, č.41, 13.XII.1935, 481, Politický týden, Hodžův projev.

(38) NA [MZV-VA], Agrárníci, k.2403 : *Nár. Osvobození*, 1.XI.1935, K chystané rekonstrukci vlády.

(39) NA [MZV-VA], Koalice, k.2346 : *LN*, 1.III.1936, Nedůvěra mezi koaličními stranami ; Klímek 2002, 393.

(40) NA [MZV-VA], Koalice, k.2346 : *Venkov*, 1.IX.1937, Na nedělné výtku...; NA [MZV-VA], Koalice, k.2346 : *Večer*, 17.XII.1936, Nesneseme dvojí koalici.

(41) *LN*, 20.II.1937, Čin rozumu a spravedlnosti ; Dohoda vlády s menšinami ; *Národní shromáždění* 1938, 247.

(42) NA [MZV-VA], Agrárníci, k.2404 : *Nár. Osvobození*, 7.IX.1937, Pro loyální demokraticku spolupráci ; *LN*, 18.II.1938, Spravedlnost základem státu, Zdeněk Smetáček ; Výsledek 18. února.

(43) *Přítomnost*, r.IXX, č.9, 3.III.1937, fp, Stát národních korporaci?

(44) NA [MZV-VA], Agrárníci, k.2404 : *LL*, 9.I.1938, Hitlerismus v Československu ; *České Slovo*, 9.I.1938, Hitlerismus v Československu ; *PL*, 9.I.1938, Hitlerismus v Československu ; NA [MZV-VA], Koalice, k.2346 : *Národní Střed*, 11.I.1938, Krajnost proti krajnosti, ale kde to bude končit.

(45) NA [MZV-VA], SD, k.2353 : *Venkov*, 17.III.1938, Když nedovedou odpovědět, tak nadávají.

(46) *NS*, r.XV, 25.III.1938, 134, Kolísáné na agrárné úseku.

(47) NA [MZV-VA], Agrárníci, k.2404 : *Přítomnost*, č.2, 12.I.1938, O republkánké straně a její moci (Pražské Noviny 再録) ; *LN*, 20.II.1938, O tužší a širší pospolitost, Jaroslav Stránský ; 24.III.1938, Výměna resortů. František Weyr.

(48) *LN*, 21.II.1938, Hitler podává ruku a hrozí.

(49) NA [MZV-VA], Koalice, k.2346 : *NL*, 29.VI.1938, Zítra zasedá širší výbor koaliční.

終　章

（1）NA［MZV-VA］, Agrárníci, k.2404 : *LN*, 12.XI.1938, Politický program agrární ; *Venkov*, r.XXXIII, č.272, 18.XI.1938, Harna a Lacina 2007, 254-255 による。

（2）*Přítomnost*, r.XV, č.48, 30.XI.1938, Ferdinand Peroutka, Po Česku ; Gebhart a Kuklík 2004, 63.

（3）この点について中田 2008b；2011 ではポーランドとの比較を行い，議会制民主主義体制安定化の要因を考察している。

（4）「農民と労働者の民主主義」を構想したホジャは，亡命後ベネシュとたもとを分かち，中欧連邦構想を唱えアメリカに渡ったが，そこで客死する。穀物専売公社の長官を務めたファイラーベンドは農業党系で唯一ベネシュの亡命政権に参加したが，対独協力を理由に戦後農業党の復活は許されず，経済構想でもベネシュと対立し，失意のうちに政権を去った。